# 邓小平实录 ③

## 1966—1982
[改革开放40周年纪念版]

李新芝 / 主编

**DENG
XIAO
PING**

北京联合出版公司

**图书在版编目（CIP）数据**

邓小平实录 . 3 / 李新芝主编 .—北京：北京联合出版公司，2018.7

ISBN 978-7-5596-2189-4

Ⅰ . ①邓⋯ Ⅱ . ①李⋯ Ⅲ . ①邓小平（1904-1997）－生平事迹 Ⅳ . ① A762

中国版本图书馆 CIP 数据核字（2018）第 115875 号

# 邓小平实录 . 3

主　　编：李新芝

责任编辑：孙志文

北京联合出版公司出版

（北京市西城区德外大街 83 号楼 9 层　100088）

河北鹏润印刷有限公司印刷　新华书店经销

字数：324 千字　710 毫米 ×1000 毫米　1/16　印张：20

2018 年 9 月第 1 版　2018 年 9 月第 1 次印刷

ISBN 978-7-5596-2189-4

定价：52.00 元

未经许可，不得以任何方式复制或抄袭本书部分或全部内容
版权所有，侵权必究
如发现图书质量问题，可联系调换。质量投诉电话：010-82069336

## 第七编　十年危难（1966—1976）

### 历程

| | |
|---|---|
| "文化大革命"的前三年 | 2 |
| 在新建县的日子里 | 5 |
| 阐述"三个世界"理论 | 12 |
| 四届人大 | 16 |
| 旧地重游 | 24 |
| 山西大寨之行 | 34 |
| 1975年的整顿 | 39 |
| "天安门事件" | 49 |

### 交往

| | |
|---|---|
| 公正评价，告慰忠魂——与刘少奇 | 59 |
| 肝胆相照，共解国难——与叶剑英 | 67 |
| "尊重邓主席的命令"——与王震 | 72 |
| "我愿拜邓小平为师"——与陶铸 | 75 |
| 唯一没有鼓掌的人——与萧劲光 | 77 |
| 我们完成了任务——与张廷发 | 82 |
| "公明党算是我们最好的朋友"——与竹入义胜 | 86 |
| "天塌下来有你们大个子顶着"——与科尔 | 95 |

### 珍闻

| | |
|---|---|
| 从鹰潭北上 | 101 |
| 治理漓江 | 104 |
| 参观毛泽东旧居 | 105 |
| 患难见真情 | 108 |

## 第八编  拨乱反正（1976—1982）

### 历程

| | |
|---|---|
| 与"两个凡是"的斗争 | 114 |
| 真理标准问题的讨论 | 119 |
| 大转折关头 | 125 |
| 恢复高考 | 154 |
| 平反冤假错案 | 158 |
| 伟大的历史性转折 | 165 |
| 第二代中央领导集体的建立 | 172 |
| 出访日本 | 176 |
| 中美关系正常化的曲折过程 | 182 |
| "把黄山的牌子打出去" | 191 |
| 农村改革 | 202 |
| 关注三峡工程 | 207 |
| 主持起草《关于建国以来党的若干历史问题的决议》 | 213 |
| 视察新疆 | 224 |
| 金融改革 | 233 |
| 住房制度改革 | 235 |

### 交往

| | |
|---|---|
| 揭开海军历史新一页——与叶飞 | 239 |
| 知人知心——与班禅 | 246 |
| 应该重视对自然科学的研究——与丁肇中 | 249 |
| 为什么不叫黄昆搞本行——与黄昆 | 252 |
| 知名已久——与金庸 | 254 |
| "你1972年的中国之行是明智的、勇敢的"——与尼克松 | 258 |
| 多次会见的外国朋友——与基辛格 | 263 |
| "这是一个好的开端"——与哈默 | 268 |

"我总算通过了考试"——与法拉奇　　　　　　　　276

## 珍闻

"你的书写得很好"　　　　　　　　283
救戏　　　　　　　　284
请北京市委处理"人艺"问题　　　　　　　　285
军队指挥自动化　　　　　　　　285
武器要更新　　　　　　　　288
访美花絮——此文节选自唐龙彬的回忆　　　　　　　　289
"我也是代表团的成员"　　　　　　　　297
开放414招待所　　　　　　　　301
"要考虑天津的发展方向"　　　　　　　　302
参观兵马俑　　　　　　　　306
"二汽生产好，管理也不错"　　　　　　　　308
一句名言的由来　　　　　　　　312

# 第七编　十年危难
## （1966—1976）

## 历程

### "文化大革命"的前三年

中国共产党中央委员会《关于建国以来党的若干历史问题的决议》指出："1966年5月至1976年10月的'文化大革命'，使党、国家和人民遭到新中国成立以来最严重的挫折和损失。这场'文化大革命'，是毛泽东同志发动和领导的。他的主要论点是：一大批资产阶级的代表人物、反革命的修正主义分子，已经混进党里、政府里、军队里和文化领域的各界里，相当大的一个多数的单位的领导权已经不在马克思主义者和人民群众手里。党内走资本主义道路的当权派在中央形成了一个资产阶级司令部，它有一条修正主义的政治路线和组织路线，在各省、市、自治区和中央各部门都有代理人。过去的各种斗争都不能解决问题，只有实行'文化大革命'，公开地、全面地、自下而上地发动广大群众来揭发上述的黑暗面，才能把被走资派篡夺的权力重新夺回来。这实质上是一个阶级推翻一个阶级的政治大革命，以后还要进行多次。这些论点主要出现在作为'文化大革命'纲领性文件的《五一六通知》和党的'九大'的政治报告中，并曾被概括成为所谓'无产阶级专政下继续革命的理论'，从而使'无产阶级专政下继续革命'一语有了特定的含义。毛泽东同志发动'文化大革命'的这些'左'倾错误论点，明显地脱离了作为马克思列宁主义普遍原理和中国革命具体实践相结合的毛泽东思想的轨道，必须把它们同毛泽东思想完全区别开来。"

邓小平是"文化大革命"中所涉及的重要人物。他曾经说过：我一生最痛苦的是"文化大革命"的这一段时间。

1966年三四月间，邓小平与李富春、薄一波率国务院各部委负责人到西北各地视察工作。一路上，他谈笑风生，主要的话题是如何发展西北地区的经济和搞好三线建设。

4月8日，康生打电话叫邓小平即刻回京。接到电话后，邓小平紧急从延安坐专机直飞北京。这时的他，一点儿也没有料到，一场将会给我们党和国家、给我们全民族带来巨大灾难的大规模的"文化大革命"即将到来，而他本人也成了这场运动对立面中的重要人物之一。

5月16日，中共中央发出"五一六通知"，"文化大革命"全面开始。

"文化大革命"一开始，林彪、江青及其爪牙便赤膊上阵。6月1日，被陈伯达带领工作组接管的《人民日报》发表《横扫一切牛鬼蛇神》的社论，号召群众起来进行"文化大革命"。当晚，中央人民广播电台播发经毛泽东批示在全国广播的北京大学聂元梓等人攻击北京大学党委和北京市委的大字报。次日，《人民日报》发表这张大字报，并配有盛赞这张大字报的评论员文章。许多城市大中学校的学生响应号召，很快掀起所谓"斗黑帮"的浪潮。一时间，乱揪乱斗的混乱现象不断发生，许多学校的党组织陷入被动和瘫痪状态。

由于毛泽东当时不在北京，为了控制这种混乱局面，6月上旬，在刘少奇、邓小平主持下，中共中央政治局常委决定派工作组到大中学校协助领导运动，并拟定了保持有领导、有秩序地开展运动的八条要求。

派遣工作组的决定，对稳定全国的政治局势起到了重要作用，而邓小平个人的政治生涯却由此发生了逆转。

在工作组到大中学校时，学生之间的派系斗争已相当严重。在江青、康生等人的挑拨下，有些学校出现了学生同工作组对立的事件。于是，江青等便借题发挥，向毛泽东作了片面汇报，企图整垮刘少奇、邓小平等一大批老干部。

7月24日，毛泽东召开会议，批评了刘少奇和邓小平，严厉地指责工作组"起坏作用，阻碍运动"。刘少奇、邓小平都对此承担了责任，并作了检讨。随后，根据毛泽东的意见，中央于7月26日决定撤销工作组。

然而，事情到此并没有结束。毛泽东认为，刚刚兴起的"文化大革命"被压下去了，为了排除"阻力"，必须再作一次全面发动。

8月1日，毛泽东主持召开了党的八届十一中全会。8月4日，毛泽东在讲话中严厉指责派工作组是"镇压学生运动"，是"路线错误"，并在讲话中声色俱厉地说："牛鬼蛇神，在座的就有。"第二天，毛泽东又发表了《炮打司令部——我的一张大字报》，文中提出，中央有另外一个资产阶级司令部。虽然没有点名，但明眼人一看便知，这指的是刘少奇、邓小平等主持中央日常工作的领导同志。

毛泽东的这篇大字报发表后，邓小平就受到了错误的批判和斗争。谢富治首先在八届十一中全会上点名批判邓小平，说他在新中国成立后变了，并说这次批判资产阶级反动路线的阻力之所以如此之大，同邓小平的影响不无关系。八届十一中全会改组了中央，邓小平虽然仍被选为中央政治局常委，但实际上已经靠边站了。

同年10月，在中央工作会议上，刘少奇和邓小平被点名批判，并被指责为"错误路线的代表人物"。邓小平被迫在会上作了检讨。他直言："在八届十一中全会上，毛泽东的一张大字报就是炮轰刘少奇同志和我两人的司令部。"很显然，"刘少奇同志和我两人的司令部"是邓小平被迫检讨时所用的违心之语。在检讨时，他为了保护干部，减少损失，主动承担了大部分责任。他说："必须讲清楚，工作组的绝大多数是好同志，在这段工作中所犯的错误除了个别人，主要责任不应由他们来承担，而应由我和少奇同志来承担。"当时，毛泽东还认为刘邓问题是党内问题，并说："把对刘邓的大字报贴到大街上去不好，要允许犯错误，允许改；刘邓两人是搞公开的，不是秘密的，要允许刘邓革命。"

然而，一些部门的造反派在江青等人的蛊惑下，到中南海去向毛泽东送决心书，要求坚决揭发、批判刘少奇和邓小平。

11月8日，曾率先贴出"全国第一张马列主义大字报"的聂元梓，纠集另外10个人一起贴出了题为《邓小平是党内走资本主义道路的当权派》的大字报，在大字报中颠倒黑白地肆意诬称"我国党内头号走资本主义道路的当权派是刘少奇，二号走资派就是邓小平"。随后，在江青一伙的鼓动下，社会上很快出现了批判刘少奇和邓小平的口号。

1967年8月，林彪一伙公然在中南海组织批斗刘少奇、邓小平和陶铸夫妇。邓小平被无端地扣上了"中国第二号最大的走资派"的帽子，并从中共中央总书记的职位上被赶了下来，过起了被关押隔离的生活。

从1967年9月到1969年10月，整整两年的时间里，邓小平一直被幽禁在中南海的住宅里。

1969年，"文化大革命"已进行了三年多的时间。这场"革命"，给中国人民带来了深重的灾难，而林彪、江青一伙则趁机不断聚敛手中的权力。在所谓的"二月逆流"之后，一大批老一辈无产阶级革命家从党、国家和军队的领导岗位上被赶了下来。为了篡夺党和国家的最高权力，林彪一伙趁中苏边境局势紧张之机，别有用心地发出了"一号命令"，命令全军处于一级战备状态，并对首都实行"战备疏散"。在这个命令下，当时一大批党和国家领导人，如刘少奇、邓小平、朱德、陈云等分别被遣散到河南、江西、广东、安徽等地，并由当地省军区实行监护。名为"战备疏散"，实为政治迫害，以达到他们清除障碍、排除异己、篡党夺权的目的。

当时，邓小平已被关押隔离了两年的时间。他虽然仍住在中南海，但家里只有他和夫人卓琳。他的几个儿女已被"文化大革命"的狂流冲得飘零四散。正在北京大学物理系读书的大儿子邓朴方被迫害致残，邓林、邓楠、邓榕、邓质方则被下放到河北、安徽、陕西、山西的农村劳动，接受"改造"。

1969年10月18日，邓小平夫妇和继母夏伯根离开中南海，乘飞机前往江西南昌，开始了长达三年的监禁劳动生涯。

## 在新建县的日子里

1969年10月17日，林彪签署所谓"一号命令"：以中苏边境局势紧张为名，全军进入一级战备状态，对首都实行"战备疏散"。

10月18日，总参谋长黄永胜下达实施方案。

周恩来得知林彪的"一号命令"后，异常气愤。他一方面告知正在外地的毛泽东，一方面给各地打电话，要他们保护这批老干部。

"一号命令"传达到邓小平家中时，邓小平对前来家中话别的中办主任汪东兴提出一个问题：以前主席说过，有事情找你，到江西后是不是还可以给你写信？他得到了肯定的答复。

10月18日上午8时，周恩来给江西省革命委员会核心领导小组办公室主任程惠远打电话。周恩来问："你是不是同程世清政委一起从济南部队调过来的？"当周恩来得知程惠远是从北京中央军委调来的，便具体地布置起安置、保护邓小平的任务。程惠远放下电话，立即乘吉普车赶到婺源县，向正在那里检查工作的江西省革委会主任程世清当面汇报了这一情况。

10月20日下午，江西省革委会保卫部部长陈昌奉和程惠远从南昌来到新建县拖拉机修配厂。此前周总理驳回了程世清想把邓小平放置在边远山区赣州的计划，提出要安置在南昌市市郊。曾经做过毛泽东警卫员的陈昌奉，亲自对厂党总支书记兼革委会主任的罗朋布置任务：确保邓小平安全，不是百分之九十九，而是百分之百。三十岁出头的宣传干事、普通军人黄文华，被选中做邓小平的管理秘书，实质干的是"明保暗监"任务。接受任务后，黄文华立即和省革委会核心领导小组办公室工作人员赵子昌赶到新建县望城岗南昌陆军步兵学校，查看邓小平将要居住的刚刚腾出来的"将军楼"。

10月22日，邓小平、卓琳与夏伯根离开北京，举家南迁。

初下飞机，邓小平三人被安排到滨江招待所。一同从北京来的两名专案组成员，由江西方面陪同，查看了"将军楼"并向中央作了电话汇报，而后与邓小平谈了话。"专案组"成立一年多，这还是他们与审查对象第一次面对面的接触。

三天后，邓小平住进"将军楼"。从这天起，邓小平开始了他近三年的监禁劳动生涯。

住进"将军楼"，他们开始了衣食住的忙碌。其中，医疗方面，除了指定到附近炮团卫生队看病，还在新建县医院开了些常用药以备用。卓琳患有高血压、心脏病、胃溃疡，这些药好办，但邓小平要准备的是安眠药，黄文华不免一惊！为此黄文华专程驱车赶回省革委会，请示程惠远："老邓要用安眠药，我不放心，万一想不开，多吃了怎么办？"程惠远考虑了一番后交代："可以给他吃。你每天晚上送一次，看到他在临睡前吞服后再下楼。"

邓小平被安排在新建县拖拉机修配厂劳动。新建县委做出了周密的安排，严格规定任何组织、个人不准干扰这个厂，县有关部门见到有黄文华落款的条子，需要什么就立即给什么。

从县里开会回来的罗朋，立即布置成立了七人安全保卫小组，布置全厂一天之内将所有打倒邓小平的标语全部撕掉、洗净。邓、卓被安排在修理车间劳动，保卫工作由陶端缙这位靠得住的支委负责。其他车间工人一律不准进修理车间，不准喊"打倒邓小平"的口号，遇到外单位人员冲击喊口号，及时制止，随时打电话报告省革委会。

四五天后，邓小平、卓琳在黄文华的陪护下，由"将军楼"走出，来到二里外的拖拉机修配厂。罗朋在向他们介绍厂里情况时，巧妙地传达出厂里没有红卫兵造反派组织，老工人占多数，都是很本分的工人等信息。

作为监管人员的黄文华，同邓家一起生活了好几天，他总在为一件事犯愁：该如何称呼邓小平。一天，邓小平走过来，主动对黄文华说："你今后就叫我老邓，不要叫别的，这样还自然。"于是，"老邓"这个称呼便在厂里厂外叫开了。

为安排邓小平劳动，陶端缙犯了难，开始是清洗零件，而卓琳则和程红杏、卢凤英等女工在电工班修理马达上的电线，也就是拆绕线圈。但约莫半个钟头，邓小平感到双腿麻木，蹲久了直不起身来。陶端缙又安排邓小平干画线的技术活，后考虑到他的眼睛看图纸吃力，又商量让他干起了钳工，锉螺丝和拖拉机斗的挂钩。

工作台安置在车间的一角。看着这个工作台，记忆浮现在邓小平眼前：他十六岁那年，从重庆一所专科学校随92名中国学生一起乘船到法国勤工俭学，在雷诺汽车厂，他就学会了这门手艺，没料到几十年后，竟然在江西的这个小修理厂派上了用场。

看到邓小平如此熟练钳工活，陶端缙十分惊奇。邓小平干得满头大汗，有人开玩笑说："老邓，今天要多吃一碗饭啦。"邓小平一笑："我一个月8斤米。"

黄文华一愣，这些日子，只顾忙邓小平的学习、劳动，却把这件大事忘了。于是，此后每个月给邓小平供应的8斤米，增至20斤。

邓小平每天上班的路，都要绕一个大弯，又是在公路上走，容易招引注意，不太安全。罗朋和陶端缙爬上围墙勘查，准备开辟一条近道。他们发现，只要在工厂的围墙上开个小门，对着"将军楼"开条小道，既减少路程，又可避免接触外人。他们把这个想法告诉了黄文华。黄文华也正为每天的护送发愁，于是，一条小道在工人们的手中修成了。此后，邓小平、卓琳每天就行走在这条小道上，工人们称它为"邓小平小道"。

1969年悄然过去，1970年静静走来。南方的冬天是一种阴湿的、透骨寒心的、无以缓解的冷。尽管如此，邓小平仍每天坚持用冷水擦澡。

1月他们收到的工资只有120元，卓琳请黄文华问问是怎么回事，经江西请示中办，答复说不是减工资，是改发生活费，其余的钱暂由中央办公厅代为保管。

2月9日，邓小平给汪东兴写去一封信，围绕着钱不够用算了笔细账，同时提到希望能照顾大女儿邓林，"如能将她分配得同我们靠近些（如果我们长期在南昌的话），则更是我和卓琳的最大奢望了"。

信送走，没有得到答复。

为了适应新的经济状况，邓家开始了一系列的节约开支：开荒种菜、饲养小鸡……节省到连碗馊了的菜汤也舍不得倒掉。

转眼到了夏天，省革委会不断催促黄文华督促邓小平写劳动学习的心得体会。这天，黄文华瞅着邓小平心情尚佳，在看报纸，他绕了个弯儿问："老邓，毛主席语录你有没有？"卓琳回答说："没有。"黄文华继续问："我们要不要搞一本来？"邓小平丢开报纸，说："毛主席著作我们学习过多少遍了，天天读。在北京组织上曾规定我改为天天听，语录本字小看不见，以后可以到工厂跟工人师傅一起学。"邓小平接着说，"毛主席有些著作还是我们集体讨论写成的。"

黄文华碰了一个软钉子。他最后想了个招，隔三岔五地送语录，每次两条，压在邓小平的饭桌上。

程惠远后来听了汇报，认为这事做得太过了，便吩咐黄文华停止再送语录。

为了邓小平的安全，陶端缙在车间的左边修了一个小便池，一方面是为了不让邓小平走太远的路，另一方面是防止造反派的纠缠。陶端缙每天都要提前20分钟来，晚20分钟走，在邓小平工作台的周围检查一遍。他说："万一有人安放炸弹，就先炸死我。"快下班时，工人张瑞龙会主动给邓小平送来半桶热水和肥皂，泡泡手，解解疲乏。黄文华总跟着邓小平，劳动时也不离开。罗朋他们便想法子，开展"学习活动"，请黄文华搜集学习材料，谈学习心得，尽可能地将他从邓小平的身边支走。

监管着加起来超过二百岁的三位老人，由于各自身份的不同，压抑的气氛令黄文华感到沮丧。他鼓起勇气，与邓小平作了次交谈。邓小平严肃地告诉他："我们下定了决心，在这里长期住下去。"黄文华表态："我决不会做对不起你们的事。"

窃听器没有装，那台随时向省革委会汇报邓小平一切情况的电话，也用得不多。

这里给了邓小平一种安全感。邓小平主动提出，不再服用安眠药！

每天清晨，邓小平在开垦出的菜地施肥、浇水、除草。看着蔬菜在长，他喜在心头。一次，邓小平情不自禁地大声喊："卓琳呀，快来看，丝瓜又开花了!"正在厨房忙着的卓琳快步走来,看见他那高兴劲儿,问:"老头子,你高兴什么呀?""你看,丝瓜开花了,结了小丝瓜啦!"

5月的一天,程世清在陈昌奉的陪同下,来到"将军楼"。这是他第一次来见邓小平,连邓小平的意见也没征求,就直接向楼上走去。邓小平扫了他一眼,坐在那没动,是黄文华圆场,邓小平才招手叫他坐了下来。程世清坐定后问:"你来江西劳动七八个月了,感觉怎么样?有什么体会?"邓小平回敬了一句:"我昨天给中办主任汪东兴写了一封信,请他转交毛主席,我的全部情况在信里讲得很清楚了。"

被一句话就挡了回来的程世清,马上改变话题,大吹起自己来江西工作三年的成绩。邓小平一声不吭,使得他很尴尬,便又转拉家常问道:"你有什么困难,有什么要求?我可以帮助解决,你尽管讲好了。"邓小平说:"我的意见在昨天的信中已经通过中办主任汪东兴向毛主席汇报了。"说罢,自顾凝思养神,不再搭理程世清。

邓小平一家人在江西迎来了第一个端午节。和卓琳一起劳动的程红杏大包大揽:你家过节的准备工作由我包了!买糯米、粽叶,包粽子,程红杏手把手教着卓琳。卓琳第二天用盛开的栀子花编了个花环,送给小程。邓小平的脸盆漏了,陶端缙给他焊好,油漆工人还给涂了点儿漆。诸如补脚盆、修剪刀、教邓家自己酿糯米酒……长期相处,工人们和邓小平一家感情更靠近了。

邓小平精心喂养的几只鸡,开始下蛋了。有一天晚上喂食时,发现有只母鸡还没进窝,邓小平、卓琳找了好久,黄文华也帮着满院找,直到深夜才在一棵树下找到了,原来被黄鼠狼吃得只剩下些鸡毛、骨头,全家觉得十分可惜。

邓小平还自己动手做豆瓣酱,闲时,就自己一个人玩桥牌。

除了劳动,邓小平还在院中散步,每天步行四十圈五千余步。他说:"先做第一个五年计划,改造五年,不行再加五年,估计我这条件坚持十年还是可以的。"说完,他哈哈大笑起来。

这年9月13日,邓小平给汪东兴写信,对党的九届二中全会表了个态,请他转呈毛泽东和党中央。同时还另给汪东兴本人写了一封信,谈他在江西的情况,以及家人的事情。

汪东兴把前封信呈报给毛泽东。毛泽东看了,批示给林彪、周恩来和康生阅。

10月初，邓小平接到通知，决定由护理人员送邓朴方来南昌，同他们一起生活。

儿子病情是否好转？三位老人如何有能力照顾？最重要的是，如果朴方出院来昌，唯一获得治疗的权利便将丧失！

邓小平用写信的方式维持着和中央的联系，但又保持着节制和分寸，一般是没什么事发生，半年才会考虑写一封。但在这种情况下，他没有别的办法，在刚送出上两封信后的10月17日，不得不又写信给汪东兴，向中央求助。

信送走了，三位老人只有每日焦急地等待回音。

不久，上面通知，送邓朴方来江西一事暂作罢，三位老人才松了一口气。

秋天又来临了，农闲的时节到了。插队的毛毛和飞飞，回到江西的家。过了新年，又是春节，二女儿邓楠带着张勤也回来了。

在这种年月，还有人敢爱他的女儿，这对邓小平是很大的安慰。

邓家为邓楠举办了简朴的婚礼，把厂里的工人请来了。黄文华也吃了喜糖。他给小夫妇送了两本毛主席的"老五篇"，还在扉页上写了行字："沿着毛主席的革命路线前进！"

在北京，离春节还有一个星期时，邓朴方被人从三〇一医院弄出，丢进清河社会救济院。

大年初一，邓朴方的小姑和姑父到三〇一医院看望他，才知道朴方已被转走。赶到清河，那惨状令人目不忍睹，于是急忙给江西的哥嫂写信。

邓小平接到信后毫不犹豫，当天便提笔给汪东兴写信。他决定自己照顾残疾的儿子。

信送走了，等来的答复却让他们失望了。江西的人让邓小平以后不要再给汪东兴写信。不让再写信，意味着什么？是中央的意思，还是江西的意思？他们不知道，也没人可问。

6月，北京终于决定把邓朴方送到江西。

三位老人开始了艰难的护理。毛毛也从陕西回来帮忙。

一家人想尽了办法护理和激励着邓朴方顽强地生活下去！读书、玩哑铃、练拉力器，毛毛还发明了和坐在轮椅上的哥哥打乒乓球的绝招……

1971年9月13日，林彪在蒙古国温都尔汗折戟沉沙之后，"文化大革命"也开始有所降温。主持中央日常工作的周恩来，在毛泽东的支持下着手进行各条战线的整顿，落实党的政策，陆续解放了一批老干部。

1972年8月3日，邓小平和全体职工一起，再一次听了关于林彪反党集团罪行报告的传达。算来，这次已是第四次听这样的传达了。听完传达之后，邓小平给毛泽东写了一封信，表达了为党、为人民、为国家再做些工作的愿望。由于周恩来的关心，这封信很快到了毛泽东手中。

毛泽东看了邓小平的信后做了如下批示："请总理阅后，交汪主任印发各同志。邓小平所犯错误是严重的，但应与刘少奇加以区别。（一）他在中央苏区是挨整的，即邓、毛、谢、古四个罪人之一，是所谓毛派的头子。整他的材料见《两条路线》《六大以来》两书……（二）他没有历史问题，即没有投降过敌人。（三）他协助刘伯承同志打仗是得力的，有战功。除此之外，进城以后，也不是一件好事都没有做过，例如率领代表团到莫斯科谈判，他没有屈服于苏修，这些事我过去讲过多次，现在再说一遍。"

毛泽东的批示，给邓小平的复出带来了很大希望。周恩来看到了这个希望。他立即指示中央办公厅将毛泽东的批示连同邓小平的信印发给中央政治局委员传阅。在毛泽东做出批示的第二天，周恩来立即主持召开中央政治局会议，传达毛泽东对于邓小平来信的批示。同时，周恩来还以中央名义通知中共江西省委，宣布对邓小平解除监督，恢复党的组织生活，安排一些参观访问、调查研究形式的活动。

接到中央的通知后，恢复工作不久的老同志、中共江西省委书记（当时各省实行省委第一书记和省委书记制）黄知真亲自到新建县看望邓小平，并当面向邓小平传达了中央的通知。

邓小平向江西省委提出：请示一下中央，我能否在江西省内，到革命圣地井冈山及赣南等地老区看一看、走一走。9月底，中央批准了邓小平这一请求。中共江西省委遂对邓小平的行程进行安排。首先安排邓小平去的是井冈山，然后又去了赣南。

1973年，周恩来病倒了。毛泽东做出让邓小平复出的最后决定！

在"将军楼"，邓家度过了在江西的最后一个春节。

经中办同意，邓小平见到了自己的老秘书王瑞林，并把他接到"将军楼"住了两天。

要走了，要离开待了三年多的新建县拖拉机修配厂了，邓小平叫卓琳代表他和全家人去看望一下工人们。卓琳买了些糖果和点心分别去陶端缙、程红杏、缪发香等工人家道别。

1973年2月19日，邓小平带领家人，告别了工厂的工人们，告别了居住三年的小楼，登上列车，向北京进发。

### 阐述"三个世界"理论

1974年4月召开的联合国大会第六届特别会议，是一次重要的国际会议。这次会议是在1973年第四次中东战争时，石油输出国组织为支持阿拉伯国家而采取石油提价措施后召开的，它标志着第三世界国家以原料为武器，争取建立国际经济新秩序的斗争更加高涨，也是第三世界国家在完成政治独立后，争取经济发展的重要举措。

这届联大，在我们党和国家的历史上也占有重要的地位。邓小平率领中国政府代表团出席了这届联大，并在会上详尽阐述了毛泽东关于"三个世界"的理论，表明了中国反对霸权主义的坚定立场。这也是恢复了在联合国合法席位的中华人民共和国的领导人第一次登上联合国的讲台。

邓小平出席联合国大会第六届特别会议，是毛泽东、周恩来亲自点的将。

1974年，联合国总部决定于这年的4月召开联合国大会第六届特别会议。中国政府决定派代表团前往参加。这是中国在恢复联合国常任理事国席位后首次派遣高级代表团。出席这样一个重要的会议，必须派出在外交和国际活动经验方面卓有声望的人率团参加。由谁担任代表团团长，当时在中央政治局会议上还进行过一番激烈的争论。

当时，周恩来总理身染重病，不宜远行。刚刚恢复工作的邓小平虽然担任国务院副总理职务，但他还不是中央政治局常委。"四人帮"正是抓住这一点，极力反对邓小平率团出席。1974年3月，中共中央政治局就出席联合国大会第六届特别会议的人选进行讨论，在这次会议上根据外交部的建议（实为毛泽东、周恩来的意见），提出由邓小平率团出席联大特别会议，并代表中国政府作大会发言。江青公开表示反对，并以种种理由加以阻挠。由于江青的反对，政治局第一次讨论议而未决。第二天，周恩来不顾江青的阻挠，提笔在外交部报告上批示，同意外交部所提方案，并将该件送毛泽东及各政治局成员传阅。江青见到批件后勃然大怒，竟"勒令"外交部必须撤回其原报告。

毛泽东知道后，托人转告周恩来："邓小平出席联大，是我的意见，如政治局同志都不同意，那就算了。"周恩来得知后当即表示："完全同意毛主席的意见。"周恩来将毛泽东的这个意思转告给了政治局其他成员，并特别要在场的王洪文向江青、张春桥、姚文元转达毛泽东的意见。

在3月26日中央政治局第二次讨论出席联大会议人选时，由于周恩来事前努力，政治局成员中除江青外均同意邓小平率团出席联大特别会议。为此，江青歇斯底里，大闹政治局。会后，毛泽东得知江青在会上的表现，大为不满。3月27日，毛泽东致信江青："邓小平出国是我的意见，你不要反对为好。小心谨慎，不要反对我的意见。"毛泽东还通过王海容、唐闻生转告"四人帮"：到联合国开会还是小平去，我的意见就是这样，你们不同意就拉倒！毛泽东的决策，打破了"四人帮"企图阻挠邓小平出席联合国大会的图谋，迫使江青收敛了气焰。邓小平说："既然主席决定了，我还是去，聋子办外交嘛。"3月底，周恩来致信毛泽东："大家一致拥护主席关于小平同志出国参加特别联大的决定。小平同志已于27日减少国内工作，开始准备出国工作。"并告诉毛泽东，"小平同志出国安全，已从各方面加强布置，4月6日代表团离京时，准备举行盛大欢送仪式，以壮行色。"

对于这届联大，中央非常重视。因为这是新中国成立以后中国高层领导人首次登上联合国的讲台，如何亮相，关系到新中国外交的形象。邓小平受命后，立即全力投入了准备工作。

20世纪60年代，邓小平曾率领中共代表团同苏共进行谈判，有着丰富的国际斗争经验。他对参加准备工作的同志说："重要的是要有一篇好的发言稿。"随后，他集中精力，亲自指导代表团成员准备这篇发言稿。代表团在讨论发言稿时，觉得这篇发言稿除支持第三世界关于建立国际经济新秩序的各项主张外，还应当向国际社会传达我们党对国际形势的新看法，即毛泽东同志关于划分"三个世界"的新提法。代表团把这个想法向邓小平请示后，他立即首肯。

毛泽东最早提出"三个世界"划分的理论，是在1973年。这年的6月22日，他在会见马里国家元首特拉奥雷时说："我们都叫作第三世界，就是叫作发展中国家。"1974年2月22日，他在会见赞比亚总统卡翁达时，根据当时世界各国的发展变化，根据国际形势发展的主流和历史前进的方向，明确提出了划分"三个世界"的战略。毛泽东说：美国、苏联是第一世界；日本、欧洲、加拿大、澳大利亚是第二世界；亚洲除了日本，还有整个非洲、拉丁美洲都是第三世界。毛泽东还强调指出：中国属于第三世界，因为政治、经济各方面，中国不能跟富国、大国比，只能跟一些比较穷的国家在一起。

发言稿的初稿写成后，邓小平和大家一起，花了一整天时间，在人民大会堂，一段一段地讨论。当时，邓小平已达七十岁的高龄，他还和大家一起讨论，一起加班加点，而且认真听取每个同志的发言，还不时地表示：你们提的这个意见很好。这种不是高高在上地指挥，而是和工作人员一起讨论的作风，令参加起草工作的同志大为感动。

会议讨论到最后一段结束语时，邓小平说，应该讲这样几句话，就是：

中国现在不是，将来也不做超级大国。如果中国有朝一日变了颜色，变成一个超级大国，也在世界上称王称霸，到处欺负人家，侵略人家，剥削人家，那么，世界人民就应当给中国戴上一顶社会帝国主义的帽子，就应当揭露它，反对它，并且同中国人民一道，打倒它。

当参加起草工作的凌青记下这几句话后，邓小平说："你就这样写，不必改。"这是我国国家领导人第一次在联合国讲台上对国际社会表达中国永不称霸的决心，特别是最后一句是在其他场合都没有提到过的，更显示出中国人民同世界人民利益的一致性，划清了社会主义同社会帝国主义国家的界限。

邓小平在联合国第六届特别会议上的发言，经中共中央政治局讨论顺利通过。随后，报送毛泽东最后定夺。毛泽东审阅后于4月4日批示："好，赞同。"

4月6日清晨，邓小平率领中国代表团赴纽约出席联合国大会第六届特别会议。周恩来破例亲自率领中央政治局委员和在京的党政军各部门负责人以及各界群众4000余人在首都机场组织了一个盛大的欢送仪式，为邓小平和全体团员送行。

与此同时，世界也都在关注着中国代表团的到来。4月10日下午，在一片关注的气氛中，中华人民共和国代表团团长邓小平健步走上联合国大会的讲台，从容不迫地摊开讲稿，面对100多个国家的代表团和众多的记者，开始了他明快的发言。

邓小平精辟地阐述了毛泽东主席提出的"三个世界"的理论，论述了中国的对外政策。

他说："从国际关系的变化看，现在的世界实际上存在互相联系又互相矛盾着的三个方面、三个世界。美国、苏联是第一世界，亚非拉发展中国家和其他地区的发展中国家，是第三世界，处于这两者之间的发达国家是第二世界。"

邓小平庄严声明：

> 中国是一个社会主义国家，也是一个发展中国家，中国属于第三世界。中国同大多数第三世界国家具有相似的苦难经历，面临共同的问题和任务。中国把坚决同第三世界其他国家一起为反对帝国主义、霸权主义、殖民主义而斗争，看作自己神圣的国际义务。中国坚决站在第三世界国家一边，中国永远不称霸。

邓小平代表中国政府向国际社会提出了建立国际经济新秩序的基本主张。他说：国家之间的政治和经济关系，都应该建立在和平共处五项原则的基础上；国际经济事务应该由世界各国共同来管，而不应该由少数国家来垄断。占世界人口绝大多数的发展中国家应该参与决定国际贸易、货币、航运等方面的大事；发展中国家对自己的自然资源应该享有和行使永久主权；对发展中国家的经济援助应该严格尊重受援国家的主权，不附带任何条件，不要求任何特权；对发展中国家提供的贷款应该是无息或低息，必要时可以延期偿付甚至减免；对发展中国家的技术援助应该实用、有效、廉价、方便。

邓小平强调：各国的事务应当由各国人民自己来管，发展中国家人民有权自行选择和决定他们自己的社会、经济制度。

邓小平长达数小时的发言震动了整个会场，赢得了广大发展中国家的称赞。发言结束后，许多国家的代表纷纷与邓小平握手致意。世界各大报刊和电台也纷纷报道邓小平的发言。毛泽东关于"三个世界"的理论经过邓小平的全面阐述在国际上产生了深刻而持久的影响，大大提高了中国在国际舞台上的地位和声望。中国政府的外交影响又一次震动了全世界。

这一次联合国之行，也奠定了邓小平作为一名国际政治活动家的重要地位。"邓小平"这个名字，从此为国际社会广泛关注。

4月19日，邓小平率参加联大会议的代表团回国。这一天上午，周恩来致函毛泽东："小平同志率代表团今日下午五点半到京，欢迎场面同欢送时一样。"下午，周恩来不顾病痛，再次前往机场，以隆重的仪式迎接邓小平。

## 四届人大

全国四届人大是在"文化大革命"那个特殊的年代召开的一次具有特殊意义的大会。这次大会在我国党、政、军的历史上都占有重要的地位。这次大会的最大成果是确立了我国实现四个现代化的宏伟目标;产生了由周恩来、邓小平为核心的国务院领导机构。此后不久,邓小平开始代周恩来主持国务院的工作,并在实际上主持党中央的日常工作。这就为不久后邓小平在全党和全国进行的全面整顿奠定了基础。

1974年,"文化大革命"已进入第九个年头。这一年的国庆节刚过,毛泽东向中央提出建议:由邓小平出任国务院第一副总理。同时,毛泽东还提出在近期召开第四届全国人民代表大会的意见。

召开全国人民代表大会,是"文化大革命"期间毛泽东继召开党的第十次全国代表大会之后的又一个重要步骤。党的代表大会,产生了新一届党中央及组织机构。人民代表大会,是在宪法的规定下,完成新一届国务院及组织机构的人事安排。毛泽东是想通过这两大安排,"胜利"地完成"文化大革命"的"光荣"使命。

要召开四届人大,进行国家机构的人事安排,对于江青一伙来说,这是一个极为关键的时刻。在党内,他们都已攫取高位,王洪文当了党的副主席,张春桥当了常委,江青和姚文元也都进了政治局。但他们以"文革"功臣自居,还要进一步争夺在国家、政府和军队里的权力。召开人大,在他们眼里,是一个进行权力再分配和夺取更大权力的大好时机。借着这一机会,他们要全面掌握党政军大权。

江青一伙急着参与"组阁"。由于第一副总理已经由毛泽东提出人选,"四人帮"便把眼睛盯住了"总参谋长"这一军队中的重要职务。10月6日晚,江青迫不及待地赶到三〇五医院找周恩来谈话,提出了对四届人大人事安排及解放军总参谋长人选的意见。但在周恩来那里,江青碰了壁。

几天后,根据毛泽东的意见,中共中央正式发出近期召开第四届全国人民代表大会的通知,其中转达了毛泽东的意见:"无产阶级文化大革命,已经八年。现在,以安定团结为好。全党全军要团结。"

对毛泽东的这一意见,江青等人置若罔闻,他们继续加紧图谋"组阁"

的步骤。为了达到"组阁"、夺权的目的，他们把矛头指向了周恩来和邓小平。

江青一伙借一个"风庆轮事件"，向以周恩来为首的国务院发难，大闹政治局。

"风庆轮"是我国自行设计制造、完全用国产设备装备起来的一艘万吨远洋货轮。1974年初试航，5月远航欧洲，9月远航归来。担任轮船副政委和政治干事的交通部干部李国堂、顾文广协助完成了这次远航欧洲的任务。这本是一件值得庆贺的事，却成了江青一伙用来攻击周恩来和邓小平的筹码。

9月30日，"风庆轮"远航归来。江青、张春桥当即要求大力宣传此事，试图通过宣传"风庆轮"，给周恩来为扩大对外经贸交流所做的努力扣上"洋奴哲学""崇洋卖国"的帽子。早在1970年，周恩来就曾提出适当从国外购买一些船只，力争在1975年基本结束我国远洋海运以租用外轮为主的局面。这是适合我国情况的正确方针。但江青等人置这一事实于不顾，他们指使《文汇报》《解放军报》发表长篇通讯，把"风庆轮"的远航成绩归功于己，把造船和租船、买船完全对立起来，含沙射影地攻击周恩来"推行了一条卖国主义路线"。

10月13日，正在到处寻机发难的江青从《国内动态》清样上看到有关"风庆轮"事件的报道中有批判"造船不如买船，买船不如租船"的所谓"洋奴哲学"的内容，如获至宝，挥笔批道："交通部是不是毛主席、党中央领导的中华人民共和国的一个部？有少数崇洋媚外、买办资产阶级思想的人专了我们的政。"又称，"政治局对这个问题应该有个表态，而且应该采取必要的措施。"江青批示后，王洪文、张春桥、姚文元也紧随其后，异口同声地提出这件事是"路线问题"，要求国务院、交通部抓住此事进行所谓"路线教育"。

而主持国务院工作的邓小平对江青一伙的无理取闹根本不予理睬，与他们横加指责、上"纲"上"线"的大段批语形成鲜明对照，他只在这份材料上画了个圈；周恩来后来也只在江青派人专门送来的传阅件上批了"已阅"两个字。对此，江青一伙当然大为不满。

10月17日晚，在中央政治局会议上，早有预谋的江青等人联合向邓小平发起突然袭击。他们把"风庆轮事件"定性为"崇洋媚外"和"洋奴哲学"的一个典型，把攻击的矛头直指周恩来、邓小平，并逼着与会的政治局委员对此当场表态。

会上，江青首先站起来向邓小平挑衅："对这件事，你是支持，还是反对，或者想站在中间立场上？你要表明态度。"

面对江青的突然袭击，邓小平从容地回答：我已经圈阅了。并表示对这个材料还要调查一下。

江青见邓小平这样对答，便进一步逼问邓小平对批判"洋奴哲学"是什么态度。

邓小平已多次见识过江青一伙这种惯用的伎俩，他通常都是以沉默来"表态"。但这一次不同，面对江青骄横无理、唯我独尊的架势，邓小平再也忍受不下去了，厉声对江青说："政治局开会讨论问题，要平等嘛，不能用这样的态度对人呀。这样政治局还能合作？强加于人，一定要赞成你的意见吗？"

对邓小平这当众的反击，江青颇有些意外。她怔了好一会儿，才回过神来。接着，她便大叫大闹，撒起泼来，并用泼妇式的语言攻击、谩骂邓小平。

看到江青如此撒泼，邓小平站了起来，严肃而气愤地说："问题还没有了解清楚，就戴了这么大的帽子，这会怎么开！"说完，邓小平愤然起身，走出了会场。

邓小平走后，张春桥狠狠地说："邓小平又跳出来了。"江青等人本想在政治局会上闹出点儿名堂，不想在邓小平这里碰了一个硬钉子。会议不欢而散。

当天晚上，江青召集张春桥、姚文元、王洪文到钓鱼台17号楼内紧急密谋。江青说，邓小平之所以这样吵架，就是对"文化大革命"不满意，反对"文化大革命"。张春桥说，邓小平之所以跳出来，可能是与四届人大人事安排及对总参谋长的提名有关，这是一次总爆发。王洪文说，邓小平对"文化大革命"不满意，有气，不支持新生事物。姚文元则在日记中写道："斗争形势突然地变化了！邓小平同志在昨天会议结束时站起来骂江青同志，已有庐山会议气息！"他们一直研究到午夜后，决定抓住这一"事件"，精心组织说辞，派王洪文去长沙向毛泽东告状。

10月18日，也就是政治局会议的第二天，江青一伙经过一番精心策划，背着中央政治局，派王洪文私自飞往长沙，向正在那里养病的毛泽东告周恩来和邓小平的状。

王洪文向毛泽东汇报说，在政治局会议上，为了"风庆轮"这件事，江青与邓小平发生争吵，吵得很厉害。邓小平有那样大的情绪，是与最近在酝酿总参谋长人选一事有关。他还说，总理现在虽然有病，住在医院，但是活动频繁，昼夜忙着找人谈话，一直到深夜。几乎每天都有人到医院去他那里，经常去看总理的有邓小平、叶剑英、李先念等。他们这些人在这时候来往这样频繁，这是同四届人大的人事安排有关的。王洪文还借机在毛泽东面前说张春桥怎样有能力，姚文元怎样读书，对江青更是一番吹捧，其用意不言自明，就是说服毛泽东，让江青等人进行"组阁"。同时在毛泽东面前搞臭邓小平，使他不能工作，当然更不想让他当第一副总理了。

听完王洪文的汇报，毛泽东严厉批评了王洪文。他说："有意见当面谈，这么搞不好，要跟小平同志搞好团结。小平同志政治上强，会打仗呢。"毛泽东还对王洪文说："你回去，要多找总理和剑英同志谈，不要跟江青搞在一起，你要注意她。"

虽然毛泽东对江青一伙的做法一再提出批评，但野心膨胀的江青等人并不善罢甘休。当他们得知外交部的王海容、唐闻生将随邓小平陪丹麦首相保罗·哈特林去长沙见毛泽东后，又迫不及待地两次召见王、唐二人。江青夸张地对她们说，政治局会议上邓小平和她发生争吵，事后扬长而去，使得政治局会议开不下去。江青还诬陷说，国务院的领导同志经常借谈工作搞串联，总理在医院也很忙，并不是在养病。说邓小平和总理、叶帅都是在一起的，总理是后台。张春桥也添油加醋地对王、唐二人说，"批林批孔"后，国家财政收支和对外贸易出现逆差，是国务院领导"崇洋媚外"造成的，并把邓小平在"风庆轮"问题上的态度比作"二月逆流"。江青、张春桥、姚文元要王海容和唐闻生将这些情况"报告"毛泽东。

王海容、唐闻生两次被江青叫去谈话，感到其中一定有问题。于是在江青同她们谈话的第二天，也就是10月19日，她们到医院将情况全部报告了周恩来。因为此前周恩来已先后找华国锋、纪登奎、李先念和邓小平了解了17日政治局会议的情况及"风庆轮"问题，所以他明确对王、唐二人说："风庆轮事件"并不像江青等人说的那样，而是江青他们四个人事先就计划好要整邓小平。他们已经多次这样搞过小平同志，小平同志已忍了很久了。他让王、唐10月20日到长沙后向毛泽东汇报。

10月20日会见外宾后，王海容、唐闻生根据周恩来的意见，把情况向毛泽东作了汇报。听了王、唐的汇报，毛泽东异常气愤。他说："'风庆轮'的问题本来是一件小事，而且先念等同志已经在解决，但是江青还这么闹。"毛泽东让王、唐二人回京后转告周恩来和王洪文："总理还是总理，四届人大的筹备工作和人事安排要总理和王洪文一起管。"

毛泽东对邓小平能够针锋相对地顶江青表示赞扬，他建议邓小平任第一副总理、军委副主席兼总参谋长。毛泽东还让王海容和唐闻生转告王洪文、张春桥和姚文元，叫他们不要跟在江青后面批东西。

10月22日，王海容、唐闻生回到北京后，向周恩来传达了毛泽东在长沙谈话的内容。周恩来听后十分振奋。按照毛泽东的指示，周恩来开始加紧四届人大的筹备工作。

11月6日，周恩来写信给毛泽东，汇报四届人大筹备进展情况。信中说："代表名单、宪法草案和报告、政府工作报告，均可在11月搞出""人事名单估计11月下旬可搞出几个比较满意人选""我积极支持主席提议的小平为第一副总理，还兼总参谋长。"当天，毛泽东在周恩来的信上批示："同意。"

11月12日，邓小平陪也门民主共和国总统鲁巴伊去长沙会见毛泽东。接见完外宾后，邓小平向毛泽东当面汇报了10月17日政治局争论的情况，并谈到了自己同江青斗争的情况。毛泽东听后，表示赞同邓小平的意见和做法。

毛泽东说："她强加于人啊，我也是不高兴的，你开了一个钢铁公司，好！"

邓小平说："我实在忍不住了，不止一次了。"

毛泽东说："我赞成你！"

邓小平说："她在政治局搞了七八次了。"

毛泽东说："强加于人啊，我也是不高兴的。"并用手指着在场的王海容和唐闻生说："她们都不高兴。"

邓小平说："我主要是感觉政治局的生活不正常。最后我到她那里去讲了一下，钢铁公司对钢铁公司。"

毛泽东赞赏地说："这个好。"

关于自己的工作，邓小平恳切地说："最近关于我工作的决定，主席已经讲了，不应再提什么意见了，但是看来责任是太重了一点儿。"

毛泽东则风趣地说："没办法呢，只好担起来喽！"他勉励邓小平继续努力，放手工作。

邓小平回到北京后不久，就到医院向周恩来汇报了他同毛泽东谈话的情况。

就在周恩来、邓小平等昼夜加紧工作的同时，江青一伙也加紧了活动。他们错误地认为，有王洪文在前台和周恩来一起进行四届人大的筹备工作，在"组阁"的关键问题上，仍然可以大做文章。11月12日，江青给毛泽东写信，提名谢静宜任全国人大常委会副委员长，迟群当教育部部长，毛远新、迟群、谢静宜等列席政治局，作为"接班人"来培养。在信中，江青摆出了一副由她进行"组阁"的架势。毛泽东当天看到了江青的信，立即回信，明确拒绝了江青的要求："不要多露面，不要批文件，不要由你组阁（当后台老板）。你积怨甚多，要团结多数。此嘱。"又写道："人贵有自知之明，又及。"19日，江青以"检讨"的名义，给毛泽东写信，信中说："自九大以后，我基本上是闲人，没有分配我什么工作，目前更甚。"这分明是向毛泽东要官。

看到江青的信后，毛泽东于20日再次复信对她进行批评："你的职务就是研究国内动态，这已经是大任务了。此事我对你说了多次，不要说没有工作。此嘱。"但江青把毛泽东的多次劝诫当作耳旁风，她又把王海容、唐闻生找来，要她们向毛泽东转达她对人事安排的意见，就是要让王洪文当全国人大常委会副委员长，排在朱德、董必武之后。当听到江青的这个"意见"时，毛泽东对王、唐二人说："江青有野心。她是想叫王洪文做委员长，她自己做党的主席。"毛泽东让王、唐转告周恩来，全国人大常委会，朱德、董必武之后要安排宋庆龄。邓小平、张春桥、李先念等任国务院副总理。其他人事由周恩来主持安排。

在重大的人事安排基本确定下来之后，毛泽东提出由邓小平主持起草周恩来总理在四届人大的《政府工作报告》。考虑到周恩来的健康状况，报告如果太长，肯定坚持不下来，毛泽东提出报告不要太长，只三五千字即可。邓小平接受了毛泽东的重托。

11月下旬，邓小平开始组织班子，抓紧起草报告。其间，邓小平与"四人帮"进行了坚决的斗争，排除种种干扰，确定了总纲和方针。此时，距离三届人大已经十年了。这十年，有许多工作和问题需要在这个《政府工作报告》中讲。为了让周恩来能够在数千名人大代表面前顺利地完成作《政府工作报告》的重任，邓小平建议，并报毛泽东同意，决定把《政府工作报告》限定在五千字以内，经济部分不到两千字。仅用五千字就把这些工作和问题讲清楚，难度可想而知。经过反复思考和讨论，最后确定把周恩来关于四个现代化建设的一贯思想作为重点来写，与三届人大的《政府工作报告》相衔接。

邓小平亲自草拟了三段，第一段一千多字，讲的都是实际内容。他在报告中郑重写下了周恩来关于"四个现代化"的思想，重申了1964年周恩来在三届人大《政府工作报告》里提出的"两步设想"："第一步，用十五年时间，即在1980年以前，建成一个独立的比较完整的工业体系和国民经济体系；第二步，在本世纪内，全面实现农业、工业、国防和科学技术的现代化，使我国国民经济走在世界的前列。"实现"四个现代化"，是整个报告最引人注目的地方，也是这篇报告的精髓所在。12月20日，周恩来又审阅、修改了邓小平主持起草的《政府工作报告》稿，表示"基本同意"。

1975年1月13日，在四届人大一次会议上，周恩来总理以无比顽强的意志，战胜病痛，激昂有力地向大会作《政府工作报告》，全场振奋，掌声雷动，经久不息。周恩来总理又一次为中国人民鼓起了建设社会主义现代化强国的斗志。这篇《政府工作报告》，成为周恩来五十多年革命生涯包括二十多年政府总理任职上又一个光辉的里程碑。

多年以后，邓小平在回忆这段往事时还十分感慨地说："总理的讲话是我亲自起草的，不能超过5000字。总理身体那么差，写多了他也念不下去。那个时候，我经常去见总理。"

的确，在接替周恩来主持国务院日常工作和主持起草《政府工作报告》期间，邓小平经常去周恩来那里商量工作。到1974年12月中下旬，四届人大的筹备工作进入了最后的阶段。21日，周恩来召集王洪文、叶剑英、邓小平、张春桥、李先念、江青、姚文元等部分在京中央政治局委员开会，讨论四届人大人事安排问题。江青等人知道，这是参与组阁的最后机会了。于是，她和张春桥等人在会上极力吵闹，设法将其亲信安排在文化、教育、体育等部门。会后，周恩来同李先念、纪登奎交换意见，认为教育部以周荣鑫当部长为宜，文化部和体委可做些让步。同一天，周恩来还拟出四届人大常委会委员长、副委员长和国务院副总理名单方案，送叶剑英、邓小平、江青、张春桥等阅。经过考虑，周恩来又在副委员长名单中增加了陈云、韦国清二人。至此，四届人大的各项准备工作全部就绪。

1974年12月23日，根据政治局的意见，周恩来、王洪文前往长沙向毛泽东汇报四届人大准备情况。这时，周恩来的身体已相当虚弱了，但他以国事为重，并坚定地向医生表示："既然把我推上历史舞台，我就得完成历史任务。"

12月23日至27日，在长沙，毛泽东同周恩来、王洪文一连进行了四次谈话。联系江青等人在筹备四届人大期间的帮派活动，毛泽东严厉警告王洪文："不要搞'四人帮'"，"不要搞宗派，搞宗派是要摔跤的"。又说："江青有野心。你们看有没有？我看是有。"毛泽东提出，江青应该作自我批评，并且要求王洪文写出书面检查。与此同时，毛泽东高度评价了邓小平，说邓小平"政治思想强""人才难得"。他对着王洪文说："比你强。"

毛泽东还采纳了周恩来的建议，提出在四届人大前召开的中共十届二中全会上，补选邓小平为中央政治局常委、中央副主席，同时担任中央军委副主席、国务院副总理兼总参谋长。毛泽东对周恩来和王洪文说："你们留在这里谈谈，告诉小平在京主持工作。'四人帮'不要搞了。中央就这么多人，要团结。"关于四届人大的人事安排问题，毛泽东重申，"总理还是我们的总理"，人大开过后，总理可安心养病，国务院的工作由邓小平去顶。至此，以江青为首的"四人帮"企图"组阁"的阴谋彻底破产。

在周恩来到长沙向毛泽东汇报四届人大人事安排的同时，邓小平在北京忙碌地工作着。他除了主持国务院日常工作，还要根据周恩来的指示，主持关于国务院的部、委设置和各部部长、委员会主任、最高人民法院院长的人选安排，代表中央起草有关报告。

12月27日，周恩来回京的第二天，就召开了有王洪文、叶剑英、邓小平、张春桥等参加的政治局常委会议，研究如何贯彻毛泽东在长沙几次谈话的问题。这是邓小平复出后第一次以政治局常委的身份出席政治局常委会议。

1975年1月1日，周恩来在人民大会堂主持召开政治局会议。会上通过了由邓小平代表中央起草的关于国务院的部、委设置和各部部长、委员会主任、最高人民法院院长人选的报告。

1月5日，根据毛泽东的提议，中共中央发出1975年一号文件，任命邓小平为中央军事委员会副主席兼中国人民解放军总参谋长。

1月8日至10日，中共十届二中全会追认邓小平为中央政治局委员，选举邓小平为中共中央副主席、中央政治局常委。

1月13日至17日的四届人大根据中共中央的提议，决定任命周恩来为国务院总理，邓小平等12人为国务院副总理。

两周后的2月1日，周恩来在人民大会堂召开四届人大后的第一次国务院常务会议，审定国务院12位副总理的分工。会议确定邓小平主管外事，在周恩来总理治病疗养期间，代总理主持会议和呈批主要文件。会上，周恩来说："我身体不行了，今后国务院的工作由小平同志主持。"并且强调，现在我病了，将来这样的会，请小平同志主持。

第二天，周恩来致信毛泽东，报告国务院各副总理分工等情况。毛泽东批准了这个报告。从这时起，在毛泽东、周恩来的支持下，邓小平开始代周恩来主持国务院的工作，并在实际上主持党中央的日常工作。

这次会议产生的以周恩来、邓小平为核心的国务院领导机构，为不久后进行的全面整顿奠定了基础。

**旧地重游**

1975年5月12日上午，应法国政府的邀请，中华人民共和国副总理邓小平乘专机到达巴黎，对法国进行正式访问。

机场上举行了隆重的欢迎仪式。乐队高奏中国和法国国歌。邓小平副总理和希拉克总理，由巴黎军区司令让·福罗将军陪同，检阅了法兰西共和国卫队组成的仪仗队。接着，邓小平副总理在希拉克总理的陪同下，走进贵宾室，同前来机场欢迎的人一一握手。希拉克总理在贵宾室致欢迎词，以法兰西共和国总统和法国政府名义，热烈欢迎邓小平副总理对法国进行正式访问。他说："您的访问是中国和法国互相表示关心的证明，这次访问是我们友好关系的证明，为加强我们在各方面的合作提供了机会。"

"我们为您这次访问感到高兴，为您在今后几天内同共和国总统先生和我举行的会谈感到高兴。这些会谈使人们可以就最重要的国际问题和同我们两国有关的事情交换意见。我个人深信，这些会谈将是有用的和有成果的。"

邓小平副总理在致答词时说："我很高兴应法国政府的邀请，有机会来贵国进行正式访问，会见贵国领导人，接触法国人民。法国是我青年时代曾经生活过的国家，法国人民的热情好客给我留下了深刻的印象。现在重游旧地，感到非常愉快。我特别高兴的是，自从1964年建立外交关系以来，我们两国的关系不断得到发展。这次，我是带着进一步发展两国关系的真诚愿望来贵国访问的。我相信通过我们双方的会谈，我们之间的相互了解必将进一步加强，两国之间的良好关系将得到新的发展。"

邓小平副总理在希拉克总理的陪同下，乘坐汽车前往法国国宾馆马里涅大厦。

这是邓小平第三次到这个国家。

一年前，邓小平作为中华人民共和国政府代表团团长，出席在纽约召开的第六届特别联大。4月17日途经巴黎作了停留。4月18日下午，法国总理梅斯内尔在总理府会见了邓小平，并进行了亲切友好的谈话。邓小平对法国的感情很深。他女儿毛毛在《我的父亲邓小平》一书中这样写道："对于这个位于意大利广场旁边的小小咖啡店，父亲深怀感情，念念不忘。1974年去纽约参加联大会议途经巴黎时，他告诉随行的同志，他和他的战友们曾住在意大利广场那里，并时常去一个小咖啡馆喝咖啡。他请中国驻法国大使馆的人带他去意大利广场那里看了一下，看完后，他感慨地说：'面目全非了！'喝不上原来那家小咖啡馆的咖啡了，父亲就叫使馆的人每天早晨从街上的咖啡馆中买咖啡送去给他喝。没办法，他就是喜欢那种真正的法国小咖啡馆里的咖啡。而且还总爱把法国的小咖啡馆和他家乡四川的小茶馆相提并论。"

他喜爱法国的咖啡，对这个国家情有独钟，这里是孕育他走上革命道路的地方，这里是他的第二故乡。他曾在这里生活了五年之久，而且是不同寻常的五年！

1975年5月12日下午3点半，邓小平与法国总理希拉克在总理府会议室举行会谈。

会谈从双边关系开始。希拉克首先谈到经济交流问题。他说，我们对经济交流的重视，不仅仅是从经济和财政角度考虑，我们认为发展经济关系可以更好地发展我们的政治关系。他列出了一个经济合作的清单：中国在石油、天然气领域有一些成就，双方可以合作；法国阿尔斯通公司帮中国建造年发电量为60万千瓦的热电站项目应加速进行；还有航空领域的合作，彩色电视设备、电讯器材等方面的合作，等等。他特别谈到了双方怎么样才能达到贸易平衡问题。

邓小平说，中国现在还是一个发展中国家，就我们经济建设来讲，我们希望从一些发达国家购买更多的技术、产品，但我们自己受支付能力和条件的限制。这是我们两国间经济交流存在的一个现实问题。

他强调，这是"暂时现象，我们同法国发展经济关系的原则是同等优先"，就是说，在同其他国家同等条件下，我们首先考虑法国，这也是出于政治上考虑的。

双方在北京—巴黎直航问题上达成一致。

希拉克还提出，双方是否可以建立一个每年进行磋商的工作机制，由两国外长加上外交部或其他部的有关技术人员参加，共同讨论三个方面的问题：一、两国政治关系和国际问题；二、两国经济交流；三、文化科技交流定期交换意见，每年一次，在北京和巴黎轮流举行。

邓小平原则上表示同意。他认为，应该把政治和经济分开，经济上可用国际上常用的混合委员会；政治上采取不定期磋商的办法。

最后双方同意：

在经济方面成立一个经济混合委员会，每年开一次会，在巴黎和北京轮流举行，讨论两国经济交流问题，中法双方各派一名司长参加。

两国外长的政治会晤，可根据需要不定期举行。

关于文化、科技、经济方面的交流问题，双方也基本达成一致。

接着双方就欧洲问题、亚洲局势等国际问题交换了意见。

邓小平认为，现在世界不太平。欧洲如不能建立自己独立的防御能力总是危险的，美国一家的力量对付苏联不够，至少还要加上欧洲和日本的力量，不只美国保护欧洲，欧洲也保护了美国。美国必须认识到只有平等才能建立真正的伙伴关系。

希拉克强调法国要推动欧洲建设，使欧洲成为独立于两个超级大国的实体。

关于亚洲局势，邓小平特别讲到了中国的统一问题。

他说，中国的统一问题，这是个民族问题，最终总要解决。

邓小平接着说，我们跟美国人说了，要解决中美关系正常化的问题，有三条：废约、断交、撤军。没有这三条，我们不会同美国关系正常化。第二句话我们告诉他，如果美国认为现在还不是时机，还需要台湾，我们可以等待。

会谈结束时，邓小平代表周恩来总理邀请希拉克总理在方便的时候到中国去访问。

5月12日晚上，法国总理希拉克和夫人在外交宫举行宴会，热烈欢迎邓小平副总理。

宴会厅里灯火辉煌，希拉克总理和邓小平副总理先后在欢迎宴会上发表了讲话。

希拉克总理在讲话中说:"您选择了巴黎作为您对国外的首次正式访问,从而为我们的良好关系和中国对法国的关心提供了新的证据。副总理先生,请您相信,共和国总统瓦莱里·吉斯卡尔·德斯坦先生和法国政府都赞扬伟大中国人民的这一行动,他们充分认识到他的重要性,并对有这次机会就世界主要问题交换我们的看法和加强与我们的合作感到高兴。

"您的来访和1973年9月乔治·蓬皮杜先生对中国的访问以及我们之间多次的正式访问,充分证明了我们关系的性质。我们的关系在最近十年中,在经济、文化、科学和技术等各个方面都更加密切。大家也都知道,我们本着充分尊重彼此的主权精神,不论就双边问题,还是就当代世界动荡的变化所提出的重大政治问题,我们彼此都进行了对话。

"我认为,我们友好关系的这种卓越的发展表明了两国人民有着共同性的特点,这是经过痛苦教训之后对当今世界的发展进行相同分析的结果。

"在我们看来,共同性的特点是一国人民的主要优点,这就是我们彼此都热爱民族独立,在经历挫折、辛酸和胜利的悠久历史中,我们两国都很早就完全成熟了。我们拥有十分悠久的文化遗产,都为自己的历史而感到自豪。两国都理所当然地关心在国际生活中维护自己的特点。我们都懂得,我们不应该让任何国家,不管他多么强大,来决定自己的事务。因此,我们对一切涉及我们国防的事情要保持警惕。但是我们也知道,这种独立的愿望,即维护自己决定事务能力的愿望,并不排除对协商和国际合作的关心,对于这些,我们彼此都是重视的。"

希拉克总理说:"法国密切注视着现代中国逐渐的然而是明显的复兴。本世纪末期是重新掌握了自己命运的中国的世纪。我们懂得这个事件的十分伟大的意义。自从中国改变了面貌和获得了它今天向我们表明的力量以来,世界再也不能像过去那样了。"

"中华人民共和国多年来毫不含糊地对新欧洲的这种必要的和辛勤的建设表示了同情,对此,我们是感激的。我们今天在困难和面临考验的时刻重申我们的决心和信心。在这方面,我们已满意地注意到周恩来先生1973年9月11日对蓬皮杜先生所讲的充满好意的话。最后,我们对贵国政府最近决定向欧洲共同体指派一位大使感到高兴,因为它表明你们对这个伟大事业的重视。"

接着,邓小平在欢迎宴会上讲话。

他说："你们对我们的热情接待体现了我们两国之间的友好关系。的确，自从1964年建立外交关系以来，中法两国关系的发展一直是令人满意的。我们的政治往来日益频繁。我们的经济、科技和文化交流也不断增加。1973年蓬皮杜总统对我国进行了正式访问，标志着两国关系的新发展。早已存在于两国人民之间的友谊也进一步得到加强。这里，我们自然而然地想到反法西斯侵略和维护法兰西民族独立的不屈战士戴高乐将军，因为正是他和毛泽东主席亲自奠定了我们两国关系的新的基础。我们也满意地看到，德斯坦总统和希拉克总理多次表示了发展两国关系的愿望，我要说，这也是中国的愿望，是我们双方共同的愿望。今天，我来到贵国，有机会同德斯坦总统和希拉克总理就双方共同关心的问题交换意见，探讨进一步加强我们之间的相互了解的途径。

"展望两国关系的前景，我们是很有信心的，因为我们之间有许多共同点。我们两国都坚持不懈地捍卫和维护自己的独立，不允许别人对我们发号施令、为所欲为。尽管我们两国社会制度不同，对不少问题的立场和做法也不可能一致，但我们都不企图把自己的立场强加于对方，更不会彼此求助于武力或武力威胁。所以，我们之间可以交朋友，我们的关系有着广阔的前景。我们认为，中法两国这种关系的发展，不但符合我们两国人民的利益，而且也符合世界人民的利益。

"中国是个发展中的社会主义国家。中国人民在以毛泽东主席为首的中国共产党的领导下，团结一致，正在为建设一个崭新的社会而艰苦奋斗。我们已经取得了一些成就，但是我们要走的路还很长，而且从经济方面来讲，我们国家原来的底子很薄，要使我们的工农业和科学技术赶上世界先进水平，还需要做长时间的努力。我们的方针是独立自主、自力更生，坚决走自己的道路。同时，我们愿意在平等互利的基础上同所有国家加强往来，学习别人有用的经验。"

谈到国际形势，邓小平指出："当前总的国际形势是令人鼓舞的。世界在前进，人民在进步。全世界不愿受超级大国侵略、控制和干涉的国家都在为争取和维护民族独立而奋斗。超级大国内外交困，日子越来越不好过。许多事实表明，坚持正义斗争的小国可以打败侵略和欺负他们的超级大国。这种趋势今后还会继续发展。"

"与此同时，我们也不能不看到，我们这个世界还很不安宁。超级大国利用各种手段争夺世界霸权，特别是在欧洲的争夺，愈演愈烈，使得战争的因素不断增长。这一点正在引起越来越多人的关注。面对世界和欧洲的战争威胁主要来自何处，人们也是清楚的。经历了两次世界大战的欧洲人民希望和平与安全，中国人民对此完全能够理解。我们也希望有一个较有利的国际条件，以便进行我们的建设事业。但是，树欲静而风不止，事物的发展往往不以人的意志为转移，在争取较好的国际条件的同时，我们要对形势的突变作足够的估计，并且要做好切实准备，才能立于不败之地。"

邓小平最后举杯，为法兰西共和国的繁荣昌盛和人民幸福，为中法两国关系和两国人民友谊的不断发展，为德斯坦总统阁下的健康，为希拉克总理阁下和夫人的健康，为在座的所有法国朋友的健康，干杯！

宴会自始至终充满了热烈友好的气氛。席间，宾主进行了友好的交谈。

5月13日下午，邓小平到总统府和德斯坦总统进行了第一次会谈。

邓小平首先转达了毛泽东主席、朱德委员长、周恩来总理对德斯坦总统的问候，并转达了朱德委员长、周恩来总理邀请德斯坦总统在方便的时候到中国进行正式访问的愿望。

德斯坦总统表示感谢。

德斯坦总统对邓小平说，法国政府和人民非常高兴您来访问，不仅因为您从中国来，同时也因为您过去在法国生活过，您对我们的生活方式、思想方式、讨论问题的方式有所了解，您过去在法国时，您的思想受到了革命的影响。我希望您这次在法国的逗留能引起您对过去法国生活的回忆。

会谈主要围绕着国际问题展开。

关于国际形势和美、苏的战略，德斯坦总统说，现在世界局势正在发生大的变化，这种变化以不同的形式影响着一些大国。现在美、苏之间似乎存在着战略平衡，总体上看美国仍比苏联强些。

德斯坦问道：中国经常提到近期内有发生冲突的危险的根据是什么？

邓小平说，人们都称中国人是"好战分子"，说我们总是强调战争的危险性，其实我们打仗打够了，我们打了几十年仗，我们也需要有利的国际环境来从事我们自己的建设事业，我们国内事情一大堆，很需要时间搞我们自己的事，发展我们国家。中国军队不会走出自己国门一步。你们没有发动战争的资格，你们不喜欢打仗，我们也没有发动战争的资格，我们也不喜欢打仗。

邓小平说，世界不安宁的根源来自两个超级大国争夺世界霸权。现在美国在全球战略上处于防御地位，苏联采取进攻的姿态。如果发生第三次世界大战，战争来自两个超级大国，主要来自苏联。从现在战略形势看，美国不敢打，苏联也没有完全准备好。

谈到欧洲问题和欧美关系，德斯坦总统表示，欧洲处于分裂状态，首先要实现政治上的统一，其次要实现防务方面的统一。法国希望同美国建立平等的伙伴关系，但美国还是以超级大国自居，总要把决定强加于欧洲。

邓小平认为，欧洲在政治上、经济上的作用和力量，包括军事上的力量是不可忽视的。欧洲自己要团结起来，才能强大起来。美国和欧洲是互有需要，只有建立了平等伙伴关系才可靠。

邓小平对德斯坦总统不久前说过的法国需要一个独立的军事力量表示赞赏。

双方还就印度支那问题广泛交换了意见。

邓小平和德斯坦总统的第二次会谈是在5月14日下午4时。

这次会谈双方主要讨论了国际经济和能源问题、关于对发展中国家的援助问题。

邓小平说，总的来讲，第三世界要求改变旧的经济秩序，建立一个合乎现在实际的新经济秩序，这是合理的。

这个立场在去年第六次联大特别会议上邓小平代表中国政府作过阐述。

邓小平非常欣赏法国主张用对话的方式同生产国解决能源问题的立场，并表示支持法国在这方面所作的努力。

会谈结束时，德斯坦总统请邓小平转达对毛泽东主席的敬意。他说，我没有见过毛主席，我本人对他的思想及其对中国的领导才干非常钦佩，希望在下次访问时能见到他。

双方一致认为这次接触和交换意见，对发展两国关系极为有益。

5月13日晚上，法兰西共和国总统瓦莱里·吉斯卡尔·德斯坦在总统府举行宴会，招待邓小平副总理。

德斯坦总统和邓小平副总理先后在宴会上讲了话。

德斯坦总统在讲话中，对邓小平副总理正式访问法国表示热烈欢迎。他说："这次访问特别表明了法中关系是非常良好的，同时也突出表明了在当前形势下的重大历史意义，另一方面又表明了对世界问题一定的看法。"

德斯坦总统回顾了中法两国对话的发展历程，说："这种对话，就是十一年前戴高乐将军和毛泽东主席决定建立我们的外交关系而恢复的传统的对话。这个决定为我们从那时候起的多次接近开辟了道路。"

中华人民共和国刚刚成立时，法国等西方国家在美国的操纵下，对中国采取一种敌视、孤立和封锁的政策。1958年法国成立第五共和国，戴高乐将军重新执政。他奉行独立自主的政策，希望改善同中国的关系，中国方面也有相同的愿望。但法国有些人希望中国先停止对阿尔及利亚独立斗争的支持，因为法国对阿尔及利亚正进行殖民战争。1961年法国参议员密特朗访华时表示，中法建交必须在阿尔及利亚问题解决之后。中国方面表示：我们对中法建交可以等待，但我们对阿尔及利亚人民在政治、经济和军事上的支持，将一直持续到他们的独立斗争取得最后胜利为止。1962年2月，法国同阿尔及利亚签署了《埃维昂协议》，结束了阿尔及利亚战争，为中法关系的发展扫除了一个障碍。

1963年10月，戴高乐将军授权法国前总理富尔携带他的一封亲笔信前来中国，代表他同中国领导商谈两国关系问题。法国方面表示：像中法这样两个大国的领导人现在还不能进行会谈是不正常的；现在如果中国愿意同法国谈判建交，法国将不管别的国家的意见，独立自主做出决定。中国方面也阐述了自己的观点，强调了中法之间的共同点。双方都认为中法建交的时机已经成熟。

在建交的具体做法上双方采取了灵活态度，最后取得了一致。

在中法双方就法国承认中华人民共和国政府是中国的唯一合法政府达成默契的情况下，同意法国提出的中法先宣布建交，从而导致法国同台湾断交的方案。

双方代表经过在瑞士就建交的具体事宜进行谈判，两国终于在1964年1月27日发表联合公报，宣布建立外交关系。法国是西方大国中第一个同中国建立正式外交关系的国家。这对于中国加强同西欧的关系是一个重大突破，对美国孤立中国的政策也是一个沉重的打击。

此后，中法两国加强对话。1973年法国总统蓬皮杜访问中国，毛泽东、周恩来等中国领导人会见了他。

德斯坦总统接着说："副总理先生，请允许我表示相信，您和您周围的高级人士的访问在这方面标志着一个新的阶段，并将使我们能够为法中友谊开辟新的道路。"

"我们欢迎您,您是一个对国际稳定做出了重要贡献的十分伟大的民族的代表。因此,法国接待中国代表时不能不讨论当代的重大问题。"

邓小平副总理在讲话中对德斯坦总统的热情款待表示诚挚的谢意。他说:"十一年前,我们两国在戴高乐将军和毛泽东主席的亲自关怀下建立了外交关系,在中法关系史上开辟了新的一页。事实证明,我们两国的建交不仅符合我们两国人民的利益,也是符合我们这个时代的历史潮流的。1973年蓬皮杜总统正式访问了我国,对此,我们仍然记忆犹新。我在这里还必须提到,一年多来,德斯坦总统为推动两国关系的发展做出了新的努力。同样,我愿意告诉总统阁下,毛泽东主席十分关心中法两国关系的发展。我相信,通过双方的共同努力,两国关系一定会得到进一步的加强。"

"中法两国社会制度不同,但是我们都愿意在相互尊重主权和领土完整、互不侵犯、互不干涉内政、平等互利、和平共处五项原则的基础上发展两国关系。在国际上,我们都反对超级大国垄断世界事务。德斯坦总统曾经说过,要坚持法国政策的独立性,要维护'对大国而言的做出决定的主权'。我们赞赏总统先生的这个决心。中国政府一贯主张,国家不论大小,都应一律平等。各国的事情应由各国人民自己来管,任何国家都无权对别国进行侵略、控制和干涉。如果世界上所有的国家在彼此的关系中都能遵循这个原则,这个世界就安宁得多了。但是不幸的是,世界人民所面临的现实却完全是另一个样子。当今不是天下太平,而是天下大乱。如果形象地说,就是我们这个地球有病。现在有那么一两个国家,它们总是要干涉别人的独立,实行强权政治和霸权主义。它们为了争霸世界,正在进行激烈的争夺,从欧洲、地中海、中东、波斯湾到印度洋、亚洲甚至太平洋。

"它们争夺到哪里,哪里就不得安宁,而欧洲则是它们争夺的重点。现在,谁都知道,那个把和平与安全的调子唱得最高的人,正是把它的军事威胁露骨地强加到世界人民,特别是欧洲人民身上的人。超级大国这样争夺下去,总有一天要导致战争。对这个严峻的现实,我们不能不予正视,否则要吃亏。我们相信法国人民、欧洲人民是不会忘记这种历史教训的。

"但是,我们并不因此而感到悲观。世界总是走向进步,走向光明的。我们对世界前途满怀信心。超级大国正在衰落,而且还要进一步衰落下去,因为它们脱离本国人民,欺负其他国家。世界人民的正义斗争正在风起云涌。国家要独立,民族要解放,人民要革命,已成为不可抗拒的历史潮流。西欧人民也日益清楚地看到摆在他们面前的现实情况。他们要求加强联合的呼声日益增高。正如你们所知道的,中国是坚决支持西欧联合的。我们认为,西欧国家为维护独立和保证自己的安全,在联合的道路上不断取得进展,这有利于世界局势朝好的方向发展,任何人如果不是对西欧抱有不可告人的目的,就不必害怕西欧的联合。我们高兴地看到,法国政府在吉斯卡尔·德斯坦总统的领导下,继续为推动西欧联合做出了自己的努力。法国和欧洲人民可以相信,在他们维护独立和加强联合事业中,总是能够得到中国人民的支持的。正是根据这种精神,最近中国政府同欧洲经济共同体建立了关系。我们希望联合的欧洲将在世界事务中发挥更积极的作用。"

邓小平最后说:"中国是一个发展中的社会主义国家,属于第三世界。中国人民正在努力把中国的事情办好。按照毛主席的教导,我们的方针是'深挖洞、广积粮、不称霸'。'深挖洞'是为了防御。很明显,地道不管挖多深,侵犯不到别的国家。'广积粮'是为了备战备荒。'不称霸'是我们的一个根本原则。中国还是个发展中国家,没有资格当超级大国,就是将来强大了,也不当超级大国。想当超人一等、到处横行霸道的超级大国,就是把自己置于世界人民和绝大多数国家的对立面,就是自掘坟墓。我们要教育我们的子孙后代永远记住这一点。"

5月15日,邓小平在法国国务部长兼内政部部长米歇尔·波尼亚托夫斯基的陪同下,乘飞机离开巴黎到达法国著名的工业城市里昂进行友好访问。

里昂市有着2 000多年的历史。早在公元16世纪,中国和里昂通过著名的丝绸之路,就有了往来。改革开放之后,中国同里昂的友好往来日益增多,中国曾参加过著名的里昂国际博览会。里昂曾接待过中国文艺、体育团体和中国考察团的访问。

邓小平对里昂并不陌生。

五十年前的一个春天,邓小平曾作为中共旅欧支部的特派员被派往里昂地区工作,曾经先后担任宣传部副主任、青年团里昂支部训练干事,并兼任党的里昂小组书记,成为中共旅欧支部在里昂的党团地方组织的领导人。在这里,他曾领导旅欧勤工俭学学生的革命斗争。当时可以说是"不受欢迎的人"。

今天,邓小平来到里昂访问,受到了里昂人民的热烈欢迎。

里昂市市长路易·普拉代尔在市政厅为邓小平访问里昂举行了盛大的招待会。里昂市各界代表出席了招待会。路易·普拉代尔市长在招待会上致欢迎词，对邓小平的访问表示热烈欢迎。

邓小平在答词中，请市长转达中国人民对里昂市人民的敬意和友好问候。

邓小平在留言簿上写道："向里昂人民致敬！"

招待会后，邓小平在米歇尔·波尼亚托夫斯基国务部长兼内政部长的陪同下前往罗纳省省政府。皮埃尔·杜埃伊省长在省政府举行午宴，招待邓小平一行。

波尼亚托夫斯基部长和邓小平副总理在友好的气氛中先后祝酒，祝愿两国之间良好关系不断发展、两国人民之间传统友谊日益增强。

邓小平还用法语说："中法人民友谊万岁！"

邓小平的这次访问，解决了多年悬而未决的法航西线直飞北京的问题，使北京到巴黎一天往返，比以往节约了两个半小时。1978年邓小平在会见希拉克时深情地说："你那个巴黎我还想去，你们巴黎比纽约好得多，纽约顶多住3天。巴黎住3个月都可以。"

邓小平5月17日下午离开法国时，在专机上致电德斯坦总统和希拉克总理，感谢法国政府和法国人民所给予的热情友好接待。

## 山西大寨之行

1975年1月5日，中共中央发出1号文件，任命邓小平为中共中央军事委员会副主席兼中国人民解放军总参谋长。8日至10日，中共十届二中全会在北京召开，会议追认邓小平为中央政治局委员，选举邓小平为中共中央副主席、中央政治局常委。13日至17日，四届人大一次会议举行。在这次会议上，任命邓小平为国务院副总理。在毛泽东、周恩来的支持下，邓小平实际上开始主持党中央和国务院的日常工作。

当时，"文化大革命"的狂风已经肆虐了近十个年头。全国政治经济形势非常混乱，国民经济濒于崩溃的边缘。邓小平临危受命，开始对几近瘫痪的国民经济进行全面的整顿。经过几个月的整顿，各方面的工作已取得了显著的成效。

这年的9月，党中央和国务院决定召开全国农业学大寨会议。召开这次会议的目的是讨论建设大寨式的县、农业机械化和整顿社队等问题。

实际上，召开全国农业学大寨会议早在1972年就提出来了。1972年2月，国务院副总理华国锋向农业部部长沙风布置：今年要开全国农业学大寨会议，会上要把"农业六十条"修改出来。由于各种因素的影响，会议被一再延期。1974年7月，农林部召开了全国农业学大寨会议预备会议，研究了农业学大寨和农业机械化会议的准备工作，确定把两个问题结合起来，作为会议的主题。1975年8月13日，由国务院副总理华国锋、陈永贵领导的会议筹备小组向国务院提交了《关于召开全国农业学大寨会议的请示报告》，确定这次会议的内容是："交流农业学大寨，特别是建设大寨式县的经验，研究进一步开展农业学大寨运动和迅速改变穷队面貌的问题。同时，交流农业机械化经验和讨论1980年基本上实现农业机械化问题。"8月16日，邓小平批准了这个报告。

毛泽东对这次全国农业学大寨会议十分重视，他提议：凡能去的政治局委员，都要参加这次会议，并委托邓小平代表中央作重要报告。

9月15日，全国农业学大寨会议在山西省昔阳县开幕，参加会议的有国务院有关单位负责人，各省、地、县负责人，农业、科技、财贸等许多单位代表，共3700多人。这是中共中央在山西召开的规模最大的一次会议。

会议分两段进行：9月15日至28日在昔阳，参观大寨等先进单位，听取经验介绍；9月29日到北京，参加国庆活动，继续开会。10月19日在北京闭幕。

邓小平是在9月15日会议开幕的当天赶到大寨的。他先从石家庄乘火车到阳泉，然后转乘汽车到昔阳。到阳泉站迎接邓小平的有陈永贵和山西省委第一书记王谦及主持昔阳县委工作的王金籽等。

这是邓小平第二次到大寨。两年前，他曾陪同马里国家元首兼总理穆萨·特拉奥雷上校参观过大寨。

今天，邓小平走下火车，环顾一下阳泉车站，感叹地对陈永贵说："这里太古旧、太古旧了！"他转身又对王谦说："不要怕别人说什么，最重要的是把领导班子整顿好。关键是用好人！"

江青怀着她个人的目的，于9月8日提前到了大寨。她带了50多名随行人员，还从北京运来四匹马、一卡车评《水浒》的印刷品和电影、电视片以及放映设备等。昔阳县委和大寨大队不得不兴师动众地为她举行了欢迎仪式。

9月12日，江青在大寨礼堂接见大寨全体干部、社员，并作了长达两个多小时的评《水浒》报告。她在讲话中对评论《水浒》的意义任意发挥。她说："《水浒》的要害是架空晁盖，现在中央就是有人架空毛主席。"

她说:"不要以为评《水浒》只是一个文艺评论,同志们,不能那么讲。不是,不单纯是文艺评论,也不单纯是对历史、对当代也有现实意义。因为我们党内有十次路线错误。今后还会有的。敌人会改头换面藏在我们党内。宋江上了梁山,篡夺了领导权。他怎么篡夺的领导权呢?同志们,他是上山以后,马上就把晁盖架空了。怎样架空的呢?他……把一些大官,大的将军、武官、文吏,统统弄到梁山上去,都占据了领导的岗位。这是他的组织路线。"她恶狠狠地叫喊:"我们不仅承认阶级斗争不是熄灭了,而且要看到我们党内有两条路线的激烈的斗争。"

她还说:"党内有温和派,有左派,左派领袖就是鄙人。"

江青此番讲话的要害,是说在《水浒》这本书中,新上梁山的宋江架空了梁山农民起义的首领晁盖。江青的用意一看即知,她讲的宋江,指的就是邓小平。讲宋江架空晁盖,就是说邓小平架空毛泽东。

江青的这个讲话在大寨干部、群众中造成了很大的混乱。郭凤莲后来回忆说:"我们当时听了,心都跳出来了。这不明明是把矛头对准中央的一部分领导同志吗?"

会议还没开,就充满了浓重的火药味。

9月15日上午9时,全国农业学大寨会议在昔阳县拖拉机厂新厂房正式开幕。华国锋主持会议,陈永贵致开幕词,江青、姚文元等参加了会议。

由于事先知道邓小平要在开幕式上代表党中央、国务院作重要报告,出席会议的3700多位代表怀着急切的心情,想好好聆听邓小平的讲话。当华国锋宣布"现在,请中共中央副主席、国务院副总理邓小平同志向大会作重要讲话"的话音刚落,整个会场便爆发出热烈的掌声。尽管邓小平几次摆手示意大家停止鼓掌,但掌声不仅没有停止,反而愈来愈热烈。不少刚出来工作的老干部都流下了激动的泪水。

如此热烈、动情的场面使饱受磨难的邓小平也非常激动。面对台下一张张诚挚、热情的面孔,他干脆推开讲稿,开始讲话。

他说,这次会议很重要,可以说是1962年七千人大会以后各级领导干部来得最多的一次重要会议。这次会议涉及的问题,虽然不像1962年七千人大会那样全面,但就实现二十五年的目标来说,这次会议的重要性仅次于那次会议,或相当于那次会议。

他进而指出,形势大好,形势逼人。我们可能争取到五年,或者更多一些时间，加强我们国内的建设，加强无产阶级专政的经济基础，加强我们的国防。二十五年来，我们做到了粮食刚够吃，这件事情不可小视，由过去旧中国的半饥饿状态达到每人占有粮食600多斤，这是一个伟大的成绩。在工业方面，我们也打下了一个初步的基础。我们可以自豪地说，无论在工业、农业方面，已经有了一个进入世界前列，实现农业、工业、国防和科学技术现代化的这么一个基础。但是，我们在这一方面应该有清醒的头脑。因为我们现在尽管有了这个基础，但还很穷、很落后，不管是工业、农业，要赶上世界先进水平还要几十年的时间。所以我们说形势好，有希望，大有希望。但是，我们的头脑要清醒，要鼓干劲儿，不仅路线要正确，而且要政策正确、方法正确。周总理在四届人大讲了毛主席提出的发展国民经济的任务，就是到本世纪末，全面实现农业、工业、国防和科学技术的现代化，使我国国民经济走在世界的前列。所以我们说在形势大好下面，形势逼人。二十五年，从明年起，我们赌了咒，发了誓，要干这么一件伟大的工作，这真正够得上是雄心壮志。我们相信大家能够办到。但是，不要疏忽大意，不要以为轻而易举。

他说，实现四个现代化，照我个人的看法，关键是农业现代化。农业现代化、工业现代化、国防和科学技术的现代化，这四个现代化，比较起来，更加费劲的是农业现代化。总之，形势大好，形势要求我们走快一些。二十五年来，总的来说，我们有相当大的发展，但是发展的速度不能算快。中央要求从现在起，从明年新的五年计划起，速度要比过去快，通过第五个五年计划，在二十年以内，一步一步更要加快。我们不能满足于现状，就是第五个五年计划速度加快了，也不能满足。我们现在全国存在各方面的整顿问题。军队要整顿，是毛主席指示的。这是毛主席提出的纲。毛主席讲过，军队要整顿，地方要整顿。地方就有好多方面嘛。工业要整顿，农业要整顿，商业也要整顿，我们的文化教育也要整顿，科学技术队伍也要整顿。文艺，毛主席叫调整，实际上调整也就是整顿。

邓小平的讲话，在广大与会者中引起了强烈的反响和热烈的拥护。邓小平讲话结束后，会场响起热烈的掌声，许多代表干脆站起来高举双手鼓掌不止。

对此，"四人帮"一伙自然是心怀不满。江青是最憋不住的。在邓小平讲话的时候，她就在一旁冷言冷语地多次插话，表示不同意见。

邓小平讲话一开始，江青就无理干扰，寻衅滋事，胡乱插话，引起与会代表的义愤，当然也受到了邓小平的当场反击。

邓小平说："这次会议很重要，可以说是1962年七千人大会以后各级领导干部来得最多的一次重要会议。"

江青插话："内容不一样。"

邓小平说："重要性一样。仅次于七千人大会。"

江青说："相当于。"

全场哗然。

当邓小平讲到部分县、地区粮食产量还不如新中国成立之初时，江青插话："不能那么说，那只是个别的！"

"个别的也是不得了的事呀！"邓小平提高了嗓音严肃地说，"就是个别的也值得很好注意呀！据23个省、市、自治区统计，人民公社基本核算单位农业产值按人口计算平均为124元。最低的贵州，倒数第一，只有六十几块。社员有的还欠债。"

邓小平还没有说完，江青又抢着说："有些债要取消了。"

邓小平当即指出："那是政策问题，中央要另行研究。"

邓小平接着说："四川倒数第二，九十几块，这行吗？"

江青说："8000万人口。"

邓小平："9000多万喽！"他故意把"喽"字的发音拖得既高又长。他接着说："类似四川100元左右的还有好几个省。这是讲产值，还不等于社员收入。社员收入有的很少。这种状况，我们能满意吗？"

面对邓小平义正词严的陈述，江青无言以对。

邓小平强调：学大寨，要真学，不要假学，不要半真半假地学。真学，关键在领导。

邓小平还力图打破"左"的帮派用人体系。他向在座的各级领导干部提出：要把那些思想好、联系群众、能够带头干、能够艰苦奋斗的人提起来，不管过去是这一派那一派，不管过去犯了点儿什么错误。从省里到地、县、公社、队，层层都要选好人，选好人就有希望。天天空喊学大寨，是没有希望的。

这次农业学大寨的会议，实际上变成了邓小平和"四人帮"直接交锋的战场。会上各讲各的，政治分歧十分明显。全体与会的各级干部，将这一切都看在了眼里。邓小平的求真务实，江青的无理取闹，给每一位代表留下了极其深刻的印象。

江青干扰邓小平讲话的企图没有得逞，自然不甘心处于下风。

邓小平讲话结束后，江青便不顾会议没有安排她讲话的程序，声称要在会上"讲几句"，并摆出非讲不可的架势。无奈之下，只好让她讲话。

江青拉开她那特有的大嗓门开始讲话。她明知各省、市、自治区第一书记不来参加会议是中央定的，却借题发挥，胡乱指责各省第一书记不来参加会议是"不重视农业"，"第一书记只来了一个内蒙古的尤太忠"。

邓小平当即指出："各省市是按中央通知办事，主管农业的书记来了就行。"

接着江青又扯了几句农业问题，然后调子一转，把话题转到了评《水浒》问题上。她说："现在，中央就有人架空毛主席！"

江青还提出无理要求，要在大会上播放她9月12日的讲话录音。对此要求，没有人理睬。但她并不罢休，会议一结束，她又立即提出要印发她的讲话稿。

对于江青的无理取闹，当时主管农业的副总理华国锋并没有给她正式答复，而是将她的要求报告了党中央和毛泽东。得知江青在大寨会议上的表现后，毛泽东十分气愤。他曾一而再，再而三，苦口婆心地交代、嘱咐和批评，但江青就是听而不闻，屡犯不改。毛泽东生气地斥责江青的讲话是"放屁，文不对题"。毛泽东指示："稿子不要发，录音不要放，讲话不要印。"毛泽东的这三个"不要"，又一次支持了邓小平，又一次打击了"四人帮"的嚣张气焰。

华国锋根据毛泽东的指示，拒绝了江青的无理要求，并指示山西省委书记王谦不要在山西播发江青的讲话。

开幕式后，邓小平应陈永贵的邀请到了大寨，午饭后上虎头山看了看，当天回到北京。

在全国农业学大寨会议上的这场较量，邓小平占了上风。邓小平领导的全面整顿也在同"四人帮"的不断斗争中艰难地向前推进，取得了显著的成绩。

### 1975年的整顿

1975年，邓小平开始主持党中央和国务院的日常工作，当时，全国政治经济形势非常混乱，国民经济濒于崩溃的边缘。面对这种状况，邓小平根据毛泽东要安定团结、要把国民经济搞上去的指示，排除"四人帮"的干扰和破坏，明确提出了要进行全面整顿的指导思想，大刀阔斧地对全党和全国各方面的工作进行了全面的整顿。

可以说,1975年的整顿,是后来进行拨乱反正和改革开放的一次大胆尝试。邓小平后来曾经说:拨乱反正在1975年就开始了,改革也在1975年试验过一段时间,那时的改革,用的名称是整顿。

1975年的全面整顿,首先是从军队开始的。

1975年1月25日,刚刚就任总参谋长的邓小平在总参谋部的干部大会上作了《军队要整顿》的著名讲话,明确提出军队要进行整顿。他说,目前军队的状况是:从1959年林彪主管军队工作起,特别是在他主管的后期,军队被搞得相当乱,好多优良传统丢掉了,军队臃肿不堪。军队绝大多数同志是不满意这种现状的。他强调,优良传统要恢复,这就有大量的工作要做。"总参谋部、总政治部、总后勤部的责任更大,三个总部本身首先要整顿。"由此拉开了军队全面整顿的序幕。

6月24日至7月15日,中央军委召开了扩大会议,讨论军队整顿问题。7月14日,邓小平在会上作了《军队整顿的任务》的讲话。他在讲话中指出:由于林彪一伙的破坏,军队存在"肿、散、骄、奢、惰"等严重问题。军队整顿什么?就是上面讲的那五个字。他强调,军队要坚决反对派性,恢复优良传统。他说,有人讲,雷锋叔叔不在了。这很值得注意。军队要听党的指挥,不能散。

这次军委扩大会议受到全军上下的热烈拥护。会议精神经过短时间贯彻就取得了明显成效。其中的主要成果,一是对军队各大单位的领导班子迅速、果断地进行了调整;二是落实了干部政策,有效地稳定和巩固了军队。

在进行军队整顿的同时,邓小平开始思考对各行各业的全面整顿。在此期间,毛泽东发出了三项指示:关于学习无产阶级专政理论、安定团结和要把国民经济搞上去。毛泽东的三项指示,虽然仍旧强调阶级斗争的理论,但也再次表明了对周恩来和邓小平工作的支持。这三项指示,成为邓小平在全面整顿中高举的旗帜。

把国民经济搞上去,是邓小平主持国务院工作后抓的首要工作。1975年2月10日,邓小平主持国务院工作伊始,便由中共中央发出《批转1975年国民经济计划的通知》,要求全党团结一切可以团结的人,调动一切积极因素,把国民经济搞上去。

要把国民经济搞上去,首先就要整顿国民经济。而要整顿国民经济,按照当时的状况，工业、农业、商业、财贸、文教、科技等方面都是问题成堆，积重难返，怎么进行整顿？下决心整顿，就不能只整顿一个部门、一个行业，而必须进行全面整顿。当时国民经济的状况是：1974年上半年，不少地区、部门工业生产没有完成计划，钢铁、化肥和一些军工产品也欠账较多。特别是煤炭生产和铁路运输的问题十分严重。由于生产下降，财政收支不平衡，收入减少，支出增加。1974年工农业总产值仅比1973年增长1.4%。钢和原煤总产量下降，国家出现财政赤字。不仅如此，江青一伙发起的"批林批孔"运动，还造成了新的政治混乱，许多地区和部门重新出现了动乱的局面，一些企业的领导班子再一次陷入瘫痪，使得经过艰苦努力刚刚趋向稳定的形势又受到破坏。面对这样一个混乱加动乱的烂摊子，整顿从哪里入手呢？

在纷繁复杂的问题面前，邓小平从来都是冷静分析，抓住要害，这一次也不例外。他明确提出：要进行全面整顿，首要的，是要抓住干部问题，也就是班子问题，关键是领导班子。要坚决地同派性作斗争。对那些有野心、争权夺利、耍阴谋诡计的派性分子，必须作坚决的斗争，该批的批，该调的调。在人的问题解决之后，就要恢复所有被破坏的行之有效的规章制度。只有重建规章制度，才能确保生产的正常运行，否则，一切都是空谈。这就是邓小平进行全面整顿选择的突破口。

国民经济积累下来的问题千头万绪。而在众多严重问题中，铁路问题尤为突出。因为铁路是国民经济的大动脉，铁路运输担当着为国民经济各条战线输送物资的巨大任务，铁路运输的问题不解决，生产部署就会全部被打乱。因此，邓小平认为，只有首先整顿铁路这一突出的薄弱环节，才能带动整个国民经济的发展。

目标确定了，邓小平说干就干。

1975年1月28日，邓小平召见刚刚上任10天的铁道部部长万里，向他了解铁路系统的生产情况。万里如实地向邓小平介绍了当时铁路系统面临的严峻形势。他说：铁路问题严重，情况复杂。突出的问题，一是运输生产下降，从1965年的日装车5万辆下降到目前的4万辆左右。二是事故惊人，1974年重大事故、大事故数量是1965年的9倍。三是车辆损坏严重，机车完好率已降至60%。四是一些铁路枢纽如郑州、徐州，堵塞尤为严重，影响大部分干线不能正常运行。听了万里的汇报，邓小平的心情可想而知。

2月中旬，在一次国务院常务会议上，主持会议的邓小平一走进会议室，便愤慨地说，目前铁路问题太严重，不抓不行了。在会上讨论了这一问题后，邓小平拍板，立即对铁路问题进行整顿。

2月25日至3月8日，邓小平主持召开全国各省、市、自治区主管工业的书记会议，会议的主要议题就是解决铁路问题。3月5日，邓小平到会讲话。这一天，听说邓小平要来参加会议并讲话，与会代表们早早便聚集在会议厅里，许多人都抑制不住兴奋的心情，急切地盼望邓小平到会讲话。他们期待着邓小平的全面整顿能有起色，期待着有一个大的改观。

邓小平提前几分钟快步走进会议厅，微笑着向大家点头致意。这时，几个省、市的领导人走上前来，要与邓小平握手。只见邓小平迅速地举起左手在空中摇了摇，对大家说：今天不握手了，因为工业形势很不好，等你们工作搞上去再握手吧。邓小平的这句话，使大家深受震撼，都怔怔地望着他。只见邓小平走近几步，站住脚，用一种忧虑的目光望着大家，缓缓地说："一个国家，没有物质基础，形势不好啊！"这句话，虽然声音不高，却使绝大多数人感受到了其中包含的分量，感受到了形势的紧迫和责任的重大。

说完这句话，邓小平在沙发上坐下，点燃一支烟，面对在场工业战线的干部，明确指出：

现在有一个大局，全党要多讲。大局是什么？三届人大一次会议和四届人大一次会议的政府工作报告，都讲了发展我国国民经济的两步设想：第一步到1980年，建成一个独立的比较完整的工业体系和国民经济体系；第二步到20世纪末，也就是说，从现在算起还有二十五年时间，把我国建设成为具有现代农业、现代工业、现代国防和现代科学技术的社会主义强国。全党全国都要为实现这个伟大目标而奋斗。这就是大局。

他停了停，又提高嗓门说："听说现在有的同志只敢抓革命，不敢抓生产，说什么'抓革命保险，抓生产危险'。这是大错特错的！"

他严肃地问道："目前生产的形势怎么样？"接着，他从农业谈到工业，谈到第四个五年计划，谈到铁路运输的情况。他说："现在闹派性已经严重地妨害我们的大局。要把这个问题摆到全体职工面前，要讲清楚这是大是大非问题。这个问题不解决，光解决具体问题不行。"他明确提出：对那些派性严重的人，要进行教育；对那些闹派性的头头，利用派性浑水摸鱼，破坏社会主义秩序、破坏国家经济建设，在混乱中搞投机倒把、升官发财的人，必须严肃处理。邓小平最后强调："解决铁路问题的经验，对其他工业部门会有帮助。对于当前存在的问题，要有明确的政策。要从大局出发，解决问题不能拖。拖到哪一年呢？搞社会主义怎么能等呢？"

3月5日，邓小平授意万里主持起草、经邓小平审改的《中共中央关于加强铁路工作的决定》以中发〔1975〕9号文件的名义下发到县团级。文件开宗明义：铁路运输仍是当前国民经济中一个突出的薄弱环节，不能适应工农业生产发展的需要，不能适应加强战备的需要。文件决定，对全国铁路实行以铁道部领导为主的管理体制，加强集中统一，建立健全必要的规章制度，整顿秩序，同各种破坏行为作斗争。这个文件不长，但立场鲜明、措施有力，关键问题说得明白，鲜明地带有邓小平的特点。

邓小平在全国工业书记会议上的讲话和9号文件，如同赋予铁道部的"尚方宝剑"。文件发出的第二天，万里便对全国铁路系统的整顿工作进行了具体部署，并亲自率领工作组先后去徐州、太原、郑州、长沙等地，对问题严重的铁路局进行了重点整顿。通过各种形式的会议，反复宣讲9号文件精神，发动群众批判派性，落实党的政策，号召广大铁路职工讲大局、讲党性、讲团结、讲纪律。在各级组织的配合下，调整领导班子，平反冤假错案，恢复健全规章制度。全国铁路系统的整顿工作搞得轰轰烈烈、卓有成效。到4月，铁路运输严重堵塞的铁路局全部疏通，当时全国二十几个铁路局除个别局外，都超额完成了运输任务。

在邓小平亲自决策和领导下，在铁道部部长万里等人的组织实施下，长期阻碍国民经济运行的铁路这一大难题，基本得到了解决。铁路问题的解决，不但解决了一个制约国民经济发展的大障碍，而且在全党、全国树立了全面整顿的一个鲜明而富有成效的标杆。

铁路的整顿，带动了整个工业的整顿。

这年4月，邓小平在听到钢铁生产存在的严重问题时说："这种情况继续下去就是破坏，现在到了下决心解决钢铁问题的时候了。"

于是，5月8日至29日，中央召开了钢铁工业座谈会。中央把17个省、市、自治区主管工业的书记，11个大型钢铁企业的负责人召集到北京，和国务院有关部委负责人一起开会决心下大力气进行整顿，解决钢铁工业存在的严重问题。在这次会议上，首先由铁道部部长万里介绍铁路整顿的经验。叶剑英、李先念、谷牧等在会上讲了话。

29日，邓小平在会上作了《当前钢铁工业必须解决的几个问题》的讲话。在这个讲话中，邓小平提出了著名的"以三项指示为纲"的口号。他说：毛主席最近的三项重要指示，即关于理论问题的指示、关于安定团结的指示、关于把国民经济搞上去的指示，是我们今后一段时期工作的总纲。只要按照中央批示的方针、要求去做，把钢铁生产搞上去是完全有希望的。

他指出，当前，钢铁工业重点要解决四个问题。第一，必须建立一个坚强的领导班子。钢铁生产搞不好，关键是领导班子的问题，是领导班子的软、懒、散。在干部中有一个主要问题，就是怕，不敢摸老虎屁股。要找一些不怕被打倒的人进领导班子。领导班子问题，是关系到党的路线能不能贯彻执行的问题。领导班子是作战指挥部。指挥部不强，作战就没有力量。要使领导班子一不软、二不懒、三不散，说了话大家都能听，都能指挥得动，都能领导起来。第二，必须坚决同派性作斗争。对于派性，领导上要有个明确的态度，就是要坚决反对。对坚持闹派性的人，该调的就调，该批的就批，该斗的就斗，不能慢吞吞地总是等待。对于派性，还要号召群众，发动群众起来共同反对。我们一定要下决心搞好反对派性的斗争。第三，必须认真落实政策。我们讲落实政策，不仅要解决戴上帽子的那些人的问题，而且要解决他们周围受到牵连的人的问题。还要特别注意那些老工人、技术骨干、老劳模，要把这一部分人的积极性调动起来。有些该回领导岗位的要调回来，摆到适当的位置上。第四，必须建立必要的规章制度。执行规章制度宁可要求严一些，不严就建立不起来。过去有些规章制度比较烦琐，应该改革。

在这次座谈会期间，邓小平先后三次到会讲话。他一再强调，钢铁工业要上去，必须恢复必要的规章制度。并鼓励各级领导要敢于抓生产，不要怕个人被打倒。他风趣地说："不要怕被人抓辫子，我这个人就像维吾尔族的姑娘，辫子多，一抓一大把，不要怕。整顿出了问题，我负责。"

这次会后，中央调整了冶金部的领导班子，发出了题为《关于努力完成今年钢铁生产计划的批示》的中央第13号文件，国务院还专门成立了钢铁工业领导小组。

经过不到一个月的整顿，钢铁生产形势开始好转。6月欠产严重的几个大钢厂的生产状况逐步向好的方面转变，全国钢的平均日产量超过全年计划平均日产水平。到6月底，冶金工业整顿初见成效。

这一年的夏天，整顿如火如荼。邓小平因势利导，又把整顿引向了"文革"的重灾区科技教育领域。

当时，由于"四人帮"的严重破坏，许多科研机构长期处于瘫痪或半瘫痪状态。为此，邓小平提出，必须尽快把科技工作搞上去，必须对科技教育领域进行整顿。

自5月起，教育部部长周荣鑫在周恩来、邓小平的支持下，按照他们的多次讲话精神，积极着手整顿教育工作。他多次召开部内外干部、讲师会议，听取意见和了解情况，针对林彪、江青一伙对教育事业的破坏，重新提出教育要与经济基础相适应，要重新为知识分子和教育工作者恢复名誉，要重新恢复被严重破坏了的教育系统的各项工作。周荣鑫的这些整顿措施，受到深受"文革"迫害的教育界广大群众的热烈拥护。整顿教育工作，像一股暖人的春风，吹遍了在"文革"中最先受到冲击的教育界。

5月下旬，邓小平针对七机部派性斗争严重的问题，严肃指出：这不要说是社会主义，就连起码的爱国主义也没有。七机部的问题要限期解决。

6月30日，中共中央批发了国防科委关于解决七机部问题的报告。张爱萍率工作组进驻七机部，使这个当时有名的"老大难"单位恢复了正常的科研工作秩序。

7月，中共中央批准了国务院关于中国科学院要整顿、要加强领导的报告，并根据邓小平的提议，派胡耀邦、李昌去科学院领导整顿工作。在接见派驻科学院工作组成员时，邓小平说：整顿的关键是领导班子，经过整顿要建立一个强有力的"敢"字当头的领导班子。在搞好安定团结的前提下，坚决与派性作斗争，发展社会主义经济和各部门的业务。他指示工作组，到科学院，一是要了解情况，向国务院进行汇报。二是要搞一个科学院发展规划。三是要向中央提出一个科学院党的核心小组名单。他自己则提出，要当科技界的后勤部部长。与此同时，邓小平还特别关心一些著名科学家落实政策和用非所学的问题，并亲自过问他们的生活和工作。在他的关心下，黄昆、杨乐等一批著名科学家落实了政策，并在各自的工作和专业岗位上做出了贡献。

从7月到9月，胡耀邦根据邓小平的多次指示，在国务院政治研究室负责人胡乔木的协助下，写出了《科学院工作汇报提纲》。"汇报提纲"针对当时把知识分子看作异己力量，大部分科技人员心情苦闷，不敢钻研科学技术，以及否定专业科技队伍的作用等倾向，建议尽快落实政策，调动广大知识分子的积极性,并大声疾呼:科学技术也是生产力。

邓小平十分重视这个"汇报提纲"的起草工作,他多次召集会议,讨论这份提纲,并亲自进行修改。

9月26日,在听取胡耀邦代表科学院作工作汇报时,邓小平多次插话,对"汇报提纲"给予了充分的肯定。他说:"科学研究是一件大事,要好好议一下。如果我们的科学研究工作不走在前面,就要拖整个国家建设的后腿。"他说:现在搞科研的很少,少数人秘密搞,像犯罪一样。不能把科技人员搞得灰溜溜的。不是把知识分子叫作"老九"吗?毛主席不是说,"老九"不能走,还是要嘛!科学技术是生产力,科技人员就是劳动者。

谈话中,邓小平提到了著名的数学家陈景润。他说:这样的科学家中国有1000个就了不得。对他应该爱护、赞扬。在邓小平的明确指示下,"汇报提纲"冲破"文革"的禁区,鲜明地提出:"科学技术也是生产力。"

邓小平对于这个"汇报提纲"非常重视,认为它"不但能管科学院,而且对整个科技界、教育界和其他部门也适用"。因此,他想尽快征得毛泽东的同意后下发全国。

然而,邓小平没有想到,这个提纲在报呈毛泽东后,一直没能获得他的同意。"汇报提纲"最终也未能获准下发,甚至一度受到不公正对待。尽管如此,"汇报提纲"仍功不可没,它为今后科学技术和教育领域的全面整顿和改革指明了方向,打下了基础。

文化领域自"文化大革命"以来,一直被"四人帮"视为他们的"领地",被他们牢牢地控制着。在文化领域进行整顿,难度可想而知。

邓小平知难而进。7月9日,他指示国务院政治研究室收集整理文化教育领域的有关情况。他说:除百花齐放外,还有一个百家争鸣的问题。要防止僵化,现在的文章是千篇一律,是新八股,"百花齐放、百家争鸣"的方针没有贯彻执行,文学、艺术不是更活泼、更繁荣。

与此同时,毛泽东对于文艺方面存在的严重问题也有所觉察。7月初,他在同邓小平谈话时说:"样板戏太少,而且稍微有点儿错就挨批。百花齐放都没有了。别人不能提意见,不好。"7月14日,毛泽东就调整文艺政策做出了书面谈话。他说:"党的文艺政策应调整一下,一年、两年、三年,逐步扩大文艺节目。缺少诗歌,缺少小说,缺少散文,缺少文艺评论。对于作家,要惩前毖后,治病救人。"

根据毛泽东调整党的文艺政策的指示，邓小平抓住时机，在文艺界进行调查研究，通过同"四人帮"针锋相对地斗争，解禁了一批被禁演的电影和戏剧，恢复了一些杂志的出版发行。

7月18日，江青指责反映大庆石油工人艰苦创业的电影《创业》"在政治上、艺术上都有严重问题"，并且罗列了该片的十大罪状，下令停演。

《创业》的导演张天民上书邓小平，对江青和当时文化部核心小组对《创业》的批判提出不同意见，建议上映这部影片。邓小平很快将张天民的信转给毛泽东。

毛泽东看过信后即作了批示："此片无大错，建议通过发行。不要求全责备，而且罪名有十条之多，太过分了，不利于调整党的文艺政策。"

江青对毛泽东的批示十分不满。她私下散布谣言说：毛泽东同志没有看过《创业》，是"有人逼着主席批"的，意指邓小平是"黑后台"。

但不管江青如何无理阻挠，在毛泽东、邓小平的支持下，《创业》最后得以公开上映。党的文艺政策开始进行调整。

电影《海霞》的命运也几经波折。这部影片于1975年初摄制完成后，周恩来、朱德、叶剑英等人先后审看并肯定了该片，建议上演。但在江青一伙的授意下，文化部查封了该片的全部底片和样片，给该片扣上了"黑线回潮的代表作"的帽子。该片编导谢铁骊、钱江先后写信给毛泽东、周恩来，揭露江青等人的无理行径。7月29日，毛泽东在谢、钱二人的信上批示："印发政治局全体同志。"第二天，根据毛泽东的意见，邓小平与在京的政治局委员在人民大会堂小礼堂审看该片。邓小平、李先念等其他政治局委员认为《海霞》一片没有问题，中央立即决定此片在全国上映。

与此同时，在邓小平的大力支持下，经中央批准，《人民文学》《诗刊》等刊物恢复出版。这一时期，还举办了聂耳、冼星海纪念演出。一小批被江青等人诬为"毒草"的影片解禁公映。一批禁演的戏剧节目如《万水千山》《长征组歌》等得以重新公演。

1975年夏季前后，文化领域出现了相对繁荣的景象。

随着各行各业整顿的深入进行，邓小平又进一步提出：整顿要以整党为中心。必须对党的领导、思想、组织和党的作风加以整顿。

1975年7月4日，邓小平在中央读书班第四期学员班上，作了题为《加强党的领导，整顿党的作风》的讲话。针对当时相当一部分地方党的领导没有建立起来、党的领导削弱等严重问题,他明确提出,解决这个问题的关键是要"建立省一级的领导",做到"一不是软,二不是懒,三不是散"。他严厉地批判了派性,他说:"如果说'文化大革命'初期的两派是自然形成的话,那么,现在还搞两派,性质就不同了。毛泽东同志讲,要安定团结。让少数人继续在那里闹,能安定团结吗?搞好安定团结,发展社会主义经济,需要加强党的领导,把我们党的优良作风发扬起来,坚持下去。这是一个非常重要的问题。"

这一时期,根据毛泽东关于尽快结束专案审查,把人放出来的意见,在周恩来、邓小平的推动下,中央在落实干部政策、解决干部问题方面也采取了重大措施。这年的4月底,中央做出决定,除与林彪集团有关的审查对象和其他极少数人外,对绝大多数被关押的受审者予以释放。根据这一决定,长期被关押的300多名高级干部被释放出来,其中一些陆续分配了工作。

这年的8月,邓小平又指示有关部门,先后起草了《关于加快工业发展的若干问题》《科学院工作汇报提纲》《论全党全国各项工作的总纲》三个文件,明确提出,整顿的核心是整顿党的组织、整顿党的思想。

全面整顿、层层深入,充分展示了邓小平的魄力和高屋建瓴的领导才能,也一次次触到了"四人帮"的痛处。于是,他们便使出各种不正当的手段干扰全面整顿的正常进行。

江青一伙要出的第一招是"反经验主义"。1975年4月,张春桥借毛泽东关于无产阶级专政理论问题的谈话,发表了《论对资产阶级的全面专政》一文,由此掀起了一场批判"经验主义"的歪风。一时间,"四人帮"控制的舆论工具连篇累牍地发表文章,说什么当前的主要危险是"经验主义",整顿是因循守旧、复辟旧制度。

邓小平对此给予了有力的反击,并得到了毛泽东的大力支持。毛泽东严厉批评了只反经验主义、不反教条主义的做法,警告江青等人不要搞"四人帮"。

6月,受毛泽东和周恩来的委托,邓小平多次主持中央政治局会议,对"四人帮"进行严肃批评,迫使江青等人不得不写出书面检查,承认"四人帮"是客观存在,有发展成分裂党中央的宗派主义的可能。

江青等人看到这一招不行,又生一计。他们借毛泽东关于《水浒》的一次谈话,发起了一场别有用心的评《水浒》、批宋江的政治运动,对整顿工作施加压力。

对于江青这种无中生有的攻击，邓小平反复向各地区、各部门主持整顿工作的同志打招呼。他说：现在批宋江的投降主义，有些人就认为要搞什么运动了，不知道哪里来的！你怕什么？你又不是宋江、投降派。到9月、10月间的全国农业学大寨会议期间，邓小平同"四人帮"的这一斗争达到了高潮。

不久，在北京召开的农村工作座谈会上，邓小平于9月27日和10月4日先后两次到会讲话。他在讲话中重申："当前，各方面都存在一个整顿的问题。农业要整顿，工业要整顿，文艺政策要调整，调整其实也是整顿。要通过整顿，解决农村的问题，解决工厂的问题，解决科学技术方面的问题，解决各方面的问题。整顿的核心是党的整顿。只要抓住整党这个中心环节，各个方面的整顿就不难。"在这次讲话中，他还特别突出地提出了如何宣传毛泽东思想的问题，对把毛泽东思想庸俗化的做法提出了批评，提出要完整地掌握毛泽东思想。

全面整顿艰难曲折，成绩显著辉煌。1975年，全国工农业总产值比上一年增长了11.9%，创造了"文革"期间的最高水平。

随着全面整顿的逐步深入，人们发现，全面整顿，实际上就是要系统纠正"文化大革命"的错误，这正是毛泽东所不能接受的。1975年的冬天，在"批邓、反击右倾翻案风"的运动中，邓小平再一次受到批判，他领导的全面整顿也被迫中断。

1984年10月10日，邓小平在谈到这段历史时说：

那时我主持中央党政工作，提出了一系列整顿措施，每整顿一项就立即见效，非常见效。这些整顿实际上是同"文化大革命"唱反调，触怒了"四人帮"。他们又一次把我轰下了台。

## "天安门事件"

1976年4月5日清明节，在北京天安门广场爆发的"天安门事件"，是人民群众悼念周恩来、拥护邓小平、反对"四人帮"的强大抗议运动。这场群众运动受到"四人帮"的极力压制。当时，中共中央政治局和毛泽东把这次抗议行动错误地判定为"反革命事件"，并且撤销了邓小平党内外一切职务。

"天安门事件"是"四人帮"一手制造的涉及人数最多的一个冤假错案，

也是导致邓小平第三次政治磨难的直接原因。

"天安门事件"的爆发不是偶然的,它的发生有着深刻的历史背景。

从"文化大革命"开始,林彪、"四人帮"就打着毛主席的旗号,煽动"打倒一切",挑起"全面内战",搞得党无宁日、国无宁日。党的十大以后,"四人帮"加紧了篡党夺权的步伐,更加疯狂地反对周总理和其他中央领导人。

1975年,周总理病重期间,邓小平主持中央工作,同"四人帮"进行了坚决的斗争,在十分困难的条件下进行了一系列的整顿工作,给遭受林彪、"四人帮"迫害的中国人民带来了希望。可是,"四人帮"却利用各种机会,不断地向毛泽东吹风,说邓小平要否定"文化大革命",要刮"右倾翻案风"。毛泽东支持邓小平搞整顿,抓生产,却难以容忍邓小平否定由他亲自发动的"文化大革命"。就在这一年的冬天,毛泽东发起了"反击右倾翻案风"运动。邓小平被定为"右倾翻案风"的"风源"。但是,对于"批邓、反击右倾翻案风"的运动,广大干部和群众是想不通的,因为他们亲眼目睹并切身体验到了在邓小平主持工作期间各项建设事业所取得的成绩,也看清了"四人帮"的危害性,因此,他们以各种不同的形式抵制这场运动。

1976年1月8日,周恩来总理逝世。全中国人民沉浸在极大的悲痛之中。

在为周恩来总理治丧期间,"四人帮"发出种种禁令,竭力阻挠群众性的悼念活动。在那些悲痛的日子里,他们不准人们佩戴黑纱,不准戴白花,不准开追悼会。人们为了寄托自己的哀思,自发地来到天安门广场,献花圈、挂白花,朗诵自己写的诗歌。

1月14日,周恩来追悼会的前一天,《人民日报》在头版头条用通栏标题发表了《大辩论带来大变化》一文,声称"近来,全国人民都在关心着清华大学关于教育革命的大辩论"。而这一天,正是群众性的悼念周总理的活动达到高潮的一天。

不仅如此,在周恩来逝世的第二天,姚文元就对《人民日报》的总编辑鲁瑛说,总理逝世"没有报道任务",不要提倡戴黑纱,送花圈,报上不要出现"敬爱的周总理"字样。从1月9日至15日追悼大会前的6天当中,新华社只发表了党和国家领导人以及首都各界群众代表向周恩来遗体告别和举行吊唁的两条消息。

在讨论谁为周恩来致悼词时,"四人帮"更是有意把邓小平排除在外。由于叶剑英的坚持,"四人帮"才只得作罢。

1月15日，邓小平代表中共中央在追悼会上为周恩来致悼词。这也是1976年邓小平作为党和国家领导人在中国电视屏幕上的最后一次露面。

十多天后，2月2日，中共中央发出通知，即1976年"1号文件"："经伟大领袖毛主席提议，中央政治局一致通过，由华国锋同志任国务院代总理。经伟大领袖毛主席提议，中央政治局一致通过，在叶剑英同志生病期间，由陈锡联同志负责主持中央军委的工作。""1号文件"下发后，邓小平不再主持中央日常工作，被指定专管外交。实际上，"专管外交"也是形同虚设。他在党内、政府内和军内的职务虽然还没有被免除，但实际上已不能工作。

这时，"四人帮"也加紧了"批邓"的节奏。2月20日，江青在关于"批邓、反击右倾翻案风"的打招呼会议期间，与上海代表谈话时攻击邓小平，说："他是一言堂，独立王国，法西斯。"并恨恨地说，"要集中火力揭批邓小平，去年他斗了我几个月。我是关在笼子里的人，现在出来了，能讲话了，我要控诉他。"3月2日，江青又擅自召集12个省、自治区领导人会议，并发表长篇讲话，用最恶毒的语言说："邓小平是个谣言公司的总经理"，是"反革命老师"，"是个大汉奸"，"买办资产阶级，代表买办、地主资产阶级，中国有国际资本家的代理人，就是邓小平"，"要共同对敌，对着邓小平"。

3月3日，中共中央将经毛远新请示，毛泽东同意，由毛远新整理的毛主席重要指示，以中央文件形式下发，作为"批邓、反击右倾翻案风"的指导文件。同一天，中共中央转发了毛泽东关于"批邓、反击右倾翻案风"的讲话，要求组织县、团以上干部学习。"批邓"运动正式在全党大规模开展。在这新一轮的"批邓、反击右倾翻案风"运动的冲击下，1975年以来经过全面整顿刚刚出现的稳定和经济上升局面遭到了破坏，全面整顿中提出并实行的许多正确的政策和措施被取消和批判，在整顿中被撤职和调离的一些造反派头头和武斗分子重新杀回，各地的派性和武斗战火重新燃起。许多地方再次陷入动乱，工业企业完不成任务，工厂停工，甚至连工人的工资都发不出来。一些铁路枢纽重新瘫痪，交通堵塞，货物积压，列车晚点。全国再度陷入大混乱、大批判的局面。

与此同时，3月5日，"四人帮"控制的上海《文汇报》，在一篇报道中公然删去周总理给雷锋同志的题词。3月25日，《文汇报》在一篇文章中竟然提出："党内那个走资派要把被打倒的至今不肯悔改的走资派扶上台。"人们马上看出来，这射向周总理的两支毒箭，是"四人帮"阴谋篡党夺权的危险信号。

　　《文汇报》制造的这两起反对周总理、攻击邓小平的事件，成了"天安门事件"的导火线。

　　周总理去世，人民已经悲痛万分。"四人帮"肆无忌惮地"批邓"，更激起了人民群众的强烈不满。实际上，从2月开始，全国各地已相继出现了反对"四人帮"的大字报、大标语和传单。

　　3月29日，南京人民在街头贴出了"《文汇报》的反党文章是篡党夺权的信号弹""不揪出《文汇报》的黑后台誓不罢休"等革命标语，并纷纷走向雨花台，向周总理敬献花圈。当上海开往北京的列车途经南京时，南京人民又把标语刷在车厢上。这辆列车飞过长江、越过黄河，把南京人民斗争的信息传遍了津浦路，传到了北京。北京人民对于《文汇报》的这种反革命行径早就义愤填膺了，工厂、学校、机关、部队，到处议论纷纷。捍卫周总理、捍卫毛主席革命路线的伟大斗争，再一次把人们吸引到天安门广场。一场惊天动地的斗争开始了。

　　4月4日是星期天，也是中国传统的祭奠节日——清明节，天安门广场的悼念活动达到了高潮。虽然"四人帮"下了这是"鬼节"、不许悼念的禁令，但是首都人民不怕跟踪盯梢，不怕打击陷害，争先恐后地涌向天安门广场和人民英雄纪念碑前。仅这一天到天安门广场的群众就达200万人次以上。这场声势浩大的自发的群众运动，从悼念周恩来开始，一直发展成声讨"四人帮"、拥护邓小平的人民抗议运动。在抗议的人群中，有的展开用鲜血写成的悼词，表达失去周总理的沉痛心情；有的愤怒声讨"四人帮"，公开为邓小平辩护；还有的人在天安门广场周围的松树上挂了许多小瓶子，呼唤"小平"，表达对邓小平的敬意。天安门广场成了声讨"四人帮"的主要战场。

　　天安门广场的悼念和抗议活动，引起了"四人帮"的极大恐慌。他们在暗中加紧进行对这场人民抗议运动的镇压活动。

　　4月2日，在"四人帮"的直接操纵下，在天安门广场东南角的一个三层小灰楼内，成立了一个由首都民兵、警察、卫戍区部队组成的"联合指挥部"，抽调民兵和警察3000人及部分部队，做好了随时出动的准备。当日下午，指挥部就拟定出了《对天安门广场出现各种问题的处理办法》，提出了具体对群众进行镇压的措施。

　　4月3日凌晨，王洪文亲自到天安门广场查看情况。当他看到如山如海的花圈和诗词挽联时，指示公安部马上派人去拍摄那些"反动诗词"，以做日后"破案"的证据。姚文元也立即打电话给《人民日报》说："天安门人民英雄纪念碑的活动是反革命性质的。"按照王洪文的指示，公安部门派出便衣在天安门广场到处拍照取证，并且开始抓人。至当晚10时，在天安门广场就抓了26人。

4月4日晚，华国锋主持召开中央政治局会议。在江青等人的左右下，会议把天安门广场悼念活动的性质定为"反革命搞的事件"，"是邓小平做了很长时间的准备形成的"。会后，毛远新把政治局会议讨论的情况和会议决定报告了毛泽东。报告中说："这次是反革命性质的反扑"，"是有计划有组织的"，"去年邓小平说批林批孔就是反总理"，今年"就抬出总理做文章，攻击反击右倾翻案风是反总理，利用死人压活人。"毛泽东圈阅了这个报告。

"四人帮"为了达到他们打倒邓小平、将邓小平置于死地的目的，竟说邓小平是事件的总后台。事实上，"天安门事件"期间，邓小平正住在位于宽街的家里，已完全处在与外界隔绝的状态，跟事件毫无关系。后来邓小平在1977年9月明确地说："说我是'天安门事件'的后台，其实，当时我已经不能同外界接触了。"

当时，虽然人民群众对"四人帮"疯狂打击、诬陷邓小平愤愤不平，但在天安门广场活动的最初几天，在诗词、传单中，并未提到邓小平，"四人帮"及其心腹没有找到下手的机会。有一次，《人民日报》的《情况汇编》登了一期所谓"一小撮阶级敌人在天安门广场"的罪证照片，姚文元看后大发雷霆，立即打电话给他的心腹说："为什么用这些照片？杂乱无章，有打破头的，没有一张与邓小平有关系的。"为了搞"与邓小平有关系的"，他们竟然从邓小平的亲属身上打主意。

同"四人帮"这些人打了这么多年的交道，邓小平太了解他们了。所以，在天安门广场悼念周总理的大规模的群众运动开始后，邓小平一再叮嘱全家人，在这个时刻，不许去天安门广场，不能给"四人帮"以任何借口。因为当时正在"揪后台"，他们正在说邓小平是这场运动的"大后台"。如果在天安门广场现场抓到邓小平的家人，那就会立刻成为他们栽赃的"证据"。邓小平的家人知道，这时的政治形势已经发展到了十分危急的时刻，所以他们都服从大局，遵从邓小平的嘱咐，不去天安门广场。

欲加之罪，何患无辞。邓小平有个女儿在科学院半导体研究所工作，该所送了两个花圈到天安门广场。姚文元得知此事，喜出望外，迫不及待地派记者到那里去，要记者通过内线，搞到所谓深层情况，以说明挽联都是邓小平煽动起来的，他就是"天安门事件"的总后台。其实，邓小平的女儿当时生病在家，既未参与做花圈，也未到天安门广场。即使这样，那位记者还是写了情况，并用"邓小平女儿所在的科技处做的花圈上写着"这种别有用心的句子，说明到天安门广场送花圈的活动同邓小平有关系。

4月4日晚，一位记者从天安门广场抄回一份传单，其中有这样几句话："在周总理患病期间，由邓小平同志主持中央工作，斗争取得了决定性胜利。邓小平同志重新主持中央工作，全国人民大快人心。"鲁瑛感到这个材料非常重要，等不及编排印送，连忙打电话告知姚文元。姚文元在开会，听到有关邓小平的话，还没有听完便急不可待地说："下面的不要说了，手抄一份给我。会快完了，我要到会上说。"

这时，中共中央政治局正在召开有关天安门广场群众活动的紧急会议。北京市负责人吴德在会上作了主要发言。他在介绍了天安门广场上送花圈和诗词的情况后说：看来这是一次有计划的活动。

那份及时送来的传单，更为"四人帮"之流提供了充足的所谓"证据"。政治局会议认为，天安门前聚集那么多人，公开发表"反革命"演说，这是新中国成立以来没有过的，是有计划、有组织的"反革命性质的反扑"，"是反革命煽动群众借此反对主席，反对中央，干扰、破坏斗争大方向"。江青等人还蛮横地提出，清明已过，要连夜把花圈移走，要抓发表"反革命"演说的人。会议决定采取紧急措施，应付"更大事端"。

4月5日凌晨1时，在做足了舆论上的准备之后，"四人帮"开始对天安门广场的群众进行大规模的镇压。晚6时30分，天安门广场所有的高音喇叭同时开足了音量，反复广播北京市委第一书记吴德奉命发表的广播讲话。讲话宣布"天安门事件"是"反革命事件"，要求在场的群众立即离开广场。晚9时30分，10000名民兵和3000名警察进入天安门广场，包围了滞留在广场的群众。当晚，无数群众受到残暴的殴打和逮捕。

4月6日凌晨，中共中央政治局部分委员听取了关于"天安门事件"的情况汇报，会议将"天安门事件"定为"地地道道的反革命事件"。

在为《人民日报》炮制即将于4月8日发表的《天安门广场的反革命政治事件》的现场报道文章时，姚文元明确提出："要鲜明地点出邓小平。"

4月7日，毛远新根据姚文元亲手组织炮制的这个"天安门事件现场报道"，向毛泽东汇报了"天安门事件"的进展情况和处理意见。"现场报道"诬蔑人民群众悼念周恩来是"反革命活动"，诬蔑"天安门事件"是"反革命政治事件"，说"天安门事件""公开打出拥护邓小平的旗号，丧心病狂地把矛头指向伟大领袖毛主席，分裂以毛主席为首的党中央，妄图扭转当前批邓和反击右倾翻案风的大方向"。听完汇报，毛泽东作了以下指示："据此开除邓的一切职务，保留党籍，以观后效。""这次，一、首都，二、天安门，三、烧、打，这三个性质变了，据此，赶出去！""华国锋任总理"，提议华国锋任党的第一副主席。同意公开发表这篇"现场报道"。

7日中午，"四人帮"在人民大会堂庆祝"胜利"。江青扬扬得意地说："我们胜利了！祝贺你们！"张春桥也趁着酒兴恶狠狠地说："这帮家伙写那些反动诗，就是要推出邓小平当匈牙利反革命事件的头子纳吉！"下午，在人民大会堂召开中央政治局会议，讨论毛泽东关于"天安门事件"的最新指示。在会上，"四人帮"一口咬定邓小平就是"天安门事件"的总后台，并说邓小平曾坐着汽车到天安门广场亲自进行指挥。江青和张春桥还别有用心地说，要做好思想准备，可能有群众要去冲击邓小平，把邓小平抓起来。对于"四人帮"说的邓小平坐车到天安门广场直接指挥一事，主持会议的华国锋提出，应该去向邓小平本人问一下，以便核实。经讨论，决定让汪东兴去问邓小平。汪东兴怀疑"四人帮"要借"群众"之名去抓邓小平，因为"文革"初期，由江青控制的"中央文革"就曾经组织了一次"群众"抓彭真和斗争彭真的事情。汪东兴认为此事事关重大，需请示毛主席。所以他从人民大会堂出来，并没有直接去找邓小平谈话，而是到中南海向毛泽东汇报了政治局正在紧急开会讨论"天安门事件"和邓小平问题的情况。汪东兴向毛泽东汇报可能有人会去冲击邓小平。毛泽东说，不能再冲击，不能抓走。并问汪东兴有没有办法。汪东兴建议，把邓小平转移个地方，可以转移到东交民巷17号那个房子去。毛泽东同意了。

在得到毛泽东的同意后，汪东兴立即布置中办警卫局准备东交民巷的房子，并让有关人员立即做出一个警卫方案。交代完后，汪东兴让人通知邓小平的秘书王瑞林，说要找邓小平谈话。同时，汪东兴派人找了一辆不太显眼的车子，去宽街把邓小平接到东交民巷。

在东交民巷，邓小平见到了汪东兴。汪东兴将有关情况告诉了他，问他是否曾坐车到天安门进行"指挥"。邓小平十分坦然地说，他只有一次坐车去北京饭店理发，根本不是什么"指挥"。汪东兴叫人再去把邓小平的夫人卓琳接来。等卓琳到后，汪东兴对邓小平说，可能有人要冲击你，不要出去，散步就在院子里。

当汪东兴按照毛泽东的意见办完这些事赶回人民大会堂时，已经是晚上了。这时，江青等人迫不及待地问他，和邓小平谈得如何？邓小平是不是坐车到天安门直接进行了指挥？汪东兴如实回答。张春桥没有得到他们想要的消息，十分不满，他让汪东兴写个谈话记录，遭到汪东兴的拒绝。

后来，江青曾经几次在中央政治局会议上说过，不知道邓小平到哪里去了，有人到他住的那里看了，没有找到人。由于在此期间，汪东兴没有把将邓小平转移到东交民巷的事告诉过任何人，才使邓小平没有受到"四人帮"的冲击。

4月7日，就在邓小平住进东交民巷那天晚上的8时整，中央人民广播电台向全国广播了当天晚上中共中央政治局会议通过的两个决议。

第一个决议的内容是："根据伟大领袖毛主席的提议，中共中央政治局一致通过，华国锋同志任中国共产党中央委员会第一副主席、中华人民共和国国务院总理。"

第二个决议的内容是："中共中央政治局讨论了发生在天安门广场的反革命事件和邓小平最近的表现，认为邓小平问题的性质已经变为对抗性的矛盾。根据伟大领袖毛主席提议，政治局一致通过，撤销邓小平党内外一切职务，保留党籍，以观后效。"

4月8日，《人民日报》和全国主要报纸都在第一版刊登了中共中央决议及《天安门广场的反革命政治事件》全文。

此后，全国各地开始学习中央的两个决议，进行政治表态，组织声讨邓小平的集会游行，继续搜捕"天安门事件"的参加者和"幕后策划者"。一时间，全国上下笼罩在一片白色恐怖之中。到6月17日，"四人帮"在北京市公安局的亲信共收缴诗词、悼文原件583件，强迫群众交出的诗词、悼文照片和现场照片108万多件。"四人帮"从中选取重点600余件编成所谓的《天安门广场反革命事件罪证集》，加上其他"重点线索"，总计立案追查1984件，共拘捕群众388人，以隔离、办学习班、谈话等方式进行审查的不计其数。仅在北京市，被触及的群众就数以万计。

1976年9月9日，毛泽东逝世。

10月6日，"四人帮"被粉碎，持续十年之久的"文化大革命"也随即结束。

"四人帮"被粉碎了，但是，邓小平的政治命运并没有立即得到改变。当时，中央还在重申"批邓",仍不肯为"天安门事件"平反。邓小平虽然已回到宽街的家里,但仍处于被软禁的状态。尽管如此,邓小平仍然给华国锋写信,对中央采取断然措施解决"四人帮"表示由衷地高兴和坚决地支持。

这时,社会上要求邓小平复出的呼声越来越高,叶剑英等许多老同志都在积极活动,并向华国锋提议,尽快让邓小平出来工作,恢复他原来的职务。但对叶剑英等人的这个提议,华国锋表示不同意。在一次政治局会议上,叶剑英又正式提出这个问题:"我建议让小平同志出来工作,我们在座的同志总不会害怕他吧?参加了政治局,恢复了工作,总不会跟我们挑剔吧?"李先念马上表态:"同意!应该让小平同志尽快地出来工作。"但华国锋不表态。

在叶剑英等人的努力下,12月14日,中央做出决定,恢复邓小平看文件的待遇。当时,邓小平正因病住在三〇一医院。

1977年3月,中共中央召开工作会议。会前,华国锋有个讲话稿,送给叶剑英提意见。叶剑英提了两条:一是"天安门事件"是冤案,要平反;二是对邓小平同志的评价,应把提法改变一下,为小平同志重新出来工作创造有利条件。讲话稿的起草人对叶帅说,您的几条意见,我们已向华主席反映了,已按您的意见修改了,对小平同志的评价已改得很好了。可是在会上,华国锋的发言和下发的稿子还是讲"天安门事件"是"反革命事件",仍然肯定1976年"批邓、反击右倾翻案风"是正确的。

在这次中央工作会议上,党内不少德高望重的老干部仗义执言,为邓小平说话。陈云率先向会议提交了书面发言,呼吁为了中国革命和中国共产党的需要,让邓小平重新参加中央领导工作。王震也对阻挠为"天安门事件"平反、让邓小平复出的人大加抨击,他说:"邓小平同志政治思想强,人才难得,这是毛主席讲的,周总理传达的。1975年他主持中共中央和国务院的工作,取得了巨大成绩。他也是同'四人帮'作斗争的先锋。'四人帮'千方百计地、卑鄙地陷害他。","'天安门事件'是广大人民群众反对'四人帮'的强大抗议运动,是我们民族的骄傲,谁不承认'天安门事件'的本质和主流,实际上就是替'四人帮'辩护。"

然而,陈云的书面发言和王震的发言都因不符合华国锋等人的意思而受到压制,未能在会议简报上刊登。

"天安门事件"是毛泽东点了头、定了性的,为"天安门事件"平反,让邓小平出来工作,无疑就是否定了毛泽东。所以华国锋才这样推三阻四、讳莫如深。但是，面对党内外广大干部和群众的强烈要求，特别是老同志的极力呼吁，华国锋也不能无动于衷。他在会议结束前不得不表示，"要在适当的时机让邓小平出来工作"，"群众在清明节到天安门，表示自己对周总理的悼念之情，是合乎情理的"。这年4月，他派中央办公厅的两位负责人汪东兴、李鑫专程去看邓小平，要他写个文件承认"天安门事件是反革命事件"。邓小平断然拒绝了这一要求。他说："'两个凡是'不行。我出不出来没有关系，但'天安门事件'是革命行动。"他还说，"按照'两个凡是'就说不通为我平反的问题，也说不通肯定1976年广大群众在天安门广场的活动'合乎情理'的问题。"

要求为"天安门事件"平反、要求邓小平出来工作的呼声越来越强烈，党中央终于做出了顺乎民心的决定。在1977年7月召开的中共十届三中全会上，恢复了邓小平中共中央委员、中共中央政治局委员、常委、中共中央副主席、中共中央军委副主席、国务院副总理、中国人民解放军总参谋长的职务。

1978年11月，陈云在中央工作会议期间再次提出为"天安门事件"平反等问题。中央接受了这个要求。14日，经中共中央政治局批准，15日由北京市委宣布：1976年清明节广大群众到天安门广场沉痛悼念敬爱的周总理、愤怒声讨"四人帮"，完全是革命行动。对于因悼念周总理、反对"四人帮"而受迫害的同志要一律平反，恢复名誉。

对于"天安门事件"的平反，邓小平看得更为长远。他后来说："有错必纠是毛主席历来提倡的。对'天安门事件'的处理不正确，当然应该纠正。如果还有别的事情过去处理不正确，也应该实事求是地加以纠正。1976年'天安门事件'中关于我的问题的决议，毛泽东同志也是画了圈的。'天安门事件'涉及那么多人，说是反革命事件，不行嘛！1976年的天安门广场悼念周恩来总理的群众运动，尽管不是党有组织地领导的运动，仍然是一个坚决拥护党的领导而反对'四人帮'的运动，参加这个运动的群众的革命觉悟同党多年来的教育是不可分的，而且他们中间的主要积极分子正是党员、团员。因此，决不能把天安门广场那个群众运动看成与党的领导无关的、像五四运动那样纯粹自发的运动。"

交往

## 公正评价，告慰忠魂——与刘少奇

刘少奇是中国共产党和中华人民共和国的主要领导人之一，中国杰出的革命家和理论家。

1949年以后，刘少奇和邓小平都处在中共中央最高领导层。他们长年在一起讨论问题，共商国是，在许多问题上有着共同见解。

邓小平对刘少奇很尊重，在党内注意维护刘少奇的威信。特别是刘少奇在新中国成立初期，曾一度遭到党内某些人的非议，受到不公正的批评或批判，邓小平毫不顾忌地站在公正的立场，批评党内一些人针对刘少奇散布自由主义言论的倾向，驳斥流言蜚语，为刘少奇打抱不平。

事情的由来是这样的。1949年4月至5月间，刘少奇同志为了贯彻落实党的七届二中全会关于接管城市的总方针，到天津进行了一次调查研究。他于4月10日抵达天津，5月12日回到北平。在一个多月的时间里，他深入机关、工厂、学校听取汇报，调查了解了许多情况，同干部、工人、职员、资本家等各方人士座谈，作了多次讲话和报告。刘少奇在天津的讲话，主要是针对"左"倾错误，强调不要把民族资产阶级当作斗争对象，要保护资本家，保护资本家就是保护生产；他主张私营工商业在一定范围、一定时期内的发展，是新民主主义经济政策所允许的；他批评在对待民族资产阶级的问题上只强调斗争的一面，不强调联合与利用，以利于发展生产的一面，是一种只顾眼前利益、不顾长远利益的行为。他在给东北局的一个电报中指出："这是一种实际上立即消灭资产阶级的倾向，实际工作中的'左'倾冒险主义和错误路线，和党的方针政策是在根本上相违反的。"刘少奇的天津之行结束不久的5月31日，为中共中央起草了《关于对民族资本家政策问题给东北局电》，批评东北局在这个问题上发生的"左"倾错误。毛泽东也亲自在电报上写了按语，指出"如果不克服此种错误，就是犯了路线错误"，并要求各地党委"据以检查自己的工作，认真克服对待民族资产阶级的'左'倾机会主义错误"。东北局书记高岗对此不满，不但不接受毛泽东、刘少奇同志的批评，反而对刘少奇怀恨在心。他把刘少奇在天津的讲话抄成"档案"进行散发，利用中央召开的各种会议，向各大军区、各省领导人散布流言蜚语，四处煽风点火，造谣生事，含沙射影地恶毒攻击刘少奇，在党内制造了一场反对刘少奇的风波。邓小平认为，高岗的做法不符合组织原则，对同志也不公正。他在1954年2月党的七届四中全会上，批驳了高岗的流言蜚语：

"全国财经会议以来，对少奇同志的言论较多，有些是很不适当的。我认为少奇同志在这次会议上的自我批评是实事求是的，是恰当的。而我所听到的一些传说，就不大像是批评，有些是与事实不相符的，或者是夸大其词的，有的简直是一些流言蜚语、无稽之谈。比如今天少奇同志在自我批评里讲到的对资产阶级的问题，就与我所听到的那些流言不同。对资产阶级问题，虽然我没有见到1949年初少奇同志在天津讲话的原文，但是据我所听到的，我认为少奇同志的那些讲话是根据党中央的精神来讲的。那些讲话对我们当时渡江南下解放全中国的时候不犯错误是起了很大很好的作用的。虽然在讲话当中个别词句有毛病，但主要是起了好作用的。当时的情况怎么样呢？那时天下还没有定，半个中国还未解放。我们刚进城，最怕的是'左'，而当时又确实已经发生了'左'的倾向。在这种情况下，中央采取坚决的态度来纠正和防止'左'的倾向，是完全正确的。我们渡江后，就是本着中央的精神，抱着宁右勿'左'的态度去接管城市的，因为右充其量丧失几个月的时间，而'左'就不晓得要受多大的损失，而且是难以纠正的。所以，我认为少奇同志的那个讲话主要是起了很好的作用的，而我所听到的流言就不是这样的。又比如对于富农党员的问题，不过是早一点儿或迟一点儿发指示的问题，但是我听到的流言就不是这样的。又比如对于工人阶级半工人阶级领导革命的问题，在提法上当然是不妥当的，可是这里并没有涉及党的性质问题，但是我听到的流言就不是这样的。我说有些流言是超过了批评与自我批评的限度的，不但从组织方面来说不应该，而且有些变成了无稽之谈和随意夸大，这种现象是应该值得我们注意的。我们能够把维护中央的威信和维护中央几个主要负责同志的威信分开吗？能不能这样说，维护中央的威信与中央几个主要负责同志无关，例如与少奇同志无关，是否能够这样解释呢？对于这些对主要负责同志的超越组织的批评，并没有引起我们的反对和制止，我们的嗅觉不敏锐，对于这些言论抵制不够，这难道与我们自己的思想情况和骄气一点儿关系都没有吗？这难道不应该引起我们的警惕吗？我认为我们是应该警惕的，应该引以为教训的。"

邓小平这番话，既公正又合理，是实事求是的，为刘少奇说了公道话。因为，刘少奇同志在天津讲话的基本精神是符合七届二中全会决议的，是力图贯彻毛主席的思想。他的本意，是要稳住民族资产阶级，保护和发展民族工商业，迅速恢复和发展生产，建立新民主主义经济秩序。这在当时是正确的。他讲话之后，大家感到讲得好，对如何处理好"四面八方"的关系提供了重要思想武器。当时华北局曾派人到各地择要进行了传达，6月还起草了一份给太原、石家庄、张家口、唐山等市委的电报指示，要求普遍宣传刘少奇同志在天津所讲解的各个问题，避免重犯过去在土改中侵犯私营工商业的错误。

"文化大革命"的开始，结束了邓小平与刘少奇之间的工作关系。他们失去了共同的合作，伴随他们而来的是共同的坎坷遭遇。

1966年8月5日，毛泽东写了《炮打司令部——我的一张大字报》。他指责6月上旬中央派工作组以后的50多天里，"从中央到地方的某些领导同志，压制无产阶级文化大革命"。"站在反动的资产阶级立场上，实行资产阶级专政，将无产阶级轰轰烈烈的文化大革命打下去，长资产阶级的威风，灭无产阶级的志气，又何其毒也！"并称："联系到1962年的右倾和1964年的形'左'实右的错误倾向，岂不可发人深省吗？"大字报虽未点名，但其所指是明显的。毛泽东的大字报发表后，正在召开的八届十一中全会，立即转向集中揭发、批判刘少奇和邓小平。

江青在会上对毛泽东大字报中所提"司令部"作了如下解释：北京有两个司令部，一个是代表资产阶级的司令部，一个是代表无产阶级的司令部；一个是毛主席的司令部，一个是某几个中央领导人反对毛泽东思想的修正主义司令部。江青的上述讲话使多数人意识到：毛泽东炮打的恰恰是"刘少奇的资产阶级司令部"。

8月8日，中共八届十一中全会通过了《中国共产党中央委员会关于无产阶级文化大革命的决定》（即《十六条》）。《十六条》指出："在当前，我们的目的是斗垮走资本主义道路的当权派。"8月12日,全会通过了会议公报,并改组了中央领导机构,政治局由原来的7人扩大为11人,刘少奇被降至第八位,林彪列到第二位,成为毛泽东的接班人。会后,大多数政治局委员和书记处书记相继遭到迫害,中央政治局和中央书记处的权力,被"中央文化革命小组"所掌握。

1966年10月9日至31日,中共中央在北京召开工作会议。陈伯达作了题为《无产阶级文化大革命中的两条路线》的报告。他点名攻击刘少奇、邓小平是资产阶级反动路线的代表。25日,林彪在会上又指名攻击刘少奇、邓小平是执行了一条压制群众、反对革命的路线。他说:刘邓路线就是不相信群众,不相信毛主席,只相信他们自己,"这次文化大革命运动的错误路线主要是刘邓发起的"。

此后,在林彪、江青、康生、陈伯达等人的操纵下,"打倒刘少奇!打倒邓小平""与刘邓血战到底"的标语、口号,铺天盖地而来,公然贴上天安门城墙,贴满北京大街小巷,乃至全国各地。诬陷刘少奇是"中国的赫鲁晓夫""党内最大的走资本主义道路的当权派""修正主义的总头子""资产阶级反动路线的总根子"。诬陷邓小平是"党内另一个最大走资派""中国第二号修正主义分子"。随后,"造反派"几次冲击刘少奇的家和办公室,撤了刘少奇的电话。刘少奇多次被"造反派"揪斗、批判。在批斗会上,不准他申辩。作为一个公民,他的发言权被完全剥夺了。

1967年1月上旬的一天,中南海的一些"造反派"第一次冲进刘少奇的家,在院里贴满了大字报,刘少奇受到"造反派"的直接批斗。在批斗会上,一个"造反派"突然跳出来,让刘少奇背出毛主席语录本某一页的某一条。刘少奇背不出来,那伙人大声嘲笑。刘少奇镇定自若地说:"叫我背词句我背不出,你们可以问我毛主席的那篇文章,写的内容是什么,当时的历史背景是什么,针对什么问题,在当时起到什么作用,在理论上有什么新创见,这些才是毛泽东思想的精髓。我是《毛泽东选集》编辑委员会主任,无论哪一篇文章的问题我都可以解答。"那个"造反派"被刘少奇说得哑口无言,便喊了一阵口号,批斗会一哄而散。

没过几天,中南海的"造反派"在江青、戚本禹的直接指使下,第二次冲进刘少奇的家。他们贴大字报,批斗刘少奇、王光美,并叫他们站在一张缺腿的桌子上。"造反派"攻击刘少奇反对毛泽东思想时,刘少奇坚定有力地说："我从来没有反对毛泽东思想，只是有时候违反了毛泽东思想；我从来没有反对过毛主席，只是在工作上有过意见分歧……"

又过了两天，中南海某电话局的一些"造反派"闯进刘少奇办公室，要撤刘少奇的电话。刘少奇斩钉截铁地说："这是政治局的电话，没有毛主席、周总理的亲自批示，你们不能撤，也无权撤！"这一伙人只好悻悻而去。第二天，他们又气势汹汹地闯进来，二话不说，把电话线扯断。从此，刘少奇断绝了与毛泽东、周恩来、邓小平及中央政治局的一切联系。

4月6日，中南海的一些"造反派"，高喊着口号又冲进刘少奇的办公室，勒令他必须自己做饭、打扫卫生、洗衣服、改变作息时间，还就戚本禹《爱国主义还是卖国主义》中的所谓"八大罪状"提出质问，要刘少奇回答，并做出交代。在斗争会上，每当刘少奇用事实进行答辩，他们就用小红书敲打刘少奇的脸和嘴，说什么"不准放毒"，不让刘少奇讲一句话，剥夺刘少奇的发言权。

一连串的打击接踵而至，使刘少奇精神上受到了痛苦的折磨，他终于病倒了。

邓小平自1966年12月24日以后，就再未以中央书记处总书记的身份在公开场合露面，露面的场合仅是批斗会。1967年8月5日，是毛泽东《炮打司令部》的大字报发表一周年，为了表示纪念，在中南海召开了"批判刘、邓、陶大会"。

邓小平被围在院子里。"邓小平不低头，我们就叫他灭亡""打倒中国第二号走资派邓小平"的口号声，震动着整个庭院。

红卫兵大声吼道："你交代，你和刘少奇是怎样镇压学生的？"

邓小平不慌不忙、毫不隐讳地说道："我同意派工作组，因为当时学校很乱，没有别的办法，经过政治局常委决定派工作组。这件事，少奇有责任，我也有责任。但当时还意识不到这就是反动的资产阶级路线……"

"造反派"无可奈何，只是说"不准你诡辩"，然后扬长而去。

邓小平这段"交代"，一是说明了派工作组的目的是为了治乱而采取的措施，当时没有别的办法；二是说明了派工作组是中央集体讨论决定的，不是哪一个人的心血来潮；三是说明了他自己和刘少奇承担主要责任，敢于负责；四是说明了并不觉得派工作组就是反动的资产阶级路线。这种大义凛然、毫不示弱、直言相对的态度，反映了邓小平的鲜明性格。不过，在更多的批斗场合，是不准他讲话的。

1968年10月13日至31日，中共八届十二中全会在北京举行。毛泽东主持了会议。出席这次会议的共133人，其中中共八届中央委员和候补中央委员仅59人。原中共八届中央委员除10人去世外，只有40人参加了会议。全会在许多中央委员被剥夺了出席会议的权利、一些出席会议的中央委员继续遭受诬陷和批判的极不正常的情况下，批准了在江青、康生、谢富治等人主持下，用伪证写成的《关于叛徒、内奸、工贼刘少奇罪行的审查报告》。《审查报告》诬陷刘少奇"是一个埋藏在党内的叛徒、内奸、工贼，是罪恶累累的帝国主义、现代修正主义和国民党反动派的走狗"，"干下了数不尽的反革命勾当，成了党内反革命修正主义集团的总头目，资本主义复辟势力的总代表"。全会通过了错误的决议："把刘少奇永远开除出党，撤销其党内外的一切职务，并继续清算刘少奇及其同伙叛党叛国的罪行。"这样，此次全会从组织上完成了打倒刘少奇的手续。林彪、江青一伙还鼓噪要开除邓小平的党籍，被毛泽东制止了，但邓小平也"靠边站"了。

1968年11月24日，是刘少奇七十岁的生日。刘少奇从来不让别人为他祝寿，他总是在这一天加倍工作，引以为最大的欣慰和欢乐。可是，他怎么也没有想到，在他七十岁生日的早上，听到了中共八届十二中全会把他"永远开除出党"的决议。中共八届十二中全会开过整整24天了，偏要在刘少奇生日这一天让他听到这个消息。刘少奇气愤已极，全身颤抖、大汗淋漓、呼吸急促、大口吐血，血压陡然升高到260/130 mmHg，体温升到40℃。但他一声不哼，只有那一双干涩的、快要绽裂的眼睛，喷射出怒火……

从此以后，刘少奇一句话不说了，连治病和生活用语也一句不说了，表示无言的抗议。

1969年10月，根据林彪"一号命令"，刘少奇被送往开封，邓小平被押送到江西，他们几乎同时离开了与毛泽东一起工作过多年的中南海。

在"文化大革命"中，邓小平与刘少奇所不同的地方，一是由于毛泽东和周恩来的作用，邓小平没有被开除党籍，保留了他的政治生命。而刘少奇却完全被宣判了政治上的死刑，捏造的罪名比邓小平更多。二是在生活出路上，邓小平没有刘少奇那么凄惨。邓小平比刘少奇小几岁，身体好于刘少奇，他幸存了下来，亲眼看到了林彪的自取灭亡，重新出来工作后又同"四人帮"进行过针锋相对的较量。在粉碎"四人帮"以后，成为党的第二代领导集体的核心和改革开放、现代化建设的总设计师。而刘少奇却含冤九泉，未能获得邓小平后来的幸运和欣慰。

粉碎"四人帮"以后，特别是党的十一届三中全会解决了历史上遗留的一批重大问题和一些领导人的功过是非以后，党内外许多人向中央建议，对刘少奇案件进行复查。中共中央于1979年2月决定，由中央纪律检查委员会和中央组织部对刘少奇一案进行复查。1980年2月23日至29日在北京召开的中共十一届五中全会，做出了关于为刘少奇同志平反的决议。全会审查了复查结果后认为，原审查报告给刘少奇同志强加的"叛徒、内奸、工贼"三大罪状，以及其他各种罪名，完全是林彪、江青、康生、陈伯达一伙的蓄意陷害。中共八届十二中全会据此做出"把刘少奇永远开除出党，撤销其党内外的一切职务"的决议是错误的。刘少奇同志是伟大的马克思主义者，是为共产主义奋斗终生的无产阶级革命家。几十年来，他作为党和国家卓越的领导人，对我党的建设，对我国民主革命、社会主义革命与社会主义建设，都有不可磨灭的功绩。他对党和人民的事业是忠诚的。他把毕生精力贡献给了我国的无产阶级革命和建设事业。过去对刘少奇同志诬陷、伪造的材料以及一切不实之词，都应完全推翻。

为此，中共十一届五中全会做出了如下决议：（一）撤销中发［68］152号文件（即八届十二中全会公报）中强加给刘少奇同志的罪名和对他的处理决议，相应地撤销中发［68］155号文件（即原《审查报告》），恢复刘少奇同志作为伟大的马克思主义者和无产阶级革命家、党和国家主要领导人之一的名誉。（二）在适当时间，由中共中央商同全国人大常委会，为前中共中央副主席、中华人民共和国主席刘少奇同志举行追悼会。（三）过去因刘少奇同志问题受株连的人和事，都应当由有关主管部门实事求是地进行复查和澄清，凡属冤假错案，一律予以平反。（四）中央这个决议和附件，发至基层党支部，并按照先党内后党外的步骤，传达到全体党员和全国人民群众，以消除过去对刘少奇同志的错误处理所造成的影响。

对刘少奇的问题，邓小平的见解是："过去常说十次路线斗争。""讲党的历史上有多少次路线斗争，现在看，明显地不能成立，应该根本推翻的，就有刘少奇、彭（真）、罗（瑞卿）、陆（定一）、杨（尚昆）这一次和彭（德怀）、黄（克诚）、张（闻天）、周（小舟）这一次。""'文化大革命'前，党犯过一些错误，少奇同志和其他同志一样，也犯过一些错误。"

他主张为刘少奇同志平反，说："刘少奇同志的平反是一件很大的事，我们解决得很好。这件事情可不可以早一点儿办呢？恐怕不行。但是，现在再不解决，就可能犯错误。"

1980年5月17日下午，在北京人民大会堂为刘少奇举行了万人参加的追悼大会，邓小平为刘少奇致悼词。

他说："今天，我们怀着无比沉痛的心情，悼念伟大的马克思主义者和无产阶级革命家刘少奇同志。刘少奇同志为共产主义事业战斗了一生。他是受到全党和全国各族人民爱戴的、久经考验的党和国家领导人。"

"'文化大革命'时期，林彪、江青一伙出于阴谋篡党夺权的反革命目的，利用我们党的缺点和错误，蓄意诬陷和残酷迫害刘少奇同志。1969年11月12日，刘少奇同志在河南开封不幸病故。这是我们党和我国人民的巨大损失。党中央经过周密的调查研究，根据确凿证据，在党的十一届五中全会上，彻底推倒了强加在刘少奇同志身上的种种罪名，郑重地为他平反昭雪，恢复名誉。我们党采取的这种实事求是、有错必纠的原则立场，受到了全党全军全国各族人民的衷心拥护。"

邓小平说："刘少奇同志几十年如一日，为党的巩固和发展、为新民主主义革命的胜利，为社会主义革命和社会主义建设的胜利，为反帝反殖和国际共产主义运动的开展，进行了不懈的斗争，建立了不朽的功勋，赢得了全党全军全国各族人民的爱戴和尊敬。"

邓小平说："刘少奇同志一贯重视研究马列主义理论。他善于根据理论原则，联系实际，周密考察，具体分析问题，具有政治上的远见卓识。我们要学习他这种理论和实际相统一的科学态度。"

"刘少奇同志和人民同呼吸共命运。他强调国家主席是人民的勤务员，革命工作没有高低贵贱之分，在任何岗位上都应该全心全意为人民服务。对于工作中的缺点和错误，他总是从人民的利益出发，勇于纠正，勇于承担责任。在遭受林彪、江青一伙残酷迫害，处境异常艰难的时候，他始终保持共产党人的革命信念。我们要学习他这种对党对人民无限信任的革命品质。"

"刘少奇同志言行一致。他在《论共产党员的修养》中对广大党员提出的党性锻炼的要求，自己都以身作则地实践了。他不隐瞒自己的观点，敢于坚持真理，抵制错误。他从来都把自己放在组织之中，尊重集体领导，服从组织决定。我们要学习他这种坚持原则，严守纪律的革命风格。"

"刘少奇同志在对敌斗争中机智沉着，立场坚定。他两次被反动统治阶级逮捕，都坚贞不屈。在革命紧急关头，他总是不避艰险，到最困难的地方去，挑最重的担子。我们要学习他这种英勇顽强的革命精神。"

邓小平说："敬爱的少奇同志离开我们已经十多年了。林彪、江青一伙制造伪证，隐瞒真相，罗织罪名，企图把他的名字从中国革命的历史上抹掉。但是，正如刘少奇同志在处境最艰险时所说：'好在历史是由人民所写的。'历史宣告了林彪、'四人帮'一伙阴谋的彻底破产，历史对新中国的每个创造者和领导者都是公正的，不会忘记任何人的功绩。和毛泽东同志、周恩来同志、朱德同志一样，刘少奇同志将永远活在我国各族人民的心中。"

邓小平对刘少奇做出这种全面、公正、客观的评价，既告慰了忠魂，又教育了人民。

## 肝胆相照，共解国难——与叶剑英

1977年底，邓小平与叶剑英在广州。

叶剑英是中华人民共和国的开国元勋之一。邓小平和叶剑英战争年代共事不多。他们在八路军总指挥部曾有过几次接触。当时，叶剑英任参谋长，邓小平任政治部副主任。

新中国成立后，特别是"文化大革命"期间，在同林彪、"四人帮"作斗争的特殊环境中，他们俩可谓是肝胆相照，共解国难，建立了特殊的感情。

在十年动乱的年月，叶剑英同邓小平一样，遭受林彪、江青一伙的打击和迫害，曾流放湖南、广州，含冤受屈，受尽林彪及其同伙的冷遇、刁难和折磨。在叶剑英身处逆境、年老多病、需要有人在身边安慰和照料的时候，他的子女们却四处失散，有的被监禁、有的被致残。

"文革"中叶剑英先于邓小平"解放"出来，参与党中央和中央军委的领导和决策。在这种条件下，叶剑英不遗余力地利用一切可能的机会，促成了邓小平的复出。在邓小平复出之后，他们携手并肩，共解国难，同心协力，共振大业。

1975年1月，在党的十届二中全会上，邓小平当选为中共中央副主席、中央政治局常委。在周恩来总理病重住院后，邓小平主持中央的党政日常工作。

1月中旬，在四届人大第一次会议上，叶剑英被任命为国防部部长，继续肩负着主持中央军委日常工作的重任。就这样，邓小平和叶剑英，一个主政，一个主军。在整顿国民经济、科学教育、文艺等战线的同时，对军队也开始进行切实的整顿。

1月26日，叶剑英给毛泽东写信说，鉴于1971年成立的军委办公会议成员情况的变化，为了加强对军队和战备工作的具体领导，建议把西沙作战后成立的军委六人小组扩大组成军委常委会，并增补刘伯承、徐向前、聂荣臻、粟裕等同志为常务委员。2月5日，中共中央发出了3号文件：取消军委办公会议，成立中央军委常委会。军委常委会由叶剑英主持。

为了清除林彪反革命集团和江青一伙对军队工作的恶劣影响，6月24日至7月15日，叶剑英和邓小平主持召开了中央军委扩大会议。会议的中心议题是军队的思想作风和组织建设问题。会议排除"四人帮"的干扰、破坏，分析了国际形势和我军现状，集中讨论通过了《关于压缩军队定额、调整编制体制和安排超编干部的报告》，深入批判了林彪一伙的反革命罪行，讨论了军队进行整顿的措施。叶剑英、邓小平先后在会上作了重要讲话。他们从国际国内形势出发，深刻阐明了整军备战的重大意义，提出了军队要整顿的任务和要求。

邓小平强调军队必须加强组织性、纪律性，加强军政团结、军民团结和军队本身的团结，并且指出，军队建设中要克服"肿、散、骄、奢、惰"的缺点，军队领导班子中要解决"软、懒、散"的问题，强调要抓编制、抓装备、抓战略。

叶剑英明确提出：要批判资产阶级派性，增强无产阶级党性；要坚持安定团结的方针，认真落实党的政策；要抵制资产阶级思想作风的影响和腐蚀，自觉地改造世界观；要坚决执行三大纪律八项注意。他号召同志们要紧紧跟上全国革命和建设的步伐，向全国人民学习，谦虚谨慎，戒骄戒躁，把军队各项工作做好。

参加这次会议的有七十多人，主要是各大军区、各军兵种、各总部、直属院校的领导干部。到会同志完全同意叶剑英、邓小平的重要讲话。叶剑英深入小组听同志们发表意见，有时一个一个地找人谈话，把毛泽东批评"四人帮"的有关指示精神，透露给他们。一次，叶剑英对同志们说，有个别中央领导人不通过组织，自己发指示搞运动，这是不正常的。他还严肃指出：不容许任何野心家插手军队，搞阴谋活动。同志们一听就明白这是指谁的，同时也就知道了老帅的态度。这样，上下思想沟通了，想法一致了，大家非常高兴。叶剑英还十分关切地要求同志们谨慎从事，少说话，不授人以柄（不让"四人帮"抓住辫子），要注意形势，掌握动向，坚定立场，充分发挥骨干作用。

邓小平和叶剑英的讲话得到了与会同志的热烈拥护。然而，"四人帮"对邓小平主持中央日常工作以来所采取的一系列整顿措施极为不满，狂叫"整顿就是复辟"，疯狂地进行反扑。他们利用各种机会，造谣挑拨，向毛泽东诬告邓小平，说邓小平上台后就翻案，以后又掀起了一场"批邓、反击右倾翻案风"的恶浪。在这场斗争中，叶剑英始终坚持党的原则，支持邓小平提出的全面整顿。在邓小平处于即将再次被"打倒"的困难时刻，叶剑英不顾风险，直接到邓小平住处看望他。有一次，张春桥给叶剑英打电话，诬蔑邓小平。叶剑英义正词严，驳斥张春桥："你们不是存心要害人吗！"说完，他"啪"地挂上了电话。

与此同时，邓小平还根据毛泽东的指示，为批评江青等人的错误，召开了几次政治局会议。叶剑英参加了这些会议，积极支持邓小平。在一次会议上，邓小平针对江青等人一个时期以来搞所谓"第十一次路线斗争""批林批孔又批走后门"和"反经验主义"等三件事，提出疑问和批评。邓小平气愤地说，你们批周总理，批叶帅，当面点了那么多人的名。江青不服，反唇相讥，说这是对她的"围攻"和"突然袭击"。叶剑英全力支持邓小平，在会上针对江青一伙的所作所为，作了长篇发言，对他们提出尖锐批评。他说：过去一个时期党内生活很不正常。如果保持非法的小组织存在，搞"四人帮"，就有害团结，就会分裂。他点名批评江青等人说：重大的问题你们几乎都不请示，小平同志的批评是完全对的。你们要正确对待个人和组织的关系问题，以后凡是重大问题，都要提交政治局讨论。江青在批评的压力下，当时不得不作了"检讨"。

1976年1月8日，周总理与世长辞。"四人帮"掀起"反击右倾翻案风"的恶浪，诬蔑邓小平、叶剑英"搞修正主义""复辟资本主义"，邓小平是"至今不肯改悔的最大的走资派"，叶剑英是"军内资产阶级的黑干将"。他们气势汹汹地叫嚷：跟邓小平性质一样的有一批人，要揪各种各样的"走资派"，妄图整垮从中央到地方到军队的一大批老干部。

2月，在江青一伙的策划下，病中的毛泽东听信谗言，让邓小平只管外事，停止了他在中央的领导工作，借口叶剑英健康状况有变化，在叶剑英"生病"

期间，由陈锡联主持中央军委工作；同时提出，1975年7月邓小平、叶剑英在军委扩大会上的两个讲话"有错误"，应"停止学习和贯彻执行"。

1976年4月，人民群众在全国掀起了以"天安门事件"为代表的悼念周总理、反对"四人帮"的强大抗议运动。江青一伙颠倒黑白，无中生有，造谣说："天安门广场闹事的那些牛鬼蛇神、群魔百丑，都是按照邓小平的笛音跳舞的"，邓小平是"右倾翻案风最大的风源""集中代表了党内外新生资产阶级和地富反坏右的利益和要求"，要打倒"天安门反革命政治事件的总代表、黑后台"邓小平。中共中央政治局做出了错误决定：撤销了邓小平党内外的一切职务，保留党籍，以观后效。

当时，叶剑英的处境也十分困难，基本上停止了工作，虽然他尽了自己的最大努力来"保"邓小平，但此时已是无济于事了，因为他也是"自身难保"。不过，在邓小平遭难的日子里，叶剑英还是悄悄地去看望邓小平，有时自己不能亲自去，就通过子女们沟通联系。

邓小平最后一次被打倒之后，一直待在北京，观察着国家政局的事态发展变化。他心里惦记着叶剑英的处境。一天上午，王震到他的住处来看望他，过着"软禁"生活的邓小平，见老战友来家看望他，喜出望外。寒暄过后，邓小平关切地问起叶剑英的情况。

"叶帅那里，你最近去过吗？""叶帅现在常住在什么地方？""他每天的起居活动是怎样安排的？""身体怎么样？"

王震尽自己所知，一一作了详细介绍。他告诉邓小平，毛泽东病危以后，叶剑英从西山下来，经常住在后海小翔凤。邓小平点了点头，没有说什么。

第二天，邓小平事先连电话也没打，选择了一个最佳时间，以"上街看看"为名，冒着极大风险，悄悄来到小翔凤叶剑英的住所，在叶帅的书房里悄悄地交谈着。

他们对斗争形势的发展和如何解决"四人帮"问题，交换了看法。被毛泽东称为开"钢铁公司"的邓小平，经过一场大的政治风波，虽然变得更加谨慎起来，但他对叶剑英必能"收拾残局"抱以极大的期望。因为叶剑英毕竟还是中共中央副主席和中央军委副主席，在国内外也享有众望。解决"四人帮"的重大历史责任，把叶剑英推向了20世纪70年代中期中国政治舞台的中心。

1976年9月9日，毛泽东与世长辞。"四人帮"紧锣密鼓地加快了篡党夺权的步伐。叶剑英高瞻远瞩，审时度势，分析和估量全国的形势和人心的向背。他与华国锋、李先念、汪东兴共同谋划，果断决策，以快打慢，周密布置，在人民力量的支持下，终于把"四人帮"送上了历史的审判台。在粉碎"四人帮"的斗争中，叶剑英起了关键性的作用，又一次为党和人民除了大害，立了大功。

粉碎"四人帮"以后，叶剑英从争取为"天安门事件"平反开始，为恢复邓小平在党中央的领导职务做了大量的工作。粉碎"四人帮"后的第二天，叶剑英派他的小儿子叶选廉驾车到三〇一医院，把还在"软禁"中的邓小平偷偷接到他的住处。两人见面时，万分激动。邓小平长声叫道："老兄。"两人的手便紧紧握在了一起。不久，叶剑英又将邓小平的全家由城里搬到西山25号楼，并派自己的办公室主任和机要秘书给邓小平转送文件。

与此同时，为了邓小平的第三次复出，叶剑英多次找华国锋谈话，建议请邓小平出来参加党中央的领导工作。他说：小平同志具有治党治国的全面经验，是我们党内难得的人才。毛主席、周总理多次赞扬过他。现在，党内、军内的绝大多数同志和全国人民，都强烈要求让小平同志出来工作。我们应该尽快把小平同志请出来。然而，他的正确意见没有被华国锋接受。

1977年5月，邓小平、徐向前、聂荣臻、粟裕、王震等，到叶剑英住地聚会，共商国是。邓小平赞扬叶剑英为党和人民做出了巨大贡献，亲切地称叶剑英为"老帅"。叶剑英对邓小平说："你也是老帅嘛，你是我们老帅中领班的。"

经过叶剑英等老一辈革命家反复努力，在全党全军全国人民的一致要求下，邓小平终于重新出来工作了。1977年7月，中共十届三中全会，正式通过了《关于恢复邓小平同志职务的决议》。邓小平恢复党中央和中央军委的领导职务以后，在指导推动全党进行拨乱反正，重新确立党的思想路线、政治路线和组织路线的过程中，起了关键性的作用。1980年底，叶剑英在中共中央政治局的一次重要会议上，对邓小平的功绩作了高度评价。他说："大家知道，小平同志在历史上对党做出过杰出的贡献。粉碎'四人帮'以后，在每一个重要关头，他都敏锐、果断地提出一些正确的决策和主张。在我看来，小平同志具有安邦定国的卓越才能，他当全党的'军师'和全军的统帅，是当之无愧的。"此后，我们党逐步形成了以邓小平为核心的第二代中央领导集体。

叶剑英比邓小平年长几岁。邓小平非常尊敬这位在历史的重要转折关头，多次为党和人民建立功勋的老战友。1977年4月28日，叶剑英八十寿辰时，邓小平和夫人卓琳到他家里为叶剑英祝寿。

党的十一届三中全会以后，特别是进入20世纪80年代以来，叶剑英在党和国家的领导岗位上，更加重视党的干部队伍的新老交替工作。他以身示范，带头退位让贤，以便让年富力强的同志到党和国家领导岗位上工作，使党的事业更加生机勃勃地向前发展。1979年，他先后同邓小平、陈云、李先念等同志谈话，请求中央同意他退休的要求。1981年6月，他又给党中央写信，要求改变党中央政治局常委名次的排列，将他的名字放到邓小平之后。党中央经过慎重考虑，都没有同意他的要求。1983年2月，叶剑英辞去全国人大常委会委员长职务。1984年9月，叶剑英同其他63位老同志致函中共十二届四中全会，请求不再担任中央委员和候补中央委员。全会同意了他们的请求。自此，叶剑英退出了他在党中央和中央军委的所有领导岗位，再次以自己的模范行动，为促进中央领导机构成员的新老交替做出了表率。

1986年10月22日，叶剑英因病去世。10月29日，邓小平主持了在人民大会堂隆重举行的叶剑英同志追悼大会，为这位老战友作最后的送行。

## "尊重邓主席的命令"——与王震

"文化大革命"中，邓小平被错误打倒，悲愤异常的王震将军情难自抑，在撤销邓小平职务的文件上愤然写下了四个大字："人才难得。""文革"结束，王震又为邓小平的再次复出奔走呼号，表现了对邓小平的无限崇敬和信赖。

1971年9月，林彪叛逃摔死在蒙古温都尔汗之后，毛泽东进行了深刻的反思，"文化大革命"中遭受林彪、江青一伙迫害的一大批老干部得到解放，恢复工作。不久，王震就回到了北京。

林彪事件之后，邓小平一家的处境有所好转，生活待遇也有所改善，儿女们也被允许探望父母了。1972年4月，邓小平的小女儿毛毛从陕北插队的地方到江西探望父母，在回陕途中顺便送哥哥邓朴方到北京治病。到北京后，毛毛借住在一个同学家里。五一节前的一天，一个朋友告诉她，王震要见她。

已经体会到世态炎凉的毛毛开始有点儿不敢相信，但对方的诚恳态度告诉她：这是真的。在朋友的引导下，毛毛来到北太平庄王震家里。王震站起身，

绝没有将她当孩子看待的意思,一把握住她的手,十分热情地问:

"听说你从江西来,你爸爸怎么样?"

一听这话,毛毛忍不住热泪盈眶。因为几年来,她都没有听到过这样温暖的话了!已很少有人问起她爸爸了。王震详细地问了邓小平及全家人的情况,然后十分郑重地告诉毛毛:"告诉你爸爸,他的问题一定要解决!我要去找周总理,我也要给毛主席、党中央写信!你爸爸应该出来工作!"

王震顿了顿又说:

"你到北京来,我已向有关的中央领导报告过了,现在外面很乱,我要对你在北京的安全负责。你哪儿也别去,就住在我家里。"

后来毛毛饱含深情地回忆道:

> 自从"文化大革命"以来,从我成人开始,便历尽那非常时期的世态炎凉,但此时此刻,在胡子叔叔这里竟然受到如此的关怀、如此的厚待,实在是令我感动万分。胡子叔叔在那种时刻"敢冒天下之大不韪",挺身出来为我父亲说话,怎能不令人敬佩之至,没齿难忘呢!胡子叔叔的这种以正义勇敢、豪情侠胆著称的品格,给我留下了极为深刻的印象。我回到江西把这些告诉父亲后,父亲也是十分感动的。

其实,这时的毛泽东也正在考虑重新起用邓小平。按他自己的话说,是人才不可多得。当得知中央已经准备让邓小平出来工作后,王震非常高兴。

邓小平出来工作后,特别是周恩来总理病重住院,由邓小平主持中央工作后,他以其特有的胆识和魄力,大刀阔斧地对许多方面进行了整顿,并且同"四人帮"一伙进行了毫不妥协的坚决斗争。这一系列整顿,迅速扭转了形势,取得了明显成效,但也最终触怒了"左"的势力。在"四人帮"一伙的鼓噪下,1975年12月,终于发起了"批邓、反击右倾翻案风"运动,并实际停止了邓小平的大部分工作。面对此情,王震气愤万分。他把李强、王诤和叶飞等老战友叫到家里,向他们倾诉自己心中的愤怒。

由于气愤至极,王震病倒了,住进了医院。那时,所有的部委都有关于"批邓、反击右倾翻案风"的简报。为了及时了解和掌握动向,他要求身边工作人员天天向他汇报:多少个部批了邓,哪个部没有批?多少部点了邓的名,多少个部只批不点名?点名当中,在小平名字后面带"同志"二字的多少,不写"同志"二字的多少？

有一次，国务院办公厅的简报上，把在邓小平后面的"同志"二字抹掉了，积愤已久的王震再也无法控制自己的感情，吼叫着要身边的工作人员把办公厅的人叫来。后来国务院办公厅派了值班室的主任来。王震在病床上说：

"别的部门不了解情况，难道你们也不了解？！小平同志主持工作期间，国务院的工作是什么样子你们不清楚？为什么你们也昧着良心来批邓小平同志？你把我的意见带回去！带到上面去！"

这在当时需要多大的政治勇气，是可想而知的，充分体现了他对邓小平的深厚感情。

中共中央"批邓"的文件下来了，王震连看都不看，拿起笔在文件上针锋相对地写下了"人才难得"四个字。可是这些文件按规定是要退回去存档的。在退文件的时候，工作人员看到这些话语，知道有悖当时的政治气候，为了少惹麻烦，也为了王震同志好，就给国务院有关部门的同志打电话商量怎么处理。没有别的办法，只好用橡皮把王震写在上面的话全部擦掉。

1976年4月5日"天安门事件"发生后，邓小平被撤销了党内外一切职务，并再一次被隔离软禁。在以后的一段时间里，王震一直住院，一是为失去他极为敬重的周总理而悲痛过度，二是为"四人帮"一伙的反动行径而怒气积心，而更主要的，则是为邓小平再次被打倒而义愤至极。悲愤与不平使这位叱咤风云的老将军几近失去了理智，他把一些老同志找到医院，直冲冲地对他们说：

"我要上山打游击去！你们敢不敢跟我去！"

他问一些老将军：

"你们能带多少队伍？能带多少枪？"

他自己也知道这是并非理智的激愤之语，是不可能这样做的，但他觉得这样自己更畅快好受一些。

由此可见，他已到了何等悲愤的地步！

1976年9月9日，毛泽东逝世，王震将军洒下了悲痛的泪水。毛泽东逝世后，中国向何处去？当时形势非常严峻，"四人帮"仍在祸国殃民，共和国大厦将倾，王震第一个在叶剑英、陈云等同志之间"穿梭"，商讨抓"四人帮"的方案。打倒"四人帮"之后，"文化大革命"并没有结束，"批邓"还在继续，他所期盼的让邓小平出来工作的局面还没有出现。

王震非常着急，通过各种渠道，不断给邓小平传递各种消息，甚至在邓小平还没有完全解除软禁的情况下，他就以极大的勇气，悄悄来到邓小平在西山的住地，进行了长时间的密谈。同时，他又到叶剑英元帅那里，到李先念副总理那里，找各种各样的人谈话，奔走疾呼，要让邓小平同志尽快出来工作。

1977年3月，中共中央召开工作会议，会上陈云在书面发言中提出要求恢复邓小平的工作。王震在会上也直言不讳地提出恢复邓小平的工作。

在陈云、王震等许多老同志的强烈呼吁下，1977年7月党的十届三中全会做出了顺应民心的决定：恢复邓小平党内外一切职务。

邓小平恢复领导工作后，王震极力支持邓小平的工作。特别是党的十一届三中全会后，王震极力支持邓小平推行改革开放政策，并且是积极的实践者。邓小平提出办特区后，王震立即带领国务院十多位部长去深圳，以当年359旅屯边的精神，亲自选项目、下命令。1984年初，他又随邓小平视察深圳、珠海特区。

1991年，王震不慎摔伤骨折，卧床半年之久。1992年，王震病重，需要切开气管治疗，他不同意，医生和家人都没有办法。无奈之际，家人只好求助于邓小平家。得知消息，邓小平夫人带着女儿毛毛很快去医院劝慰，说：

"小平同志很关心你，问候你，让你一定要服从医生。"

王震说不出话，用颤抖的手，一笔一画，郑重地写下几个字：

"尊重邓主席的命令！"

手术顺利，他奇迹般地战胜了病魔。

1993年2月，王震逝世前不久，在广东休养时，他还和别的同志一起盛赞邓小平为中国改革开放设计宏伟蓝图，使国家日益强盛的丰功伟绩，对祖国前途充满了信心。

## "我愿拜邓小平为师"——与陶铸

曾志在谈及陶铸同邓小平之间的关系时，引述过陶铸一段话："1949年，二野进军西南，路经武汉时我才第一次见到邓小平。邓小平调中央后，也仅是公事来往，交往不深。1958年八大后，邓小平担任总书记，之后接触就多了，关系也更密切。我对邓小平的感觉，确是好的。在1954年的党代会上，曾说过这样的话：如果党内允许拜师的话，当主席的学生我不够格，但我愿拜邓小平为师。"

陶铸和邓小平，没有很深的历史和个人关系，但是在思想上是接近的，感情上是好的。"文化大革命"中，"刘邓陶"是连在一起的，陶铸成了"中国最大的保皇派"。

当时，林彪、江青一伙很猖狂，颐指气使、目空一切，大有抢班夺权之势。在这种形势下，邓小平推荐擅长实际工作的陶铸来中央，是很有用意的。"中央文革小组"那班人对陶铸起初也是欢迎的，因为陶铸与刘少奇、邓小平仅仅是一般工作关系，没有历史渊源。再说，陶铸是个直性子，敢放炮，可以利用其炮打所谓的"刘邓资产阶级司令部"。所以，最初一段时期，"中央文革小组"对陶铸是采取拉拢的策略，然而很快就对陶铸失望了。陶铸调中央没几天，就在派工作组问题上站到了刘邓一边。陶铸来京，先是住钓鱼台，不久即搬出，因江青想拉他带头向邓小平发难，被他拒绝了。因为保一些干部，陶铸跟江青、陈伯达他们顶得厉害，江青对他发了好几次脾气。特别是1966年8月召开的八届十一中全会上，毛泽东主持召开了好几次政治局生活会，目的是批评刘少奇和邓小平。江青会前私下找陶铸布置。陶铸说："江青要我在会上打头阵，要我向刘邓放炮。我没有照她的意思做，我对她说我刚来中央，对情况不了解。结果打头阵的是谢富治。开了几次生活会，最后只有我和总理没有发言，江青他们肯定不高兴。"陶铸不仅自己没有打头炮，甚至连谢富治的发言都没允准印简报。

党的八届十一中全会，实际上是以党的会议的形式组织对刘邓的围攻。尽管刘邓还保留一些名义上的职务，但实际上已被"拉下马"了。这时陶铸依然认为，刘邓即便有错误，也是认识问题，况且刘少奇仍然是国家主席，而邓小平也还是政治局常委。因此，在他主管的新闻宣传口，一如既往地把刘邓作为国家领导人对待。

1966年10月，毛泽东主持召开了中央工作会议，主要是为"文化大革命"清除阻力，林彪、陈伯达在会上把矛头直指刘邓，指名刘少奇、邓小平推行了"一条压制群众，反对革命的路线"，煽动群众、学生起来喊打倒，贴大字报。陶铸则仍认为刘邓是犯错误，不是敌人，不能喊打倒，不同意学生贴打倒刘少奇的大字报。

毛泽东在会上也对西北局的刘澜涛同志说："把刘邓的大字报贴到大街

上去不好,要允许人家犯错误,要允许人家革命,允许改嘛。让红卫兵看看《阿Q正传》。"毛泽东在同李先念谈话时,还将目光转向全体说:"要准许刘邓革命,允许改。你们说我和稀泥,我就是和稀泥的人。我没料到,一张大字报,一个红卫兵,一个大串联,就闹起来了这么大的事。"

当林彪于10月25日在会上批判刘少奇、邓小平"搞了另外一条路线,同毛主席的路线相反","是一条压制群众、反对革命的路线"时,毛泽东松弛地摆了一下手,语气平和地说:"什么路线错误,改了就算了。我的责任分二线,为什么分一线二线呢?一是身体不好,二是苏联的教训。我想在我死之前树立他们的威信,大权旁落,我是故意地大权旁落,万万没有想到走向反面。"

当康生插话说"八大政治报告里就有阶级斗争熄灭论"时,毛泽东紧接着纠正道:"报告我们看了,是大会通过的,不能叫他们两个负责。"他吮吮下唇,又强调:"刘少奇不能一笔抹杀。"

10月28日,中央工作会议结束。毛泽东讲话后,虽然还有些人攻击刘少奇、邓小平,甚至言辞尖厉,但毛泽东对刘邓所采取的谅解态度是再明白不过了。

陶铸回到家里,痛痛快快地对妻子曾志说:"毛主席讲话了,对少奇和小平同志还是保护的。""保刘邓,我是对的。"

然而,正直、豪爽而又十分天真的陶铸哪里想到,更加残酷的斗争正在展开。陶铸作为"中央文革小组"顾问,他总是与把持"中央文革小组"大权的康生、江青一伙格格不入,越来越对立,以致最后"刘、邓"变成了"刘、邓、陶"。

## 唯一没有鼓掌的人——与萧劲光

1974年邓小平复出不久,萧劲光就向他暗示:要提防张春桥和江青。邓小平被再次打倒,传达中央文件时唯一没有鼓掌的就是萧劲光,这在当时不难想象需要多么大的胆量和勇气,充分表现了大将军刚正不阿的性格特征。

1973年初,大地已透出春的气息。邓小平结束了"流放"江西的生活回到北京,住在北京医院治疗。对于邓小平回京,海军司令员萧劲光打心眼儿里高兴,很快去医院看望他并推心置腹地谈了自己对形势的看法。当时,正

值海军"四五"会议之后,萧劲光从自己的亲身体会出发,向即将重新出来工作的邓小平暗示说:

"你出来工作的时候,一定要注意提防那两个戴眼镜的。"

萧劲光指的是江青和张春桥,邓小平立即明白了萧劲光的意思,会意地点头笑了笑。那时,萧劲光仅仅是在解放干部问题上触犯了张春桥、江青一伙人,就被认为是企图否定"文化大革命",被打棍子、扣帽子。

1975年1月,在毛泽东的推荐下,邓小平出任中央军委副主席兼总参谋长,之后,又被选为中央政治局常委、中共中央副主席,担任了国务院副总理,在周恩来病重的情况下主持国务院工作。萧劲光十分兴奋,感到在毛主席、周总理病重的情况下,由邓小平出来主持党中央和国务院的日常工作,是党和国家的一大幸事。

邓小平敢想敢干,不负众望,在短短几个月的时间里,首先卓有成效地整顿了铁路,接着又进行了工业、农业战线的整顿,并提出商业也要整顿,文化教育也要整顿,科学技术也要整顿……

与此同时,邓小平也提出了"军队要整顿",提出了整顿军队,革除"肿、散、骄、奢、惰",解决领导班子"软、懒、散"的问题。在邓小平和叶剑英的领导下,军队的整顿工作在艰难中起步了。萧劲光参加了军委扩大会议,对于邓小平关于整顿军队的一系列主张十分赞成,他钦佩邓小平的勇气、胆略和魄力,但又暗暗为邓小平捏一把汗。根据当时的形势,萧劲光已预感到一场新的较量不可避免,因为"四人帮"是不会让邓小平这样干下去的。

果然,为时不久,这场预料之中的较量就开始了。

1975年11月底,萧劲光和苏振华一起参加了军委会议,传达中央打招呼会议精神,宣读了中央〔中发〕23号文件《打招呼的讲话要点》。

这个打招呼要点传达了毛泽东对由邓小平转呈的清华大学党委副书记刘冰写给他的一封信的批示。这封信反映了该校党委书记迟群、副书记谢静宜在思想、工作、生活方面的一些问题。

对于由邓小平转呈的这封信,毛泽东说:"我看信的动机不纯","矛头是对着我的"。《打招呼的讲话要点》指出:"中央认为,毛主席的指示非常重要。清华大学出现的问题并不是孤立的,是当前两个阶级、两条道路、两条路线斗争的反映,这是一股右倾翻案风。有些人总是对这次'文化大革命'不满意,总是要算'文化大革命'的账,总是要翻案。"

显而易见，所有这些实际上是把矛头公开指向邓小平，把邓小平1975年以来的工作说成是翻案。军委会议除了传达《打招呼的讲话要点》，还传达了毛泽东其他一些批评邓小平的讲话，如"小平偏袒刘冰""永不翻案靠不住""翻案不得人心"等，并要求与会人员回去以后向常委传达文件精神，分步骤地向各级领导打招呼，认真搞好"三个正确对待"，参加"反击右倾翻案风"的"斗争"。

萧劲光听了这个传达以后，觉得好似迎头一瓢冷水，心里透凉。

几个月来，在邓小平和叶剑英的领导下，军队整顿出现了大好形势，海军的工作也有了不少起色。特别是1975年5月3日，毛泽东说了"海军很小，敌人不怕"，"海军要搞好，使敌人怕"的话以后，海军党委迅速研究了贯彻意见，苏振华还专门给毛泽东写了报告，表示一定要"努力把海军各项工作搞好，力争在十年左右建成一支较强大的海军"。对此，毛泽东5月23日批示："同意，努力奋斗，十年达到目标。"

在进行了多年的动乱以后，毛泽东提出了"把国民经济搞上去"的号召，又对海军作了这样的批示，萧劲光感到海军建设又有可能得到一个大的发展，心里是非常高兴的。很快，海军党委下发了文件，提出要重新修改拟定装备、生产、科研、工程等十年规划，常委会议首先讨论了海军装备建设的十年规划。同时，抓部队训练，抓干部培训，抓院校建设，抓各种规章制度的建立健全……部队精简整编、体制改革等工作都在有条不紊地进行着。这一切，与邓小平"军队要整顿"的方针是合拍的。

而此时，由于否定了邓小平1975年以来的工作，对海军的这些工作是肯定还是否定？还能不能继续搞下去？萧劲光想：文件说的毛主席的这些指示，是通过他的联络员毛远新传达的，可靠程度究竟有多大，不能不令人怀疑。而且，毛主席年事已高，病势沉重，江青、张春桥他们会不会从中做手脚？

回来的路上，萧劲光坐在车里一言不发，心情非常郁闷。他在替邓小平的命运捏一把汗，替中国的前途命运担忧，替海军的建设和发展担忧。

12月中旬，中央下发〔中发〕24号文件，扩大〔中发〕23号文件《打招呼的讲话要点》的传达范围，海军也准备召开一次扩大范围的会议传达。在常委会讨论会议如何开的时候，由于此时苏振华不在京，有的同志提出要萧劲光讲一讲〔中发〕23号文件的重要性和意义。

不提还罢，这样一提，萧劲光几乎按捺不住满肚子的火，说：

"我不晓得怎样讲！一直到现在，我们连刘冰信的内容都不清楚，不知道的不能讲。还是传达中央23号和24号文件吧。"

1976年4月4日，清明节，百万群众为表达对周恩来总理的无限怀念之情，纷纷涌向天安门广场，举行悼念活动。但是，这场群众运动遭到了"四人帮"的残酷镇压。4月7日晚，萧劲光接到通知，去人民大会堂东大厅参加中央召集的会议。会上由北京市负责人吴德讲了天安门几天来发生的事情，完全隐瞒了事实的真相。接着传达了中共中央政治局4月4日会议的精神，宣布"天安门事件"是"反革命事件"，并说："看出存在一个地下的'裴多菲俱乐部'有计划地在组织活动。"诬蔑邓小平是"天安门事件"的"总后台"。会上宣布了根据毛泽东提议、中央政治局通过的《中共中央关于华国锋任中共中央第一副主席、国务院总理的决议》和《关于撤销邓小平党内外一切职务的决议》。

宣布完毕，按照惯例，人们鼓掌。但是，萧劲光没有鼓掌，他将手中的文件翻过一页，装出一副全神贯注看文件的样子。萧劲光认为，说邓小平是"天安门事件"的总后台没有证据，不能同意后一项决议，所以，不能违心地鼓掌赞成。

这在当时，是需要极大的政治勇气的。

散会以后，萧劲光与海军政委苏振华走在一起，萧劲光对他说：

"刘冰的信写的是什么，我们还不清楚。说邓小平翻案，事实根据是什么，我们也不清楚，这件事我们不要抢先，看看情况再说。"

这从一个方面反映了萧劲光对批判邓小平的抵制。

1977年初，人们从粉碎"四人帮"后的兴奋之中渐渐冷静下来，热切地期望以华国锋为首的党中央能够拨乱反正，拿出治国良策，迅速扭转形势。然而，2月7日，《人民日报》《红旗》杂志、《解放军报》两报一刊社论提出"凡是毛主席做出的决策，我们都要坚决拥护；凡是毛主席的指示，我们都要始终不渝地遵循"的方针，这个在当时看来似乎是继承毛主席遗志的"两个凡是"，实际上是拨乱反正的障碍。按照"两个凡是"，当时两个大家最关心的问题就无法解决：一个是"批邓、反击右倾翻案风"不能改，一个是"天安门事件"的案不能翻。

看了这篇两报一刊的社论，萧劲光十分不赞成，和陈云谈过后，又驱车到王震、王净、耿飚等一些老革命家的住处，倾吐衷肠。萧劲光认为，邓小平是受"四人帮"打击迫害的,说他是"天安门事件"的总后台完全是莫须有的罪名。邓小平同志1975年的整顿是正确的,他工作有魄力、有成绩,应尽早恢复工作。而毛泽东同志在晚年有些事情是错误的,不能以凡是毛主席说过的事就一成不变。对"天安门事件",他认为不能说是"反革命事件"。

大家在一起经过畅谈和议论,感到大多数老同志的心都是相通的,所见也基本相同,越来越感到这两件事的解决势在必行。经过一段时间的考虑,陈云决心向中央上书,直言自己的意见,萧劲光等人自然十分赞同,也十分高兴,因为陈云同志德高望重,推举他来挑头,代表大家向中央陈述这些意见,也正是这段时间大家反复酝酿的事情。

中央工作会议召开的前夕,王震打电话邀萧劲光商讨要事。同去的还有王净、耿飚等,大家在一起议论的中心议题还是上述两件事。过了一会儿,陈云也来了,陈云发表了意见,说:

"中央工作会议要召开了,我写了一个书面意见,准备在会上作个书面发言。"

这时,他对坐在旁边的萧劲光说:

"请劲光给大家念念吧。"

这篇书面发言,主要内容就是现在收在《陈云文选》第三卷中的《粉碎"四人帮"后面临的两件大事》。这篇文章,体现了陈云行文简洁有力、观点鲜明的一贯风格。萧劲光念道:

"粉碎'四人帮'反革命集团,这是我们党的一个伟大胜利,对中国革命具有伟大的历史意义。

"我对'天安门事件'的看法:(一)当时绝大多数群众是为了悼念周总理。(二)尤其关心周恩来逝世后党的接班人是谁。(三)至于混在群众中的坏人是极少数。(四)需要查一查'四人帮'是否插手,是否有诡计。

"因为'天安门事件'是群众关心的事,而且当时在全国也有类似事件。

"邓小平与'天安门事件'是无关的。为了中国革命和中国共产党的需要,听说中央有些同志提出让邓小平重新参加党中央的领导工作,是完全正确、完全必要的,我完全拥护。"

陈云旗帜鲜明的发言稿,说出了大家的心声,博得了一致赞同。

这个书面发言,在随即召开的中央工作会议上,由于华国锋仍旧推行"两个凡是"的错误方针,未能在会议简报上刊登。但是,对华国锋坚持的"继续批邓""'天安门事件'是反革命事件"的意见，陈云、王震等在会上旗帜鲜明地唱了反调，萧劲光在会议上也唱了反调。这次会议，尽管还没有实现解决粉碎"四人帮"后面临的这两件大事，但毕竟将这两个问题提上了议事日程，改变了一家之言的局面，是进了一大步。

5月，中央转发了邓小平给党中央的信，提出"我们必须世世代代地用准确的、完整的毛泽东思想来指导我们全党全军和全国人民，把党和社会主义事业，把国际共产主义运动的事业，胜利地推向前进"。

邓小平提出"准确的、完整的毛泽东思想"的新观点，是针对"两个凡是"的，这使萧劲光茅塞顿开，大有耳目一新之感。他对身边的同志谈自己的体会时说：

"多少年来，'左'的思想禁锢着人们的头脑，最根本的东西是什么呢？不就是把毛泽东的每一句话都当作毛泽东思想，奉若神明这一信条吗？人们恪守着这个信条，不敢越雷池一步。而林彪、'四人帮'却利用这一点大搞个人崇拜，把毛泽东晚年一些错误的东西也奉若神明，甚至伪造毛泽东临终遗嘱，实现他们篡党夺权的阴谋。这一点不破除，就无法继续前进，而怎样破除，却是一项艰巨的工程。首先要有理论的准备，这一理论要战胜多年来肆行无忌、成为体系的'左'的理论，不仅需要勇气，而且必须有马克思主义的深厚功底，有高人一筹的远见卓识。而邓小平同志提出的'准确的、完整的毛泽东思想'，正是为破除迷信、解放思想开辟了一条通道。"

### 我们完成了任务——与张廷发

张廷发第一次见到邓小平是1941年底，那是他从八路军第一二九师三八五旅调师司令部任作战科长的第一天。几十年后，他回忆起当时的情景仍历历在目。他回忆说："邓政委个子不高，两眼炯炯有神，他见到我，含笑对我说：'你叫张廷发吧！听李达参谋长说过，你来作战科工作，以后我们接触的机会就多了。'我久闻邓小平同志的英名，还听别人说，他是很严肃的，不苟言笑。现今第一次见面，邓政委就亲切地呼唤我的名字，使我脑子里的这个印象，一下子就转变了。我亲身感受到，邓政委讲起话来，一句是一句，待人热情诚恳，平易近人。"

从此,他就在刘伯承和邓小平的领导下工作,"风雪太行,转战中原,创建桐柏新区,直至新中国的建立"。

新中国建立后,张廷发先是任襄樊地委书记,并担任军分区司令员兼政委。1951年7月,任第二野战军第十一军副军长,并进驻东北凤凰城地区待命入朝参战。1953年2月,十一军军部转隶空军,组建空军第五军军部,从此他离开二野到空军任第一副参谋长,后又任参谋长、空军副司令员兼参谋长等职。这时,邓小平也离开西南军区暨二野,到北京担任政务院副总理、中央书记处总书记等领导职务。在这段时期,他和邓小平接触不多。直至1975年邓小平担任党、国家、军队的主要领导职务,张廷发在邓小平的直接领导下工作,接触又多了起来。

张廷发后来回忆说:"1975年夏秋之交,是我们党、军队、国家至关重要的历史时期。在这关系到党、军队、国家命运的严峻时刻,小平同志交给我一项保住党对空军的领导权不被野心家夺去的重要任务。

"当时,党和国家的政治形势非常紧张。毛泽东病重,周恩来病危。江青等人加紧进行篡党、篡军、篡国的阴谋。争夺军队,成为同'四人帮'斗争的一个焦点。

"空军有几十万人,那么多作战飞机,部队遍布全国,是解放军的重要组成部分,所以也是'四人帮'要争夺的一个重要目标。

"1974年江青给空军写信,送材料,派联络员,煽动军队'放火烧荒',搞'三箭齐发',点名攻击军队领导机关。毛泽东及时发现了江青一伙的阴谋,严肃批评了他们,材料不学了,联络员撤销了。被江青指定在空军当联络员的那个人,原先就是空军司令部的干部。联络员的名分虽没有了,但这个人还在空军做业务工作。我们的一言一行,都在他的视线之内,他随时可以向江青报告。

"庆幸的是,此时小平同志担任了中共中央副主席、中央军委副主席兼总参谋长。他采取一系列措施,消除江青一伙的流毒和影响,特别是他和叶剑英副主席共同主持了1975年7月的中央军委扩大会议,两位副主席旗帜鲜明地提出军队要整顿。小平同志以他一贯的抓本质、抓主流的作风,在整顿中抓了影响全局的中心环节。7月14日,小平同志在军委扩大会议上讲话,以他无产阶级革命家的大无畏精神,顶住江青一伙的压力,坚定地说:'在步骤上,我建议首先自上而下地调整好各级领导班子。'会后,经毛主席批准,小平同志和叶帅一起迅速地调整了军队一些大单位的领导班子,把一些追随江青、坚持派性的人调下去，把那些党性好、作风好、团结好、能艰苦奋斗的人选进班子。

"8月，在空军领导班子中增加了被林彪、'四人帮'打成'杨余傅反党集团'的余立金同志，任命余立金为空军第二政委兼民航总局政委；10月1日，又任命我为空军政委、第一书记。

"任命之初，小平同志把我找去，对我说的第一句话就是：军队要整顿，当前你的首要任务，就是要保住党对空军的领导权。当年见面的情形，我至今记忆犹新。

"那天，我正在北京南苑机场，同部队同志一起研究机场建设和飞机噪声扰民问题。

"小平同志办公室的电话打到机场找我，说：'小平同志请你来一下。'

"当天下午，我到小平同志住处。

"在客厅里，我向小平同志敬了发自内心的崇敬的军礼，深情地凝视我的老领导，这是'文化大革命'复出后，我第一次到小平同志家里去见他。经过那场暴风骤雨式的磨难，他身体依然那样结实，目光犀利，神采奕奕。小平同志没有客套话，这是他几十年来的习惯，说话谈问题，总是开门见山，抓住要害。

"小平同志说：'你现在是空军主要负责人，你对当前空军的工作有什么打算？'

"我简要地汇报了空军工作的情况和问题之后，就毫不犹豫地说：'我们准备从整顿入手，对空军的工作进行全面整顿，改变面貌，开创新局面。'小平同志在1975年1月总参干部会上和后来召开的军委扩大会上，都提出军队要整顿。从1975年2月开始，他大刀阔斧地对工交战线和其他部门进行整顿，取得了有目共睹的成效，得到了全国人民的拥护。空军要改变面貌，也只有从整顿入手。

"小平同志听了，表示满意。他说：'好，就照这么干。部队要整顿，还要全面整顿好，今天我找你来，就问这件事。你当前的任务，就是要保住党对空军的领导权不被野心家夺去，保证每个空军部队的领导权不被野心家抓走。'

"简短的谈话，使我想起三十多年前在一二九师，在刘邓首长身边工作时，我们参谋人员都知道邓政委的特点：办事简单明了，没有多余的话。这次谈话，同当年一样，又一次体现了小平同志善于从千头万绪中抓根本，从战略高度把握大局的领导艺术。

"不久，我又见到叶帅，他对我讲的第一句话，也是讲领导权问题，他说：

'廷发同志，空军的事情，就交给你了。'

"叶帅同我谈话时，特意关上门，把收音机的音量拧得最大。他双手做了一个合围的手势，示意只有把野心家抓起来，党和国家才有安宁之日。

"归纳两位副主席说的，就是两句话：一是保住党对空军的领导权，另一句是军队要整顿。这两句话，也是两项千斤重担般的任务。我听了两位领导人这样简短明确、严肃郑重的交代，深深感到形势严峻，责任重大。

"此时，我思绪万千。联想到1974年，江青一伙那么猖狂，那么嚣张；联想到1975年军委扩大会议后期，叶、邓副主席向部分大单位领导同志传达了毛主席对'四人帮'的批评，并严肃指出，决不容许野心家插手军队，搞阴谋活动。

"小平同志的伟大之处，就在于及时洞察'四人帮'的阴谋，在关键时刻，发挥人民解放军在国家政治生活中坚强柱石的作用。稳定军队，关键又在稳定军队各级领导班子，特别是稳定军队大单位的领导班子。部队稳定了，掌握在听党的话的可靠的人手里，就有利于中央一级领导同志同'四人帮'作斗争。这一招，正是小平同志善于把握大局，抓住关键，高人一筹之处。他以战略家的眼光，把握住这场斗争的总体，争取了主动。

"1975年末和1976年初，小平同志已经很难工作了。江青一伙猖狂劲儿又上来了，以为天下是他们的了，要成功了。我参加了1976年1月的那次中央打招呼会议，江青在会上公开点了空军的名，要我们'转弯子'，这是拉拢我们。拉拢不成，江青、王洪文就一再发难。时不时来个什么'批示'，制造个什么'事件'，扔来一大堆帽子，什么'反党''反革命''分裂中央'等，要我们按他们的口径来'讨论'，并把'讨论'结果报告给他们。最紧张的时候，'四人帮'公开把手伸到部队，一面派人到部队暗中'调查'，一面由王洪文出面把空军党委常委找去'谈话'。

"好在我们空军党委常委的大多数同志政治立场是坚定的。我们始终抱定一条，军队应该接受党的绝对领导，我们听党中央指挥，听中央军委指挥。我们决不按照'四人帮'的路线来另搞一套。我们常委的大多数同志横下一条心，对'四人帮'批下来的材料，能顶则顶，能拖则拖，实在不行，应付几句。7月唐山大地震，空军抢险救灾任务很重，我们常委一面调动大批飞机和人员抢险救灾，一面遵照小平同志的谆谆教导，密切注视空军部队的稳定，不断提醒部队，一切行动听中央军委的。那段时间，我们脑子绷得紧紧的，真是食不甘味，寝不安席。

"再艰难，我们始终牢记小平同志指示：要保住党对空军的领导权不被野心家夺去，保证空军部队领导权不被野心家抓走。

"再艰难，我自己也绝不丧失一个老共产党员的党性，决不屈服于江青一伙的压力。

"粉碎'四人帮'前几天，我正在空军总医院住院。叶副主席派办公室主任王守江同志来医院打招呼，这件事，《叶剑英传》里有记载：'叶副主席特意派办公室主任到空军总医院看望张廷发，打招呼，病要治，部队也要管，张当天出院。到空军作战值班室坐镇，加强对飞行训练的具体领导。'当时，我对王守江同志说：'我懂啦。'我立即想到要防止野心家抓权。直到军委召开驻京部队各大单位领导人会议，当陈锡联同志代表中央宣布粉碎'四人帮'时，我兴奋得晕倒在地。

"1977年，在一次军委会议的餐桌上，小平同志端着酒杯来到我这一桌，小平同志说：'张廷发是准备第二次被打倒的。'

"此时，我可以说：我们完成了小平同志、叶帅交给的保住党对空军领导权的任务。"

## "公明党算是我们最好的朋友"——与竹入义胜

竹入义胜，1926年1月10日生于日本长野县。1964年日本公明党成立后，他曾任副书记长、涉外局长。1967年1月他当选为日本国会众议院议员，同年2月当选为公明党委员长。他在恢复中日邦交正常化的过程中起过积极作用，著名的《竹入笔记》被载入中日友好关系的史册。他曾十多次访问中国，多次受到了邓小平接见，为推动中日友好关系的发展起了重要的作用。

1974年8月15日上午10时，国务院副总理邓小平在人民大会堂新疆厅会见以竹入义胜为团长的日本公明党第四次访华团。

这是邓小平同竹入义胜的第一次见面。

当时周恩来总理生病住院，医生不允许他接待客人，所以委托邓小平负责接待竹入义胜。

竹入义胜说："虽然是初次见面，但我从各方面都听说过邓副总理的情况，同时在照片上也经常见到您。我们到北京以后，感到天气并不很热，很舒服。"

邓小平说:"按过去的情况,现在应该是最热的时候。你们有福气,也给我们带来了福气。东京是不是比这里凉快一点儿?"

竹入说:"如果北京到三十七八摄氏度,那还是请您到东京去,那里凉快一些。"

"不要把太热的天气带到你们那里,使你们吃亏。"邓小平一句话引得全场哈哈大笑。

会见的气氛非常亲切。

正式会谈开始后,竹入说,日中复交快两周年了,如果可能的话,还是早一点儿开始两国之间和平友好条约的谈判。持这种意见的人,在日本不少。日中两国之间要建立一个长期的友好关系,五十年、一百年的友好关系应该怎么办?这是最重要的事情,我相信也是田中内阁的看法。

竹入提出,在签订和平友好条约的时候,希望以两国政府联合声明为基础,把重点放在加强今后的友好关系上,恐怕这也是田中首相的强烈愿望。

竹入还希望早日缔结日中和平友好条约和两个业务协定。

邓小平说,这次阁下带来了田中首相、大平藏相的话,我们注意到了,我们还要继续研究。我们理解田中首相、大平藏相面临的问题,凡能尽力的,我们愿意尽力。我们还注意到田中首相、大平藏相多次表达了要在联合声明的基础上发展中日两国友好关系的愿望。就这方面来说,我们愿意同田中首相、大平藏相共同努力,实现这个目标。停了一会儿,邓小平继续说,我们希望两国的业务协定能比较早地签订。当然,在谈判中面临一些问题,我们希望双方努力,找出彼此都能接受的解决办法。恢复谈判后,希望双方都提出一些彼此比较容易接近的方案,不外乎是措辞和方式。我们相信,经过双方的努力,是能够找到解决办法的。

关于中日和平友好条约问题,邓小平说,我们希望比较快地谈判。从原则上来说,我们认为可以主要体现中日两国友好的愿望。当然,也不可避免要体现两国联合声明签订以后两国关系的发展和形势的新变化。有些解决不了的问题、难以解决的问题,可以搁一搁,不妨碍签订这样一个条约。具体步骤,总是要通过预备性的会议,先接触,双方的想法可以先了解,问题在谈的过程中来解决。

邓小平请竹入把这三点内容转告田中首相,同时还请首相注意一下,内阁成员、政府主要官员不要有一些损害两国联合声明原则的行动。

邓小平所指的是此前不久日本个别政府官员公开参加台湾的活动一事。

邓小平说：

> 中日两国之间的问题，焦点还在台湾问题上。就我们来说，这个问题不只涉及日本，也涉及国际关系中一个比较重要的问题，为什么同你们的声明里强调这个问题？为什么在中美上海公报里也强调这个问题？问题就在这里。当然，我们也希望能同台湾用和平谈判的方式解决台湾的问题。如果不行呢？只能采取其他方式。有些日本人抱住台湾不放，你抱得住吗？

对此，竹入义胜表示和邓小平看法一致。

会见结束后，邓小平设午宴招待竹入义胜一行，席间双方就中苏关系、日苏关系等问题交换了意见。

最后，竹入表示：公明党决心为加深两国之间的友好关系尽力，今后有机会盼望再到中国来访问。

邓小平说：周总理对你发出的邀请是长期有效的。我们总是欢迎与你互相交换意见。

此后，竹入义胜几乎年年穿梭于中日两国之间。

1978年11月29日，邓小平在人民大会堂福建厅会见以竹入义胜为团长的日本公明党访华团。

这是竹入义胜率领的第七次访华团。

这时距邓小平访日归来刚巧一个月。

邓小平访日期间，曾于10月24日前往日本国会议长接待室，对众议院议长保利茂和参议院议长安井谦进行过礼节性拜访。在那里邓小平会见了日本社会党、公明党、民社党、新自由俱乐部、社会民主联盟和共产党等六个在野党的领导人，其中包括公明党委员长竹入义胜。

在和他们的恳谈中，邓小平谈起中国历史上徐福曾奉秦始皇之命东渡日本寻找长生不老药的故事。他说："听说日本有长生不老药，这次访问的目的是：第一交换批准书，对日本老朋友所做的努力表示感谢；第二寻找长生不老药。"话音刚落，议长室里一片笑声。接着邓小平又补充说："也就是寻求日本丰富的经验而来。"

邓小平幽默的话语，使恳谈的话题一下子转到了"药"，气氛也变得热烈和轻松了。

竹入委员长一语双关地说："（长生不老的）最好的药不就是日中条约吗？"

邓小平看着竹入，微笑地点了点头。

此次竹入一行来到中国访问，交谈中，邓小平向竹入倾吐了他在中日和平友好条约签订后还有一个心愿："在国际事务上，就是想到华盛顿去，实现中美关系正常化。在国内问题上，还想活二十年，能够看到实现四个现代化，至少是四个现代化有相当程度的进展，这样就可以去见马克思了。"

在谈到中美关系时，邓小平说，还要看美国政府、卡特总统的决心了。中日和平友好条约还不是要日本政府一个决心吗？下决心后一秒就解决了，中美正常化加一倍，两秒嘛！只要两国领导人站在更高的立场来处理，这个事就好办。实际是把这个问题当作政治问题来解决，比较容易达成一致。

这次谈话后不到一个月，美国政府和卡特总统下决心了，中美关系终于实现了正常化，了却了邓小平的一个心愿。

邓小平另一个心愿就是要看到中国实现"四个现代化"，这也是他跟外宾谈得最多的话题。

1979年6月18日全国人大五届二次会议在北京召开，会议确定：用三年时间实行国民经济的调整、改革、整顿、提高的方针。

6月28日，以竹入义胜为团长的公明党访华团在人民大会堂受到了邓小平的接见。

邓小平说："我们日本朋友很多，公明党算是我们最好的朋友。"

这一评价，使竹入义胜特别高兴和激动。

确实，以竹入义胜为委员长的公明党在推动中日友好关系的过程中起了十分重要的作用。

早在1972年7月田中内阁成立后，公明党就奔走于中日两国之间，为恢复邦交正常化穿针引线。田中首相上台伊始发表首相谈话时，就谈到了日中邦交正常化问题。他说："要加快与中华人民共和国邦交正常化的步伐。"此时，中国的态度如何，是日本政府特别关注的。虽然当时有好几位政界要人访问过中国并同中国领导人见过面，但这些要人带来的信息都是只言片语。田中把目光投向了公明党委员长竹入义胜。

这是一个中日双方都能接受的人物。

竹入义胜本人也想为实现中日邦交正常化充当两国政府之间的桥梁。

他计划7月下旬访华,行前专门拜会了田中首相和大平外相,详细询问了日本政府对恢复邦交正常化的条件。

7月25日,竹入义胜访华,同周恩来总理和中日友好协会会长廖承志等中国领导人举行了会谈。他在《竹入笔记》中写道:"我对他们说安保条约不难废除,佐藤、尼克松声明的问题(指台湾条款)却很难办。我还说台湾问题确实很难处理,自民党内的情况你们是知道的,一扯这个问题,日中邦交正常化就难办了。总之,我把自民党过去说过的话全说了,共有十几条,无非是用这些试探一下反应。同廖承志、王晓云两位先生谈的时间很长,我把我们的意见全说了,并告诉他们,这些并不是田中首相的想法,而是我们的意见。你们如能理解,事情就好办了。应该说我们出的这些难题很棘手,但对方几乎全部接受了。与周恩来总理见了四五次,每次都谈三四个小时。周总理最后问我,假如我们接受你们的建议,日本政府会采取行动吗?我说,如果你们赞成这些意见,事情就好办了,并表示我作为一个政治家,可以对此负责。于是,我就从北京打电话给田中先生,请他做出决断。田中回答'行',很干脆。最后一次拜会周恩来总理的时候,周恩来拿出一份文件并对我说:'这基本上是我们关于中日联合声明的原始方案。'我很吃惊,内容和后来的日中联合声明差不太多。"

竹入义胜带回国的中国信息,对后来日中邦交正常化谈判产生了重大的影响。

在中日和平友好条约的签订上,竹入也竭尽全力。

当中日双方在霸权条款问题上意见不一致时,三木首相征询在野党领导人的意见,并表示"不打算把霸权条款写进条约"时,唯独公明党委员长竹入义胜表示反对,他说:"抽掉霸权问题,日中两国的谈判就不会有结果。"

后来谈判结果也正如竹入义胜所预料的那样,三木首相任内中日和平友好条约只能停滞不前。

1977年1月竹入义胜再次访华。福田首相委托竹入给中国捎话,表示要忠实履行日中联合声明,尽早举行和平友好条约谈判。

竹入义胜于1月22日同中国领导人进行了会谈,了解了中国方面对恢复和平友好条约谈判的意图。但是福田首相仍犹豫不决。

1978年3月,为了完全摸清福田首相的想法,中国政府向日本公明党发出了访华邀请。因为自中日关系正常化以来,公明党一直是充当两国政府的联系人。

日本公明党决定由书记长矢野担任访华团团长。3月8日临行前，矢野书记长和竹入委员长一起来到首相官邸，向福田询问对日中条约的真实想法。福田要他们转告中国领导人两点意见：一是日本政府希望尽早缔结日中和平友好条约；二是与所有国家增进和平友好是日本外交的基本立场，希望中国予以谅解。3月11日，矢野在同中国方面会谈时转达了福田的话。14日，中国方面做出反应，由廖承志谈了四点意见。3月17日，矢野带着四点意见回国向福田汇报。福田表示："今后决定恢复日中条约谈判的程序时，公明党的访华报告可作为重要的参考资料"，并"衷心感谢公明党的努力"。

中日和平友好条约签订后，公明党发表声明，表示欢迎，认为此事对于亚洲和世界的和平具有重要意义。

对于公明党在中日友好关系中的贡献，中国人民是不会忘记的。所以，邓小平给予高度的评价。

竹入1979年6月28日的访华，正值全国人大五届二次会议召开不久，这次会议确定用三年时间实行国民经济的调整、改革、整顿、提高的方针。国际上对此议论很多，纷纷猜测中国吸收外资和技术的政策可能要发生变化，实行收缩政策。日本对此极为关注。

竹入关切地问道："现在中国正召开的人大会议将讨论四个现代化问题，听说四个现代化的目标有一个十年计划，对十年计划要重新估计，重新调整。以后将出现什么结果？四个现代化将朝什么方向发展？1981年至1985年的国民经济计划的概况是什么？"

邓小平解释说："调整、改革、整顿、提高的方针，本身是实现四个现代化的第一步，它可以打下一个更好的基础，也是加快我们实现四个现代化的必要步骤。它不影响我们原来吸收外国资金和技术的既定方针和政策。国际上议论说这方面我们要收缩，这是误解。"

邓小平又说："不是放慢吸收外国资金和技术的速度，而是做些调整，有个轻重缓急。至于吸收外资的方式，有补偿贸易、合资经营，甚至于外国在中国设厂，我们都欢迎。我们的改革是开放的。"

邓小平还详细谈到了民主和法制问题："这两个方面都应该加强，过去我们都不足。没有安定团结、生动活泼的政治局面，搞四个现代化就不行。"这次全国人大开会制定了七个法律，以后要接着制定一系列的法律，民法、经济法等等。"现在只是开端。民主要坚持下去，法制要坚持下去，这好像两只手,任何一只手削弱都不行。"

会谈结束前,邓小平谈到日本一些厂家在同中国做生意时不讲信用问题:比如宝钢打桩机搞了一些旧家伙拿到这里来。我们需要的是先进技术,只从赚钱的角度,这个事情是不行的。"做生意要有一个政治基础。"并对在座的日本驻华大使说:"你刚上任几天,要管这件事情。"日本驻华大使表示同意。邓小平高兴地说:"我们达成一个协议。"

在座的人全都笑了。

进入20世纪80年代后,竹入义胜又多次率公明党访华团访问中国。

邓小平在1980年和1981年会见竹入义胜时谈到:中国的改革工作刚刚开始,但取得的效果比预料的要大。这证明1978年召开的党的十一届三中全会所确定的政治、思想和组织路线,以及会议上所提出的对经济管理体制和经营管理方法着手认真的改革,都是对头的。邓小平说,我们要进一步扩大企业自主权,保护竞争,克服那种吃大锅饭的现象。其目的是为了充分调动全国人民的社会主义积极性,也只有这样做,才能有力地促进技术革新,提高企业管理水平,加快"四化"建设的步伐。

邓小平还说,我们现行的政策就是解放思想,从好多束缚中解放出来,真正的实事求是。一个生产队、一个小工厂、一个小学校,都有实事求是的问题。在农村讲权力下放,就是让生产队、生产大队有经营管理的自主权。这样,他们就自己想办法,沙地种花生,盐碱地种棉花。在经营管理上,我们提倡多种形式的责任制,我们叫联产计酬,把地分到一户或者个人,规定多少产量,除了交给国家、集体的,由他自己得,这样积极性一下子就起来了。这样的政策不会破坏社会主义,这是真正体现了按劳分配的原则。现在看来,农村是稳定的,农业多种经营会稳步前进,稳步发展。

当竹入问到人民公社制度是不是将以这样的形式发展时,邓小平回答说:"公社制度还是一个探索的问题。这个理想还是正确的,不过还要随着生产力的发展才能逐步实现。"

此后不久,人民公社取消了,恢复了适合现今生产力发展的乡村建制。

1984年10月10日,中共中央顾问委员会主任邓小平会见竹入义胜。

这种会见显然变成了一种老朋友之间的见面。话题首先是围绕中国的对外开放政策展开的。

竹入问邓小平:"我们理解中国的对外开放政策是长期坚持不变的。你讲的五十年到七十年，有什么特殊的意义吗？"

"有。"邓小平挥了一下手说，"我们的目标是在20世纪末达到小康水平，国民收入平均每人800美元。这是我们的雄心壮志。但是更重要的是为以后国民经济的更大发展打下基础。到20世纪末，还有十六年。我们要一心一意地搞建设，争取一个和平的国际环境，进行国际交流，实行对外开放政策，以便实现我们规定的本世纪达到的目标。在以后的五十年内，中国将继续实行对外开放政策，实现更伟大的目标，接近世界发达国家的水平，这才是我们真正的雄心壮志。"

邓小平还说："中国经济要发展，就不能闭关自守，要实现对外开放。在会见出席中外经济合作问题讨论会的中外人士的时候，我讲了这个道理。"

这是指五天以前，中国国际信托投资公司为纪念五周岁的生日，在北京召开的中外经济合作问题讨论会。邓小平接见了与会的中外专家、企业家、学者，并着重讲到了中国的对外开放问题。这么多国际著名的企业家、金融家，一起到北京来，体现了各位对中国改革政策、中国经济发展的关注。"经验证明，关起门来搞建设是不能成功的，中国的发展离不开世界。当然，像中国这样的国家搞建设，不靠自己不行，主要靠自己，这叫作自力更生。但是，在坚持自力更生的基础上，还需要对外开放，吸收外国的资金和技术来帮助我们发展。这种帮助不是单方面的。中国取得了国际上特别是发达国家的资金和技术，中国对国际的经济也会做出较多的贡献。几年来中国对外贸易的发展就是一个证明。"

此刻，邓小平又对竹入义胜说："还要补充一点，中国的这个政策20世纪不会变，21世纪前五十年不会变，后五十年也难以改变，中国同各国的经济、贸易发展了，更密切了，要变也变不了了。"

邓小平强调："中国是社会主义国家，坚持社会主义道路，发展社会主义经济，吸收外资，合资经营，不可能损害社会主义中国的主权，只会有助于发展社会主义经济。再过三十年、五十年、七十年，中国的社会主义经济更加发展了。等到那一天，社会主义的主体经济发展得更强大了，更不怕冲击了。"

谈到这里，竹入义胜又把话题转到不久前中英草签的关于香港问题的联合声明以及关于香港问题的基本法的程序问题上。

两周前，也就是9月24日，中英两国经过了长达两年的谈判，终于就解决香港问题达成协议。中英关于香港问题的联合声明在北京人民大会堂举行草签仪式。中国恢复行使对香港的主权已经指日可待了。这是中国人民的一件大喜事。谈到中英联合声明，邓小平高兴地说："有了中英两国关于香港问题的联合声明，基本法就容易产生了。它一定会体现联合声明的内容。我们解决香港问题的构想，就是'一个国家，两种制度'。这不仅仅解决了香港问题，同时也可能对解决国际争端起到某种作用。就中国自己来说，还有一个台湾问题。我们也是根据这样的思想来解决台湾问题的。"

"解决台湾问题是否比解决香港问题的政策更宽一些？"竹入义胜问。

"所谓宽就是允许台湾保留自己的军队。"邓小平回答道。

邓小平还一一回答了竹入义胜关于中苏关系问题、朝鲜问题、中美关系等问题的提问。

会谈持续了一个半小时。

邓小平还请竹入义胜一行到深圳特区等地参观访问。

一年以后，当竹入义胜第13次访华时，邓小平问道："你跑了不少地方，印象如何？"

竹入义胜说："这次我们到了深圳、广州、桂林、大连，大连发生了很大的变化。去年我访问了深圳，今年再去，发现蛇口地区有了很大变化。"

邓小平说："我们的经济从内向转向外向，现在还是刚起步。好的产品、能出口的产品不多。只要深圳没有做到这一步，它的关就没有过，还不能证明它的发展是很健康的。不过，听说这方面有了一点儿进步。"

"我参观以后也有这样的感觉。"竹入义胜说。

邓小平说："前不久我见过一个客人。我对他说，深圳是个试验，外面就有人怀疑，说什么中国的政策是不是要改变，是不是我否定了原来的判断，建立经济特区的话是不是改变了。现在，我要肯定两句话：第一句话是，建立经济特区的政策是正确的；第二句话是，深圳特区还是在试验，我们整个开放政策也是一个试验。开放政策是坚定不移的，但要小心谨慎。"

竹入说："经过你的说明，我有了明确的认识，听到你的话，全世界很多人都会放心。"

这次会见是在北戴河进行的。邓小平在北戴河休养，每天在大海中游泳。

竹入义胜见到邓小平时说："你看上去满面红光，显得比去年更年轻。"

"你看到了我的成绩，这是游泳的好处，快加入非洲籍了。"邓小平风趣地说。

这次会谈共进行了 70 分钟。

邓小平和竹入义胜的最后一次会见是在 1986 年 9 月 3 日。这是竹入义胜以公明党委员长身份最后一次来华。这次，邓小平和他主要谈及的是中国的政治体制改革。

邓小平说："1980 年我们提出改革，其中也包括了政治体制的改革。现在我们的经济改革进行得基本顺利。但是，随着改革的发展，不可避免地会遇到障碍。重要的是政治体制改革的要求。经济体制改革每前进一步，都会深深感到政治体制改革的必要性。不改革政治体制，就不能保障经济体制改革的成果，不能使经济体制改革继续前进，就会阻碍生产力的发展，阻碍四个现代化的实现。我们正在考虑体制改革的内容。首先，我们要确定政治体制改革涉及的范围，弄清从哪里着手。总的来说，我们的党要善于领导，党政要分开。要消除官僚主义，调动人民和基层单位的积极性。"

这是邓小平第一次谈到关于政治体制改革的设想，后来他又做了进一步的阐述。

在这次会谈中，竹入义胜还问到中共十二届六中全会是否讨论政治体制改革问题。

"来不及了，某些方面可能涉及。我们决策要慎重，每走一步，看看成功的可能性较大后再下决心。"邓小平说。

竹入义胜问及中国同东欧国家的关系时，邓小平说："我们总的判断是把东欧、西欧都看成维护和平的力量。我们是基于这样的认识和判断来发展同东欧国家关系的。我们与东欧国家发展关系，双方都是真诚的。"

会谈共进行了一个多小时。竹入不断地提问，邓小平高兴地回答。

## "天塌下来有你们大个子顶着"——与科尔

科尔，1930 年 4 月生于德国莱茵河畔的路德维希港，1947 年在文理中学读书时加入基督教民主联盟，是路德维希港基督教青年联盟创建人之一。他曾先后就读于法兰克福大学和海德堡大学，获哲学博士学位。他于 1959 年起当选为莱茵兰—法尔茨州议员，1973 年当选为基督教民主联盟主席，1976 年起当选联邦议员，1982年任联邦德国总理，东西德国合并后任德国总理。

1974年9月6日，邓小平在人民大会堂接见厅会见了来访的基督教民主联盟主席科尔。

这是科尔第一次访问中国，也是他和邓小平的第一次见面。

科尔访华前曾告诉记者："中国是世界政治发展中的一个非常重要的国家。对我们来说，在对亚洲、对第三世界广大地区实施缓和政策的问题上，能够掌握中国领导人看法的第一手资料是十分重要的。"他认为，中国对世界具有重要影响。她是世界上人口最多的国家，是一个巨大的市场。他要了解中国这个东方大国。

1974年的中国正处在一个重要的关头。周恩来总理生病住院，邓小平复出一年多，工作卓有成效，受到了毛泽东的肯定，当时重要的外事会见都落到了邓小平的身上。

会谈开始后，邓小平称赞西德基督教民主联盟是德国政治生活中的一个重要的党，曾对推动两国之间的建交做出过贡献。

科尔说："这是一次极为有意义的访问。北京和波恩（当时的联邦德国首都）虽然相隔万里，但我们在有些问题上是相似的，甚至是相同的。我们之间有许多的共同点。"

邓小平十分赞同科尔的看法，说："我们也有面临着的共同问题。我们两国人民之间应当友好。我们愿意同欧洲所有国家，所有人民友好。"说到这里，邓小平提到过去欧洲同中国有一些不愉快的事情。

邓小平心中总是不忘鸦片战争以来欧洲列强侵略中国，给中国人民带来的灾难。

邓小平接着说："第二次世界大战以后这个情况有了变化。"

科尔明白邓小平所指，并表示，我们有义务从历史中进行学习。

话题首先是围绕着共同关心的问题展开的。

谈到中苏关系时，科尔问邓小平："你们跟苏联的思想意识形态的争论，在将来有一个时候是可以重新达成一致，或者是更加分道扬镳？"

邓小平肯定地说："达成一致不容易。"

双方讨论了战争危险与核武器问题。

科尔对此表示忧虑。

邓小平说，毛主席在1964年就讲过，原子弹是纸老虎。我们不相信原子弹会毁灭人类。我们认为最终还是人类毁灭原子弹。我们只有一点点，搞那么一点儿有需要。我们注意到了原子弹，但没有很大的忧虑。

谈到进一步发展两国关系时，科尔认为：我们现在面临这样一个阶段，就是说要把我们的正常关系进一步发展为良好的关系。虽然我们两国之间距离相隔那么远，重要的是，在我们两国的交往中，在交换学生以及交换科学家方面应当按着正常的持续的方式积极地做一些工作。

邓小平说，我们有共同的愿望。重要的是我们在国际问题上相互了解。我们确实有很多共同语言。我们在这方面有很多事情可以彼此合作。

会谈结束前，科尔送给邓小平三个银牌，这三个银牌上面分别铸着三位欧洲人：一个是意大利的加斯贝利，一个是德国的阿登纳，还有一个是法国的老舒曼。他们都曾为欧洲一体化做出过贡献。

十年后的1984年10月，已经是联邦德国政府总理的科尔又一次来访中国。中国政府举行隆重的仪式，欢迎科尔总理的来访。

来访之前，科尔总理在联邦德国《商业报》上发表了题为《开放纲领是建设性政策的榜样》的文章，称赞中国的开放政策"不仅复兴了经济和动员了自身的力量，而且有利于寻找和促进同工业发达国家的合作"。

10月10日，邓小平在人民大会堂福建厅会见了科尔一行。

一见面，科尔说："十年前我第一次访问中国。从那之后，中国发生了很多事情，有了巨大的变化。但你看起来没有什么变化。"

"我长了十岁，都八十了。"邓小平笑着回答。

"你一定有长寿的秘密。"科尔说。

"我就是乐观。天塌下来也不要紧，我是小个子，天塌下来有你们大个子顶着。"邓小平幽默诙谐的话语引起了全场的笑声。"耳朵不好使了，十年前没有这个问题，要说变化，这也是变化之一。"

"我想你在十年内发生的变化不仅仅是这些。"科尔说。

"十年中我又有一段时间靠边站。1974年我们见面时，我是国务院的副总理。那时周恩来总理病重，我实际上代理他的职务。1975年，我主持着党中央和国务院的工作。1975年底就被打下去了。自那以后有一年半靠边站，1977年才重新工作。"邓小平介绍了自己的这十年经历。

当科尔说到中国这几年内发生了很大的变化时，邓小平兴致勃勃。

他说："中国现在发生的变化主要是从1978年底开始的，我指的是我们党的十一届三中全会。那次全会总结了历史经验，决定了一系列拨乱反正的政策。其实拨乱反正在1975年底就开始了。那时我主持中央党政工作，提出了一系列整顿措施，每整顿一项就立即见效，非常见效。这些整顿实际上是同'文化大革命'唱反调，触怒了'四人帮'。他们又一次把我轰下了台。粉碎'四人帮'以后还有两年徘徊，因为当时中央主要领导人搞'两个凡是'，继续肯定'文化大革命'。"

邓小平对科尔说："如果你1977年来中国，还看不到变化，同1974年情况差不多。以中共十一届三中全会为标志，才真正发生变化，到现在快六年了。这六年来发生的变化，确实比预料的要好。我们首先解决农村政策问题，搞联产承包责任制，搞多种经营，提倡科学种田，农民有经营管理的自主权。这些政策很见效，三年农村就发生了显著变化。"

邓小平向科尔介绍："过几天我们要开中共十二届三中全会，这将是一次很有特色的全会。前一次三中全会重点在农村改革，这一次三中全会则要转到城市改革，包括工业、商业和其他行业的改革。可以说是全面的改革。"

科尔问道，这一次改革的程度和农村改革一样吗？

"无论是农村改革还是城市改革，其基本内容和基本经验都是开放，对内把经济搞活，对外更加开放。虽然城市改革比农村复杂，但是有了农村改革的成功经验，我们对城市改革很有信心。农村改革三年见效，城市改革时间要长一些，三年五载也会见效。中共十二届三中全会的决议公布后，人们就会看到我们全面改革的雄心壮志。我们把改革当作一种革命，当然不是'文化大革命'那样的革命。"邓小平回答说。

科尔说，全世界都注意到了中国的成就和发展。我们看到，中国这样一个有悠久的文化和传统的国家正在和现代化结合在一起，而且是走中国式的道路。中国毫不动摇的开放政策，对我们有重大的意义。我们愿意对你们采取开放的态度，给你们提供先进技术，不仅是提供设备，而且要利用人的灵感。他建议增加学生交流，增加互派留学生的数目，这是对未来的投资，关系到下个世纪。

双方谈到各自面临的许多问题。科尔说，现在国际形势严峻，军备竞赛在升级。我们希望在欧洲最好没有美、苏的导弹。

邓小平说，你们对面有很多导弹，我们对面也有很多导弹。我们愿意同苏联关系正常化，但我们坚持要消除三大障碍，因为这三大障碍都是实实在在对中国的威胁。

谈到两国之间的合作，邓小平说，中国很重视同西欧的合作，西欧国家中热心同中国合作的人不少。联邦德国有自己的特点，你们的技术水平确实不错。你们的政策比较开放，技术条件比较宽，比其他国家好。如果在价格问题上再灵活一点儿，我们之间的事情就好办了。

邓小平还说，美国最近有一种议论，说美国的政策应着眼于21世纪，认为21世纪在经济领域将是亚洲太平洋世纪。

对此，科尔有不同的看法。他说，如果说21世纪亚洲在世界上的作用将会扩大，我们并不反对，但欧洲的作用也会更大。现在，我们在欧洲一体化，特别是政治一体化方面正在取得进展。

科尔很关心中国的外交政策。邓小平说："我们的对外政策是反对霸权主义、维护世界和平。在这个总政策下，改善同美国和苏联的关系。……更重要的是加强同第三世界的合作，还有同欧洲、日本发展关系，加强合作。中国是一支和平力量，这一点很重要。中国最不希望发生战争。中国太穷，要发展自己，只有在和平的环境里才有可能。"我们现在是一心一意搞建设，不受任何外来干扰，如果发生战争，打完了仗还要搞建设。他指出，要争取和平的环境，就必须同世界上一切和平力量合作。欧洲就是一股和平力量。我们历来希望有一个团结的、联合的、强大的欧洲，立足点就是欧洲是要和平的。欧洲的强大是和平的因素，是制止战争的因素。中国的发展和强大也是和平因素，是制止战争的因素。加强两国合作，在国际上将起到一种巨大的作用。

科尔说，中英解决香港问题，引起了欧洲的关注。

邓小平说，我们用"一国两制"解决香港问题，这对于解决国际争端可能会有某种影响。

科尔问道，从长远看，台湾问题会用同样的办法来解决吗？

邓小平回答说，台湾问题也可照这样办，这对台湾不会有任何损失。台湾当局想用"三民主义"统一中国是太不现实了。现在台湾确实有不少人赞成我们解决香港问题的办法。不过解决台湾问题毕竟要花时间，在这方面需要有耐心。

科尔说："时间对你们有利。"

邓小平最后告诉科尔，即使我们这些人不在了，现在的方针政策也会继续下去，不会发生变化，因为实践证明我们的方针政策是正确的，对国家、对人民都有益。谁要变，就会遭到人民的反对。

科尔说，一个年轻的政治家看到像你这样年长而有经验的政治家，很有收获。我们要学习你的乐观主义、你的坚忍不拔的毅力。"希望下次看到你时，你还是这样充满活力。"

三年后，他们再次见面时，邓小平留给科尔的还是充满活力的印象。

1987年7月14日，邓小平在人民大会堂会见了科尔一行。

邓小平说，将近三年没有见面了。三年来总的形势看来是向好的方面转变，但所有热点和重要的国际问题一个也没有真正解决。

双方对近几年中国和联邦德国之间的友好合作关系的发展感到满意。

科尔说，我们两国的合作有三根支柱：一是紧密的政治合作，二是保持文化方面的合作，三是经济方面的合作。特别是近几年，德中青年交流取得了很大成就，这是对未来很好的投资。我们必须栽树种苗。因为前一代人种了树，我们现在才有森林。

邓小平非常赞成这个观点。他说：我们观察、考虑问题要把眼光放长远一些，不但要看到本世纪，而且还要看到下一个世纪。

科尔完全支持两国的经济合作，希望与中国建立长期的、十分友好的关系。他这次来访，带来了联邦德国最重要的30个企业家随行，意在加强两国之间的经济合作。他说，现在世界政治形势也开始松动，东西方之间第一次出现了达成协议的可能性，应该充分利用这个机会。

邓小平向科尔介绍了将要召开的中共十三大。他说，十三大从政治、经济方面来说，主要是重申八年来的方针政策，重申十一届三中全会以来的观点，就是改革、开放、搞活的方针和政策，把政治体制改革提到日程上来。

邓小平强调了政治体制改革的重要性。他说，随着经济体制改革的深化，不提出政治体制改革就不相适应了。政治体制不改革就会阻碍经济的发展，阻碍许多事情。政治体制不改革，官僚主义就消除不了。政治体制改革要坚决搞下去。但是政治体制改革比经济体制改革要复杂得多，困难得多，所以，要一步一步地走，坚决地走下去。

1993年11月，科尔是第四次访问中国。这时他已经完成了德国的统一大业，是作为德国总理来访的。他所看到的中国又是一个新的面貌。而这时的邓小平已经退休了，他没有见到邓小平。

珍闻

## 从鹰潭北上

1973年2月18日,邓小平带着一家老小,告别居住了前后跨五个年头的"将军楼",乘汽车到了鹰潭,并在第二天上午11点多,乘从福州开往北京的46次特快列车,离开了江西。

在此之前,江西省委接到中央办公厅主任汪东兴的电话通知:中央已做出邓小平回京的决定,并再三说明邓小平这次回北京,是根据毛泽东的指示,由周恩来亲自安排的。汪东兴指示省委用汽车直接把邓小平一家送到鹰潭,再换乘福州至北京的特快列车。他要求务必做好保密和安全保卫工作,确保邓小平及其家人在江西最后一站的绝对安全。

鹰潭,地处赣东、信江中游,隶属上饶地区。相传鹰潭是因境内龙头山上几株千年古樟常有雄鹰栖息,山下信江中又有一泓碧潭而得名。人云:"急流漩其中,雄鹰舞其上。"

江西省委接到汪东兴的电话后,非常重视,决定由省委书记黄知真直接通知上饶地委,让地委派人负责做好接待工作。

18日上午10时许,黄知真直接给上饶地委书记、军分区政委王瑞清打电话,将邓小平由鹰潭返京的消息和有关接待要求一一作了交代,并一再叮嘱王瑞清:要绝对保密,百分之百地保证邓小平在江西最后一站的安全。

王瑞清放下电话,立即决定由鹰潭镇委书记霍凤翠和鹰潭地区革委会秘书长林振福一起,全权负责这次接待工作。

霍凤翠高兴地接受了任务,并问还有什么要求。王瑞清郑重交代:"有三点要求:一要安全,绝对安全;二要保密,严格保密;三要热情周到。"

霍凤翠表示一定照办。

这一天霍凤翠在镇委办公室召集镇委常委开了一个简短的碰头会，决定安排邓小平住镇委招待所。这样既便于保密，又利于安全保卫。

镇委招待所位于镇区东面的信江边，一堵用青砖砌成的围墙与市井相隔。院内绿树成荫，环境幽静。主楼为一座两层楼的宫殿式建筑，建于20世纪50年代中期，各种设备比较齐全，安全舒适，曾接待过许多党政军领导。

与招待所相对的人民公园，原为国民党海军司令桂永清的花园和屯兵藏宝的库房，园内有几株千年古樟枝繁叶茂、郁郁葱葱。

下午4点50分，载着邓小平及其家人的两辆轿车驶入鹰潭街道，在镇委招待所内停下，身着大衣的邓小平稳健地下了车。这位年近七十、经受数小时旅途颠簸之苦的老人，看上去依旧精神饱满、目光炯炯。

见邓小平下车，等候多时的林振福、霍凤翠连忙上前，握住他的手，问候道："首长，一路上辛苦啦！"

当听到"首长"的称呼时，邓小平平静地说："还是喊我老邓吧！习惯了，这样亲切些。"老人随和、可亲的态度，一下子令林振福、霍凤翠轻松了起来。

在服务人员的引导下，邓小平与家人向二楼卧室走去。他下榻的219号客房，是主楼最东头的一个大套间。在这里凭窗眺望，能清楚地看到对面公园里那几株千年古樟，只不过再也见不到昔日雄鹰翱翔、栖息的景象了。

晚饭后，霍凤翠简要介绍了鹰潭地名的由来和地方工业、驻军等情况，省慰问团上饶分团负责人朱开铨、莫循等人参加了交谈。交谈中，邓小平听说朱开铨是瑞金人，感到很亲切，话也多了些。他还情不自禁地讲起了在瑞金当县委书记时遇到的一些人和事。

当得知莫循曾在中原局工作，参加过创办《中原日报》，任过副总编时，邓小平话锋一转，谈起淮海战役。他说："淮海战役是史无前例的，中国不曾有，世界上也未有过。"大家称赞道："这是首长指挥有方。"

邓小平谦虚而又严肃地说："不，这是毛主席的战略部署，是我军指战员英勇奋战的结果。"短短两句话，让人感受到这位老革命家不居功自傲的品德。

不知不觉已到了晚上10点多，大家恋恋不舍地起身告辞，请邓小平早点儿休息。

送走了大家，邓小平却难以入眠。他倚窗沉思了很长时间，接着又吸着烟在屋内来回踱步。这已是他多年来养成的一个习惯。

夜已经很深了，楼上楼下一片寂静。邓小平思绪万千，他似乎忘却了一天的疲劳，轻轻推开房门，朝楼下走去。

正在楼上值班的服务员郑非凤，听到门响，连忙从值班室出来，迎着邓小平问道："首长，您需要点儿什么？"

邓小平摆了摆手说："什么都不要，只想随便走走。"

郑非凤一时感到很为难，因为上级已特别交代：为保密、安全起见，不要让首长随便外出。于是，郑非凤委婉地劝道："首长，天气很冷，外边又有霜露，出去容易着凉。"

邓小平微笑着说："不怕，已经是春天了，冷不到哪里去。"

郑非凤不好再坚持了，只是远远地跟在邓小平身后，陪护着他朝楼下走去。

邓小平刚走下楼梯，负责内保的上饶地区公安处警卫科科长刘树兴快步上前，准备搀扶。邓小平摆摆手说："我看得清路，不用扶。"

刘树兴陪伴邓小平出了主楼大门，在院内散起步来。

冷风扑面，寒意甚浓。皎月下映出邓小平稳健的身影，沉寂的四周不时回响起邓小平轻微的脚步声。

忽然间，一片乌云笼罩住了明月，院内骤然间暗淡下来，刘树兴赶紧劝道："首长，月亮已经被云遮住了，还是早点儿回房休息吧！"

邓小平扬起头，望了望变幻莫测的天空，十分自信地说："不要紧，月亮马上就会出来的。"

是的，乌云终究遮没不了月亮，这是大自然的真谛。

半个小时后，邓小平上楼休息。院内又回到先前的寂静。

2月19日上午11点多，邓小平一家在林振福、霍凤翠的护送下，在鹰潭站登上了福州至北京的特快列车。

在车厢内，霍凤翠诚恳并十分歉意地对邓小平说："首长，真对不起，我们的接待工作没有做好，请您多批评。"

邓小平笑着连声说："不错，待如上宾，谢谢你们！"

随着一声汽笛的长鸣，列车缓缓地驶出鹰潭站，朝着北方飞驰而去。

邓小平回到北京后不久，周恩来于3月10日主持召开中共中央政治局会议，着重讨论了邓小平给毛泽东的信和毛泽东的重要批示。随后，中共中央做出了《关于恢复邓小平同志党的组织生活和国务院副总理职务的决定》，邓小平正式复出。

4月12日，就在从江西回到北京一个多月后，邓小平以国务院副总理的身份，出现在周恩来总理于人民大会堂宴会厅为西哈努克亲王和夫人举行的盛大宴会上，受到全世界的关注。

邓小平的政治生涯又翻开了新的一页……

## 治理漓江

1973年金秋，邓小平开始了他复出后的第一次出行。

10月10日，加拿大总理特鲁多和夫人应邀来访。邓小平全程陪同特鲁多在中国的访问。

13日，陪同特鲁多赴河南洛阳访问。

14日，前往郑州访问。

15日，从河南飞抵桂林。

这是1973年桂林正式开放后迎来的第一位外国国家领导人，也是邓小平复出后首次陪同外宾到广西访问。

广西壮族自治区革命委员会主任韦国清，副主任刘重桂、乔晓光，桂林市革命委员会主任钟枫等领导，以及桂林市各界群众2000人到机场热烈欢迎。当天下午，邓小平陪同加拿大贵宾参观被誉为大自然艺术宫殿的芦笛岩。外宾们对岩洞内的奇景赞叹不已。邓小平也感叹有加。走到洞外小憩时，邓小平游兴未尽，来到亭台上信步观景。他环视四周景色，一处处污染的情景映入眼帘：桂林钢厂高耸的烟囱浓烟滚滚；一些石山被炸得残破不堪；芳莲池水被严重污染，水面漂浮着废弃物；桃花江水由于被污染而浑浊不堪……眼前美丽的自然风光与严重的人为污染，形成了强烈的反差，引起了邓小平的忧虑。

第二天，邓小平陪同加拿大客人游览漓江风光。游船载着客人缓缓离开桂林码头，沿江向阳朔方向驶去。叠彩山、伏波山、象鼻山、塔山、穿山等景点慢慢后移。贵宾们尽情地欣赏着漓江两岸的美丽风光，盛赞着大自然的神奇造化。第一次游漓江的邓小平也被这奇绝的山水所陶醉。"桂林山水甲天下"真是名不虚传。在观赏水光山色时，一幕幕很不协调的情景又出现在邓小平的眼前：榕湖、杉湖的脏水哗哗地排入漓江，被污染的桃花江水也在象鼻山下涌入漓江，泛起串串泡沫。更为严重的是，沙河电厂、造纸厂的大量污水通过南溪河排入漓江。这些污水在漓江中形成一股股大小不同、污色各异的浊流，使清澈的漓江水变得浑浊不堪。沿江两岸的违章建筑、成堆的垃圾、排放的废气，以及竹林被乱砍滥伐、河岸被人为破坏……看到这一切，邓小平的心情沉重了许多。

晚上，游江累了一天的外宾们都休息了。榕湖饭店内一片寂静。两天来在桂林看到的一幕幕与奇山秀水极不协调的污染情景，像电影一样在邓小平的脑海中回放，令他夜不能寐。

他找来自治区和桂林市的有关领导，听取了他们简要的工作汇报，和大家一起乘车到解放桥上下的河段去查看漓江的污染情况。他们边走边谈，边走边看，着重查看了流经市区的漓江段以及主要支流的污染情况，分析污染原因，商讨治理办法。邓小平在伏波山一带的江段看到附近机关、单位和居民排放的污水从多处涌入漓江时，表情显得十分严肃。他语重心长地对自治区和桂林市的有关领导说，桂林是世界著名的风景文化名城，漓江是这座名城的重要组成部分。你们抓生产，抓城建，这都很对，但如果不把漓江治理好，即使工农业生产发展得再快，市政建设搞得再好，那也是功不抵过啊！

邓小平回京后，亲自主持召开国务会议，讨论漓江的治理问题。后来国务院下发了《尽快恢复并很好保持桂林山水甲天下的风貌》的决定。国务院还责成广西壮族自治区党委、政府应把治理漓江提上议事日程，予以高度重视，采取切实措施，尽快把漓江治理好。根据国务院的指示精神，自治区党委派出了工作组亲临桂林，会同桂林市领导及有关部门一道查看漓江的污染情况，研究治理方案，并先后成立了桂林市环境保护局、漓江风景管理局等职能机构，一场综合治理漓江的巨大工程展开了。

### 参观毛泽东旧居

1973年10月19日，邓小平到韶山瞻仰毛泽东旧居。

那天，秋雨淅沥，烟雨中的韶山更显得清新迷人。

邓小平冒着绵绵秋雨，在湖南省委书记毛致用的陪同下，乘坐灰色吉姆轿车来到韶山宾馆松山1号楼。

轿车徐徐停下，邓小平走下车来。见多识广的韶山人不由得感到纳闷：这位副总理为什么不坐"红旗"呢？

那个年代的人都知道，吉姆车是20世纪50年代的名牌车，但在20世纪70年代已由国产"红旗"替代。邓小平为什么不坐"红旗"呢？其中的奥妙韶山人自然不知道。

原来，邓小平这次是从省会长沙专程来韶山的。他陪加拿大总理特鲁多到桂林、广州，返京时路过长沙，突然决定来韶山看看。湖南方面马上召开会议。安排邓小平到韶山的事宜。会议开得很长，意见分歧很大。围绕以什么规格接待这位副总理也发生了争议。但是，争论双方却有一个共识：无论用什么规格接待邓小平，都会承担一定风险。于是，他们最后制订了一个"不冷不热"的接待原则，让邓小平坐已过时的吉姆轿车到韶山。他们对邓小平说，其他车辆都派出去了。但刚刚恢复工作不久的邓小平，对接待工作的"不冷不热"并无什么感觉，反而兴冲冲地说：1959年毛泽东到韶山也是乘坐这种车。

到了休息室，还没落座，他就对接待人员说："这个地方我很早就想来，1965年想来，因工作忙没来成，后来就来不成了。"

休息片刻，邓小平就要去毛泽东旧居瞻仰。这时，天仍下着雨，从宾馆过去还有一段路。接待人员建议坐车去，邓小平拒绝了，他说："还是走路吧！可以边走边谈。"于是，接待人员匆匆为他找来一双雨靴。邓小平和大家一道穿上雨靴、打着雨伞徒步过去。

到了毛泽东旧居，韶山毛泽东纪念馆馆长来向邓小平介绍情况。一开始，他显得有些紧张。邓小平发觉了，就和他话家常，问道："你是哪里人？"

馆长说自己是湖南人。

邓小平马上又问："你是湖南人，我说几句湖南话，你懂不懂？"

随即邓小平说了几句颇为地道的长沙、湘潭、湘乡的方言，引得大家哈哈大笑。馆长的紧张情绪顿时消释，十分敬佩地问道："您怎么会讲这些湖南方言呢？"

邓小平说："是主席告诉我的。"

在毛泽东旧居，邓小平看得很认真、很仔细。当他走到毛泽东父母卧室时，陪同人员告诉他，那张床是原物，是毛泽东诞生的地方。听完，他仔细端详着那张木床，看了好一会儿，并亲手摸了摸木床。

在毛泽东的卧室，邓小平边看说明词边询问毛泽东少年时的学习、生活情况，以及中共韶山党支部的建立、活动情况。他对陈列的一件件原物更是饶有兴趣。他亲手提了提毛泽东少年时挑过水的水桶，仰望着韶山党支部开成立会的阁楼，深有感触地说："这虽不是中国农村最早的党支部，却是较健全、较早做出贡献的农村党支部。"

绕过天井，邓小平步入毛泽覃的卧室。卧室墙上悬挂着毛泽覃的照片。他凝视着这张照片，陷入了沉思。

当年，在中央苏区，邓小平和毛泽覃是患难与共的战友。他十分熟悉这位身材魁梧、嗓音洪亮的青年。1933年，他们被王明"左"倾路线的执行者诬陷为"江西罗明路线"的代表，邓小平是"毛派的头子"。所谓罗明路线，就是毛泽东的路线。王明路线的执行者把毛泽东的正确方针说成是"纯粹防御路线"。邓小平清楚地记得，红军长征时，许多王明路线的反对者被排挤，不得参加长征，毛泽覃就是其中的一个。当时，王明心怀叵测地把毛泽覃留在江西，等待国民党军队的"围剿"。毛泽覃就是在大兵压境、寡不敌众的情况下壮烈牺牲的。

此时此地，抚今追昔，邓小平感慨万分，他动情地说："毛泽覃是个好同志。如果参加长征，也许不会牺牲。"

在参观毛泽覃的卧室时，工作人员介绍，红军长征后，毛泽覃留在中央苏区任赣南独立团团长。邓小平当即纠正说："不是团长，是师长。"

毛泽东大弟弟毛泽民的卧室在旧居的尽头。这里，窗户靠山，房间里光线很暗。邓小平透过昏暗的光线，仔细打量着照片上的毛泽民。这是一张毛泽民在新疆工作时的照片，他就是在那儿被盛世才杀害的。这位方脸盘、厚嘴唇的汉子憨厚老实，又精明能干，邓小平对他有很深的印象。在江西的时候，毛泽民担任中华苏维埃共和国国家银行行长，为苏区经济的发展，红军的壮大，为粉碎蒋介石的"经济封锁"和"军事围剿"做出了巨大的贡献。邓小平说："我认识毛泽民，还认识他的妻子钱希钧。"

参观完毛泽东旧居，纪念馆的工作人员很想与邓小平在毛泽东旧居前合影留念，急切地问道："邓副总理，您是第一次到韶山，这里的工作人员都想和您一起照个相，行吗？"

邓小平听后爽朗地说："照！怎么不照？大家都来吧！"

工作人员高高兴兴地聚拢到邓小平身旁，一个一个地自觉排列好，照了相，实现了大家的心愿。

从毛泽东旧居出来，邓小平又参观了晒谷坪，看了当年毛泽东家的稻田、菜地。

离开毛泽东旧居，邓小平又和大家一道冒雨步行，前往韶山毛泽东纪念馆。

从毛泽东旧居到纪念馆的公路两旁，是成片的稻田。这时，晚稻已经成熟，金黄色的晚稻与不远处青葱翠绿的山峰交相辉映，微风吹过，阵阵稻香扑鼻而来。接待人员指着雨雾笼罩着的韶峰，讲起了韶山的历史沿革和民间传说。对这些优美动听的故事，邓小平听得十分专注。

邓小平走路很快，常常走在前面，将陪同人员甩下一大截。

参观纪念馆时，邓小平在第一展室对毛泽东一家6位烈士的事迹陈列看得很仔细，特别是在毛泽覃烈士的遗像前伫立良久，沉思不语。

当年的韶山毛泽东纪念馆，同全国各地一样，受"左"的影响，不能进行实事求是的宣传。陈列"三大战役"的版面，未能如实反映邓小平的丰功伟绩。看完陈列，工作人员请邓小平作指示，邓小平笑着说："没有什么指示。你们陈列的是历史，只要符合历史就行。"

当日，在松山1号楼吃午饭。邓小平向大家敬酒，高兴地说："来，让我们为我们党，为毛主席干杯！"这次午宴，他分外高兴，连续喝了4大杯茅台酒，吃了4个小馒头，一小碗饭，而那时，他已经是六十九岁的老人了。

中共十一届三中全会后，韶山毛泽东纪念馆也发生了很大的变化。1981年，韶山管理局派人到北京，专程请邓小平为毛泽东故居题写匾额。他欣然命笔，书写了"毛泽东同志故居""韶山毛泽东同志纪念馆"两块金匾。这两块匾额至今仍高挂在韶山毛泽东故居和纪念馆大门口。

**患难见真情**

在特殊的历史时期，邓小平夫妇与江西新建县拖拉机修配厂工人结下了深情厚谊，这是珍贵的永生难忘的情愫。

当邓小平第一次踏进这个拖拉机修配厂的车间时，车间工人看见罗朋和一位解放军陪着两位老师傅走进车间，有的无动于衷，有的惊奇，有的眼尖，认出其中一位老师傅便是邓小平同志。由于事先有纪律，不准同邓小平接触，工人们窃窃私语："邓小平来了！"邓小平的到来，引起了工人们极大的关心。在这个小工厂中，人们很少有机会外出，更是难以有机会去北京，所以仅仅从电影、图片、报纸上见过邓小平，而今能够亲眼看到邓小平这样的大人物，每个人都视此为人生的一大幸事。人们仔细地用目光研究邓小平，想从他身上看出他的不凡之处。邓小平修着整齐的短发，一双有神的眼睛，脸上挂着淡淡的笑容，身材不高，腰挺直，穿的是同工人一样的蓝纱卡工作服，普普通通之中蕴含着一种天然气质。

陶端缙见邓小平夫妇来了，赶忙放下手中的活，用棉纱擦擦手上的油污，三步并作两步跑上前来见面。罗朋向邓小平介绍说："这是陶排长，是车间的总负责。"当时，厂里实行了军事建制，车间主任称为排长，生产组长称为班长。邓小平同陶排长握了握手。

这时，工人们早把县武装部政委告诫他们要提高警惕的话丢到爪哇国去了，纷纷围了上来，那温暖信任的目光融化了邓小平心中的寒冰。真道是，人间自有真情在！

给邓小平夫妇安排什么样的劳动呢？陶排长搓着那双粗糙的大手，拘谨地对邓小平说："我们修理车间有四个班，其中三个是修理班，一个是电工班。我们根据厂里的安排，先分配您在张瑞龙这个班，清洗可能会冷些，您先试试看，不行我们再研究。"邓小平没有吭声，略略点了点头。

陶端缙回头望了一眼卓琳，正好卓琳和程红杏、卢凤英等女工在谈话，他连忙插嘴："卓琳同志，您和卢凤英、程红杏已经认识了，那好啊，反正我们这里就这几个女工，就分配您在电工班，和她俩在一起好了，现在主要的生产任务是修理马达上的电线。"

卓琳听了，高兴地牵着程、卢两人的手，朝她们的工作地点走去。

约莫有半个钟头，邓小平感到双腿麻木，蹲久了直不起身来，陶端缙见到这种情况，内心深感愧疚，老人家不宜久蹲，自己怎么没有想到呢？他深深责备自己，赶紧上去帮着把邓小平扶起来，让邓小平在一张椅子上休息了一会儿。陶端缙心想，这是一位多么坚强的老人啊，明明支持不住，竟不吭一声，要不是看见他脸色发白，该会出现什么情况呢？

等到邓小平气色转缓，陶端缙便以征询的口吻对邓小平说："老邓，"——他听黄文华介绍邓小平时称"老邓"，所以也跟着这么叫，"你的眼睛怎么样？"邓小平连忙说："行，还行！"陶排长有意要照顾邓小平，准备安排一些仅要看看图纸的活计,一听说邓小平眼睛还好,不由得高兴地又问道:"老邓,你看图纸行吗?以后只要看看图纸就行了。"邓小平听了为难地说:"看图纸恐怕不行,线太细,看不清楚。"陶端缙听了心中有点儿失望,不过他又想到一个活计:"老邓,让你锉锉零件怎么样?"邓小平一听非常满意,对陶排长表示:"这个要得,锉刀活,可以出出汗。"陶排长听了,赶忙去准备工作台、工具柜。不一会儿,一架工作台、一个工具柜准备停当,各种锉具齐备,陶排长请邓小平试试。这架工作台安排在车间的一角,较为安静,干扰少,又便于安全保卫。邓小平看了看工作台、工具柜以及各种锉具,不禁生出一种亲切之感。他将一个零件固定在工作台上,熟练地拿起一把锉刀,有板有眼地锉了起来,仅仅几下招式,就把陶端缙给折服了。原来,邓小平在法国勤工俭学时学到的技术仍然没有忘掉,故而干起活来有板有眼。

卓琳是个开朗活泼的同志,不一会儿,就同几位年龄比她小一半的小妹妹混熟了。她的活可以坐着干,是折线圈。这些女工心灵纯洁如水,她们才不管什么"党内第二号走资派"呢,在她们的眼里,卓琳是一位见多识广的大姐。从卓琳那里,她们听到中南海、人民大会堂的国宴、异国风情……这都是那么新奇!

从这天起,邓小平夫妇开始了新的生活。

刚到厂里劳动时,邓小平态度十分严肃,不肯多说一句话。过了几天,邓小平感到这里不是冬天,而是一个温暖的春天,与北京整天的高音喇叭发出震耳欲聋的"打倒刘邓陶"的口号以及红卫兵造反时的越轨行为相比,恍若隔世。这里,从党支部书记、车间排长、班长到每一个工人,没有一个人对他有敌对情绪,没有一个人对他有什么恶意。工人们时刻关心着他,处处想着他,事事给他方便。当他锉螺丝锉了个把钟头,陶排长便会走过来说:

"老邓,累了吧,休息一下吧!"

邓小平听到工人的问候,停下手中的活,转过脸微笑着说:"不累!谢谢。"

快下班时,工人张瑞龙自动地给邓小平送来半桶热水,请他洗手:"老邓,快下班了,洗洗手吧!"

邓小平接过热水,用肥皂洗净双手,惬意地在热水中泡泡。他知道,只有很细心的人才会给他热水泡手,一来洗得净,二来可以消乏。邓小平感受着这些细微的情谊,逐渐看到一扇扇向他敞开着心灵的窗户,那是美好的信任呀!慢慢地,邓小平对工人们的笑容也越来越多了。临别时微笑着对工人们说声:"明天见。"说完便和卓琳一起轻松地离开了车间,在解放军的护卫下返回住所。

一个细雨蒙蒙的早晨,来到邓小平身边探亲的小儿子又离开他们,独自回山西去了,仅有的一点儿欢乐,转瞬即逝,这无疑使邓小平十分难过。上工后不久,邓小平突然面色苍白、冷汗淋漓,一下子倒在地上,不省人事。这一突发情况,急坏了车间的工人。陶端缙、张瑞龙、程红杏等一起跑过来,把邓小平从地上扶起来,让他坐在椅子上。卓琳闻讯也连忙跑过来,看见邓小平昏厥的情形,眼泪唰唰地流下来,她对邓小平的病情是了解的,断定是低血糖病复发。卓琳想:老邓这种病已经好几年没有发过,一定是儿子的离别给他造成了内心痛苦。想到这里,卓琳心情更加难过。卓琳问程红杏:"小程,你有开水吗?"程红杏听到卓琳的叫声连忙回答:"有开水。""你家有白糖吗?""也有。"程红杏机械地回答。卓琳告诉她,赶快去冲杯白糖水,要快!程红杏一听,拔腿就往家里跑,幸好家就住在厂区。她跑进家中,翻出盛糖的罐子,洗净一个大茶杯,一下装了半杯白糖,有二两多,冲成一杯很浓的糖水,然后迅速跑回车间把冲好的糖水交到卓琳手中。卓琳以感激和信任的目光望了望程红杏,随即把糖水喂进邓小平嘴里。邓小平喝下大半杯糖水后,渐渐苏醒了过来,感觉也好多了。当时新建县拖拉机修配厂是个小厂,没有小车。到县里借一辆也来不及,陶端缙便用拖拉机头把邓小平送回了家。

有一次,专门护理邓朴方的缪发香给陶端缙带来口信说:"卓琳请你买点儿西瓜,说你买的西瓜很甜。"陶端缙还和车间的工人一起到附近农场帮助卓琳买了一些梨,做梨酒。卓琳看到,心中非常高兴。这些小事,使得邓小平夫妇同工人师傅们的感情联系得更紧密了。

在离开江西之前,邓小平对卓琳说:我们不能就这样不声不响地走了,应该向工人师傅们告别。他让卓琳带着孩子们买了一些糖果、饼干和香烟,送给陶端缙、程红杏等师傅和曾经照护邓朴方的缪发香阿姨,表示谢意。

后来,邓小平在中央日理万机,但他并没有忘记新建县拖拉机修配厂的工人师傅们。在全国五届人大会议期间,邓小平亲自嘱咐来京开会的中共江西省委书记黄知真,回去后扶持一下新建县拖拉机修配厂,增加一些基建投资,新盖一个车间。在邓小平的关心下,省里还拨了一台大型机器和两部汽车,其中一部厂用客车,供接送工人上下班之用。

1986年6月23日，程红杏出差到北京，卓琳得知后，赶紧叫秘书安排一定要见见小程师傅。秘书用车把小程接到了卓琳同志的住处。小程一下车，卓琳就亲切地拉起她的手，一刻也没有放下，就这样手拉着手促膝交谈了一个多小时。卓琳代表邓小平向全厂工人问好，程红杏请卓琳转达工人们对邓小平的惦念和祝福。程红杏告诉卓琳，那朵卓琳赠送给她的栀子花她一直挂在帐帘上，直到枯萎了，她都没舍得摘下，卓琳听了十分感动。临别时，卓琳以茅台酒相赠，两人依依难舍。

"海内存知己，天涯若比邻。"

有一位作家这样写道：

我们的人民是善良、质朴而有正义感的。在那种黑暗的时期，他们冒着种种危险想方设法保护落难的共产党人。与这样好的人民在一起，是不幸中的大幸。哪一个身临其境的人不会感动至深？

# 第八编　拨乱反正

## （1976—1982）

历程

## 与"两个凡是"的斗争

1976年10月至1978年之间,在经历了"文化大革命"十年浩劫的动乱、苦难和沉闷之后,中国共产党内展开了一场关系党和国家生死存亡的理论较量,这就是"实事求是"和"两个凡是"的较量。

在这场较量中,邓小平始终站在斗争的最前沿。

1976年10月6日,中共中央一举粉碎了"四人帮"。这一胜利,极大地振奋了全党、全军和全国各族人民,广大干部和群众对党和国家的前途充满了希望。在当时百废待兴的历史条件下,我们党面临着带领广大干部和群众拨乱反正,尽快结束"文化大革命"的"左"倾错误的重要任务。随着对"四人帮"揭发批判的日益深入,党内外广大干部和群众越来越强烈地要求纠正"文化大革命"中的种种错误,彻底查清和摧毁"四人帮"的反革命帮派体系,对包括"天安门事件"在内的一大批冤、假、错案进行平反,希望在全党、全国享有崇高威望的邓小平等同志尽快出来参加中央的领导工作,把党的事业继续推向前进。

但是,当时主持中央工作的华国锋面对党内外广大干部和群众的呼声,不是顺应民意,纠正"左"的错误,而是推行"两个凡是"。

当时,毛泽东刚刚去世,个人迷信、个人崇拜还有很大的市场,一般党员群众对毛泽东晚年的错误还缺乏应有的认识。更何况,华国锋又是毛泽东生前选定的接班人,手中握有毛泽东临终前给他写的"你办事,我放心""照过去方针办"的最高指示。所以,华国锋推行"两个凡是"有很大的权威性。

1976年10月26日,华国锋在听了宣传部门负责人汇报后提出:一、要集中批"四人帮",连带批邓;二、"四人帮"的路线是极右的路线;三、凡是毛主席讲过的,点过头的,都不要批评;四、"天安门事件"要避开不谈。在这里,他提出了"两个凡是"的基本思想。

11月24日,华国锋在毛主席纪念堂奠基仪式上说,要继承毛主席的遗志,就要坚持以阶级斗争为纲,坚持党的基本路线,坚持无产阶级专政下的继续革命,并在次日召开的第二次全国农业学大寨会议上重申:只准批右,不准批"左";一定要保卫和发展无产阶级文化大革命的胜利成果。

1977年1月中旬,华国锋要求为其准备讲话提纲的写作班子要体现"两个凡是"的思想。由此,在1月21日的讲话提纲中出现了"凡是毛主席做出的决策,我们必须维护,不能违反;凡是损害毛主席的言行,都必须坚决制止,不能容忍"的字样。

接着,上述这段话进一步加以理论概括和文字修饰,形成2月7日《人民日报》《红旗》杂志、《解放军报》的社论《学好文件抓住纲》。这篇社论指出:什么时候,我们执行毛主席的革命路线,遵循毛主席的指示,革命就胜利;什么时候离开了毛主席的革命路线,违背了毛主席的指示,革命就失败,就受挫折。社论向全国发出号召:"凡是毛主席做出的决策,我们都坚决维护;凡是毛主席的指示,我们都始终不渝地遵循。"这就是著名的"两个凡是"。

"两个凡是"阻挠邓小平出来工作,不许为"天安门事件"平反。因为1975年年底再次批邓,以及把"天安门事件"定为反革命事件,都是毛泽东批准的。所以,这两个案不能翻。

"两个凡是"更为广泛的含义是神化毛泽东,对毛泽东的言论采取教条主义的态度,把毛泽东说过的话、决定的事都当作不可动摇的真理,只能够照抄照办,不许有半点儿置疑。其意图和实质,就是打着维护毛泽东的威望、地位的旗号,坚持和延续"左"倾错误,禁锢人们的思想。

"两个凡是"的最大危害,是使"文化大革命"的错误路线和方针政策得以继续推行,大量冤假错案难以昭雪,大批老干部无法出来工作,知识分子顶着"臭老九"的帽子抬不起头来,极大地阻碍了拨乱反正和各项工作的开展。

"两个凡是"错误方针的提出,实际上堵塞了实事求是地科学地总结党的历史上的经验教训之路,使得拨乱反正、正本清源的工作不可能进行。至此,中国共产党又一次走到了面临重大选择的十字路口。

这时，虽然由于华国锋等人的阻挠，邓小平还没有恢复工作，但他一刻也没有停止对我们党和国家命运的思索。他看到了"两个凡是"将给我们党和国家带来的危害，他深知，如果不推倒"两个凡是"的错误方针，不揭露这个错误方针的唯心主义、形而上学的实质，不确立正确的指导思想，我们党就不可能从"文化大革命"的阴影中走出来，党的事业便无法在新的历史条件下继续前进。于是，邓小平挺身而出，同"两个凡是"进行针锋相对的斗争。

1977年4月，邓小平明确对中共中央办公厅的两位负责人汪东兴、李鑫说："两个凡是"不行。我出不出来没有关系，但"天安门事件"是革命行动。他还说：按照"两个凡是"就说不通为我平反的问题，也说不通肯定1976年广大群众在天安门广场的活动"合乎情理"的问题。

4月10日，邓小平率先从理论上批评"两个凡是"。他在给党中央的信中指出："我们必须世世代代地用准确的完整的毛泽东思想来指导我们全党、全军和全国人民，把党和社会主义的事业，把国际共产主义运动的事业，胜利地推向前进。"5月3日，中共中央转发了这封信，肯定了邓小平的意见。

5月24日，邓小平在同王震、邓力群谈话时再次指出："两个凡是"不符合马克思主义。他说：

把毛泽东同志在这个问题上讲的移到另外的问题上，在这个地点讲的移到另外的地点，在这个时间讲的移到另外的时间，在这个条件下讲的移到另外的条件下，这样做，不行嘛！毛泽东同志自己多次说过，他有些话讲错了。他说，一个人只要做工作，没有不犯错误的。又说，"马恩列斯"都犯过错误，如果不犯错误，为什么他们的手稿常常改了又改呢？改了又改就是因为原来有些观点不完全正确，不那么完备、准确嘛。毛泽东同志说，他自己也犯过错误。一个人讲的每句话都对，一个人绝对正确，没有这回事情。……马克思、恩格斯没有说过"凡是"，列宁、斯大林没有说过"凡是"，毛泽东同志自己也没有说过"凡是"。

邓小平强调，我提出准确的完整的毛泽东思想科学体系，不赞成"两个凡是"，是经过反复考虑的。这是能否坚持辩证唯物主义重要的理论问题。

在党内高层公开讲毛泽东也犯过错误，这在当时是需要极大的政治和理论勇气的。邓小平的讲话，在党内外引起了强烈反响，为批评"两个凡是"提供了有力的思想武器。

1977年7月21日，在中共十届三中全会上，邓小平恢复了中共中央副主席、中共中央军委副主席、国务院副总理、中国人民解放军总参谋长的职务。这是党内外广大干部和群众同极"左"路线不懈斗争的结果，这是对"两个凡是"的一个重大突破。

但是，这次全会仍然坚持"文化大革命"的错误理论，坚持"以阶级斗争为纲"和"无产阶级专政下继续革命"，坚持"两个凡是"。

此时，历经三落三起的邓小平并没有退缩。他在全会上的讲话中清楚地表明了他的立场。他说：坦率地讲，出来工作，可以有两种态度，一个是做官，一个是做点儿工作。我想，谁叫你当共产党人呢，既然当了，就不能够做官，不能够有私心杂念，不能够有别的选择。针对华国锋的"两个凡是"，邓小平再一次强调，要完整地、准确地理解毛泽东思想。

那么，什么是"准确的、完整的毛泽东思想"呢？早在4月10日，邓小平就提出了要"用准确的完整的毛泽东思想来指导我们全党、全军和全国人民"。邓小平在这次全会上又作了更明确、更进一步的说明：

> 我说要用准确的完整的毛泽东思想作指导思想的意思是，要对毛泽东思想有一个完整的准确的认识，要善于学习、掌握和运用毛泽东思想的体系来指导我们各项工作。……我们可以看到，毛泽东同志在这一段时间，这一个条件，对某一个问题所讲的话是正确的，在另外一段时间，另外一个条件，对同样的问题讲的话也是正确的；但是在不同的时间、条件对同样的问题讲的话，有时分寸不同，着重点不同，甚至一些提法也不同。所以我们不能够只从个别词句来理解毛泽东思想，而必须从毛泽东思想的整个体系去获得正确的理解。

在这次讲话中，邓小平还特别强调说：从我们党的现状来说，我个人觉得，群众路线和实事求是特别重要。

这年的8月，召开了党的十一次全国代表大会。华国锋在大会上所作的政治报告中仍然为"文化大革命"高唱赞歌，把"无产阶级专政下继续革命"的理论，说成是"当代马克思主义最重要的成果"，强调以两个阶级、两条道路的斗争为纲；甚至宣布，"文化大革命"今后还要进行多次。

邓小平毫不妥协。他在大会的闭幕词中强调指出：我们一定要恢复和发扬毛泽东为我们树立的实事求是、群众路线、批评和自我批评、谦虚谨慎、戒骄戒躁、艰苦奋斗的优良传统和作风,全心全意为中国人民和世界人民服务,恢复和发扬民主集中制的优良传统和作风,造就良好的政治局面。

这次大会,"两个凡是"的错误思想虽然没有得到纠正,但是要求恢复实事求是优良传统的呼声越来越高。

1978年9月,邓小平在东北视察期间,多次对"两个凡是"的错误理论提出批判。他说:有一种理论,叫作"两个凡是",不是很出名吗?凡是毛泽东同志圈阅的文件都不能动,凡是毛泽东同志做过的、说过的都不能动。这是不是叫高举毛泽东思想的旗帜呢?不是!这样搞下去,要损害毛泽东思想。"两个凡是"是形式主义的高举、是假的高举。

由此可见,"完整地准确地理解毛泽东思想"和"两个凡是"的斗争,实质在于,我们究竟应当坚持毛泽东思想的科学体系,还是应当坚持毛泽东晚年的错误。这既是个重要的理论问题,是个是否坚持历史唯物主义的问题,又是个尖锐的政治问题。这场斗争,关系到能不能真正巩固粉碎林彪、江青两个反革命集团的成果,真正纠正党在"文化大革命"时期的错误,实现新中国成立以来我们党的历史上具有深远意义的伟大转折,关系到我们党和国家、军队以及全民族的前途和命运。

邓小平对"两个凡是"的揭露和批判,一针见血,切中要害,得到党内外广大干部群众的热烈拥护。1978年12月13日,华国锋不得不在中共中央工作会议闭幕会上的讲话中对"两个凡是"的错误作了检讨。他说:去年3月中央工作会议关于"凡是毛主席做出的决策,都必须维护;凡是损害毛主席形象的言论,都必须制止",这些话讲得绝对了。去年2月7日中央两报一刊《学好文件抓住纲》的社论中,也讲了"凡是毛主席做出的决策,我们都坚决维护;凡是毛主席的指示,我们都始终不渝地遵循",这"两个凡是"的提法就更加绝对,更为不妥。它在不同程度上束缚了大家的思想,当时对这两句话考虑得不够周全,现在看来,不提"两个凡是"就好了,"责任应该主要由我承担"。

至此,中国共产党为重新确立实事求是思想路线在全党的指导地位,恢复毛泽东思想的指导地位扫除了障碍,也为真理标准问题的讨论作了充分的舆论准备。

**真理标准问题的讨论**

1978年5月开始的真理标准问题的大讨论，是我们党的历史上一场具有重大政治意义和深远历史意义的马克思主义教育运动和思想解放运动。邓小平是这场运动的直接领导者和强有力的支持者。

邓小平在同"两个凡是"的错误方针进行斗争的过程中，明确提出要"完整地准确地理解毛泽东思想"。

在邓小平这些重要论述的影响下，1977年底，主持中央党校工作的胡耀邦明确规定，研究党的历史要遵守两条原则，一条是完整地准确地理解毛泽东的有关指示，一条是以实践为检验路线是非的标准。形势的发展也逐渐提出了判断路线是非、思想是非、理论是非的标准问题。

1978年4月上旬，正在中共中央党校学习的《光明日报》新任总编辑杨西光，建议南京大学哲学系教师胡福明将他的《实践是检验一切真理的标准》一文加以修改，加强现实针对性，并约请正在写同一主题文章的中共中央党校理论研究室的孙长江共同参加研讨修改，最后文章定名为《实践是检验真理的唯一标准》。这篇文章，经当时任中共中央党校常务副校长的胡耀邦审阅定稿后，于5月10日刊登在中共中央党校的内部刊物《理论动态》上。5月11日又以特约评论员的名义在《光明日报》发表。当天，新华社转发了此文。5月12日，《人民日报》和《解放军报》同时转载。

这篇文章阐明了检验真理的标准只能是社会实践，理论与实践的统一是马克思主义的一个最基本的原则，任何理论都要不断接受实践的检验是马克思主义的基本原理；并阐明了革命导师是坚持用实践检验真理的榜样。这是从根本上对"两个凡是"的否定。

这篇文章一经发表，在党内外引起了强烈的反响。有反对的，有支持的。然而，最先引来的却是责难。5月17日，当时的一位中央负责人在一个小会上点名批评了这篇文章和5月5日《人民日报》发表的《贯彻按劳分配的社会主义原则》一文。他说："理论问题要慎重。特别是《实践是检验真理的唯一标准》和《贯彻按劳分配的社会主义原则》两篇文章，我们都没有看过。党内议论纷纷，实际上是把矛头指向毛泽东思想。我们的党报不能这样干，这是哪个中央的意见？要坚持、捍卫毛泽东思想。要查一查，接受教训，统一认识，下不为例。当然，对于活跃思想有好处，但《人民日报》要有党性，中宣部要把好关。"紧接着，中央主要负责人也指示要慎重处理，要求中央宣传部对这场讨论"不表态""不介入"。

对于《实践是检验真理的唯一标准》这篇文章，邓小平当时并没有注意，后来听说有人反对得厉害，才找来看了看。他认为，这篇文章是符合马列主义的，是扳不倒的。在中央领导人当中，邓小平是最早站出来明确表态的。

当时，罗瑞卿正在筹备全军政治工作会议。邓小平得知在筹备过程中，有的人不同意会议文件中某些符合实际的新提法，当即指出，这不是一种孤立的现象，这是当前一种思潮的反映，我一定要讲话。

5月30日，他在同胡乔木等几位负责人谈准备在全军政治工作会议上讲话内容的问题时，明确提出要着重讲关于真理标准问题。他说：

> 我这次会议的总结发言，准备讲三个问题：第一个问题，就是要讲实事求是毛泽东思想的根本态度、根本观点、根本方法。着重讲第一个问题。实事求是马列主义思想、哲学、理论、方法的概括。它同各种机会主义思想都是完全对立的，包括教条主义、经验主义、"左"的"右"的机会主义、修正主义。要把这个意思写进去。这是毛泽东经常讲的也是讲得最多的道理，列宁也讲得很多。我们讲要继承和发扬毛主席为我们培育的优良传统，首先就是实事求是。归根到底，这是涉及什么是马克思列宁主义，什么是毛泽东思想的问题。毛泽东思想最根本的最重要的东西就是实事求是。现在发生了一个问题，连实践是检验真理的标准都成了问题，简直是莫名其妙！

6月2日，邓小平在全军政治工作会议上的讲话中讲得更为充分和明确。他开门见山地说，我们开会，作报告，作决议，以及做任何工作，都为的是解决问题。我们说的做的究竟能不能解决问题，问题解决得是不是正确，关键在于我们是否能够理论联系实际，是否善于总结经验，针对客观现实，采取实事求是的态度，一切从实际出发。我们只有这样做了，才有可能正确地或者比较正确地解决问题，而这样地解决问题，究竟是否正确或者完全正确，还需要今后的实践来检验。如果我们不这样做，那我们就一定什么问题也不可能解决，或者不可能正确地解决。他指出：

> 我们也有一些同志天天讲毛泽东思想，却往往忘记、抛弃甚至反对毛泽东同志的实事求是、一切从实际出发、理论与实践相结合的这样一个马克思主义的根本观点、根本方法。不但如此，有的人还认为谁要是坚持实事求是、从实际出发、理论和实践相结合，谁就是犯了弥天大罪。他们的观点，实质上是主张只要照抄马克思、列宁、毛泽东同志的原话，照抄照转照搬就行了。要不然，就说这是违反马列主义、毛泽东思想，违反了中央精神。他们提出的这个问题不是小问题，而是涉及怎么看待马列主义、毛泽东思想的问题。

他强调指出：

> 马列主义、毛泽东思想的基本原则，我们任何时候都不能违背，这是毫无疑义的。但是，一定要和实际相结合，要分析研究实际情况，解决实际问题。按照实际情况决定工作方针，这是一切共产党员所必须牢牢记住的最基本的思想方法、工作方法。

他要求全党"一定要肃清林彪、'四人帮'的流毒，拨乱反正，打破精神枷锁，使我们的思想来一个大解放"。邓小平的这篇讲话，对当时面临重重阻碍的真理标准问题的讨论是一个强有力的支持。

8月19日，邓小平在同文化部负责人谈话时再一次明确指出：我说过《实践是检验真理的唯一标准》这篇文章是马克思主义的，是驳不倒的，我是同意这篇文章的观点的，但有人反对，说是反毛主席的，帽子可大啦。邓小平还说：我们做事一定要从实际出发，实事求是，理论联系实际，要认真思考问题，提出问题，解决问题。毛主席没有讲过的话多得很呢。我们不要下通知，划禁区。能够讲问题，能够想问题就好。要敢于正视现实，敢于提问题、想问题，这样才能够很好地实现新时期的总任务，为四个现代化服务。

在邓小平的大力支持下，真理标准问题的讨论顶着压力艰难地向前推进。继《实践是检验真理的唯一标准》以后，又发表了《马克思主义的一个最基本的原则》和《一切主观世界的东西都要经受实践检验》两篇重要文章，使坚持实践标准的人们受到巨大鼓舞，使刚刚兴起的真理标准问题大讨论，更加深入发展。

真理标准问题的讨论，也面临着来自另一个方面的阻力。坚持"两个凡是"的人仍然固执己见。1978年6月15日，当时中央分管宣传工作的负责人召集中宣部和中央直属新闻单位的负责人开会。他针对《实践是检验真理的唯一标准》和另一篇经邓小平、陈云审阅的关于按劳分配的文章说，这代表的是哪一个中央？指责《人民日报》《光明日报》和新华社等单位负责人党性不强，把关不严，并在讲话中一再点"特约评论员"和胡耀邦的名，进行批评指责，指出这是"党性不强"，要"接受教训，下不为例"。这实际上是下禁令。7月，他在山东同当地干部的谈话中再次指责报纸只宣传"十七年"，不宣传"文化大革命"。要求干部不要哪面风大就往哪面倒，不要砍旗，不要丢刀子，不要一百八十度大转弯。为刚刚兴起的真理标准问题的讨论设置了很大的障碍。

为了使真理标准问题的讨论能够开展下去，7月21日，邓小平找当时中宣部的负责人谈话，围绕真理标准问题的讨论，向他提出：不要再"下禁令""设禁区"了，不要再把刚刚开始的生动活泼的政治局面向后拉。第二天，邓小平又同胡耀邦进行了一次重要谈话，旗帜鲜明地支持胡耀邦发动的这场讨论。他说：你们很不错啊！你们的一些同志很读了些书啊！是个好班子。他明确指出：《实践是检验真理的唯一标准》这篇文章，是马克思主义的。争论不可避免，他说，争得好，根源就是"两个凡是"。

在真理标准问题讨论遇到强大压力和重重阻挠的时候，旗帜鲜明地肯定和支持这个讨论，指出了实践标准与"两个凡是"对立的实质，提出了开展讨论的明确要求，这是邓小平支持真理标准问题讨论的又一个重要行动。

9月，邓小平访问朝鲜归来，在东北视察工作期间，针对"两个凡是"的错误观点，多次强调要高举毛泽东思想的旗帜，坚持实事求是的原则。

邓小平在东北的谈话，对真理标准问题的讨论又是一个巨大的推动。从9月下旬到11月，有21个省、市、自治区党委负责人发表支持真理标准问题讨论的谈话，在全党范围内出现了一个关于真理标准问题大讨论的局面。

可是，当时作为党中央理论刊物的《红旗》杂志，在真理标准问题讨论中执行所谓"不卷入"的方针，实际上是坚持"两个凡是"的立场，对这场大讨论起了阻碍作用，引起党内外的普遍不满。11月，谭震林应约为《红旗》杂志撰写一篇纪念毛泽东诞辰八十五周年的文章。他在文稿中坚持讲实践是检验真理的唯一标准的观点。由于谭震林同志在党内德高望重,《红旗》杂志的负责人无法改动文稿,便于1978年11月16日将文稿呈送中央。邓小平看后,写了如下批语:"我看这篇文章好,至少没有错误。改了一点,如《红旗》不愿登,可转《人民日报》登。为什么《红旗》杂志不卷入?应该卷入。可以发表不同观点的文章。看来不卷入本身,可能就是卷入。"李先念看后也写了支持这篇文稿的批语。在这种情况下,《红旗》杂志只好刊登谭震林的文章。邓小平和李先念的批语,终止了《红旗》杂志的所谓"不卷入"方针,为真理标准问题的讨论又扫除了一个障碍。

由于邓小平和许多老一辈革命家的支持,真理标准问题的讨论终于冲破了"两个凡是"的束缚,人们的思想在讨论中逐渐获得了解放,从而形成了自延安整风以来的又一次马克思主义的思想解放运动。

1978年11月10日,党中央召开中央工作会议。这时,全国的政治形势已经有了很大的变化。大多数省、市、自治区的党委负责人都公开表态,支持真理标准问题的讨论,坚持"两个凡是"的人陷于孤立的境地。在这种形势下,中央工作会议的绝大多数与会者,从一开始就很自然地把话题集中在真理标准问题,批评"两个凡是",以及1976年的"天安门事件"和平反冤假错案等问题上,而脱离了会议原定的经济问题议题。华国锋在12月13日闭幕会上的讲话中,也不得不就真理标准问题的讨论作了说明。他说:对一些具体问题,要实事求是地、按照实践是检验真理的唯一标准这个原则去解决。现在报上讨论真理标准问题,讨论得很好,思想很活泼,不能说那些文章是对着毛主席的,那样人家就不好讲话了。

12月13日,邓小平在中央工作会议闭幕会上作了《解放思想,实事求是,团结一致向前看》的讲话。他深刻分析了党内干部存在思想僵化半僵化的状态,明确指出:

> 目前进行的关于实践是检验真理的唯一标准问题的讨论,实际上也是要不要解放思想的争论。大家认为进行这个争论很有必要,意义很大。从争论的情况来看,越看越重要。一个党,一个国家,一个民族,如果一切从本本出发,思想僵化,迷信盛行,那它就不能前进,它的生机就停止了,就要亡党亡国。这是毛泽东同志在整风运动中反复讲过的。只有解放思想,坚持实事求是,一切从实际出发,理论联系实际,我们的社会主义现代化

建设才能顺利进行，我们党的马列主义、毛泽东思想的理论也才能顺利发展。从这个意义上说，关于真理标准问题的争论，的确是个思想路线问题，是个政治问题，是个关系到党和国家的前途和命运的问题。

这就为持续半年之久的真理标准问题大讨论作了总结。党的十一届三中全会高度评价了真理标准问题的讨论，重新确立了党的实事求是的思想路线。这也标志着真理标准问题的讨论，在邓小平的有力支持和正确引导下，发挥了重要的历史作用。

关于真理标准问题的讨论，涉及的问题很多，但是最根本的分歧在于对马列主义、毛泽东思想究竟应该采取什么态度，怎样才算是坚持马列主义、毛泽东思想的问题。这场讨论对人们思想解放和我国实现新时期伟大历史转折的推动作用，是不可估量的。这场讨论表面上看是要解决真理标准这样一个理论是非问题，而其深层次的含义则是要解决中国要走什么道路，关系到党和国家前途命运的大问题。正因为如此，党的十一届三中全会以后，邓小平在1979年7月29日接见中共海军委员会常委扩大会议全体同志时的讲话中又适时地提出，要进行真理标准问题讨论的补课。他说：

> 就全国范围来说，就大的方面来说，通过实践是检验真理唯一标准和"两个凡是"的争论，已经比较明确地解决了我们的思想路线问题，重新恢复和发展了毛泽东同志倡导的实事求是、理论联系实际、一切从实际出发的思想路线。……真理标准问题的讨论是基本建设，不解决思想路线问题，不解放思想，正确的政治路线就制定不出来，制定了也贯彻不下去。

此后，真理标准问题讨论的补课便在全国范围内广泛开展起来。

1979年8月，邓小平到天津视察。8月9日，他在听取中共天津市委常委汇报工作时，对如何深入开展真理标准问题的讨论，进一步解放思想、端正思想路线的问题，作了重要指示，他说："实践是检验真理标准的问题不是我提出来的。关于检验真理标准的文章，是在《光明日报》登的，开始我没有注意。后来越争论越大，引起了我的兴趣。解决了这个问题，实现四个现代化，才有真正的思想基础。这个问题意义太大了。""三中全会以后，全会的精神没有很好地贯彻，实践是检验真理的标准的问题没有很好讨论，因此，必须加强政治思想路线方面的教育。"邓小平的这个讲话，有力地推动了天津真理标准问题的讨论。10月4日，邓小平在中共省、市、自治区委员会第一书记座谈会上的讲话中又提出：思想路线问题要深入讨论，真理标准问题要结合实际来讨论，避免搞形式主义。

中共十一届三中全会以后邓小平一系列关于真理标准问题讨论补课的讲话，阐明了这个问题的重要性，提出了进行补课的方法和要求，使真理标准问题讨论补课真正成了一场广泛深入、富有成效的思想路线教育，对于党的指导思想和各条战线实际工作的拨乱反正，对于我们后来在政治、经济、组织等各方面进行一系列改革，起到了极大的推动作用。

## 大转折关头

一

1978年9月13日中午，朝鲜北部重镇新义州火车站。

站台上，歌如潮，花似海，朝鲜方面举行盛大仪式，为参加朝鲜建国三十周年庆祝活动的中国党政代表团送行。"热烈欢送兄弟的中国人民的友好使者！""朝中人民用鲜血凝成的牢不可破的友谊和团结万岁！"等大幅标语在金秋的阳光下更显光彩夺目。

代表团团长、中共中央副主席、国务院副总理邓小平，代表团副团长、中共中央政治局委员、中共上海市委第三书记彭冲，与前来送行的朝鲜平安北道、新义州市党政负责人一一握手作别后，登上了墨绿色的专列。

火车驰过横跨鸭绿江上的中朝友谊大桥，经过边城丹东，风驰电掣般地消逝在辽东半岛那绵延起伏的沟壑丘陵之中。

下午5时16分，专列驶进钢城本溪。中共本溪市委、市革委会负责人罗定枫等在月台上迎候邓小平一行。

红光满面的邓小平走下车厢，同市委、国务院工作组、本溪驻军和本溪钢铁公司、矿务局、铁路局的负责人见面。

罗定枫代表本溪人民向邓副主席问好。

"你们本溪多少人口？"邓小平问道。

"全市约133万人，其中城镇人口67万多，农村人口64万多。"罗定枫回答说。

邓小平说："60多万也不少了。"

罗定枫汇报了本溪市和本溪钢铁公司的情况。

邓小平说："不要自满，现在要比国外水平。"

罗定枫说："本溪、本钢是个受'四人帮'破坏的重灾区。"

"我知道。现在就是要好好向世界先进经验学习。不然老是跟着人家后面爬行。什么是爬行主义？这才是真正的爬行主义。"

罗定枫检讨说："我们在揭批'四人帮'斗争中联系批林还不够。"

"不批林，揭批'四人帮'就搞不透。实际上，林彪和'四人帮'是一伙的，好多事情他们很早就是一起干的。"邓小平说道。

谈到本溪工业生产情况，辽宁省委第二书记任仲夷说："本溪搞得还是不错的。"

"我知道，你们还是比较好的。"邓小平话锋一转，"在国内你们不错，在国外与发达国家比，你们还是落后的。"

"我们本溪、本钢企业潜力很大。"罗定枫说。

"不仅是你们这里潜力大，全国各个地方的大大小小企业，各个方面的潜力都很大。"

"我们还很落后。"

"那就要到发达的国家去看看。过去，我们对国外的好多事情不知道，也不可能知道。知道还有罪嘛，崇洋媚外嘛。我们应当去看看人家是怎样搞的。"

到了1978年秋天，揭批"四人帮"，肃清极"左"流毒，为实现四个现代化学习发达国家的先进理念、引进国外的先进技术，已经成为千百万中国人的共识。但是此时此刻，在本溪火车站的月台上，邓小平针对本溪的问题所讲的这番话，令在场的省、市负责人深感震撼，尤其是那份清醒，那份焦灼，那份紧迫感。

邓小平十分了解各地的情况，也十分了解本溪。这是一个以冶金为主的重工业城市，许多企业设备老化，工艺落后，污染严重，整个城市的环境相当差。针对这种情况，邓小平说，我们有的企业太脏，企业管理不好。日本管得好，日本有的资本家，首先抓卫生，第二是抓安全。凡是哪个工厂脏的，那个厂肯定管得不好。

罗定枫说:"我们这个地方很脏,卫生搞得不好。"

彭冲说:"冶金企业都比较脏。"

邓小平说:"你那地方干净,证明你那企业管理肯定不错。环境卫生抓得好,人的疾病少些,人一整洁,精神面貌也好了。"

停了一下,邓小平像是解释似的又说,资本主义国家也研究心理学,拖拖拉拉的就管不好。企业管理一抓卫生,二抓安全。抓好这两个也不容易。没有很好的秩序,就不可能抓好。一个工厂搞得干净,也不容易,你们试试看。有了好的秩序,安全也就好了。卫生搞不好,质量也搞不好。厂子的清洁,也是个综合能力的表现。

任仲夷插话说:"过去黑龙江有个副食品商店,营业员戴上白手套操作,给顾客拿食物,竟被批为修正主义。"

邓小平说:"他们是越脏越革命。"

下午5时32分,开车铃声响了。邓小平与大家一一握手告别。

任仲夷表示:"我们要改变面貌。"

邓小平一边走向车门,一边回身嘱咐道:"要改变面貌,改变精神状态。"

火车启动时,这个有100多万人口的钢城已经亮起了点点灯火。

## 二

邓小平的专列经过东北工业重镇沈阳、四平、长春,在广袤的松辽平原上疾驶。

夜色沉沉,繁星点点。车轮与路轨撞击出有力的节奏,伴随着邓小平飞驰的思绪……

这已是粉碎"四人帮"后的第三个金秋,中国局势发生了天翻地覆的变化。由于叶剑英等人的推动,被打倒的邓小平第三次复出,他在中国政坛上的影响也与日俱增。但是,当时的中共中央主要负责人华国锋对时代脉搏的反应还十分迟钝,继续推行毛泽东晚年贯彻的一整套"左"的思想理论,并抛出"两个凡是"的主张。中国的思想界再次感到压抑,并奋起抗争。1978年5月10日,中共中央党校《理论动态》第60期发表了《实践是检验真理的唯一标准》一文,11日,《光明日报》以特约评论员的名义公开发表。由此,引发了关于真理标准问题的全国性大讨论。

到了1978年的七八月,这场以理论交锋牵引出的政治较量的最终结局已经露出端倪。各省、市、自治区和各大军区党委的负责人纷纷亮出自己的观点,"凡是派"全线崩溃。其中最早表态的是中共黑龙江省委第一书记杨易辰和中共辽宁省委第二书记任仲夷。

作为一位老练的政治家,邓小平没有陶醉在初战告捷的喜悦中。访朝归来,他要首先在组织基础较好的东北地区宣传自己的思想,巩固政治成果和舆论阵地,扩大声势,为不久将对"凡是派"发动的总攻擂起战鼓。

除此之外,邓小平还有许多事情也放心不下:东三省的"揭批查"运动进展得如何,"四人帮"的死党是否还在兴风作浪,多年积累下来的冤案纠正了多少,工农业生产恢复得怎样……

9月14日凌晨2点,那一刻万籁俱寂,城市在安睡。邓小平的专列驶进吉林北部的陶赖昭火车站。等候在这里的黑龙江省委书记李力安、省委副秘书长曲绍文、大庆市委书记陈烈民等上车迎接邓小平。火车在陶赖昭车站稍作停留后,按照邓小平的要求,直奔大庆而去。

这是邓小平第三次视察大庆。前两次是在20世纪60年代,大庆创业初期,他亲临油田,上井架,下现场,问化工,对油田的建设倾注了极大的关怀。

十几年过后,这次来大庆,邓小平流露出了平日少见的兴奋。在火车上,他就向省、市委领导详细询问了油田的开发情况和产量。有关负责人告诉他:到1978年,大庆油田已经达到了年产原油5000万吨以上,并且已稳产了两年。邓小平关心地问:"5000万吨,还能稳产多久?"市委负责人回答:"可以稳产到1985年。"邓小平听后高兴地嘱咐:"一定要把油田管理好。"

火车在大庆车站徐徐停下。邓小平稍作休息,立即驱车前往油井一线参观。

采油一部的干部和群众在6排17号井旁等候邓小平的到来。掌声过后,党委副书记孙叶松说:"邓副主席,这就是十四年前您视察过的那口'光荣井',而今它的日产量已由当初的32吨上升为63吨,我们做到了开发十八年,产量翻一番。"

邓小平连声赞许:"好!好!"

来到30万吨乙烯会战指挥部,邓小平详细地询问了引进设备的情况。然后他说:"引进来设备就要掌握,就要生产,要快。"当听到使用新的9套装置生产的产量中仅乙醇就可年产20万吨,在世界上也是相当大的时,邓小平说:"这个好,搞起来快,多了可以出口,出口也有市场。"邓小平还提出,应用新的生产设备,要把"三废"处理好,不要造成环境污染。乙烯会战领导向邓小平汇报说,我们准备引进污水处理装置。邓小平说,这样上得就快了,很好嘛!他还关切地询问了整个工程投资多少,用外汇多少,什么时候建成。项目负责人回答说,一期工程1981年可以建成,二期工程1983年可以建成。邓小平高兴地说:"好!1981年建成了我再来看。"

离开了乙烯会战指挥部,邓小平来到大庆化肥厂。这一年,大庆的石油化工已有相当的规模,化肥厂成为化工行业的排头兵。邓小平兴致勃勃地询问了化肥厂各个装置的性能和生产情况,询问了同样装置国内外用人数量的对比,肯定了化肥厂"进行专业化管理""逐步把人员减下去"的做法。在巍峨高耸的造粒塔旁,邓小平不顾七十四岁高龄,想要上去查看,经周围人员极力劝阻,方肯止步。看着邓小平勃勃的兴致,化肥厂的干部、工人大受鼓舞,他们把自己生产的尿素样品作为礼物送给邓小平,邓小平高兴地收下了。

这次邓小平到大庆,一个特别关心的问题就是大庆油田的外围与深层勘探工作的进展及可采储量的增加情况。当时,大庆人自己提出一个口号:"大庆外围找大庆,大庆底下找大庆",形象地说明大庆油田当时的进取势头。邓小平在设计院认真听取了有关汇报,并详细询问:现在井打多深,下面有没有油?他还问了地震多次覆盖技术和钻机、钻头的运行状态。汇报中间,邓小平站起身来,俯身在东北地区地质构造图上仔细观看。当有关负责人汇报到华北古潜山找油和新疆、四川打深井时,邓小平说,要打7000米深井。当了解到有的国家6000米钻机还有一些缺点时,他马上说道:"买美国的,还是它厉害。"谈话之间,邓小平三次提到要买钻机。

"要加快找油,加快找气,找到更多的油气田。"这是邓小平视察大庆时反反复复提出的要求。他说,我们在钻井、勘探和综合利用上与国外有很大的差距,这些要早解决,搞"十来个大庆"是不容易的。面对着在场的各方面负责人,他深情地说:"我们要有5亿吨油就好了。"全场一片默然。当时大庆原油的年产量是5000万吨。

吃午饭的时候,大庆油田党委负责人谈到了当时进行的陆相生油理论研究。邓小平很感兴趣。"李四光说陆相能生油,有人不服气嘛。"他说,"我国地质理论上几个学派并存,搞百家争鸣嘛!不能把人家否定掉。"席间他还提出:"港口的原油计量问题要解决,要不,我们吃亏,别人笑话。""要搞电子计算机中心。一天24小时工作，不然就是浪费。"当听到大庆当时有15万职工组织起来学习文化科学技术时，邓小平高兴地说："这个好，今后就是要考核。"他对大庆油田党委负责人说："你们要研究一下，以后可不可以搞6个小时工作，2个小时学习。"

  油田职工的生活怎么样，是邓小平一直牵挂的。前两次视察大庆时，他曾就职工的衣食住行作过许多重要的指示，解决了不少难题。这次来到大庆，看到职工们的生活有了很大的改善，他非常高兴。但他仍忘不了要问一问职工们的生活情况。他逐一询问了大庆蔬菜、肉食供应情况。当听说企业养猪可以达到12万到15万头，平均每个职工每月可吃上2斤自产猪肉时，邓小平说："这不错。"对蔬菜生产，邓小平说："要搞蔬菜脱水，脱水以后贮藏、运输都方便。"当有关领导汇报到组织家属参加农业劳动，可以解决两地生活问题，可以增加生产，增加家庭收入时，他连连说："好，你们这个办法好。"

  听完汇报，邓小平又兴致勃勃地观看了大庆职工、家属自己生产的粮食、蔬菜、水果样品，并高兴地收下了拍摄油田农副生产的照片集。

  邓小平还十分关心大庆职工的居住和收入情况。他询问过干打垒房屋还有多少后说："大庆贡献大，房子要盖得好一些，要盖楼房，要搞建筑材料。"当听到大庆标准工资时，说："太低了，贡献大，应该高。"后来，在哈尔滨召开的黑龙江省委常委工作汇报会议上，他又说："大庆仓库那个保管员现在才40多元钱，太低了。可以是八级，至少七级，这样鼓励学习、鼓励上进。"

  邓小平不仅关心大庆的石油生产，还关心大庆的农业生产。20世纪60年代他视察大庆时，对这个问题作过指示。今天他听说大庆已经搞了32万亩耕地时，高兴地说："大庆的地，每亩100斤化肥，产玉米1000斤，这个不简单。"他还指示："大庆要挖土地潜力，多种树。农业搞机械化，节约下人力种树，还可以种草，发展畜牧业，草原可以改造，排水，搞条田、方田，要改造草原。"

  邓小平还谈到了保护环境的问题。针对大庆油、气、化工污染严重的状况，邓小平语重心长地说："我们的化学工业'三废'问题都没有解决好，一定要把'三废'处理好。"

  邓小平来大庆视察的消息，迅速传遍了整个油田。广大职工、家属、学生纷纷拥上街头，拥向邓小平视察的地方。小平在视察途中，十分高兴地向路旁的群众招手致意，每到一处，都热情地与周围的群众握手。当他步入大庆机关二号院时，800多名干部、工人和家属列队欢迎。看到这热烈的场面，邓小平高兴地与大家握手。"不能都握了。"他亲切地向站在后边的人招手。之后，他特意来到失去双臂的劳动英雄耿玉亭面前，关切地说："不容易啊，你的身体怎么样？"为了弥补不能与耿玉亭握手的遗憾，邓小平特意与耿玉亭的妻子握手并致问候。当陪同的同志提出大庆的干部群众想和邓副主席合影时，邓小平立即放下手中的茶杯说："好！安排好了就照！"人们被邓小平的情绪感染了，纷纷拥在他的身边，留下了宝贵的合影。这次在大庆，邓小平先后4次与500多人合影留念。

晚饭后，邓小平乘车离开大庆，前往省城哈尔滨。在火车上，他留给大庆人一句话："要把大庆油田建设成美丽的油田。"

从此以后，邓小平再没到过大庆。但是，他"1981年建成了我再来看"的话语，一直成为一种重要的精神动力，激励大庆人发扬"铁人"精神，干出惊人业绩。

9月15日上午9时，在哈尔滨市花园村宾馆会议室，邓小平听取黑龙江省委常委工作汇报。省、市党政军领导和有关方面负责人参加了汇报会。当时，省委第一书记杨易辰正率团出访欧洲，省委书记李力安主持了汇报会。

会议开始，邓小平微笑着对李力安说："你简要地说说吧。我是没有更多的好主意的，只能随便吹一吹。"一句话引来了满屋的笑声，会议室里的气氛顿时活跃起来。

李力安向邓小平汇报了黑龙江省的农业现状，并提出1978年粮食要达到300亿斤。邓小平立即询问："黑龙江粮食年产历史最高水平是多少？'文革'前是多少？"李力安回答："历史最高水平是293亿斤，'文革'前是156亿斤。因为这两年人口有所增加，去年和前年又受了灾，不得已挖了库存。"邓小平立即严肃地说："口粮不要减，减口粮伤元气，新中国成立以来教训太多了。"

当李力安汇报到黑龙江国营农场工作时，邓小平一连几次插话。他说，农场不仅要搞粮食，还要变成农工联合企业，基本上是搞农产品的加工，农业的技术改造；要通过搞种子基地、肥料工厂等办法实现农业工业化的目标。搞养鸡场，要把饲料变成工业品，按鸡配料，小鸡吃什么，半大鸡吃什么，大鸡吃什么，按科学配方。这样可以搞大养鸡场、养猪场、养牛场，然后再加工，蛋品的加工、肉制品的加工、奶制品的加工，加工后再运出去嘛。

李力安在汇报中说到今年7月、8月工业生产下降，这里面的原因有原料问题，也有按劳分配方面的问题。

这是邓小平一直思索的问题。

按劳分配是社会主义的一个重要特征。但是，一个时期内，在我国农村，劳动者的分配采取不合理的工分制，多劳不能多得；在工矿企业，只实行计时工资制，干好干坏一个样。这种分配形式只能造成人们的生产积极性不高，劳动效率低下的后果，不利于社会生产力的发展。半年前，邓小平同国务院政治研究室的负责人谈话，在谈到按劳分配问题时说，国务院政治研究室起草的《贯彻执行按劳分配的社会主义原则》这篇文章我看了，写得好，说明了按劳分配的性质是社会主义的，不是资本主义的。我们一定要坚持按劳分配的社会主义原则。按劳分配就是按劳动的数量和质量进行分配。根据这个原则，评定职工工资级别时，主要是看他的劳动好坏、技术高低、贡献大小。

当李力安谈到按劳分配问题时，邓小平立即接过话题说，分配政策值得研究，不能搞平均主义。要把按劳分配的原则落到实处，就要实行奖励制度。对管理好的企业，为国家贡献大的人应该给予奖励，以刺激技术水平、管理水平的提高。

吸收国外资金、引进国外设备，是发展经济、实现四个现代化的重要举措，也是邓小平此次在哈尔滨谈话的重点。邓小平说，我们要大量吸收外国的资金、新的技术、新的设备。令人担心的是我们的体制现在已经不适应这项工作，不适应现代化建设，总的来说上层建筑不适应新的需求。我们必须懂得这一点。谈到这里，邓小平加重了语气：我们国家的体制，包括机构体制，等等，基本上是从苏联学来的，是一种落后的东西，人浮于事，机构重叠，官僚主义发展。大庆要进口一件什么设备，本来经过党委就可以解决，可就是转圈子，定不下来，一拖就一年。所以有好多体制问题要重新考虑，既要发挥中央、地方的积极性，也要扩大基层企业的权力。邓小平指着大庆市委书记陈烈民说，比如大庆，规定它建立引进的工厂，从头到尾就都由大庆自己负责。派人考察，同外国人来往、签订合同，每项技术怎么引进，怎么学会，就都由这个企业负责。这时陈烈民插话说，现在出国考察的不管企业，管企业的不能出去考察。邓小平接着说，体制问题当然还要研究，但是不解决不行。

就提高技术水平和科学管理水平，邓小平在讲话中举了个例子：武钢一米七轧机，是西德、日本的最新技术，现在搁在那儿不会管不会用，迫使我们要留一点儿外国技术人员，包括技术工人。他语重心长地说，一个企业管理得好不好，大不一样。技术我们是落后，但人家的东西我们能不能掌握，要靠自己的努力。

当李力安汇报到领导班子建设问题时,邓小平风趣地说,年纪大的,稳重有余,冲劲儿不足,我们这些人也在内。要从中青年干部、技术干部中懂行的提拔一些,要把那些打砸抢分子、派性严重没有政绩的人、本领不大的人从领导班子中换掉。

随即,邓小平赞扬了大庆的领导班子。他说,大庆的班子不错,比较年轻,中青年多。现在所谓年轻,就是四十岁出头一点儿的,也有三十多岁、二十多岁的。年轻人有的是,培养一批合格的管理人员、技术人员,这方面如果我们现在不着手,将来就来不及,后继无人。军队现在就发生了这个问题,后继无人。不加紧解决这个问题不行。

在座的黑龙江省委常委们心里清楚,邓小平这些话是有感而发。"四人帮"被粉碎后,大批"文革"中被打倒的老干部恢复了工作,但也随之产生了干部队伍老化问题。1978年邓小平在多次谈话中已经提到了这个问题,可见此事在他心目中所占的位置。

但邓小平想得更深,也更现实。当时最打紧的是确立正确的思想路线。如果思想意识还这样被禁锢,"两个凡是"得不到彻底清算,那么政治路线、立国方针就无法端正,组织路线问题、培养合适的接班人问题就成了水面上的浮萍,落不到实处。即使是毛毛雨,应该早下,政治的提前量必须打出来。在这个场合,邓小平也只能把话说到这个程度。

午饭过后,稍作休息,邓小平一行驱车南行,前往吉林长春。

## 三

9月15日晚,邓小平到达长春之后,住在南湖宾馆2号楼。

这座被树林环抱的建筑落成于新中国成立十周年前夕,是中共吉林省委迎接重要宾客和举行重大会议的场所。

16日早饭后,南湖宾馆一改往日的寂静,增添了许多喧嚷和热闹。鱼贯而入的轿车惊起了群群飞鸟。此时,吉林省党政军领导干部正井然有序地向会议厅聚集。

今天,邓小平没有安排视察和参观。他感觉,昨天在哈尔滨,很多话都是针对具体问题发表的意见,有些过于具体和琐碎。这次,他要涉及一些更重大更敏感的问题，把话讲足，把"火"烧透……

上午9时整，邓小平步入会场。

看着他那矍铄的神情和沉稳的步履，在场的很多领导干部不禁心生感慨。早在1958年和1964年，作为中共中央书记处总书记的邓小平两次视察长春。每次他都深入到工厂、农村、学校，与干部、群众交谈，倾听意见，指导工作。"文革"中他命运多舛，两次被打倒。而他似乎生来就有一种与命运抗争的勇气，高龄复出，老当益壮，锐意进取，给中国带来的是何等的变化与生机。

省委第一书记王恩茂宣布开会，并汇报了吉林省关于揭批"四人帮"运动、整顿社会治安和工农业生产等情况。

汇报过程中，邓小平问到了吉林省的粮食产量问题、农业机械化问题、吉林西部的地下水问题，还提到了一汽的技术改造、霍林河煤矿的技术引进、吉林卷烟的质量问题。他甚至还询问了在"文革"中中国科学院长春光学精密机械研究所科学家的冤案……

在听取长春的拖拉机生产情况的汇报时，邓小平指出，你们要搞一些大马力的拖拉机，在东北"太小了不好用"。不光生产拖拉机，还应生产拖拉机的拖带机器。"现在全国的拖拉机都是20世纪50年代的技术，落后得很，花的材料多，耗油量大，损害率高。"如果不改造，全国到处搞，这样下去就不行。目前修配也赶不上，这些问题要解决。大马力拖拉机不一定一个省搞，不要勉强在一个省搞，全国范围内只选几个点就够了。东北搞一个，看哪一个省好一些，集中在它的身上来改造。"比如，长春生产的拖拉机总装质量不合格，可以生产一些零件，让总装好的搞总装，采取专业化协作生产。这样又快又省，不要走小而全、中而全、大而全的道路。这是苏联的道路。"

省里的同志说，吉林省化肥不多，小化肥没搞起来；邓小平说，小化肥不经济，但很起作用，目前化肥主要还是小化肥厂生产的。"但小化肥要改造，要逐渐搞大生产嘛！小的耗费原材料，成本高，价格贵，生产能力也不多，要改造。"要全国设计，选择一个、两个、三个型号的，不搞不行。怎么样改造小化肥，搞个全国统一的改造方案。

听到正在建设的霍林河煤矿要引进西德技术，邓小平说了一大段话：

"要引进西德的机器，就要完全保证用它的管理办法，否则就没有资格引进。"它是完全自动化的。年产5000万吨只用900人。"要引进人家的技术，就要学习人家的管理方法。"你们这个厂子要完全按它的管理方式生产。从开始就组织一个领导班子,从头到尾负责,包括直接谈判、直接签订合同,以后根据西德技术、管理办法生产。这样的企业,"不要搞改良主义,要彻底革命"。"以后所有引进的东西,必须坚持这一点,否则我们永远落后。我们的人海战术打不赢现代化战役。""所以要培训人才,不但管理人员要合格,要学习,就是工人也要合格。西德、日本工人起码要高中程度,而且是比较好的,才能掌握技术。高中毕业生就叫知识分子,工人本身也要知识化呀。不能够让讲空话的人、不懂的人去搞这样的企业。"我们要"好好学习,到外国去看一看,看人家怎么管理的"。选送的人年龄不要太大。管理企业精力要非常集中,很辛苦,管900人比管9万人难。每个岗位都不能出差错,按错一个电钮损失就大了。"总之要搞革命,不搞改良,不是叫技术革命吗?!我们不是一直讲我们是革命者吗?!就是要革命!"长春汽车厂准备让哪个国家改造?上海准备引进西德奔驰汽车技术,用它的牌号。奔驰汽车"在国际上也是质量好的汽车"。

在听取吉林省财政收入情况的汇报时,邓小平说:"全国财政情况都不错,但这不能反映我们的本质。如果我们自己满足这个,就危险了。"因为它"一不反映我们的技术水平提高多少,二不反映我们的管理水平提高多少"。

……

汇报进行了半个多小时。

王恩茂在汇报结束后说,现在请邓副主席作指示。

掌声中,邓小平向与会者摆摆手,然后习惯性地点燃一支香烟,开始了他的讲话。

邓小平说,现在摆在我们面前的有两个问题。第一个问题是实事求是,理论联系实际,一切从实际出发。他分析道:一切从实际出发,我们的事业才有希望。不论搞农业,搞工业,搞科学研究,搞现代化,都要实事求是,老老实实。所有在一个县、一个公社、一个大队工作的同志,都要根据本地的条件,搞好工作。要鼓励哪怕是一个生产大队、一个生产队很好地思考,根据自己的条件思考怎样提高单位面积产量,提高总产量,还有技术方面、多种经营方面,哪些该搞的还没有搞,怎么搞。这样发展就快了。企业管理,过去是苏联那一套,没有跳出那个圈子。那时候,苏联企业管理水平比资本主义国家落后得多,后来我们学了那个东西,有了那个东西比没有好。但现在连那个落后的东西也丢掉了,一片混乱。现在要使所有的人开动脑筋,敢于思考怎么样使生产增加,产品质量提高,成本降低,原材料消耗少,产品价格不断降低。不管大、中、小企业，搞得好的要奖励，不能搞平均主义，要鼓励先进。实践是检验真理的唯一标准，这是马克思主义，是毛主席经常讲的。在这方面，思想要解放。现在是人的思想僵化，什么东西都是上边说了就算数，华主席、哪个副主席说了就算数，自己不去思考，不去真正消化。多少年来，就是"文化大革命"以前，我们的脑筋动得也不够。毛主席总是提倡开动脑筋，开动机器。林彪、"四人帮"把我们的思想搞僵化了。思想僵化，就不可能实现四个现代化。总之，实事求是，开动脑筋，要来一个革命。

在详尽阐述了实事求是，一切从实际出发之后，邓小平把话题转到对毛泽东思想的态度问题上。他说，怎么样高举毛主席的伟大旗帜，这是个大问题。大家知道，过去有一种议论，叫作"两个凡是"，不是很出名吗？凡是毛主席圈阅过的、讲过的都不能动；凡是毛主席做过的、说过的都不能动。这是不是高举毛主席的伟大旗帜呢？不是。搞得不好，要损害毛主席。毛泽东思想的基本点就是实事求是，就是把马列主义的普遍原理同中国革命的具体实践相结合。毛主席之所以伟大，就是靠的实事求是。马克思、列宁从来没有说过农村包围城市，这个原理在当时世界上没有啊！毛主席的伟大，就是根据中国的具体条件，指明了革命的具体道路，用农村包围城市，最后夺取了政权。如果没有实事求是的基本思想，能提出和解决这样的问题吗？能把中国革命搞成功吗？

邓小平略微停顿了一下，吸了一口烟，接着讲道，林彪、"四人帮"搞阴谋，干坏事，说毛主席的话一句顶一万句。林彪搞的那个小本本，可是害死人啊！他搞的那个语录，不能系统地反映毛主席的思想。

邓小平又举例说，在那个小本本里，关于党的建设的语录里，就没有"惩前毖后，治病救人""团结—批评—团结"的语录。这是毛主席关于党的建设的很重要的内容。林彪、"四人帮"一伙任意歪曲、篡改马列主义、毛泽东思想，造成思想混乱，给我们党的实际工作、理论工作、社会风气造成了极大的危害，以致我们要扫除这些垃圾还得付出长期艰巨的努力。

全场寂静无声，只有邓小平洪亮的声音在会议厅内回荡。

人们清楚地记得，在一年多以前，尚未复出的邓小平就给党中央写信，指出毛泽东思想是一个思想体系，必须准确完整地理解和掌握，表现了一位老革命家卓越的理论水平和政治勇气。从那时起，如何完整、准确地掌握毛泽东思想，成为中国政治生活中一个重大的理论课题。

现在，邓小平又一次针对这个问题做出了自己的回答：我们高举毛泽东思想的旗帜，就要在每一时期，处理各种方针政策问题时，都坚持从实际出发。我们现在要实现四个现代化，有好多条件，毛主席在世的时候没有，现在有了。中央如果不根据现在的条件思考问题、下决心，很多问题就提不出来。比如毛主席在60年代初就提出"给一个矿，让日本开采"，用外国的资金，开发我们的资源。但那时候没有条件，人家封锁我们。后来"四人帮"把什么都说成是"崇洋媚外""卖国主义"，使我们同世界隔绝了。经过这几年的努力，建立了很好的国际条件，使我们有条件吸收国际先进技术，吸收他们的资金。如果说毛主席没说过的我们都不能干，现在就不能下这个决心。在这样的问题上，什么叫高举毛主席的伟大旗帜呢？就是实现毛主席提出的、周总理宣布的四个现代化的目标。这是我们要为之奋斗的目标。

邓小平端起面前的杯子，喝了口茶水，顺着飞驰的思路继续说下去。马列主义要发展，毛泽东思想也要发展，否则就会僵化嘛！所谓理论要通过实践来检验，这样的问题还要引起争论，可见思想僵化。现在世界不断变化，新的事物不断出现，我们关起门来不行，不动脑筋永远陷于落后不行。我们要完整、准确地掌握毛泽东思想，根据不断变化的情况，提出我们的任务，加速四个现代化建设。

讲话中，邓小平还针对当时农业学大寨运动中存在的形式主义提出了批评。他说，学大庆、学大寨要实事求是，学他们的基本经验，如大寨的苦干精神、科学态度。但有些东西是不能学的，比如，他们一年搞一次评工记分不能学，取消集市贸易不能学，取消自留地也不能学。现在全国调整农村经济政策，好多地方要恢复小自由。这也是实事求是。你们这里也有好的典型呀，像榆树的小乡，永吉县的阿拉底大队，你们自己的典型更可贵。就每一个专区、县来说，都有自己比较好的典型，把这些比较好的典型加以推广，大家都向他们看齐，就了不起。是不是全国所有地方都要把地搞得平平的，不完全搞平就算没完成农田基本建设？要从实际出发，要因地制宜，不要搞形式主义，不需要平整的地方就不要平整，不需要搞梯田的地方就不要搞梯田。

在谈到企业管理中存在的问题时，邓小平说，我们要坚持按劳分配的原则，不能再搞平均主义，平均主义害死人。要鼓励上进，不能吃大锅饭。要建立各方面的考核制度。不管是公社各级领导干部，还是工厂企业的领导干部，都要考核，不合格的要淘汰。这样的问题，在干部中要多讲，有的过去不敢搞，现在要敢。这样的精神贯彻下去后，一两年他那个厂、那个企业没有变化，亏损照样亏损，这种人不能用。

邓小平深入浅出的论述和简洁明确的结论，像捅破了一层窗户纸，使到会者顿时感到心里无比亮堂。

在谈到实现四个现代化的精神动力时，邓小平说，我们过去打仗，要打胜仗，没有一批不怕死、敢于冲锋陷阵的人是打不了胜仗的。革命要有一批闯将。我们不是要实现四个现代化吗？要超过国际水平，没有一批超过国际水平的闯将能行吗？人才最重要，没有一批这样的闯将，跟着人家的屁股后面爬是爬不上去的。

在分析我国的经济现状时，邓小平说，现在全世界100多个国家中，我们的国民平均收入名列倒数二十几名，算贫困的国家之一。就是在第三世界，我们也是贫困的一部分。毛主席讲要建设社会主义，社会主义有优越性的根本表现就是高速发展社会生产力。什么叫政治挂帅，政治挂帅归根结底要表现在生产力的发展上。生产力发展的速度比资本主义慢，那就没有优越性，这是最大的政治。我们要想一想，新中国成立这么多年，我们给人民究竟做了多少事情呢？所以，我们一定要根据现在的有利条件加速发展生产力，使人民的物质生活好一些，使人民的文化生活、精神面貌好一些。

时间过得飞快，秒针、分针仿佛在赛跑。正当人们越听越入神的时候，邓小平突然宣布："我就讲这些。"大家立即放下手中记录的笔，雷鸣般的掌声响彻整个会议厅。

邓小平走下主席台，向众人频频招手，在王恩茂等省委领导的陪同下，在掌声和深情目光的护送下离开了会场。

在长春，邓小平没有作更多的停留。下午，他乘车前往辽宁。

四

9月17日上午，邓小平从长春返回沈阳，在友谊宾馆听取中共辽宁省委的工作汇报。

辽宁是"一五"计划期间建设起来的重工业基地，长期以来在国民经济发展中占有举足轻重的地位。"文化大革命"期间，辽宁遭受了极为严重的破坏，短缺与浮夸、假典型与假经验充斥着辽沈大地。

会上，辽宁省委第一书记曾绍山、第二书记任仲夷向邓小平作了工作汇报，沈阳军区司令员李德生和政治局委员彭冲也一起听取了汇报。

省委领导首先向邓小平汇报了辽宁揭批"四人帮"，开展"双打"运动，调整农业政策，发展农业生产，增加地方财力，开展各级领导班子整风，发展建筑业和教育等方面的情况。邓小平在听取汇报时，不断插话，询问他所关心的问题。

当汇报到有关清理干部队伍问题时，邓小平说，中央最近有个文件，搞打砸抢的只是少数人，动手的、搞逼供信的，全国1000万。对这部分人，政治上作结论和处理要适当。这是个大政策。这些人基本上不能保持原来的工作岗位，不能作为我们干部队伍的基础。好的年轻人不少嘛。有一部分坏家伙，多数是好的。

谈到农业问题时，邓小平不断询问辽宁的耕地面积、粮食产量、农民口粮、落实农村政策情况。他指出：现在还是粮食少、肉少、油少，其他副食也少。征购任务重，是全国性的问题。

"现在没有虚假了吧？浮夸风，害死人啊！"邓小平半是询问，半是感慨地说。

接着，他又问："你们农村政策调整得怎么样？"

任仲夷回答说："我们搞了个'十六条'，政策落实了一些，但落实得不够。"

"政策落实了，积极性就调动起来了。现在农业机械质量不高，成本高，化肥贵，农民买不起。"邓小平索性把话题引申开来：农业要现代化，才能适应工业的现代化。一定要把农业放到第一位。这就是工业支援农业。工业支援农业要具体化。

关于工业企业的情况，邓小平着重询问了鞍钢的发展、沈阳冶炼厂的改造、抚顺煤矿的生产等问题。

任仲夷说，过去辽宁批"工业七十条"，现在看来"工业七十条"是对的。

邓小平说，1961年庐山会议，毛主席对"七十条"是肯定的，很称赞的。现在看来，企业怎样具体管理好，怎样按经济规律来管理经济，对这些问题，原来的"七十条"也是不够的。企业要搞"几定"，责任制、岗位责任制、工程师、总工程师、经济核算等。"七十条"是个基础，有的去掉，还要增加一些。要从新的管理体制来研究，还要搞若干条。

关于建筑行业的问题，任仲夷等人只是作了简单的汇报，主要是听邓小平讲。邓小平说，务虚会提出了三个先行嘛，建筑要先行。现在这方面有很大的浪费。建住宅，全国来说1平方米平均130元。谷牧同志他们在北京搞试点，用新型泡沫塑料搞预制件，1平方米60元。就是80元，也可以节约几个亿嘛。邓小平伸出手指，慢悠悠地算道：我们1亿城市人口，平均每人居住面积只有2平方米，现在西德每人平均30平方米。我们如果按每人9平方米，比现在加7平方米，不算其他建筑，每平方米节约50元，就是350个亿。工厂节约的数目比这要大得多。现在是很大的浪费，而且也不漂亮，难看得很。

与会者听得入了神。邓小平接着说，建筑要机械化，装备要现代化。道理很简单。所有发达资本主义国家，所谓三大支柱，一个是钢铁，一个是汽车，再一个是建筑，无一例外。现在欧美建筑已经达到饱和点，我们要发展，在相当一个时期，建筑业是个支柱，搞好了，又快又省。

辽宁的同志汇报说，现在工农业用水比较缺乏。邓小平说，工业用水要采取先进办法，像日本那样，搞循环，水一下跑了，转个圈回来，这样对解决污染问题、缺水问题都有好处，还可以回收。要广泛运用这个技术，转个圈，特别是缺水地方更要这样。日本相当普遍，技术并不难。

话锋一转，邓小平又提到了农业，他肯定地说："农业要走工业化道路。"

"农业本身要搞很多新的行业。中小城市可以搞，县城可以搞。"兴奋之下，他索性把话题扯开去。"本世纪末，美国社会构成，25%工人，4%农业人口，它还要保持现在这样多的农产品，还要出口。百分之七十几的人都叫服务行业。养鸡场最先进，两个老人带两个小娃娃，小娃娃白天还要上学，晚上帮助一下，养20万只鸡。但是，它有条件，饲料是买的；第二是检疫，防止发生瘟疫。并不要盖那么大厂子，那是落后方法，原来用的办法现在变了，要学习这种先进方法。就是要有条件，要有卫生条件。它是科学管理，拣鸡蛋用机械，用手拣不可能。它们的饲料有控制机配料，小鸡什么饲料，长大一点儿什么饲料，生蛋时又是什么饲料，配方都不同。"

在谈到解决副食品供应问题时，邓小平举了南斯拉夫的例子："南斯拉夫，有人去看了，贝尔格莱德工农联合企业，23000人，保证贝尔格莱德120万人口90%的副食品供应，主要搞加工，每人收入3000美金，每家都有汽车、电视机，富足得很。"

李德生插话道："邓副主席在哈尔滨讲了脱水蔬菜保管问题。"

邓小平说:"这是个工业化问题。1964年我来你们沈阳,你们菜地38万亩,那时我说要统一经营,38万亩菜地怎么不能解决200万人的吃菜问题?你们半年没菜。脱了水保管,它本身损耗少。不脱水,运到城市一半就烂掉了……用科学技术加工,一样吃新鲜菜。"

与会者静静地听着。大家由衷地佩服邓小平过人的记忆力、开阔的思路和他的细致与健谈。

辽宁省委工作汇报会结束后,任仲夷请邓小平再作指示。邓小平就一些重大问题作总结讲话。

他说,全党全国范围的问题,昨天在长春概括地讲了一下,中心讲实事求是,理论与实际结合,从实际出发。不恢复毛主席给我们树立的实事求是的优良传统和作风,我们四个现代化没有希望。我也讲了"两个凡是"观点是不正确的。这不是毛泽东思想,毛主席在世也肯定不能同意。很简单,如果坚持"两个凡是",我就不能出来。我能出来,说明有的是可以改的。"两个凡是"是损害毛泽东思想的。主席的话是针对一定时间、地点、条件讲的,有很多条件是有变化的。现在全党全国最需要的,是大家开动脑筋,敢于面对现在的问题、现在的条件来考虑我们怎样加速四个现代化建设。

邓小平强调:现在,全国人民思想开始活跃,但是还心有余悸。千万不要搞"禁区","禁区"的害处是使人们思想僵化。真正讲话不一定是反革命,顶多是思想错误,但框住思想害处极大。一个公社有自己的条件,有自己的情况,一个大队有自己的条件,有自己的情况。有一般,也有特殊,大量的是特殊,重要的是要根据自己的特殊情况考虑问题。东北三省情况大体相同,但也都有不同。你们辽宁省几个地委、几个市,每一个都有不同。

在这次会议上,邓小平不无沉重地又一次谈到了发展生产力的问题。他说,马克思主义就是这样,归根到底要发展生产力。我们太穷了,太落后了,老实说对不起人民。我们的人民太好了。外国人议论,中国人究竟还能忍耐多久,很值得我们注意。我们的人民是好人民,忍耐性已经够了。我们现在必须发展生产力,改善人民的生活条件。他强调:要体现社会主义制度比资本主义优越,起码要表现出我们的发展速度比他们快。

最后,邓小平谈了辽宁省的领导班子整风和干部调整问题。

下午,邓小平在住处听取沈阳军区常委汇报战备工作和揭批"四人帮"情况。

会议一开始，邓小平说："我是到处点火，在这里点了一把火，在广州点了一把火，在成都也点了一把火。"

在谈了批判军队中的资产阶级派性之后，邓小平着重谈了"揭批查"运动的发展趋势问题。他说，批林彪也好，批"四人帮"也好，怎样才叫搞好了，要有几条标准。第一，也是最主要的，是恢复我们军队的传统。我们的传统就是老老实实，说通俗一点儿，就是不看风使舵，不投机取巧，忠诚老实，忠于党，忠于人民，忠于社会主义。第二，消除派性，根除派性的影响，真正统一了。林彪、"四人帮"把军队搞分裂了，派性侵入到部队，把思想搞乱，把组织搞分裂了。第三，现在军队在地方在人民中的印象改变了，名誉坏了。什么时候地方和老百姓看军队像老八路、老红军，这样就行了。第四，遵守纪律，一切行动听指挥。第五，干部队伍整顿好，同"四人帮"有牵连的人和事都搞清楚。你们可以研究一下，运动不能总这样搞下去吧！从去年11月到现在，快一年了。你们可以研究，什么叫彻底？永远没有彻底的事情！运动主要把班子搞好，作风搞好，如果搞得好，有半年就可以了。运动搞得时间过长，就厌倦了。有的不痛不痒，没有个目的，搞成形式主义。有的单位，搞得差不多了，就可以结束，可以抓训练，可以组织学习科学知识嘛！

关于干部提拔问题，邓小平说，提拔干部，要注意人的本质，注意思想，一定要注意干部路线。

在沈阳军区，邓小平话讲得不多。会议一结束，同与会者合影完毕，很快就回去休息了。因为按预定的日程，下一个目的地是鞍山。

9月18日上午8时30分左右，邓小平乘专列抵达鞍山车站。鞍山市和鞍山钢铁厂的党政领导沈越、马宾、李东冶等到车站迎接。这是粉碎"四人帮"后邓小平对鞍钢的第一次视察。

同全国一样，眼下的鞍钢是大劫之后百废待兴之际。1975年，邓小平主持的整顿使鞍钢刚刚出现转机，而1976年的"批邓、反击右倾翻案风"又使生产秩序受到巨大的冲击。长期以来形成的封闭式内向型产品经济管理模式，使鞍钢因循守旧、故步自封，逐渐丧失了生机与活力，面临着"再不改造，鞍钢若干年后将成为一堆废铁"的绝境。此刻，邓小平的到来，给鞍钢人带来了希望。

"小平同志，前年'批邓'的时候，我也批了。"党委书记沈越在与邓小平等互道问候之后，怀着愧疚的心情说道，"想起您对鞍钢建设和发展的支持，真是太不应该。"

"不，这不是你的错。这是中央的事。"邓小平安慰他说，"你是市委第一书记，是中央要批，你能不执行吗？"在场的人都会意地笑了。

上午9时左右，邓小平一行被接到鞍钢迎宾馆，鞍钢的领导班子打算让风尘仆仆的邓小平先听汇报，然后好好休息一下。邓小平却连连摆手说："走，下厂子看看。"

邓小平一行驱车来到鞍钢炼铁厂。顿时，厂部门前的小广场成了欢乐的海洋。人们为了更清楚地看到邓小平，都尽量往前挤，往高处站，就连小广场周围的铁架子上、煤气管道上也站上了人。

邓小平亲切地看着大家，向工人们致意。他从厂长夏云志手里接过一顶柳条帽，端正地戴在头上，然后和夏云志一行穿过人群，向7号高炉走去。

小广场距7号高炉不远，中间隔着七八组铁路线，夏云志边走边向邓小平介绍生产情况。在穿越七八组铁路线时，邓小平步履轻松，还不时用手指着空中的各种管线，询问都是干什么用的，夏云志一一作了回答。

7号高炉是一年前由原来的7号、8号两座高炉合并建成的大型高炉，容积2580立方米，有效高度29米，是当时全国最大的高炉。听说这是鞍钢实行技术改造的产物，邓小平立刻产生了浓厚的兴趣，站在高炉旁向夏云志询问起来。

高炉旁，炉体释放出的热浪卷起的灰尘扑面而来。对此，邓小平全然不顾。

"厂里现有几座高炉？年产量是多少？"

"现在共有10座高炉，年产640万吨。"夏云志边走边回答。

"哪座最大？"

"这座最大。将来我们准备继续改造，把小高炉改成大高炉，可以达到1000万吨钢所需要的铁产量。"

"你们怎么改的？"邓小平接着问。

"利用高炉检修期间改造，坚持改造不停产，不减产。"

邓小平赞许道："这样好！改造不减产，老企业大有希望嘛！"

随后，邓小平又向夏云志询问了工人的生产和生活情况。由于高炉噪声大，夏云志只好放开嗓门大声作介绍。邓小平边听边点头，说道："你们搞改造，搞生产，不容易啊！"他又对身边的鞍钢主要领导叮咛道："要爱护职工的积极性和创造性，一定要把炼铁这个环节抓好。"

这时，高炉前面围上来一大群人，有本厂的也有外厂的。工人们听说邓小平来了，都争着要目睹这位具有传奇色彩的中央领导人的风采。有的人站在外圈儿看不见，就爬上煤气管道，登上铁架子。只见邓小平身穿灰色中山装，满面红光，完全不像七十四岁高龄的人。人们向他欢呼，他也频频招手，向久违了的鞍钢工人致意。

9月18日下午3时，在鞍山胜利宾馆8楼会议室，邓小平重点听取沈越、孙洪志、马宾、李东冶、金锋、侯国英等鞍山市委和鞍钢的主要负责人关于鞍钢的工作汇报。

会议室宽敞、明亮，布置一新。兴致勃勃的邓小平身着白衬衣，坐在南面靠窗户的位置上，认真仔细地听取汇报，并不时插话、询问，会议室里的气氛活跃而又热烈。

沈越首先汇报提高劳动生产率，提高技术水平，提高管理水平的办法与设想。当汇报到企业要搞定员定额时，邓小平插话说："要搞五定，五定不够再加一定或几定。"（"五定"是20世纪60年代"工业七十条"中的一项重要内容，即定产品规模，定人员和机构，定各种消耗，定固定资产和流动资金，定协作关系。）

当沈越汇报说鞍钢正在实行单项奖励时，邓小平算了一笔账："5项单项奖只花6万元，而节约价值约660万元，这还不算增产。这划得来。这对发展经济，发展生产，提高工人技术水平有利。"

在谈到鞍钢打算按日本的先进水平减少人员时，邓小平说："你们鞍钢用人太多。产1500万吨钢，3万人就够了。"

当沈越谈到鞍钢准备将矿山公司、基建公司等划分出去时，邓小平以赞许的口吻说："矿山公司、基建公司分出去好，成立修配公司好，大修、中修都归修配公司，小修归厂子。"

沈越说："鞍钢在进一步实行劳动力挖潜措施以后，生产人员将减到9万至10万人。减下来的人员，一部分由我们自行消化，另一些人可以支援外地。"

邓小平说："只要有技术，就不怕没地方用，商业网点需要人，饮食服务缺人，建筑业也不够用嘛。"

当汇报到鞍山城市污染时，邓小平的心情十分沉重，他说："现在这种污染的环境，会把现代化仪器、仪表都搞坏了，非下大力气治理不可。"

沈越汇报结束后，由鞍钢经理马宾汇报鞍钢生产、改造的情况。马宾是全国知名的冶金专家，十年动乱中，被罗织的"走资派""反动权威""苏联特务"等罪名而受关押。1975年邓小平来沈阳视察工作。谈起鞍钢生产时，特地向陪同的人员询问起马宾的情况。当时，马宾正被囚禁。由于邓小平的直接过问，马宾才得以重新获得自由，恢复工作。

马宾首先介绍了鞍钢生产的基本情况。接下来他说："目前鞍钢劳动生产率低，人员多，企业的负担过重。"

"美国矿山技术，年产1亿吨矿石，要用多少人？"邓小平问。

"不到1万人。"马宾说。

"我再加1个，1万零1个人，怎么样？引进先进技术，一定要按照他们的先进管理方法，先进经营方法，先进定额，总之按照经济规律管理经济。要减人减机构。你们有个初步设想，我看设想是好的。现代化，自动化，人多不行，管理体制不好。

"你们矿山6万人，如果照美国的技术，只需1万人，多5万，怎么办？同样，钢铁公司引进先进技术后，只需10万人，多七八万人，怎么办？"邓小平环视全场。提出了对减人的安排问题。

"有一些可以转到别的行业，宁肯编外处理，也不要'和稀泥'。技术越发展，越会感到劳动力不够。服务行业多得很，你们要多想办法开辟新的领域。鞍钢的修理行业也可以为其他冶金基地服务，为全国服务。还可以养猪、养牛，建立饲料公司、种子公司、肥料公司，搞综合利用。"

邓小平还讲了提高工人素质的重要性。他说，为了保证应有的技术和管理水平，工人应该起码是四级工。现在鞍钢工人平均是三到五级，在全国还不算低。可是实际上应该有大量的七八级工。现在平均工资是58元。大庆才40元。鞍钢在全国也算最高的了。可是改造后，比如用5万人，工资平均80元。用人时不按工龄按本事，严格考核，可以刺激工人向上，努力学习，掌握新技术。工人拿到80元，就要有新的要求，向国家要供应，吃得好一点儿，穿得好一点儿，住得好一点儿，用得好一点儿。看看电影，看看戏剧，看看打球，促使国家开辟新的行业，增加服务行业。总之，穷不能发展经济。经济发展了，工人要增加收入，反过来才能促进经济的进一步发展。

邓小平问道："鞍钢的劳动生产率什么时候最好？"

"1966年。"马宾答道。

邓小平若有所思地点了点头。

马宾说，我们要通过技术改造，改变鞍钢的落后面貌，提高产量。邓小平用探询的目光望着大家："全国搞6000万吨钢，你们搞多少？"

"1200万至1500万吨。"马宾答道。

"好，就是要搞到1500万吨，我同意这个意见。"邓小平接着说，"矿山改造以后，精矿品质达到67%，进高炉，焦炭消耗就少了，有400公斤就够了，以后就不需要从海南岛运矿石了，运输量就减少了。"

当马宾汇报到需要尽快掌握新技术，提高产品质量时，邓小平说："凡是不能自动化的，就不能保证质量，用眼看手摸是不行的。过去老工人就凭眼睛看，现在不行喽。"

当马宾恳切地希望中央对鞍钢的技术改造方案尽快确定下来时，邓小平又关切地询问道："都准备采用哪些国家的技术？"

"矿山设备用美国的。"

"老厂呢？"

"准备用日本的。新日铁、住友都看过了。"

"你们矿山改造需要多少投资？"邓小平接着问。

"搞1亿吨铁矿需要40亿美元。"

"改造老厂需要多少？"

"20个亿。"

"共60个亿。"邓小平说，"但要注意一点，鞍钢的技术改造，要以世界先进水平为起点，要革命，把先进的技术引进来。"

工作汇报结束后，邓小平应沈越、马宾的请求，即席发表了讲话。他沉吟片刻，缓缓说道："现在摆在你们面前的问题，是鞍钢如何改造。引进技术改造企业，第一要学会，第二要提高创新。许多工作从现在起就要着手，如培训工人，培训干部，不然许多外国技术不能掌握。这方面我们是有教训的。现在抢时间很重要。全国准备引进上千个项目。凡是引进的技术设备都应该是现代化的，必须是70年代的。世界在发展，我们不在技术上前进，不要说超过，赶都赶不上去，那才是真正的爬行主义。我们要以世界先进的科学技术成果作为我们发展的起点。"

"我们要有这个雄心壮志！"邓小平望着大家，话语里充满了期待，"引进先进技术设备后，一定要按照国际先进的管理方法、先进的经营方法、先进的定额来管理，也就是按照经济规律管理经济。一句话，就是要革命，不要改良，不要修修补补。"

邓小平又说："我们改造企业，为了保证应有的技术水平、管理水平，要有合格的管理人员和合格的工人。应该设想，经过技术改造，文化和技术操作水平较高的工人应当是大量的，否则不能操作新技术、新工艺和新设备。

"不合格的作编外处理，要保证他们的生活，当然不在职的人不能享受在职的待遇。要组织他们学习，对他们进行培训，开辟新的就业领域。要下这个决心。合格的管理人员、合格的工人，应该享受比较高的待遇，真正做到按劳分配。

"发展经济，工人要增加收入，这样反过来才能促进经济发展。农业也是一样，增加农民收入，反过来也会刺激农业发展，巩固工农联盟。社会主义要表现出它的优越性。哪能像现在这样，搞了二十多年还这么穷，那要社会主义干什么？我们要在技术上、管理上都来个革命，发展生产，增加职工收入。

"你们除了考虑改造钢铁企业，也要综合考虑鞍山市的社会结构。世界变化的结果，生产越发展，直接从事生产的人越少，从事服务业的人越多。服务行业很多，如种子公司、建筑、修理等，这说明可以有很多办法安置劳动力。你们要注意，编制里面一定要有相当规模的科学研究机构。美国和日本的大企业，都有相当规模的科学研究机构。我们也要把科研队伍加强和扩大起来。

"要加大地方的权力，特别是企业的权力。企业要有主动权、机动权，如用人多少，要增加点儿什么，减少点儿什么，应该有权处理。企业应该有点儿外汇，自己可以订货，可以同国外交流技术。有些事情，办起来老是转圈，要经过省、部、国家计委，就太慢了。现在我们有些同志做工作，只听上边讲了一些什么话，自己不敢开动脑筋。还是毛主席说的要放下包袱，开动机器。要提高我们的技术水平、管理水平，没有一点儿创造性不行，企业没有自己的权力和机动性不行。大大小小的干部都要开动机器，不要当懒汉，不要头脑僵化。"

说到这里，邓小平显得有些激动。他的声调也提高了，说："现在我们的上层建筑非改不行。"

会议室里一片掌声。

邓小平满怀深情地望着大家，最后说道："鞍钢的生产和改造，一定要搞好。我还是那句话：你们搞好了，对全国人民是个鼓舞。全国人民看鞍钢啊！"

会议在不知不觉中进行了4个小时。晚上7点，会议才结束。

## 五

9月19日上午，邓小平来到了唐山。

唐山位于河北省的东部，是一座中等的重工业城市，国家的重要能源基地，也是享有盛名的"冀东粮仓"，在全国的经济格局中占有重要的战略地位。

两年前的7月28日，一场大地震瞬息之间把这座有近百年历史的名城夷为一片废墟。大地震造成242 769人死亡，164 851人重伤。其中唐山市区死亡148 000人，重伤81 600人。地面建筑和设施遭到严重破坏，市区周围铁路扭曲，桥梁断塌，市内交通、供电、供水、通信全部中断，工业生产设备的损坏率达到56%，245座水库大坝塌陷、开裂，主要河道大堤沉陷断裂，62 000眼机井报废，冒沙和积水耕地120多万亩，仅可估算的直接经济损失就高达30多亿元。

那是一个多灾的岁月。唐山地震时，邓小平被"四人帮"赶下台已有几个月了。邓小平获悉唐山地震后，忧心如焚，但他却做不了什么。1977年7月他复出后，十分关注唐山恢复生产和重建的工作。

现在两年过去了，唐山恢复生产和重建的情况怎么样，人民生活的怎么样，他要亲自来看一看。

上午8时50分，邓小平径直抵达开滦煤矿。

这座煤矿在大地震中受损最为严重，有6 500多名矿工死亡，2 000多人重伤，30 000多台设备被砸被淹，355万平方米地面建筑被毁。供电、通信、通风、提升、排水五大系统全部中断。

邓小平来到了设在职工浴室的临时会议室，听取了矿党委书记赵成彬关于唐山地震后煤炭生产情况的汇报。

邓小平急切地问道："你们现在恢复得和原来差不多了吧？"

"生产系统已恢复68%。"

"你们现在生产水平是多少？震前是多少？"

陪同视察的煤炭部部长萧寒介绍说，震前日产7万吨，现在6万吨。还未达到震前水平的原因，主要是去年9月刚恢复开掘，欠尺8万米，吃老本儿吃了800万吨煤量。

邓小平说："哦，那也不好哇，你们准备得不利索，对以后的生产不利呀！"

当汇报到今年完成 2 250 万吨任务很艰巨时，邓小平问："机器有进口的吧？我们自己造的行不行？今后主要要靠我们国家自己制造的好。"

"引进了 8 套采煤机器。"

邓小平说，从国外引进的 8 套采煤机器，"要集中使用，集中力量打歼灭战，便于掌握技术，便于管理。机器的修理，要做到小修在矿，中修、大修有专门厂子。要专业化，要组织专门的修理公司"。

当邓小平听到唐山矿 5257 工作面最高月产量达到 19 万吨，一套综合机械搞好了，年产可达 100 万吨时，高兴地说："用得好，每套年产量就可增加 20 万吨。"

汇报结束后，邓小平来到了一号井绞车房视察。

一号井是唐山矿最老的竖井，经过几次改建，由原来每箕斗提升 8 吨提高到 10 吨。邓小平听后高兴地说："好，都这样改进就好了。"

"我们别的设备也有改进。"陪同的同志介绍说。

邓小平满意地笑了。

10 时许，邓小平来到唐山钢铁公司第二炼钢厂。

"唐钢在地震时的损失怎么样？"邓小平一边走一边询问唐山市委第二书记、唐钢党委书记苏锋。

"唐钢地面建筑大都被震毁，人员伤亡非常严重，但唐钢的职工不气馁、不松劲儿，仅用 20 多天时间，就炼出了'志气钢'。"苏锋回答说。

邓小平接过话题，高兴地说："很好！这就是社会主义优越性的具体体现。唐钢在这么严重的大灾难面前，很快就恢复了生产，很不容易，20 多天就炼出了钢，这是个奇迹！"

"唐钢工人阶级是地震震不垮的、困难吓不倒的队伍！"邓小平说着，声音越来越高。

邓小平问："这个厂子规模多大？"

"三个年产 30 万吨转炉，设计能力 90 万吨，今年产钢 60 万吨。"苏锋说。

"还没有达到设计能力嘛。"邓小平说。

"这个厂刚改造完就发生地震，恢复生产也较晚。"苏锋解释道。

离开的时候，邓小平对在场的干部、职工说："要发扬成绩，为祖国的钢铁事业做出更大的贡献！"

视察完开滦煤矿、唐山钢铁公司第二炼钢厂后，邓小平说：现在实行新的技术考核，体力劳动逐渐减少了，主要靠脑力劳动，煤矿要改造，可省下来很多人。鞍钢22万工人，年产七八百万吨钢，经过改造最多只需要10万人，钢可以搞到1 500万吨。在西德产600万吨的煤矿，只要900人，他们都是技术骨干，体力用得很少，主要靠脑力劳动。当然新矛盾又会出来，省下来的人干什么？可以用于支援煤矿、新钢厂，但用人也很少，所以要开辟新的行业。建筑队伍也要改造，要建设机械化的施工队伍。

上午11时，邓小平来到了市委第一招待所。在这里，他观看了老市区和新区的建设规模模型，听取了新唐山建设规划的汇报。他边听边问。

邓小平说，过去的旧城区"一不整，二不洁，布局乱得很，不合理，不紧凑"。"现代化的城市，要合理布局，一环扣一环"，既便于自动化，又便于运输。唐山地震"是个大灾难"，是坏事，但是要把它转化成好事，变成干净的城市，干净的生活区，干净的厂区。建设新唐山，市里、厂里都要规划好，要搞得整齐、干净。新建的城市不能脏，不能乱。今天看的厂房不干净，机器也不干净，出不了质量好的产品，马路也不平，很脏。"要解决好污染问题。""废水、废气的污染，妨碍人民的健康，也反映了管理水平。"日本资本家每天上班就办两件事，一个是清洁卫生，一个是安全。第一是清洁卫生。现在你们这里还顾不上，建成以后，要干净才好。

邓小平端起杯子喝了一口水，继续说："刚才说了新唐山的建筑要美观一点儿，要多姿多彩，不要千篇一律。搞一两个小区后，要总结一下经验，不断改进提高。"

"要在'新'字上做文章。"陪同视察的中共中央政治局委员彭冲插话说。

邓小平接着说："城市建设是一门学问。现在资本主义的管理，讲美学，讲心理学，讲绿化，怎么样用美观使人感到舒适。它会影响人们的积极性。这不是没有道理的。

"一个区的建筑式样，不要搞一个样，其实这样并不多花钱。总之，你们建设新唐山，要很好规划一下，不要用50年代的观点，要用70年代的观点。

"你们说一年准备，快过去了，要抓紧。现在你们搞的门窗太小，并且都是木头的，不好看。这是第一批，一批要比一批好，要总结经验，总的六个字：实用、美观、结实。搞一段要总结一段经验。"

"我们现在先开两个小区，搞完这两个小区就总结一下。"市委的负责同志说。

邓小平听后点点头。

"房子的周围都可以搞绿化。你们规划中的服务网点少了,普遍都少,电影院也不多。"邓小平又提出了问题。

"第二批要搞得很好,要把美观、适用、节省结合起来。"

他接着又问:"地下管道设施处理得怎么样?这个问题一定要考虑到,要搞好总体规划。地下管道的材料要合格,不要粗制滥造,粗制滥造就会加大修理费用。"

"建筑用的木料不要湿的,要经过烘干,不然一年就坏了。要用些钢材,钢材并不比木料贵,现在我们的木材很缺,你们这里还有钢厂嘛!钢窗要搞好一点儿。"

说到这里,邓小平指着会议室的窗子风趣地说:"你看你们这个就有缝,我就是来给你们挑岔子的。"

一句话把大家都说乐了。

"你们钢厂、煤矿的余热、废气是怎么回收利用的?"邓小平问。

有人回答说:"有规划,钢厂震前就利用余热供应生产用气和职工住宅暖气,开滦的瓦斯也准备取出来,供职工烧煤气。"

邓小平说:"取嘛!要利用,要给职工用,都要收回来。要注意解决污染问题。对'三废'要搞综合利用,要不又是一个一个烟囱,既污染又浪费。"这是邓小平这次视察以来第三次提到防治污染的问题。

邓小平十分关心居民的住宅建设问题。当听说开滦的住宅只恢复了17.9%时,便关切地问:"你们去年冬天就是勉强过来的,今年冬天呢?速度是不是可以再加快一点儿?"

邓小平这次来到唐山,看到沿街两旁都是简易棚,心情十分沉重和不安。为了知道更多的住宅区恢复和建设情况,他冒着酷热,来到正在施工的住宅小区凤凰楼工地。

他边听介绍边指着已建成的一座高层楼房说:"房间高度2.8米,高了一些。要矮一点儿、加宽一点儿,扩大一些使用面积,生活就方便些。""这样,占地面积小,使用价值高,还干净卫生,节省材料",用建四层楼房的造价可搞五层的楼房。"门窗太小太窄,要加大。窗子大了,又卫生,光线又好。""煤气管子要搞好,上下水道要搞好,还要有洗澡间和厕所。""楼前楼后要种树种花种草。"

吃过午饭后，邓小平没有休息，又在市委第一招待所会议室里和省、地、市以及开滦煤矿、唐山钢铁公司的负责同志谈开了。

邓小平问："你们这个城市平均工资多少？"

"50元。"

"井下工人的补贴都算吗？"

"都算。"

"计时工资加奖励，取消附加工资，使一些老工人的收入降低了。"开滦煤厂的负责同志说。

萧寒说："开滦取消了附加工资，老工人抱怨说'新工人笑嘻嘻，老工人降一级'。现在开滦职工平均月工资比1975年降低了5元多，因为附加工资已经纳入老工人的生活费。"

"老工人降低收入是不行的。应该不取消附加工资，奖金照发。"邓小平说，过去升级凭手艺，现在是新技术，按掌握新技术情况，该评几级是几级。老工人可能因文化水平低，掌握新技术受些限制，这样新工人可能提得快，但矛盾也出来了。现在技术跟过去不同了，用手、用眼少了，好多都是靠仪表操作，技术要求高。机械化，自动化，用人少了。人多就乱了，反而妨碍操作。因此，要进行技术训练，宁肯把三班生产改成四班生产，每班拿出两个小时搞技术进修、训练，对他们不减工资。

## 六

下午，邓小平离开唐山到达天津，下榻于市委第一招待所。

晚饭后，邓小平不顾旅途劳累，在中共天津市委书记林乎加等的陪同下，来到天津市干部俱乐部大剧场，亲切接见了在那里迎候的天津市党政军领导同志。

第二天上午，邓小平在第一招待所一号会议室听取中共天津市委常委林乎加、黄志刚、阎达开、范儒生、胡昭衡等关于揭批"四人帮"运动和工农业生产情况的汇报。

市委领导在汇报中说，天津是我国重要的工业基地，"文化大革命"期间受到的破坏十分严重，加上唐山大地震的影响，全市大街小巷挤满了连成片的防震棚，到处凌乱不堪，人民生活困难，安全没有保障。眼下的天津可谓大劫之后，百废待兴，百乱待治。

邓小平说："我走了几个地方，一再讲就是要解放思想，开动机器，不要当懒汉，从实际出发。大队、小队都有特殊性，不能画框框，不能鼓励懒汉。由于林彪、'四人帮'的干扰破坏，这些年把一些人养成懒汉，写文章是前边抄报纸，后面喊口号，中间说点儿事。天津搞九十几个项目，就是动了脑筋了。过去不敢进'禁区'，谁要独立思考，就好像是同毛主席对着干。实际上毛主席是真正讲实事求是的。""我们过去是吃大锅饭，管理水平、生活水平都提不高，鼓励懒汉，包括思想懒汉，不独立思考。""现在不能搞平均主义。毛主席讲过，先让一部分人富裕起来。管理人员好的也应该待遇高一点儿，鼓励大家想办法。不合格的管理人员要刷下来。工资总额、劳动定额不能突破。"

在听到来料加工和引进技术要改革企业管理时，邓小平说，搞来料加工，引进新技术，要大批组织，经常更换花色品种。企业要能独立经营，派强的干部管理，收入要分成。从上海、天津、广东搞起，几百个、成千个带起来，搞富、搞活。为什么大家等着，等着就搞死了。"凡这样的工厂，管理要按人家的方法，这个对我们来说叫革命。"

当汇报到要处理打死人的打砸抢分子时，邓小平严肃地指出：不处理不足以平民愤，不处理不行。有多少处理多少，不处理群众心情不舒畅。这些人也是在等着时机的。

最后，邓小平还为天津市的发展出谋划策，他说，天津"可以搞旅游，旅游事业搞起来更好一些"。

当天晚上，邓小平回到北京。

邓小平这次东北之行，为已成燎原之势的全国范围的真理标准问题大讨论带来了一缕春风。三个月以后，党的十一届三中全会召开，确立了实事求是的思想路线。中国进入了以改革开放为标志的社会主义现代化建设新时期。

## 恢复高考

恢复高考制度是邓小平1977年复出后做出的一项重要决策，也是对"文化大革命"拨乱反正的一个重要标志。它标志着我们党开始从"以阶级斗争为纲"转向以经济建设为中心，转向重视知识、重视人才的正确方向上来，重新确立了选拔人才的公平、公正和平等竞争的原则。

1952年，我国第一次实行大学统一招生，建立起了新中国的高考制度。从1952年一直到"文化大革命"前，高等学校招生实行全国统一命题、一次考试、分批录取的办法。招生工作的原则是：阶级路线和政治与学业兼顾。生源主要是应届高中毕业生和其他具有高中文化程度的人。这种办法基本上符合当时高等学校选拔新生的需要，录取的学生政治、学业质量都是比较好的，为我们国家各条战线培养了大批合格的人才。

"文化大革命"开始不久，1966年6月13日，中共中央、国务院发出《关于改革高等学校招生考试办法的通知》，通知指出：以往的招生考试办法"基本上没有跳出资产阶级考试制度的框框"，"必须彻底改革"。并宣布当年的高校招生工作推迟半年。5天后，《人民日报》发表题为《彻底搞好文化革命，彻底改革教育制度》的社论，提出把高考制度"扔进垃圾堆里去"。7月24日，中共中央、国务院又发出了《关于改革高等学校招生工作的通知》。通知规定从该年起高校招生下放到省、市、自治区办理，取消考试制度，采取推荐与选拔相结合的办法。事实上，因各地忙于进行"文化大革命"，均未进行招生工作。从此，高校停止了招生。后来，在"上山下乡"运动中，成千上万高中、初中毕业的知识青年走上了与工农相结合的道路。同时，大学教师也被"下放"到"五七干校"，大学名存实亡。

直到1972年，在全国高校停止招生达六年之久后，大多数高校才开始恢复招生。但这次招生有一个明确的规定：只"选拔具有两年以上实践经验的优秀工农兵入学"，不招收应届毕业生，取消文化考试，实行"自愿报名、群众推荐、领导批准、学校复审"的办法。没有任何文化考试的推荐选拔的大学招生制度开始实行。这期间，"白卷英雄"被树成典型，各地的招生工作不同程度地都存在"走后门"的现象，进入大学的工农兵学员文化基础参差不齐，有的人甚至不具备基本的文化知识，大学教学活动难以进行，还要受到政治运动的冲击。

到1976年10月粉碎"四人帮"时，高考制度已经整整废除了十年，但"文化大革命"延续下来的招生办法仍未改变。国家出现了严重的人才断档，广大群众对依旧实行推荐选拔的大学招生制度非常不满，"人民来信"如雪片般飞向教育部。一些老同志也给尚未复出的邓小平写信，提出恢复高考制度迫在眉睫。

此时，面对教育界亟须解决的一系列重大问题和来自人民群众的呼声，邓小平的心情十分急切。虽然他尚未复出，但他一直在关注着科技教育界这个十年动乱中历经劫难的重灾区，并已经在脑子里开始筹划改革高等学校招生制度和恢复高考制度。

1977年5月24日，邓小平在与王震等同志谈话时说：

> 我们要实现现代化，关键是科学技术要能上去。发展科学技术，不抓教育不行。靠空讲不能实现现代化，必须有知识，有人才。办教育要两条腿走路，既注意普及，又注意提高。要经过严格考试，把最优秀的人集中到重点中学和大学。

1977年6月29日，教育部在太原召开了粉碎"四人帮"后的第一次全国高等学校招生工作座谈会。当时高教领域笼罩着两片阴云：一是走上海机床厂从工人中培养人才的"七二一道路"；二是"两个估计"，即在1966年"文化大革命"开始以前的十七年里，教育战线是资产阶级专了无产阶级的政，是"黑线专政"；大多数知识分子的世界观基本上是资产阶级的，是资产阶级知识分子。更为严重的是，在人们心头还横着一座大山，即"两个凡是"。因此，为国家选拔人才的高校招生面临着两难境地：否定"七二一道路"，要承担复辟十七年资产阶级统治、反对毛泽东革命路线的政治风险；如果照"七二一道路"走下去，千百万优秀人才就还将被关在大学的校门外，千百万优秀的"老三届"必将错过上大学的最后一次机会。虽然，这次会议在落实1972年周恩来总理关于高等学校招生指示上有所进展，但是，在"两个凡是"阴云的笼罩下，仍然未能突破不合理的招生规定。显然，单靠教育部门是难以改革大学招生制度和恢复高考制度的。

1977年7月,邓小平第三次复出。

上任伊始,邓小平自告奋勇主管科技和教育工作,并率先提出了他思考已久的高考招生制度改革的问题。

7月29日,邓小平在同教育部几位负责人谈话时说:

> 清华、北大要恢复起来。要逐步培养研究生。教育部也要抓一些中小学重点学校,在北京就可以抓四十所到五十所。……有几个问题要提出来考虑:第一,是否废除高中毕业生一定要劳动两年才能上大学的做法?第二,要坚持考试制度,重点学校一定要坚持不合格的要留级,对此要有鲜明的态度。第三,要搞个汇报提纲,提出方针、政策、措施。教育与科研两者关系很密切,要狠抓,要从教育抓起,要有具体措施,否则就是放空炮。

8月1日,他在听取有关方面负责人关于教育工作的汇报时说,办教育要两条腿走路,学校可以搞多种形式。总的目标是尽快地培养一批人出来。根本大计是要从教育着手,从小学抓起,否则赶超就变成了一句空话。重点大中小学校,数量不能太少,现在要立即着手指定。两条腿走路,但要有重点,重点学校的重点就是直接从高中招生。

8月4日至8日,邓小平在北京主持召开了科学和教育工作座谈会,邀请30多位著名科学家和教育工作者参加。8日,邓小平听取了与会代表反映的对高等教育现状的忧虑和意见。当清华大学党委负责人谈到清华大学教育质量很差,许多人只有小学水平,入学后还得补习中学课程时,邓小平很不满意地说:那就应该叫作"清华小学""清华中学"。当时一位武汉大学的教授在座谈会上强烈地呼吁:招生是保证大学质量的第一关,好像工厂的原材料,不合格的原材料,就不可能生产出合格的产品。在座的科学家们发言踊跃,情绪热烈,一致建议国务院下决心恢复大学招生制度。邓小平问道:"今年是不是来不及改了?"大家回答,今年改还来得及,最多晚一点儿。邓小平听后当即决定,"既然大家要求,那就改过来。"他明确表示:"今年就要下决心恢复从高中毕业生中直接招考学生,不要再搞群众推荐。从高中直接招生,我看可能是早出人才、早出成果的一个好办法。"这些历经磨难的科学家和教育工作者以经久不息的热烈的掌声来表达他们对这一决定的拥护和对邓小平的由衷敬意。

这次座谈会结束后,教育部根据邓小平的指示,8月13日在北京召开了第二次招生工作会议。但是，由于8月12日开幕的党的十一大未能纠正"文化大革命"的错误理论，对刚刚起步的教育拨乱反正产生了很不好的影响，高考招生制度改革一度陷入徘徊状态。当时曾有一首打油诗真实地记录了人们渴望"解放"的心情："招生会议两度开，众说纷纭难编排。虽说东风强有力，玉（育）门紧闭吹不开。"9月6日，邓小平就高等学校招生问题，致信华国锋、叶剑英、李先念、汪东兴，指出："招生问题很复杂。据调查，现在北京最好中学的高中毕业生，只有过去初中一年级的水平（特别是数学），所以至少百分之八十的大学生，须在社会上招考，才能保证质量。"9月19日，他在同教育部主要负责人谈话时深刻地阐述了立即恢复高考制度的原因、招生的政策和标准问题。他说：

> 1971年"全教会"时，周恩来同志处境很困难。1972年，他和一位美籍中国物理学家谈话时，讲要从应届高中毕业生中直接招收大学生。在当时的情况下，提出这个问题是很勇敢的。这是要教育部门转弯子，但是教育部门没有转过来。为什么要直接招生呢？道理很简单，就是不能中断学习的连续性。十八岁到二十岁正是学习的最好时期。

邓小平的"9·19谈话"给了参加招生工作会议的同志以极大的鼓舞，许多人连夜打电话、拍电报或写信，把邓小平的谈话精神传到四面八方。就在邓小平这次谈话后，历时38天的1977年第二次高校招生会议结束，恢复高考已成定局。

1977年9月30日，《红旗》杂志根据邓小平对教育工作的几次谈话整理成的评论员文章《大力发展社会主义教育事业》送审稿上批示："这是一个重要问题，我建议政治局讨论一次，进行修正，然后确定是否发表。"

10月3日，邓小平在教育部《关于1977年高等教育招生工作的意见》的请示报告等文件上批示："此事较急"，"建议近几日内开一次政治局会议，连同《红旗》杂志关于教育的评论员文章（前已送阅）一并讨论"。随后，邓小平对教育部起草的招生文件亲自进行了修改和审定，他认为文件中的政审条件太烦琐，说："政审，主要看本人的政治表现。政治历史清楚，热爱社会主义，热爱劳动，遵守纪律，决心为革命学习，有这几条，就可以了。总之，招生主要抓两条：第一是本人表现好，第二是择优录取。"

10月5日，中央政治局会议讨论通过了招生工作的文件，邓小平等中央领导人接见了出席招生工作会议的同志。

10月12日，国务院正式批转了根据邓小平的指示精神制定的《关于1977年高等学校招生工作的意见》，文件规定：废除推荐制度，恢复文化考试，实行德、智、体全面考核，择优录取；规定考生必须高中毕业或具有同等学力，恢复从应届毕业生中招生；修改政审标准，贯彻"重在表现"的原则；严格考试制度，抵制和反对营私舞弊、"走后门"等不正之风。

10月21日，教育部在北京召开全国高等学校招生工作会议。这次会议确定并报经国务院批准，从1977年起，高等学校招生制度进行改革，恢复统一考试制度。这意味着被"积压"了十几年的几千万中学生，甚至是已届而立之年的"老三届"们，终于得到了一个最后的机会，一个能使人激动、兴奋而又焦急得落泪的历史机会。这一年的冬天，570万考生走进了曾被关闭了十年之久的考场。当年全国高等学校录取新生273万人。1978年，610万人报考，录取402万人。77级学生于1978年春天入学，78级学生秋天入学，两次招生相隔半年。据记载，当时百废待兴的中国，居然拿不出足够的纸张来印试卷。为了解决恢复高考后第一届考生急需的考卷用纸，中共中央决定，调用印刷《毛泽东选集》第五卷的纸张。

历史的"轮回"终于带来了"尊重知识，尊重人才"的大转折。当时的一大批学子如今已成为国家的栋梁之材。想必他们一定不会忘记1977年那个难耐的夏季和1978年那个灿烂的、开满鲜花的春天，他们更不会忘记那位带来了"科学的春天"和"教育的春天"的使者——邓小平。他们也永远不会忘记我们党和国家历史上的这次伟大转折。

### 平反冤假错案

在粉碎"四人帮"，结束十年动乱之后，我们国家民主生活重新走上正常化的进程，首先是从平反冤假错案开始的。而领导和支持这一工作的，正是当时复出不久的邓小平。

粉碎"四人帮"以后，平反冤假错案的工作虽然已在局部地进行，但由于受到"两个凡是"错误方针的严重阻挠，进展十分缓慢。面对堆积如山的各种冤案，邓小平的心情十分急迫。他深知，如不尽快解决这些问题，不解决组织路线的问题，就会影响经济建设和其他各方面建设的步伐。他说："冤案多得很，不弄清楚影响家属子女。"并多次指示，平反冤假错案的工作要设法加快。

1977年2月，天还很冷，在西山25号楼，邓小平夫妇热情地接待了陶铸的遗孀曾志和他们的女儿陶斯亮。她们母女是来向邓小平递交陶铸冤案的申诉材料的。虽然当时邓小平还没有复出，但她们相信，凭着邓小平对陶铸的了解，只要他出来工作，就一定会过问陶铸的平反问题的。

的确，对于陶铸，邓小平是十分了解和信任的。"文化大革命"前，陶铸是中南局第一书记兼广东省委书记。"文化大革命"初期，经邓小平提议，毛泽东调陶铸到中央工作，任政治局常委、国务院副总理和"中央文革小组"顾问。不久，在江青的一手策动下，陶铸被打成"党内最大的保皇派"，成为排在刘少奇、邓小平之后的党内第三号最大的"走资本主义道路的当权派"，"刘邓陶"成为"中国的赫鲁晓夫"的代名词。1969年11月30日，陶铸被迫害致死。

1974年，经毛泽东批准，曾志获准回到北京。从那时起，她和女儿陶斯亮一起为陶铸的平反问题奔走呼号。其间，许多老同志，特别是陈云等人给了她们热情的鼓励和帮助。但在"文化大革命"中，陶铸的平反问题是提不上议程的。粉碎"四人帮"后，曾志感到是时候了，又到处写信、找人、申诉，但在"两个凡是"阴影下，依然是到处碰壁，毫无结果。绝望中，传来一个消息，邓小平就要恢复工作了，这使曾志萌生了极大的希望。惊喜和焦急之中，她也顾不得考虑邓小平当时的处境，就和女儿陶斯亮一起来到西山邓小平的住处。

相互问候之后，曾志连忙递上她的申诉材料，滔滔不绝地诉说陶铸的冤案和她们母女在"文化大革命"中的遭遇。邓小平接过材料，没有看，只轻声说了句"是陶铸的问题，我知道。"然后就把材料放下了。此后大约一个小时，只是曾志母女俩说，他认真地听，但一言不发，直到把她们送出门外，也没对这个问题表态。

回去的路上，陶斯亮感到非常失望，对妈妈说：看来又白跑一趟了，说了半天，连一句话也不给。与邓小平相交多年，深知邓小平性格的曾志却不以为然，她知道，这种情况下，他是不会随意表态的，因为这时他还没有正式出来呢。

果然，邓小平复出后过问的第一件事就是陶铸的问题，他指示中组部尽快解决陶铸问题，并指定专人负责。不久，他又对陶铸的平反问题专门作了批示：陶铸同志是我们党的一位老党员，在几十年的工作中对党对人民是有贡献的。经过复查，过去把他定为叛徒是不对的，应予平反。在1978年12月的中央工作会议上，邓小平和陈云又郑重地将为陶铸平反的问题提了出来，并作为中共十一届三中全会的一个重要议题。这样，陶铸十年的冤案终于昭雪，从而也为全面的拨乱反正、平反冤假错案开了一个好头。

这一时期，邓小平为平反各种冤假错案，付出了艰辛的努力，做了大量的工作。

1977年8月10日，他在万毅要求恢复工作的申诉信上批示："既无政治历史问题，就应做出恰当安排，他过去有贡献。"

8月13日，他在老舍夫人胡絜青为老舍在"文化大革命"中惨死的问题，请求尽快给老舍做出结论一事给中央的信上批示："对老舍这样有影响的人，应当珍视，由统战部或北京市委做出结论均可，不可拖延。"

12月6日，他在原五机部副部长吴皓的妻子写的申诉信上批示："请中组部对这类事情要关心，实事求是地对每件事做出恰如其分的结论。这不只是对本人，对家属亲友是关系很大的。拖不是办法。"

12月25日，他在中共西藏自治区委员会原书记王其梅的妻子王先梅的申诉信上批示："请东兴同志批交组织部处理。王其梅从抗日战争起做了不少好事。他的历史问题（指"文化大革命"中，被林彪、康生、江青一伙诬为"六十一人叛徒集团"成员）不应影响其子女亲属。建议组织部拿这件事做个样子，体现毛主席多次指示过的党的政策。"

1978年6月25日，他在一份有关所谓"六十一人叛徒集团"案的申诉材料上批示："这个问题总得处理才行。这也是一个实事求是的问题。"

6月23日，他在同教育部负责人谈到梁思成的问题时说：梁思成提倡的民族形式大屋顶，太费钱。但给梁思成扣"反动学术权威"的帽子是不对的。应改正过来。对人的评价，要说得恰当，实事求是，不要说过分了，言过其实。

这一时期，清华大学党委副书记刘冰，原北大校长马寅初，数学家熊庆来、赵九章，历史学家翦伯赞、吴晗，化学家傅鹰等人的平反问题，都是在邓小平亲自批示和直接过问下得到解决的。

为这些多年蒙冤的人彻底洗雪加在他们头上的种种不实的罪名，不仅还历史以本来的面目，也使他们的家属及子女得到了彻底的解脱。对于这一点，邓小平看得更远。他说：纠正冤案、错案、假案，"这是解放思想的需要，也是安定团结的需要。目的正是为了向前看，正是为了顺利实现全党工作重心的转变"。

随着中共十一届三中全会解决了历史上遗留的一批重大问题和一些重要领导人的功过是非问题，党内外越来越多的同志向中央提出，要对刘少奇的案件重新进行审查。党中央于1979年2月做出决定，由中央纪律检查委员会和中央组织部对刘少奇一案进行复查。

刘少奇是我们党和国家的缔造人之一。几十年来，他忠于党、忠于人民，把毕生的精力贡献给了我国的无产阶级革命和建设事业，对我党的建设、对我国的民主革命、社会主义革命与社会主义建设，建立了不可磨灭的功绩。"文化大革命"初期，刘少奇被当作"党内反革命修正主义集团的总头目"和"全国最大的走资本主义道路当权派"，受到错误的批判和斗争。中共八届十二中全会在党内生活极不正常、不能进行切实讨论的情况下，对刘少奇作了完全错误的处理。林彪、江青及其一伙，利用他们以各种不正当手段制造的"调查材料"，对其他中央委员包括中央主要领导人肆行蒙骗，使不能出席全会的刘少奇蒙受了前所未有的冤屈。1969年11月，刘少奇含冤病故。这是我党历史上最大的冤案。

对刘少奇做出不公正的批判和不正常的组织处理，是我们党所犯的一项严重错误。为刘少奇平反，是我们党和国家政治生活中的一件大事。要不要公开为刘少奇平反，下这个决心也很不简单。刘少奇的案件，牵涉到"文化大革命"的全局，为刘少奇平反，不能不考虑它的后果。"文化大革命"期间，对刘少奇的批判曾经进行得非常广泛，非常持久。很多人，特别是年轻人，对刘少奇的历史不了解，或不详细了解，对于有关"文化大革命"的种种事实也难以完全究明真相。在这种情况下，为刘少奇平反当然会引起一定的震动，会产生各种歪曲的议论，国内外敌人会造谣，甚至党内外不了解真相的人也难免有一些猜测。但是，平反刘少奇的冤案，是恢复我们党和国家的一位主要领导人的名誉，是恢复受到刘少奇冤案牵连的千千万万干部、党员、工人、农民和青年学生的名誉，也是恢复历史的本来面目，恢复我们党和国家政治生活的本来面目。刘少奇的案件既然是假的，就必须宣布为其平反昭雪。如果中央明知是假的，由于计较暂时的利害得失，秘而不宣，不予平反或不予公开平反，那就背离了党的实事求是的原则，背离了毛泽东思想，就要失信于全党，失信于全国人民，失信于全世界。列宁说过："一个政党对自己的错误所抱的态度，就是衡量这个党是否郑重，是否真正履行它对本阶级和劳动群众所负义务的一个最重要、最可靠的尺度。公开承认错误，揭露错误的原因，分析产生错误的环境，仔细讨论改正错误的方法，——这才是一个郑重的党的标志。"我们党在总结斯大林的功过时，也曾对工人阶级的政党如何对待自己的错误，做出精辟的论述。但是，事到临头，要公开平反刘少奇这样重大的冤案，仍然是一个难以做出的决定，仍然是一个严峻的考验。

关键时刻，邓小平说："勇于纠正错误，这是有信心的表现。这样全国人民才能心情舒畅，大家向前看，一心搞四化。"并直接指导和关心为刘少奇平反的工作。据王光美回忆：

> 这期间，小平对我们全家很关心，有两件事我印象极深。一是1978年，我儿子刘源想报考大学，但政审不合格，被取消资格。这时，少奇平反问题尚未提出，所以他四处奔走交涉都没有结果。后来，他抱着试试看的心情背着我给邓叔叔写了封信，诉说理由，希望他能帮助说句话。未想到小平果真在这封信上作了亲笔批示。这样，他得以破例在报考期已过的情况下参加了高考，并被录取。我们全家都感激他，在那个时候能这样做是很不容易的。第二件是，三中全会后，我被分配了工作，又当了政协委员，这也是小平、耀邦的关照。我出来后，因少奇问题没解决，我也不便露面。一次政协开会，华国锋、小平等都在主席台上，散会时，我想我应该去和他们打个招呼，我向主席台走去。小平看见了我，显得很激动，老远就站了起来。他一站起来，华国锋也只好站起来，主席台上的人都站了起来，全场爆发一片掌声。当时我心里很激动，因为少奇平反当时阻力很大，涉及对"文革"的根本否定，华国锋是不赞成的。小平这样做，实际上是表示了一种姿态，发出一个信号，是对少奇平反的促动。

在邓小平的推动下，1980年2月，中国共产党第十一届中央委员会第五次全体会议，经过严肃认真的讨论，一致通过了为刘少奇平反的决议，决定撤销党的八届十二中全会妄加给刘少奇的"叛徒、内奸、工贼"的罪名和把刘少奇"永远开除出党、撤销其党内外一切职务"的错误决议，恢复刘少奇作为伟大的马克思主义者和无产阶级革命家、党和国家的主要领导人之一的名誉。并给因刘少奇案件而受株连的数万人平反，彻底纠正了这起新中国成立以来最大的冤案。

邓小平在五中全会的讲话中说：

刘少奇同志的平反是一件很大的事，我们解决得很好。这件事情可不可以早一点儿办呢？恐怕不行。但是，现在再不解决，就可能犯错误。……为少奇同志平反的决议讲，"文化大革命"前，党犯过一些错误，少奇同志和其他同志一样，也犯过一些错误。我看这样讲好，符合实际。……平反的决议这样评价少奇同志，可以使党内党外、国内国外进一步认识到，中国共产党是实事求是的，是敢于面对现实讲真话的。否则不合乎事实。

1980年5月17日，在北京人民大会堂为刘少奇举行了万人参加的追悼大会，邓小平致悼词，他说：

敬爱的少奇同志离开我们已经十多年了。林彪、江青一伙制造伪证，隐瞒真相，罗织罪名，企图把他的名字从中国革命的历史上抹掉。但是，正如少奇同志在处境最艰险时所说："好在历史是由人民写的"，历史宣告了林彪、"四人帮"一伙阴谋的彻底破产。历史对新中国的每个创建者和领导者都是公正的，不会忘记任何人的功绩。

沉冤昭雪，正义伸张，全党拥护，举国欢庆。人们再一次看到，中国共产党不愧为一个勇于坚持真理、纠正错误的郑重的马克思主义革命政党。

邓小平在亲自指导和关心一些重大的冤假错案平反工作的同时，也十分重视全局性的平反冤假错案工作。他提出：凡是过去搞错了的东西，统统地应该改正，要尽快实事求是地解决，干脆利落地解决，不要拖泥带水。在这一原则的指导下，从中央到地方都按照实事求是、有错必纠的原则加快了平反冤假错案的步伐。中共十一届三中全会对解决历史遗留问题的原则、完成这项任务的重要性和紧迫性，都提出了正确的意见，这就为在全国范围内大规模地落实干部政策、平反冤假错案创造了最有利的条件。三中全会以后，我们党完全掌握了拨乱反正的主动权，开始大刀阔斧地处理历史遗留问题，平反"文化大革命"时期造成的大量冤假错案。

但是，这时中共中央组织部部长郭玉峰则消极对待甚至阻碍平反冤假错案的工作，邓小平认为郭玉峰的错误是不小的，应尽早调离中央组织部。在他和叶剑英的建议下,郭玉峰被调离了中央组织部。

1977年12月,胡耀邦调任中共中央组织部部长。胡耀邦的到任,不仅使中央组织部的干部们振奋欣喜异常,也惊醒了那一大摞一大摞要求平反冤假错案的申诉书。长期以来,它们被锁在文件柜里,或像垃圾一样被弃置在阴暗的墙角。据当时中央组织部的统计,全国脱产干部约1 700万人,被立案审查的就占17.5%。尤其是中央、国家机关副部级以上和地方副省级以上的高级干部,被立案审查的约占75%。有一些干部虽未立案审查,但受到了错误的批判。加之被审查的基层干部、工人和受到牵连的亲属,需要平反的冤假错案,以求在政治上、精神上获得解放的,有近1亿人。

在邓小平等中央领导人的支持下,胡耀邦以惊人的气魄和坚忍不拔的精神,投入了拨乱反正的工作。

他首先为在"文化大革命"中被打成各种各样"牛鬼蛇神"的人和一切蒙受冤假错案的人平反。不久,中央批准为所谓"六十一人叛徒集团""新疆叛徒集团""东北叛党集团"等在全国影响很大的几个冤案、假案平反,为在"文化大革命"中遭受迫害的贺龙、乌兰夫、彭真、谭震林、罗瑞卿、陆定一、杨尚昆、萧劲光、萧华、杨成武、余立金、傅崇碧等人平反,还为在"文化大革命"中受到错误批判的谭政、习仲勋、黄克诚、邓子恢等恢复了名誉;受到迫害的民主人士、知识分子也陆续得到了平反和恢复了名誉。

接着,又对新中国成立后在各种政治运动中的冤假错案进行了甄别。主要有:为1955年的"胡风反革命集团"案平反;在1978年4月决定全部摘掉右派分子帽子之后,又为1957年被错划为右派分子的人平反;为1959年在"反右倾"运动中被定为"右倾机会主义分子"的人平反。一些蒙冤多年的中国共产党早期领导人瞿秋白、张闻天、李立三等也先后得到了平反昭雪,恢复了名誉;恢复了遭受迫害的干部、知识分子、民主人士以及工人、农民的民主权利和政治名誉,使他们重新参加到国家的政治生活中来。

此后,许多可以工作而没有分配工作的同志,重新走上了工作岗位。对不幸去世的同志,做出实事求是的评价,妥善安排了他们的遗属。许多遭受株连的人也得到了公正的对待。

那两年,邓小平繁忙的政治生活中的一项经常性活动,是出席和主持各种在"文化大革命"中含冤而逝的老一辈革命家的追悼会,他先后参加了彭德怀、陶铸、刘少奇等13人平反昭雪的追悼会,为51位含冤逝世的同志敬献了花圈。

据不完全统计，从 1979 年到 1982 年，经中共中央批准平反的影响较大的冤假错案有三十多件，全国共平反纠正了约 300 万名干部的冤假错案，47 万多名共产党员恢复了党籍，数以千万计的因与这些干部有亲属关系或工作关系而受到株连的干部和群众得到解脱。

这么大规模地平反冤假错案，是古今中外所没有的。通过这一举措，进一步清算了林彪、"四人帮"的罪行，分清了路线是非和干部的功过，使"文化大革命"期间以及以前的各种冤假错案，普遍地得到平反和改正，恢复了我们党实事求是的优良传统。

## 伟大的历史性转折

1978 年 11 月召开的中央工作会议和紧随其后的中共十一届三中全会，确立了全党工作重心向社会主义现代化建设转移的方针，从而完成了一项重大使命，也使这两次会议成为划分当代中国历史的转折点。

原定中央工作会议和中共十一届三中全会的议题，是讨论农业问题、1979 年和 1980 年的计划安排，以及讨论 9 月召开的国务院务虚会文件。但华国锋在 11 月 10 日开幕会讲话中宣布，在进行上述三个议题之前，先讨论从 1979 年 1 月起把全党工作着重点转移到社会主义现代化建设上来的问题。可以说，正是这个会议重心的"转移"，最终决定了历史的转折。那么，会议重心的"转移"是怎么来的呢？

毫无疑问，全党工作重心向经济建设转移，就意味着对以"阶级斗争为纲"的否定。而以"阶级斗争为纲"，至少是自 1962 年以来它是规定全党行为的错误的指导思想，它集中代表了毛泽东晚年的错误实践。因此把工作重心转变过来，再一次触及对毛泽东晚年错误的纠正。

另一方面，粉碎"四人帮"之后，以华国锋为首的中共中央，也提出了经济"大干快上"的方针，甚至还有"胆子再大一点儿，步子再快一点儿，思想再解放一点儿"的提法。这说明，一般地接过和继承经济建设的口号，并不困难。但要做到指导思想上的真正"转移"，则认识差距是客观存在的，甚至是巨大的。

同时，粉碎"四人帮"之后，清理和揭批这个反革命集团，在中国政治生活中占有非常重要的位置。这是人们当时必须做的工作。当然，揭批得越深入，也就越能"正本清源"。可何时结束这项工作或政治运动，从工作角度上还很难做出"一刀切"的安排。

因此，关于工作重点转移的提出，事实上并不是一件简单的事情。它在表面层次上涉及的是工作安排问题，实质却是对长期以来党的错误指导思想的挑战，也是在重大理论和政治问题上的拨乱反正。而它的提出，当时却只能以工作安排的形式表达出来。

邓小平是在以怎样的角度和以什么方式提出工作重心转移的呢？

1977年下半年，为筹备军委全体会议，军委主要领导人在广州研究文件的起草问题。邓小平在工作开始时便提出，文件应以什么为纲？怎么才叫工作的纲？这个问题值得研究。邓小平指出，揭批"四人帮"可以叫纲，但这是暂时的。我们还有长远的考虑。之后，他明确地讲，看起来现在以揭批"四人帮"为纲可以，但是很快就要转，要结束，要转到经济建设上来，要以经济建设为中心，再不能提"以阶级斗争为纲"了。肯定不能提"以阶级斗争为纲"了。

1978年9月17日，邓小平在听取辽宁省委常委曾绍山、任仲夷、黄欧东、陈璞如、胡亦民等的汇报时插话说，应该在适当时候结束全国性的揭批"四人帮"的群众运动，把党和国家工作的着重点转移到四个现代化建设上来。同一天，邓小平在听取沈阳军区党委常委汇报时说，对搞运动，你们可以研究，什么叫底？永远没有彻底的事。运动不能搞得时间过长，过长就厌倦了。

另一则材料大约出自同样的来源，见于沈阳军区给中央军委的电报。电报说，邓小平在听到当时中央主要负责人关于揭批、清查"四人帮"还要进行几年的部署时，提出，清查工作今年结束，明年起工作重点转移到搞四个现代化上来。

1978年10月，邓小平在同总政治部主任韦国清谈话时，讲到工作安排问题时说，运动不能老搞下去，到一定时候要转入正常。

1980年11月19日胡耀邦在中共中央政治局会议上回顾说：老一辈革命家为改革开放事业做出了重大贡献，"1978年9月，小平同志在东北提出全党工作着重点的转移，为三中全会的方针，为今后党的工作方针，做出了决策"。此外，邓小平本人在1982年9月陪同来访的朝鲜劳动党总书记金日成访问四川时，也回忆起提出工作重点转移的情况："我在东北三省到处说，要一心一意搞建设。……我强调提出，要迅速地把工作重点转移到积极建设上来。十一届三中全会解决了这个问题，这是一个重要的转折。"

这些材料证明，关于全党工作重心转移的问题，确是邓小平首先提出来的。它的酝酿至少可推溯到1977年下半年。这似乎也可印证邓小平所说的那个"反复考虑"。不过，需要研究的是，邓小平提出的"转移"，是一种什么意义上的转移？它仅仅是从工作的安排出发，还是要根本地转变全党的政治路线、思想路线。

现有材料说明，至少在1978年11月以前，中共中央政治局常委内部已经取得一致意见，在即将召开的工作会议和中共十一届三中全会上提出工作着重点转移的问题。很明显，这是接受了邓小平提出的建议。11月初，华国锋同李鑫、吴冷西等谈他在工作会议上的讲话起草事宜。他交代说，讲话主要谈着重点转移的问题。当有起草者问，讲话稿是否涉及真理标准问题讨论时，华说，不要涉及。在正式讲话里，华国锋使用了"适应形势发展"这样的话来解释重点转移。原话是："适应国内外形势的发展，及时地、果断地结束揭批'四人帮'的群众运动，把全党工作的着重点转移到社会主义现代化建设上来，是完全必要的。"这句话是中央政治局讨论时一致同意采用的，不是华国锋个人的意见。但不愿触及"阶级斗争"这样基本的政治问题，或者说不愿在根本意义上，对毛泽东晚年主要错误有所纠正，确是华国锋对大时局的态度，这可从他不愿意否定"两个凡是"的表态里清楚看到。

邓小平的用意则显然不同。早在1977年起草军委全体会议文件时，他已明确提出，不能以阶级斗争为纲了，要以经济建设为中心。在东北视察期间，他更对工作着重点转移问题进行了大段重要的论证。这段论证可以视作是对社会主义本质问题的最早阐述，也是邓小平对这个问题长久思索的结果。他在讲到"两个凡是"违背了马克思主义、毛泽东思想自身要发展的规律，是看不到世界天天发生变化，新的事物不断出现，新的问题不断出现的思想僵化时，说："现在全世界100多个国家，我们的国民平均总收入倒数二十几名，算贫穷中国家之一，就是在第三世界，我们也是贫国的一部分。毛主席讲要建设社会主义，社会主义有优越性嘛！优越性的根本表现就是高速度发展社会生产力。什么叫政治挂帅，政治挂帅要表现在生产力的发展上，归根结底要表现在生产力的发展上。生产力发展的速度比资本主义慢，那就没有优越性，这是最大的政治，最大的阶级斗争，这是社会主义和资本主义谁战胜谁的问题，这不是最大的阶级斗争吗？"这段话后来被编入《邓小平文选》。

此外，在邓小平同金日成的谈话中，他对客人说："（我们）国家这么大，这么穷，不努力发展生产，日子怎么过？我们人民的生活如此困难，怎么体现出社会主义的优越性？'四人帮'叫嚷要搞'穷社会主义''穷共产主义'，胡说共产主义主要是精神方面的，简直是荒谬之极！我们说，社会主义是共产主义的第一阶段。落后国家建设社会主义，在开始的一段很长时间内生产力水平不如资本主义国家，不可能消灭贫穷。所以，社会主义必须大力发展生产力，逐步消灭贫穷，不断提高人民的生活水平。否则，社会主义怎么能战胜资本主义？……社会主义、共产主义的优越性如何体现？我们干革命几十年，搞社会主义三十多年，截至1978年，工人的月平均工资只有四五十元，农村的大多数地区仍处于贫困状态。这叫什么社会主义优越性？"邓小平告诉金日成，这就是他提出"迅速地坚决地"实行工作重点转移的原因。

作为党的十一届三中全会实际上的主题报告，邓小平对《解放思想，实事求是，团结一致向前看》一文的起草倾注了极大心血。据目前所知，这篇报告至少在10月底即开始酝酿。后经几次重大修改，其中包括对最初稿的推倒重来，在讲话开始前几小时，才最后定稿。在这个过程中，邓小平还留下了他亲笔起草的提纲。

按照中共中央政治局常委对工作会议的安排，应由华国锋、邓小平、叶剑英三人代表中央讲话。华国锋作开幕讲话；邓小平讲重点转移问题；叶剑英讲分清是非、加强法制问题。约在1978年10月中下旬，邓小平即开始考虑讲话的起草问题。10月29日访日归来后，他约见国务院研究室的同志，谈讲话稿的起草。之后，他于11月4日出访泰国、马来西亚、新加坡三国，14日返回北京。此时，由起草者撰写的第一稿已经完成。邓小平阅后，嘱再进行修改。20日前后，此稿改定。

这一稿约8 300字，分为两个部分。第一部分论述了工作着重点转移的几个方面的历史意义；第二部分论述了如何实行这个转变。文章开始即指出：把全党工作的着重点转移到社会主义现代化建设上来，这是一个非常重要的决定。这是一个根本性的转变。它的历史意义在于：第一，进行这个转变，就是党政军民学全力以赴，这是在本世纪内实现四个现代化的根本保证。实现四个现代化是我们整个国家民族的大革命，是涉及我们各方面工作、各方面生活的大革命。第二，实现这个转变，就要迅速发展生产力，并且在发展生产力的基础上改革不适应的生产关系，改革不适应的上层建筑，使社会主义不断得到巩固和前进，为将来逐步过渡到共产主义准备条件。第三，将大大加强党与全国广大群众的联系，提高我们党在全国人民和全世界革命人民中间的威信。

关于怎样实行这个转变,讲话稿说了四条:

第一,要解放思想。把解放思想放在第一位。现在要学习现代化的科学知识和管理方法,要分析总结过去的经验教训,这就一定要放下许多包袱,同时一定要开动机器,提倡思索,养成分析的习惯,否则我们就无法前进。我们无论如何不能只有书上有的才敢做,书上没有的就不敢做,一定要依靠我们自己做出独立的判断。所以中央认为,在这样的时机,重新学习和讨论实事求是,一切从实际出发,实践是检验真理的唯一标准,理论和实践统一,这样一些根本观点,是非常重要的任务。

第二,要调动一切积极因素。要正确解决知识分子问题。解决农村地主富农的后代问题。要使无产阶级专政和社会主义民主(两者是一件事)制度化、法律化。

第三,要改革一系列不适应生产力发展需要的生产关系和上层建筑。

第四,要处理好阶级斗争的问题。社会主义社会还有阶级斗争,党内还有走资本主义道路的当权派,这一点无论如何不能忘记。社会主义社会中的阶级斗争,既不应该夸大,也不应该缩小。夸大了会把社会主义当作资本主义来否定,缩小了会把资本主义当作社会主义来肯定。

可以看出,这一稿是紧紧围绕"着重点转移"来写的。这是它与最后定稿本主题之间最大的差别。但也可以看到,定稿本中的一些提法,在这一稿中已经出现了。如"全党解放思想,开动脑筋",等等。不过,这一稿有严重缺陷,即强调阶级斗争问题,肯定无产阶级专政下继续革命的"实现"问题,特别是还提出"党内走资本主义道路的当权派"的概念,这显然不是邓小平本人的思想。

这一稿被讲话者本人否定了。大约在12月初,邓小平准备重新约人谈讲话稿的起草问题。12月2日,这个谈话在邓小平家中进行。参加者有胡耀邦、于光远等。这一次,邓小平提供给大家他亲笔书写的提纲。提纲共列七个问题:一、解放思想,开动机器;二、发扬民主,加强法制;三、向后看是为的向前看;四、克服官僚主义,人浮于事;五、允许一部分先好起来;六、加强责任制,搞几定;七、新的问题。

很明显,邓小平对讲话的基本设想改变了。

邓小平不仅拿出了他自己写的提纲,同时还就提纲列出的七个问题(外加"对会议的评价",实际为八个问题),做了详细的讲解。这时,他已经放弃了第一稿那种紧紧围绕工作着重点转移来讲的思路,而同后来的完成稿的思想接近了。

这次谈话除开始对会议作了很高评价外，主要谈的内容是：

1. 最重要的是解放思想，开动机器。而许多问题，必须讲理论，因而真理标准问题讨论和争论，越看越好，越看越像是政治问题、国家命运问题。

2. 现在这个时期更要加强民主，集中多少年，民主不够，不敢讲话，心有余悸。又讲到民主选举、民主管理、民主监督、民主集中制的中心是民主。讲到反对空头政治，反对说空话，实质重点不是政治，而是经济民主。还讲到企业权力下放，千方百计调动积极性。讲到企业自主权与国家计划的矛盾。

3. 这个会议向后看解决一些问题，目的是为向前看。解决遗留问题，要快。安定团结十分重要。毛主席这个旗帜必须保护。

4. 人浮于事，拖拖沓沓。会议多。心中无数，解决什么都不明确。概括为官僚主义。是上层建筑问题。用先进的办法管理企业，扩大管理人员的权力。

5. 允许一部分企业、地区、社员先好起来。允许一部分人先富起来。反对平均主义。这是个大政策。

6. 现在无人负责。要搞几定。国内企业，要有专人负责。现在打屁股打计委，有什么用？要打，打个人。

7. 新措施新问题。人员核算标准。

可见，这时邓小平自己设想的讲话，是用三个题目来讲当前的思想、政治问题；其余则讲重点转移后的改革设想。这些设想几乎涉及了改革最重要的方面。从中似乎也可看出，当时邓小平的思想，已经在很大的程度上集中到未来的改革上面。

12月2日谈话后，起草者抓紧时间赶写稿子。在重新起草和修改稿子的过程中，邓小平又找起草者谈话，谈话是在对稿子的"逐条逐字"审阅中进行的。

谈话中，邓小平肯定了讲话分四个问题的格局，但强调开头要讲重点转变问题，因为"这是一个主要方针"。接着讲到，对"两个凡是"问题，党的主要负责人已作自我批评，"英明领袖"的提法也要改变，这是一个非常重要的问题，"比'两个凡是'更重要"。这是邓小平对起草者们一个强调式的提示。因为自"两个凡是"的争论出现以来，这是华国锋首次就其是非问题表态。同时，由于对"英明领袖"的有意宣传，粉碎"四人帮"两年来，新的个人崇拜已经明显滋长。这对解放思想，发扬民主，打破陈规陋习，实现工作着重点的转移非常不利。中国共产党人有必要牢记个人崇拜给社会主义事业带来的严重教训。因此在邓小平看来,它是一个"比'两个凡是'更重要的问题"。

以下讲到造成"僵化"或"半僵化"的原因。特别提出,应搞清什么叫官僚主义,官僚主义究竟是什么概念?真正是上层建筑的问题。官僚主义是一个内容。权力过分集中,离开民主集中,这才是实质。又说,我们的体制不是鼓励、支持人们敢想敢讲敢做,精神鼓励不够,物质鼓励也不够。干得好干不好一样。怪现象发生。这实质讲到了体制改革的基本思路。

对稿子第二段,即最后定稿中"民主是解放思想的重要条件"一节,讲了这样一段话:归根结底是民主集中制。相当长一个时期,实际上只有集中。现在应该强调发扬民主。但集中、纪律等还要提到。关于1957年毛泽东提出的"要造成一种生动活泼的政治局面"一段话,邓小平说要引全。因为这种局面是非常好的。要上下一致去搞这个局面。可见,在历史转折点上,邓小平是把民主作为改革的基本条件来考虑的。

对"为的是向前看"一节,邓小平认为还显得薄弱。实际上这是很大的事情。他说,问题太多,只能解决得粗一些,寻根究底不好。粗一点儿,大是大非弄清楚了,有些小是小非一件一件弄清楚,不可能也不必要。要聚精会神向前进。引导人们向前看。向后看与向前看的关系要说清。邓小平说,安定团结的利益要写一大段,这是个大意思,要加相当的语言。这里,邓小平的想法表现了一种高度的政治智慧。在拨乱反正中,既要"破",更要注意到破的"度",强调眼光向前。否则会走到否定自己的路上去。

邓小平再次强调大量通过责任制,通过赏罚来调动积极性问题。他说,物质奖励要到具体的人。实际上,能为人民造福,就是政治标准。真的竞赛,要看结果,看市场。要有赏有罚,都同经济利益联系起来讲。开会开得多,不能算政治表现好吧?关于责任制,邓小平说,该升的升,该降的降,不合格的就要降,这是现实问题。重要的意思,是不仅仅改革上层建筑,也可以说是改革生产关系,它们都会带来许多问题,涉及大量的人,涉及大批人的切身问题。邓小平说,真正经济发展起来,我相信可以开辟许多就业领域。

谈话末尾,邓小平说,要走群众路线,相信群众,教育群众,以大局为重。随着生产力的发展,新矛盾可以得到很好的解决。他对未来改革的事业充满了信心。

显然,谈话是在稿子基本确定下来的情况下,做最后的观点阐发。稿子的大格局没有改动。但随着形势的进展,有些问题更明确了。比如,"两个凡是"

问题，原来的坚持者作了自我批评，公开争论有了定评。又如，关于"大是大非"与"小是小非"的关系；向后看与向前看的关系，等等，意见更明朗了。另外，对于政治路线解决之后的改革设想，显然更多也更细致了，说明邓小平对今后要做的事给予了更多的关注。这些基本的意思，后来都写入了讲话的定稿中。

12月13日下午4时，邓小平在中央工作会议闭幕会上发表了题为《解放思想，实事求是，团结一致向前看》的讲话。然后，叶剑英、华国锋依次讲话。讲话毕，历时36天的中央工作会议宣布结束（闭幕后又进行了两天的讨论）。紧接着，中共十一届三中全会开幕。由于中央工作会议已经对全党重大的政治问题作了充分讨论，因此全会进行得非常顺利。

《解放思想，实事求是，团结一致向前看》作为中共十一届三中全会主题讲话的地位，是无可争辩的。它解决了全党工作着重点转移中最基本的问题，为未来中国的发展开辟了道路。

## 第二代中央领导集体的建立

邓小平曾回忆说："党的十一届三中全会建立了一个新的领导集体，这就是第二代的领导集体。在这个集体中，实际上可以说我处在一个关键地位。""第二代实际上我是核心。重要成员还有陈云、叶剑英、李先念等。""我们这个集体，人民基本上是满意的，主要是因为我们搞了改革开放，提出了四个现代化的路线，而且真正干出了实绩。"

邓小平对培养党的接班人这一重大战略问题的思考由来已久。比较多、比较集中的思考是在1975年至1978年。这四年多又大致分为三个阶段：

一、1975年1月至1976年4月。邓小平在这一时期担任党政军很重要的领导职务，并先后主持国务院和党中央日常工作，领导各行各业进行全面整顿，直至后来被错误地撤销党内外一切领导职务。

1975年1月，在毛泽东、周恩来坚决支持下，邓小平被先后任命为中央军委副主席兼解放军总参谋长、中共中央副主席、中共中央政治局常委、国务院第一副总理。国外很快就注意到中国政坛上的这种新变化，认为这是中国主要领导人新老交替的重要征兆。1975年6月，一些来访的外宾在与邓小平会面时表示：邓小平先生负有重大责任了，我们对此表示衷心祝贺和敬意。当客人对邓小平"在无产阶级文化大革命期间"被"作为修正主义分子攻击过",现在"又成了中国政府的第三号人物"大惑不解时,邓小平谦逊地讲,我也不是什么第三号人物。我是在毛主席、周总理的领导下做一部分具体工作的人。至于"文化大革命"中那些问题,是我们党内的是非问题。当客人称赞他是一个坚强、正确地执行毛主席革命路线的人,中国有他"这样一个领袖也是中国的一个荣幸"时,邓小平仍旧谦逊地说,都是毛主席的观点,不过是由我讲出去。我是一个做具体工作的。外宾问,在毛主席或周总理健康情况都不太好的情况下,中国领导准备怎样解决领导的连续性问题呢?怎样在这一过渡时期中保持国家的稳定呢?邓小平一方面解释毛泽东、周恩来仍旧过问国内外一切重大问题;另一方面,他根据当时的历史条件,坦率地告诉对方,我们党的领导经常关心这个问题,毛主席经常关心这个问题。他提出的解决办法就是从中央领导机构到地方各级领导班子,都实行老中青三结合原则。邓小平还举例说,党中央、国务院、人民代表大会的组成,就是不仅有老年的、中年的,也有青年的。邓小平还根据中美两国政治体制不同的实际情况,回答了客人提出的美国政治制度下总统离职副总统自动接班,中国怎样做的问题。他说,在我们国家,如果需要决定什么人担任什么职务时,我们中央委员会开个会就可以做出决定。我们党中央是领导一切的,党中央征求全国人民的意见,会做出正确的决定。他还认为,我们讲路线决定一切,但路线也要由人来执行,特别是领导核心。不加强就不能执行好的路线,就没有力量。所谓接班人,不是几个人的问题,接班人恐怕是成百万、成千万人的问题,这个问题各级都有。

邓小平上述几段谈话,集中反映了他在这一时期对我们党、我们国家、我们军队的领导人接班问题的思考。同时他还结合全面整顿工作,讲述了培养党政军接班人问题。例如,他指出:"现在需要一些老同志出来工作,进行整顿,把风搞正,第二步是选一批四十岁左右的人接班。""要一步一步地发现品质好、党性好、正派的人,提拔干部要上台阶,快些可以。""师以上干部,现在就要注意怎样选拔人。"这时,叶剑英也讲,老年人有一个任务,就是物色、培养接班人,把自己的经验传授给接班人。1975年9月7日,周恩来生前最后一次接见外宾时,仍十分关注着接班人问题。他对客人郑重地说:"经过半个多世纪毛泽东思想培育的中国共产党,是有许多有才干、有能力的领导人的,现在,第一副总理已经全面负起责任来了。"他还说,邓小平同志很有才能,你们完全可以相信,邓小平同志将会继续执行我党的内外方针。

此时，国内外都把注意力较多地集中到中共高层领导的人事变动上，集中到邓小平身上。邓小平卓有成效的全面整顿，触怒了"四人帮"。"批邓、反击右倾翻案风"运动发起后，虽然邓小平又一次被打倒了，但是，以他为主要代表的党的正确领导，得到了党和国家广大干部、群众的拥护，从而为第二代中央领导集体的形成奠定了坚实的群众基础。

二、1976年4月至1977年7月。党中央政治局执行党和人民的意志，"从组织上打垮了'四人帮'反党集团"。在全党和全国人民的呼唤声中，恢复了邓小平党政军重要领导职务。

1976年4月，全国范围内掀起了以"天安门事件"为代表的悼念周恩来，反对"四人帮"的强大抗议运动，实际上是拥护以邓小平为代表的正确领导，它为后来粉碎江青反革命集团奠定了伟大的群众基础。9月，毛泽东病逝。江青反革命集团加紧了夺取党和国家最高领导权的阴谋活动。

值此党和国家生死存亡的危急时刻，叶剑英同李先念等老一辈无产阶级革命家接触交谈商量对策。同年10月上旬，中共中央政治局执行党和人民的意志，毅然粉碎了江青反革命集团，结束了"文化大革命"这场灾难。

粉碎江青反革命集团，为第二代中央领导集体的形成清除了基本障碍。

三、1977年7月至1978年12月。邓小平一出来工作，立即表现出他作为战略家的远见卓识。他和叶剑英、陈云、李先念等一起，在千头万绪中抓住具有决定意义的环节，首先推动思想路线的拨乱反正，领导和支持开展真理标准问题的讨论，冲破了禁锢人们思想的僵化局面。他参与主持召开的中共十一届三中全会，在思想、政治、组织上全面地恢复和确定了马克思主义的正确路线，从而结束了两年来党的工作在徘徊中前进的局面。经过这次全会，形成了以邓小平为核心的中共第二代中央领导集体。

由于邓小平在长期革命斗争中建立的历史功勋，在对"四人帮"的坚决斗争和在全面内乱中主持全面整顿取得的显著成效，他在党和人民中享有很高的威望。因此，叶剑英、陈云、李先念极力主张："为了中国革命和中国共产党的需要，……让邓小平同志重新参加党中央的领导工作，是完全正确、完全必要的"。在他们的积极推动下，1977年7月召开的中共十届三中全会，决定恢复邓小平中共中央委员、中央政治局委员、中共中央政治局常委、中共中央副主席、国务院副总理、中央军委副主席、中国人民解放军总参谋长的职务。就是在这次会议上，邓小平回忆道："'文革'中我就想到，我们这样的年龄，总要见马克思，即使不犯错误，做事也是有限的。实在有一种忧虑啊！当时，我和李先念、叶剑英，还有周恩来总理交换过意见，共同的观点是怎样从我们中央的领导同志里选择比较年轻的人，大家来帮助接班。他认为："郑重选择党的各级领导班子，是党的事业、我国社会主义事业能否搞好的关键性问题。老同志责任重大，最大的责任是从比较年轻的同志中，通过热情帮助，选择一批马克思主义接班人十分重要。"

和其他老一辈无产阶级革命家一样，在粉碎"四人帮"之初那种历史条件下，邓小平也是拥护毛泽东生前指定的接班人华国锋的。他说，当时的主要领导华国锋同志坚决处理了"四人帮"，年纪又轻，可以干到本世纪末。但是，华国锋同志坚持"两个凡是"，坚持以阶级斗争为纲，又提出了抓纲治国。很明显，当时由他来领导纠正党内的"左"倾错误特别是恢复党的优良传统是不可能的。这时，邓小平勇敢地站出来。他在《"两个凡是"不符合马克思主义》《完整地准确地理解毛泽东思想》《在全军政治工作会议上的讲话》《高举毛泽东思想旗帜，坚持实事求是的原则》等讲话和谈话中，批判了"两个凡是"的错误方针，支持开展真理标准问题的讨论，提出必须完整地准确地理解毛泽东思想。在1978年11月召开的中央工作会议上，他作的《解放思想，实事求是，团结一致向前看》的讲话，实际上成为随后召开的十一届三中全会主题报告。

两年后，叶剑英在中共中央政治局会议上指出："小平同志在历史上对党做出过杰出的贡献。粉碎'四人帮'以后，在每一个重要关头，他都敏锐、果敢地提出一些正确的政策和主张。在我看来，小平同志具有安邦治国的卓越才能，他当全党的'军师'和全军的统帅，是当之无愧的。"不过，在1978年党的中央领导层中，对邓小平持反对态度的大有人在。有的负责人还在说要准备对付"党内死不改悔的走资派"，陈云在中共十一届三中全会前召开的中央工作会议上讲：现在党内议论纷纷，就怕政治局常委出问题。许多同志因叶帅老了，怕将来党内要出事，就怕邓小平同志再被打下去。许世友就对邓小平、李先念讲，你们七十多岁了，我为你们担心啊！言外之意，中央领导机构中还有不按马克思主义基本原则办事的人。实践证明，邓小平重新参加中央的领导工作，为第二代中央领导集体核心的确立提供了基本前提。

根据上述情况，党的十一届三中全会郑重指出："一九七五年，邓小平同志受毛泽东同志委托主持中央工作期间，各方面工作取得很大成绩，全党全军和全国人民是满意的。邓小平同志和中央其他领导同志一道，按照毛泽东同志的指示，对'四人帮'的干扰破坏进行了针锋相对的斗争。'四人帮'硬把一九七五年的政治路线和工作成就说成是所谓'右倾翻案风'，这个颠倒了的历史必须重新颠倒过来。"经过这次会议，邓小平虽然没有担任党政军最高领导职务，但他的正确思想和实践已被党内外广大干部、群众所认识、接受，使他成为了中共第二代中央领导集体的核心。也是在这次会议上，陈云由中央委员被选为中央政治局委员、中共中央政治局常委、中央副主席、中纪委第一书记，成为第二代中央领导集体中的重要成员。连同中共中央副主席叶剑英、李先念等，实际上形成了第二代中央领导集体。

## 出访日本

1978年10月22日，中华人民共和国副总理邓小平作为第一位中国国家领导人到日本访问，并出席《中日和平友好条约》互换批准书仪式。

随同邓小平出访的有邓小平的夫人卓琳，外交部部长黄华和夫人何理良，外交部副部长韩念龙，中日友好协会会长廖承志和夫人经普椿等。

邓小平一行乘坐的三叉戟专机于22日下午4时20分降落在东京羽田机场。日本外相园田直早已等候在机场。当邓小平的专机刚刚停稳，园田直外相破例地急步奔入机舱迎候邓小平。

当邓小平和园田直外相走下飞机的舷梯时，机场鸣礼炮19响。邓小平同前来迎接的有关人员一一握手后，在园田直外相的陪同下乘车前往下榻地——赤坂宾馆。

23日上午，日本首相福田赳夫在国宾馆举行盛大仪式，欢迎邓小平一行。

上午9点半左右，身着深灰色中山装的邓小平由福田陪同检阅了由100多名陆上自卫队士兵组成的日本仪仗队。乐队高奏两国国歌。

邓小平的步伐是那样的稳健有力，内心充满自信。

10时左右，邓小平在安倍官房长官的引导下，前往首相官邸，礼节性地拜会福田首相。

福田首相先在一楼的吸烟室接待了来访的邓小平副总理。

"昨晚休息得好吗？"福田问。

"因为没有时差，休息得好，谢谢！"

两人随即并肩来到二楼首相办公室。稍事寒暄后，邓小平便从容地从口袋里掏出一包"熊猫"牌香烟，并按中国的礼节递给了在座的每一个人。这样一来，气氛立即变得轻松起来。

邓小平首先对日本政府的邀请表示感谢。他说："几年来一直希望有机会来东京访问，现在终于实现了。十分高兴和首相结识，这次是第一次见面，可是相知已久。有机会见面交换意见，是十分有益的。"

"近一个世纪日中关系的不正常状态终于宣告结束了。条约是为了建立日中两国的永久和平友好关系，这是邓小平副总理下决断的结果。"福田说。

接着，两人共同回顾了缔结《中日和平友好条约》的经历、波折和困难。

邓小平高度评价了《中日和平友好条约》。

邓小平说，《中日和平友好条约》的签订，对中国，对日本，甚至对世界都是件大事。虽然有一部分人反对，但几乎全体中国人民、全体日本人民都欢迎这个条约，因为条约反映了他们的愿望。

福田说："在任何国家都一样，做决断时总是有人要反对的，这次的条约，在日本原来持慎重态度的人也都表示支持，除极少一部分人外，几乎所有的日本人都表示欢迎和赞成。我调查了一下世界舆论，世界各国除一少部分外，都赞成这个条约。"

"少数人反对总是有的。中国国内也有，一年半前还有'四人帮'嘛。"邓小平诙谐的话语，引得全场的人一片笑声。

福田说，我们虽说是第一次见面，可是好像很久前就见过似的。日本有句俗语叫穿着浴衣进行会谈，希望我们毫无拘束地随便交换意见。

当福田表示自己只对战前中国的情况是熟悉的，战后由于种种情况，工作忙，没有机会访华，很希望有机会到中国访问时，邓小平掐灭烟头，侧了一下身子，回答说，本来我是想在会谈时再说的，既然首相阁下提出来了，现在我就代表中国政府邀请首相在方便的时候访问中国。

福田首相愉快地接受了邓小平的邀请，点头允诺。谈到邓小平将要到日本关西访问，福田说那儿有很多从中国传来的文化遗物，有些已经在中国失传了。随之话题转到了中国的汉字，福田认为，中国汉字的变化很大，看报纸就看不大懂了。日本一直沿用原来的汉字。

"从汉字可知，两国的友谊是悠久的。"邓小平说。这时，福田首相递给邓小平一张纸条，上面写着"赳赳武夫，公侯干城"几个字，并不无得意地说：

"我的名字就是《诗经》里面的,也可以说是中国的名字。"

邓小平说:"简化了就不好办了,就看不懂古文了。"

10点半,在首相官邸的一楼大厅开始举行《中日和平友好条约》批准书换文仪式。

在乐队高奏的乐曲声中,福田、邓小平以及两国的外长脚踏红地毯进入了会场。会场中央摆放着由白色和黄色的菊花以及红色的石竹花装饰起来的太阳旗和五星红旗。

福田和园田直,邓小平和黄华并排坐于罩着绿色绒布的桌前。仪式开始后,全体起立奏两国国歌。随后,园田直和黄华用毛笔先后在双方分别用日文和中文写成的批准书上交叉签字。此刻是10月23日上午10时38分。《中日和平友好条约》从此生效。

邓小平和福田相互举杯。随即,邓小平放下酒杯,再次走到福田跟前同他拥抱。福田对邓小平的这一举动大为吃惊,显然是缺乏思想准备,因此表现得有些慌乱,不知所措,姿势也显得僵硬。站在一旁同黄华握手的园田直看得有点儿愣神了,没料到邓小平随即走过来和他拥抱,结果由于一时还没有反应过来,显得十分狼狈和有几分滑稽。

23日下午2点半至5点25分,福田与邓小平在首相官邸接待室举行第一次会谈。

中方参加会谈的有黄华、廖承志、韩念龙和中国驻日大使符浩等人。

福田首先代表日本政府和国民表明,日中两国要建立持久的名副其实的睦邻友好关系。

他还说,特别是本世纪以来,连续发生不幸的事情,我感到非常遗憾,并进行反省。今后不应再重演。战后日本已改变姿态,决心不再做军事国家。

福田谈到日本的"全方位和平外交",是不敌视世界上任何国家,也就是要为同一切国家的友好而努力。但是,这并不意味着"全方位等距离外交",他强调要坚持《日美安全条约》。并确信《中日和平友好条约》不仅能贡献于亚洲、太平洋地区的和平,而且能贡献于世界和平。

邓小平说,我们两国有两千多年友好交往的历史。在两国友好的长河中,不幸的历史只有几十年时间,这不过是很短的插曲。和平友好条约的签订,不仅在事实上,而且在法律上、政治上总结了我们过去的关系,更重要的是从政治上更进一步肯定了我们两国友好关系要取得不断的发展。中日要世世代代友好下去。

"坦率地说,在现在这个动荡的局势中,中国需要同日本友好,日本也需要同中国友好。尽管你们交的是个穷朋友,但是这个穷朋友还是有一点儿用处的。"邓小平继续说。

说到这里,福田连连表示"不是,不是"。

邓小平还对国际局势发表了自己的看法。

会谈结束后,福田向记者谈及对邓小平的印象:"非常了不起。总之,非常了解世界形势,虽然同对方立场不同。"

当天晚上7点半,福田在首相官邸设宴欢迎邓小平一行。

福田和邓小平分别致了祝酒词。

福田首先回顾了日中两国具有两千年以上的友好交流的悠久历史,说:"在漫长的历史中,我们两国关系的发展是无法分开的,到了本世纪,经历了不幸的苦难。"讲到这里他离开眼前的讲稿,突然冒出一句:"这的确是遗憾的事情。"然后,又接上讲稿说:"这种事情是决不能让它重演的。这次的《中日和平友好条约》正是为了做到这一点而相互宣誓。"对于福田突然冒出的这句话,在场的日方译员没有翻译。不过,这话还是传到了邓小平的耳朵里,并在第二天的《人民日报》上登了出来。宴会结束后,有记者就此追问福田时,他避而不作正面回答,只是说:"由于原稿字小,有三处不能读。"

邓小平在致辞中说:

> 中日两国尽管社会制度不同,但是两国应该而且完全可以和平友好相处。《中日和平友好条约》明确地规定,中日两国不谋求霸权,同时反对任何其他国家或国家集团建立这种霸权的势力。这是国际条约中的一项创举。条约的这项规定首先是中日两国自我约束,承担不谋求霸权的义务,同时也是对当前威胁国际和世界和平的主要根源霸权主义的沉重打击。

宴会结束后,邓小平在福田的陪同下来到大餐厅,欣赏了由日本财团法人"才能教育研究会"的三岁至十二岁儿童的小提琴演奏,并同演员们合影留念。

25日上午10时,福田和邓小平第二次会谈在首相官邸接待室举行。

一见面，福田就对邓小平连日来表现出来的充沛精力表示赞叹："您真是一位超人，一点儿倦色都没有。"

邓小平笑着说："我多次说过，高兴时就不觉得疲倦。"

接下来，双方就朝鲜问题、台湾问题、中日关系问题交换了意见。

在谈到台湾问题时，邓小平这样说：

> 我们实现台湾归还祖国也要充分考虑到台湾的现实。日本方式也是尊重台湾现实的一种表现。美国总希望我们承担义务，不使用武力解放台湾。我们说，什么时间、用什么方式解决台湾问题，是中国的内政，美国无权干涉。实际上我们承担了不使用武力的义务，反而会成为和平统一台湾的障碍，使之成为不可能。那样，台湾当局就会有恃无恐，尾巴翘到一万米高。

在场的人听到这里，都为邓小平形象生动的语言而大笑。

邓小平还谈道，中日双方由于各自的环境不同，对一些问题有不同的看法是完全可以理解的。比如你们叫尖阁列岛，我们叫钓鱼岛的问题，就是有一些看法不同，可不在会谈中谈。我同园田外相讲过，我们这一代人不够聪明，找不到合理的解决办法，我们下一代会比较聪明，大局为重。

但是这一敏感问题，在几个小时后举行的记者招待会上又被突然提了出来。

25日下午4点，邓小平出席在东京日比谷的日本记者俱乐部举行的记者招待会。

参加记者招待会的400多名记者分别来自时事社、共同社、路透社、合众国际社、美联社、法新社、德新社等著名通讯社。

这是中华人民共和国领导人在出访时第一次同意以"西欧方式"同记者见面。

邓小平从容、巧妙地回答了记者们提出的各种各样的问题，多少令那些企图从这位共产党领导人的即席回答中寻找破绽的西方记者失望了。

但是，一位日本记者提出了中日双方早先约定的这次中日双方都不涉及的问题——尖阁列岛（中国称之为钓鱼岛）的归属问题。

尖阁列岛，中国称钓鱼岛，属中国领土，甲午战争后被日本占据。此刻，当日本记者提出这一敏感问题后，会场气氛陡然紧张起来，大家都屏住呼吸，看邓小平如何回答。

邓小平非常轻松地说：

尖阁列岛，我们叫钓鱼岛，这个名字我们叫法不同，双方有着不同的看法，实现中日邦交正常化时，我们双方约定不涉及这一问题。这次谈《中日和平友好条约》的时候，双方也约定不涉及这一问题。倒是有些人想在这个问题上挑一些刺，来阻碍中日关系的发展。我们认为两国政府把这个问题避开是比较明智的，这样的问题放一下不要紧，等十年也没有关系。我们这一代缺少智慧，谈这个问题达不成一致意见，下一代比我们聪明，一定会找到彼此都能接受的方法。

邓小平把这么重要的领土归属问题，说得如此的合情合理，确实令全场的记者折服。

在此次访问期间，邓小平还于24日上午，专程拜访了前首相田中角荣后，又前往东京大仓饭店拜会了时任自民党干事长的大平正芳。

邓小平说："昨天已经见过面，今天是来正式拜会。"

"阁下不忘老朋友，特地来看望，十分感谢。"大平正芳说道。

邓小平说："今天是为了表示感谢而来。1972年阁下和田中角荣前首相一起访华，实现中日邦交正常化，为发展中日关系开辟了道路。签订了《中日和平友好条约》，我们感谢福田首相的决断，同样也要感谢田中前首相和大平正芳外相。"

1972年9月25日，一架日航DC-8型专机，载着日本首相田中角荣和外相大平正芳等人于北京时间11时30分降落在北京机场。

田中角荣、大平正芳此行的目的是谈判并解决中日邦交正常化的问题。中华人民共和国总理周恩来在机场迎接日本客人。相互敌视了二十多年的亚洲两个大国的手终于紧紧地握到一起了。

大平正芳外相自始至终参加了谈判。

9月29日上午10时20分，《中日联合声明》在人民大会堂东大厅正式签字。大平外相是日方的签字人之一。

签字仪式结束后，大平正芳外相立即赶到设在民族文化宫的新闻中心，举行中外记者招待会，对《中日联合声明》的基本内容做了说明。他说："日中结束不正常的关系是对亚洲及世界和平的重要贡献。"他以坚定的口吻宣布日台关系"在《日中联合声明》中虽没有触及，日本政府的见解是，作为日中邦交正常化的结果，《日华和平条约》（即'日台条约'）已失去了存在的意义，并宣告结束"。就是说日本与台湾正式断绝了外交关系。

中日恢复邦交正常化后，大平正芳又为推动中日友好关系做出了贡献。中国人民始终记住为中日友好奠基的田中角荣前首相和大平正芳前外相。

这次邓小平访日，专程拜访大平正芳，令他非常感动。

大平正芳说："中国经济建设取得很大发展。我对日中关系正常化以来两国关系的顺利进展，感到由衷的高兴。期望通过副总理阁下的访日，使两国关系进一步飞速地发展。"

谈话充满着亲切友好的气氛。

大平正芳还对毛泽东主席、周恩来总理为日中友好做出的贡献表示感谢，并指着在座的廖承志说："和廖先生是老朋友了，见了他就好像到北京出差似的。日本在北京有两个大使。"说着他指了指佐藤大使和廖承志，接着说，"廖先生是中国人，但日本话讲得比我好。"

邓小平马上指着廖说："他从小学就在这里读书，一直到中学。在中国他是高级知识分子，在日本是小学生。"

邓小平和大平正芳的会见，虽说是初次，但却如久别重逢的朋友一样，畅叙旧情。

邓小平访问日本期间，参观了日本的企业，感慨地说："我懂得什么是现代化了。"他对日本企业界元老土光敏夫说，中国的经济发展水平要比世界落后二十年，"中国荒废了十年，在此期间，日本等其他国家进步了，因此，里外落后了二十年"。邓小平表示，中国要努力学习外国的一切先进经验和先进技术。

邓小平的这一坚强决心，给日本朋友留下了很深的印象。

## 中美关系正常化的曲折过程

邓小平多次说过，我是热心于中美关系的。从 20 世纪 70 年代中期开始到 20 世纪 90 年代初，邓小平为中美关系的建立和发展，倾注了大量的心血。

1974 年 4 月，邓小平率中国代表团出席联合国大会第六届特别会议。

此时的纽约正是春暖花开的季节。

4 月 10 日，邓小平在一片关注声中，走上联合国大会讲台，阐述了毛泽东提出的"三个世界"理论,赢得了广大发展中国家的一致称赞。

4月14日,美国国务卿兼总统国家安全事务助理、美国代表团团长基辛格为中国代表团举行宴会。

邓小平、乔冠华、黄华、章含之等出席。

美国方面出席会议的有:基辛格、斯考克罗夫特、洛德等。

基辛格安排这次宴会,除一般礼仪外,主要是与中国方面谈两国关系正常化问题。

稍事寒暄,宾主开始切入正题。

"我们美国政府正致力于两国关系正常化的努力,研究如何实现一个中国的设想,但一时想不出办法来。"基辛格推托说。

其实,尼克松总统早在1973年11月派基辛格第六次访华时,已为实现一个中国的设想想出了办法,并对中国做出了承诺:"总统表示,在任期头两年,解决好与台湾的问题,削弱驻台美军力量,美中互设联络处。在后两年走类似日本的方式,实现中美关系正常化,同中国建交,与台湾保持某些民间往来。"

邓小平非常清楚,美国政府并非"一时想不出办法来",而是尼克松总统被"水门丑闻"搞得焦头烂额,一时抽不出时间来。

"博士,中国政府希望这个问题能较快地解决,但也不着急,我们能够体谅美国政府的困难。"邓小平笑了笑,很有分寸地说。

许多年后,基辛格回忆起他第一次见到邓小平时的情景时说,说实话,我那时不知道他是谁。因为他在中国的"文化大革命"中受到迫害,所以我们那时认为他是中国代表团的一名顾问,甚至不知道他是中国代表团的团长。但他处理事情的果断能力以及对事物的洞察力给我留下了深刻印象。

1974年8月,尼克松总统因"水门事件"被迫辞职,副总统福特继任总统。福特继任后表示,美国对华政策不变,将在自己的任期内同中国实现关系正常化。但是福特总统在上任后的一段时间内,把注意力集中于美苏"缓和",加之受到美国反华势力的压力,因而对实现中美关系正常化并不积极,而是采取拖的方针,在台湾问题上、在两国关系的发展中制造了一些麻烦,采取了一些有违《上海公报》精神的行动。

1974年11月,美国国务卿基辛格访华。

邓小平先后同基辛格进行了5次限制性的会谈。

会谈的焦点是台湾问题。

基辛格抛出了事先准备好的方案。他说，美国在台湾问题上的处境与其他国家不同：一是美国同台湾签订有《共同防御条约》，二是美国国内存在着一股亲台势力。因此，一、美国愿意按"日本方式"解决中美关系正常化问题，但要在台湾设"联络处"。二、美国将在1977年撤完驻台全部美军，但还没有找到妥善解决美台《共同防御条约》问题的方案，希望中国声明和平解放台湾，以便美国考虑放弃美台"防御关系"。

很显然，基辛格提出的方案表明了美国在台湾问题上的态度有所后退。

邓小平说：

> 从本质上讲，美方这些方案不是"日本方式"，实际上还是"一中一台"的方式。无非是一个倒联络处的方案。这个方案，我们难以接受。至于美国同台湾的防御条约问题，如果中美关系正常化，按照《上海公报》的原则，一定要保证废除这个条约。按照你们的方案不可能解决正常化的问题。
>
> 关于台湾问题和中美关系正常化，我们有三个原则，不能有别的考虑：一、坚持《上海公报》的原则，不能考虑"两个中国"或"一中一台"，或变相的"一中一台"，如我们所理解的设联络处，实际上也是"一中一台"，中方不能考虑。二、台湾问题只能在中国人之间作为内政自己来解决。至于用什么方式，和平的，还是非和平的，如何解决，那是中国人自己的事，是中国的内政问题。三、作为一个原则问题，我们不能承认在解决这个问题的过程中，其他国家参与什么保证，包括美国的保证。

双方想法差距比较大。

邓小平最后说，看来你们还需要台湾，既然你们还需要台湾，我们可以等待，等到你们考虑清楚了，干干脆脆，一下子解决。我们可以等几年，甚至还可以不催你们。但如果要解决，必须符合这三条原则。

1975年10月，基辛格来访。邓小平对基辛格说，中美之间更重要的是国际问题。在对待国际问题上，我们认为，总要从政治角度考虑，才能把问题看得更清楚，才能在某些方面达到协调。所谓政治问题，就是对付苏联的问题，这是一个战略问题，全球战略问题。博士谈到美在对苏战略方面的立场是鲜明的，考虑的只是策略问题。根据我们理解，策略是在战略指导下的，是为战略服务的。如果策略上是多种多样的表现，可以是符合战略的，也可以是偏离战略的。你们强调的是灵活态度。如果我们要对自己作一个评价，我们的态度从不僵硬。但我们认为，灵活是要符合于战略要求的灵活，如果灵活得过分，就会使人们想到究竟这个战略是什么。

1975年12月，福特总统访华。邓小平在同福特会谈时指出：国际形势千变万化，我们两国虽然各自所处的地位不同，但两国领导人经常相互接触、交换意见，总是有益处的。我们两国社会制度不同，理所当然地有许多分歧，但这不排除寻求共同点，不排除在《上海公报》的基础上寻求发展两国关系的途径。双方可深入地交换意见，哪怕是分歧，吵架也没有关系。我们多次讲过，特别是毛泽东主席多次讲过，在我们两国之间的关系方面，当然有双边问题，特别是台湾问题，但第一还是国际问题。现在摆在世界人民面前最重要的一个问题是国际问题，特别是战争危险问题。坦率地说，就是面临苏联扩张主义的问题。现在的问题是怎样对付它才是对的，怎样对付它才对付得了，怎样对付它才是有益的。这既是我们重要的共同点，也可能是我们相当不小的分歧点。

由于当时美国共和党政府下不了决心接受中国提出的建交三原则，并承认中华人民共和国政府是中国的唯一合法政府，中美关系正常化并没有如同美方所曾表示的那样在尼克松总统的第二个任期内或福特总统的任期内得到实现。中美建交被拖延下来。

作为中美建交谈判中的关键人物，邓小平在1976年春也从中国政坛上消失了。

1977年初，美国卡特政府上台。它认为中美两国建立合作关系会大大加强远东局势的稳定，并有利于美国在全球范围内同苏联竞争，从美国的战略地位考虑，美中关系正常化是十分可取的。

7月，中国共产党十届三中全会恢复了邓小平党政军的一切职务，给停滞中的中美关系谈判带来了新的生机。

美国人开始投石问路。

8月，国务卿万斯访问北京，基于当时美国的国际国内政策，他带来了一个比基辛格、福特时代还后退的方案。

这是一种试探。

8月24日，邓小平在会见万斯时一针见血地指出：

我看了你们这个方案。你在方案中首先讲到，你们这个方案可以作为中美两国建交的起点。据我看，你这个话讲得恐怕不那么正确。起点是《上海公报》。我认为，你们这个方案比过去的探讨不是前进了，而是后退了。按照《上海公报》的原则，解决中美两国关系的原则是，解决问题的决心应该由美国下，而不是中国下。我们多次说过，要实现中美关系正常化，在台湾问题上有三个条件，即废约、撤军、断交，按"日本方式"。老实说，按"日本方式"本身就是一个让步。至于台湾统一的方式，还是让我们中国人自己来解决。中国人是有能力来解决这个问题的，奉劝美国朋友不必为此替我们担忧。而从全球战略来说，你们下决心解决了台湾问题，你们的战略态势只会更好，对付北极熊更有利。你们这个方案，集中起来是两个问题。第一，你们实际上要我们承担不用武力解放台湾的义务，实际上还是干涉中国的内政。第二，你们提出不挂牌子的大使馆，实际上是倒联络处的翻版。你们政府还要仔细考虑，要从战略，从全局，从政治角度，好好考虑一下这个问题。我们多次声明，我们对这个问题是有耐心的。我们讲这个话是为了改善我们两国关系时处理问题更从容、更恰当一些，有利于我们在全球战略方面取得更多的共同点。

万斯访华没有达成协议，但有助于卡特政府更好地理解中国对这一问题的坚定立场。

9月27日，邓小平在会见前美驻华联络处主任乔治·布什时再次强调：中美关系正常化，这个步伐可以快一点儿，正常化慢总要受限制。所以我们总是说，美国政府、国会和政治家要从长远角度、政治观点来看中美关系。不要搞外交手法。这不是外交问题，是政治问题。中美关系正常化，如从长远观点、从政治角度、战略角度看问题就容易下决心。

1978年4月，出于对国际形势的判断和中国国内形势的发展，卡特政府公开宣布：美国承认一个中国的概念，同中国建立正式的外交关系符合美国的最大利益。万斯国务卿也表示，希望能在卡特总统第一届任期结束前，实现中美关系正常化这个目标。

在这段时期，邓小平多次会见美国客人，他几乎在每次谈话中都谈道：希望美国政府、美国总统对中美关系正常化采取比过去更积极的态度，步伐走得快一些。

美国方面有了回音。

1978年5月,布热津斯基到达北京。他对中国领导人说:"卡特总统认为,中国在维持世界均势中发挥中心作用,一个强大的、独立的中国,同邻国和平相处的中国,在一个多元化的世界中,将是和平的力量,将对解决世界的问题起建设性的作用。"他还强调:美国政府认为中美两国之间的关系在美国全球政策中具有中心的重要性,卡特总统下决心要同中国实现关系正常化。他表示,美国愿意接受中国提出的建交三原则,但"希望(而非作为条件)在美方做出期待纯属中国内政的台湾问题得到和平解决的表示时,不会明显地遭到中国的反驳。这样美国国内的困难将更容易解决"。他宣布美国已授权其驻华联络处主任伍德科克同中方就实现两国关系正常化问题进行具体谈判。

邓小平在5月21日会见了布热津斯基。

一见面,邓小平就问道:"一定很累了吧?"

"我的劲头大着呢。来中国之前,我阅读了你同美国主要政治家和参议员的谈话记录。"布热津斯基说。

邓小平说,美国朋友我见得不少,中国问题不难了解。你从过去的谈话记录中可以了解我们的看法、观点、主张,直截了当。毛主席是军人,周总理是军人,我自己也是军人。

布热津斯基回答说,军人说话就是痛快,我们美国人也是以说话痛快出名的。我希望你们不会觉得美国人不容易理解。

话题马上转到中美关系正常化方面。布热津斯基说,总统要我带话给你,美国已经下了决心,我们不仅准备同你们讨论国际形势以及同你们采取并行不悖的行动,以促进达到同一目标,消除同一危险;同时也准备同你们积极讨论美中双方的关系问题。

邓小平说:

很高兴听到卡特总统的已经下了决心这个口信。

在这个问题上,双方的观点都是明确的,问题就是下决心。如果卡特总统是下了这个决心,事情就好办。我们双方随时可以签订关系正常化的文件。……在这个问题上,我们历来阐明的就是三项条件,即断交、撤军、废约。这三项条件都涉及台湾问题。我们不能有别的考虑,因为这涉及主权问题。关系正常化问题对两国来说,是一个带根本性的问题。当然我们历来说,我们之间的关系还有其他方面,主要是国际问题,在这方面我们有许多合作的余地。有许多问题我们可以共同探讨,不少问题我们的看法是一致的。关于两国关系正常化问题,你们要表示你们的希望,这可以;但我们也要表示我们的立场,即中国人在什么时候、用什么方式解放台湾,是中国人自己的事。我们各讲各的。各讲各的,相互都没有约束力。

邓小平问布热津斯基:"你认为怎么样才能实现关系正常化呢?"布热津斯基思忖了一下,说:

我们无意人为地拖延下去,因为总统准备在国内负起政治责任,来解决我们双方这个悬而未决的问题。他承认这是我们的责任,不是你们的问题。在双方关系中,我们所依据的仍然是《上海公报》,仍然是一个中国的原则;台湾问题如何解决,那是你们的事情。我们觉得重要的是,让人看到美国是讲信用的,虽然我们现在正继续并加速从台湾撤军,但是美国还是要在远东待下去,以免造成人心浮动,而为我们的共同敌人所用。在解决关系正常化问题时,以及在我们同台湾人民的关系的历史性的过渡时期规定一系列关系时,都要考虑到这一点。美国接受中国的三条,并再次肯定美国上届政府向你们所讲的五点。我愿意把我到北京后讲过几次的那句话再重复一遍:在这些问题上,美国已经下定决心了。

这次会见,邓小平给布热津斯基留下了很深的印象。布热津斯基在他的回忆录里写道:

别看邓小平身材矮小,胆识可大呢,他一下子就把我吸引住了。他生气勃勃,机智老练,思维敏捷,谈笑风生,气派很大,开门见山。一席话使我懂得了他在政治生涯中屡经浮沉而不倒的原因。更重要的是,他的胸怀和魄力给我留下了深刻的印象。他真正够得上是一位老谋深算、可以放心与之打交道的政治家。

布热津斯基的北京之行，打开了中美建交谈判的大门。

紧接着，双方于7月初在北京开始建交谈判。

曾任外交部副部长的朱启桢、首任驻美大使柴泽民回忆道：

> 在中美关系正常化的谈判中，小平同志不仅关心谈判进程，而且对每一轮的谈判都给予一些具体的指示，甚至于在最后谈判的关键时刻，小平同志三次会见了美国的谈判代表。
>
> 中美建交谈判到最后，一个问题卡住了，就是美国卖武器给台湾这个问题。我们是三大原则，这三大原则美国接受了，与台湾断交、废约、撤军，但是在出售武器给台湾这个问题上，美国不让步。
>
> 当时如果坚持要美国停止向台湾出售武器的话，我们就可能丧失了在当时的情况下和美国建交的时机。但是，如果我们为了求得同美国建交，对武器问题就放过去的话，这个问题将来就成为一个长期解决不了的遗留问题，所以最后邓小平同志跟美国谈判代表谈判的时候，就提到了这个问题：是不是我们双方同意发表建交公报，建立外交关系。但这个武器问题就留在双方建交以后两国政府继续商谈来解决。因为有了这句话，才有了后来的"8·17公报"。

经过近半年的谈判，双方终于达成下述协议：一、美国承认中国关于只有一个中国、台湾是中国的一部分的立场，承认中华人民共和国政府是中国的唯一合法政府，在此范围内，美国人民将同台湾人民保持文化、商务和其他非官方关系；二、在中美关系正常化之际，美国政府宣布立即断绝同台湾的"外交关系"，在1979年4月1日以前从台湾和台湾海峡撤出美国军事力量和军事设施，并通知台湾当局终止《共同防御条约》；三、从1979年1月1日起，中美双方互相承认并建立外交关系，3月1日互派大使、建立大使馆。在这些协议的基础上，双方于1978年12月16日晚发表了《中华人民共和国和美利坚合众国关于建立外交关系的联合公报》。

访问美国是邓小平的夙愿。

1978年11月29日，邓小平在人民大会堂会见日本公明党第七次访华团时就对竹入义胜说，我现在还有一个愿望，就是想到华盛顿去，不晓得能否实现。美国人总是说你为什么不到华盛顿去？那里有台湾的大使馆，我怎么去？只有中美关系实现正常化了，我们中国领导人就可以去。在国际事务上，我只要完成这件事就可以见马克思了。

邓小平真的如愿以偿了。

1979年1月28日，邓小平应邀对美国进行正式访问。

美国总统卡特破例以接待国家元首的礼仪规格接待了邓小平副总理。

1月29日上午，白宫的南草坪披上了节日的盛装。五星红旗第一次悬挂在白宫前面的旗杆上，和美国国旗一起飘扬。10点整，卡特总统在这里为邓小平访美举行了正式的欢迎仪式，美国政府许多高级官员和1 000多名挥舞着中美两国国旗的群众参加了欢迎仪式。人群中不时爆发出阵阵掌声和欢呼声。

邓小平和夫人卓琳在卡特夫妇的陪同下走上了通向讲台的红地毯。军乐队奏起了中美两国国歌，鸣礼炮19响。这是把邓小平作为一个友好国家的政府首脑接待的。

在检阅了仪仗队后，卡特致辞说：

"今年开始了有意义的我们两国关系的正常化，今天我们又迈进了一步。""我们期望，这种正常化能帮助我们一同走向一个多样化的和平世界。"

"副总理先生，昨天是旧历新年，是你们春节的开始，是中国人民开始新的历程的传统日子。我听说，在这新年之际，你们向慈善的神灵打开了所有的门窗。这是忘记家庭争吵的时刻，这是人们走亲访友的时刻，也是团聚和和解的时刻。""对于我们两国来说，今天是团聚和开始新的历程的时刻，今天是和解的时刻，是久已关闭的窗户重新打开的时刻。"

随后，邓小平致答词。他高度评价了中美关系正常化的意义，他说："中美关系正常化远远超出两国关系的范围。位于太平洋两岸的两个重要国家发展友好合作关系，对于促进太平洋地区和世界和平，无疑将是一个重要因素。"他还赞美了两个伟大的国家和两国伟大的人民，两国人民的友好合作，必将对世界形势的发展产生积极而深远的影响。他意味深长地说："世界人民的当务之急，就是要加倍努力维护世界和平、安全和稳定。世界形势也在经历着新的转折。我们两国有不可推卸的责任，通过共同的努力对此做出应有的贡献。"当时，美国政府正在同苏联进行第二阶段限制战略核武器的谈判，不愿当着中国人的面公开谴责苏联的问题。但邓小平在答词中，还是把这个问题含蓄地、策略地端了出来。

欢迎仪式后，邓小平和卡特走进白宫椭圆形办公室，开始进行两国最高级会谈。会谈前，卡特和邓小平照例寒暄了几句。

卡特说："1949年4月，我作为一名年轻的潜艇军官曾经在青岛待过。"

邓小平听后风趣地说："我们的部队当时已经包围了那个城市。"

这时，坐在一旁的布热津斯基插话说："那你们早就见过面？"

邓小平笑道："是的。"

随后，他们开始了正式会谈。这样的会谈，一共举行了三次。

邓小平的这次访美，对中美关系的进一步发展，起了重要的促进作用，为两国的政治、经济、文化、科学、技术等领域的交流与合作，开辟了新的广阔的前景。

1979年8月，美国政府决定在各种双边问题上把中国同苏联明确区分开来，其中包括出口管制、获得进出口银行贷款的资格和最惠国待遇等。在邓小平访美后的两年时间里，中美两国政府之间签订了35个条约、协议和议定书，中美两国关系在外交、经济、科技和文化学术上都有了大的发展。

### "把黄山的牌子打出去"

1979年7月的皖南，连日经受热浪袭击。白天晴碧无云，骄阳如火。到了夜晚，山风骤起，带来一丝凉意，人们方缓解一点儿难耐的暑热和日间劳作的困乏与疲倦。

7月11日，邓小平一家由安徽省委第一书记万里等人陪同，由合肥驱车赶往黄山。

望着迎面而来、又匆匆掠过的黄山诸峰和潺潺流淌的山泉，邓小平那绷紧的神经终于松弛下来。连日来，他忙于国事，筹思萦怀，确实需要一个僻静之处休息一番。

1978年底，在邓小平、陈云等老一辈共产党人的努力下，中共中央工作会议和中共十一届三中全会取得了伟大的历史性成果。会议对"文化大革命"以来的"左"倾错误进行了清算，端正了党的思想路线，并做出了全党工作重点转移的决定。

会议以后，在邓小平的主持下，开始了方方面面的拨乱反正。1979年6月中旬召开的全国人大五届二次会议，集中体现了半年来各方面的探索和成果。在邓小平的推动下，会议以改革和务实的精神讨论通过了涉及中国社会和政治生活的六个法律，并做好了修改《中华人民共和国宪法》的准备。与此同时，全国政协五届二次会议在北京举行。身为政协主席，邓小平做了大量的领导、组织工作，并在大会上作了报告。

两个会议开过以后，邓小平在家人和医生的多次劝告下，决定外出休养一段时间，并把地点首先选择在海拔1 800多米的黄山。

况且，究险探奇，也的确是邓小平的一大喜好、一大乐趣。

正午时分，车队驶过黄山大门，未作停留，越过青龙岭上的白龙桥，径直驶到位于温泉景区的观瀑楼。

在观瀑楼稍事休息之后，邓小平便与随行人员信步向远处的山峰走去。

"这是什么地方？"登上一座精巧别致的亭子，邓小平问道。

"这里叫桃源亭。"黄山管理处处长朱福生回答道。

"为什么叫这个名字呢？是不是指后面的桃花峰讲的？"

"是，是指桃花峰。"

游览过桃花潭、花房，邓小平一行向桃花峰走去。桃花峰迤逦十里，虽不算高，但石阶相当陡，邓小平到此，却收不住脚步，一口气攀上峰顶。

女儿邓楠说："山这么高，爸爸，明天咱们能上得去吗？"

邓小平听了，笑了笑说："嗳，气可鼓，不可泄，我们明天一定要上去。"

第二天早晨7时许，迎着清凉的晨风，邓小平与随行人员乘车来到慈光阁，准备从这里开始登山。

慈光阁古朴典雅，位于玉屏峰上山路口，是供游人憩歇的地方。黄山管理处的职工和闻讯赶来的中外游客自动迎候在这里，列队欢迎邓小平的到来。下车后，邓小平频频向热烈鼓掌欢迎的群众招手致意。他说："谢谢同志们的鼓励，这个山，我一定要上。"

登黄山有两条路，一是从前山上，这里坡陡，行走吃力；一是从后山上，山路舒缓易行。邓小平对黄山管理处的同志说："从前山上！"

时至7点半，晨曦初露。邓小平身着白衬衫，脚蹬圆口黑布鞋，手拄拐杖，开始从慈光阁徒步登山。

行行复行行，山道蜿蜒曲折，峰回路转，越来越陡峭，邓小平以七十五岁高龄，走在前面开路。磴道上，他一口气登上十几个台阶，竟把随行的亲属甩在了后面。而且，他还不时回过头去嘱咐后面的人要当心。

看着汗珠涔涔却仍毫无停步意思的邓小平，管理处的同志开始有些担心了。在黄山的游览山道上，不要说年逾古稀的老者，就是年轻人走上一个来回也得付出相当的体力。平时，为了照顾那些年老体弱的登山者，黄山管理处备有一些简易轿子（滑竿）随时调用。这次邓小平登山，有关领导安排了两顶轿子随行。这时，只见管理处处长朱福生一个手势，两顶轿子飞快地赶了上来。

"邓老，这一段山路比较陡，您是不是坐一段抬子（滑竿）？"

"嗳，不要。"邓小平摆了摆手，"坐什么抬子嘛，爬山就是爬山嘛。"邓小平乐呵呵地说，"这个事，你们不要教我，我比你们有经验。长征的时候，不少人都跑垮了，我还是越走越有劲儿。"

"爬山，有一条经验，"说到这里，邓小平停了下来，"裤管一定要卷起来，卷到膝盖上边来，这样走起路来就比较利索，也不吃力。"他一边说，一边卷起裤管来，随行的保健护士也过来帮他卷。于是，工作人员也仿效他，把自己的裤管卷起来。后面的游客亦如此这般。这样，山路上行进着一支挽着裤管、奋力攀登的队伍。

邓小平不坐轿，别人亦不便坐。这就难坏了邓小平夫人卓琳。原来，同来的女儿邓榕肾脏有病，贫血，而且已怀孕三个月，登起山来非常吃力，一直坚持着蹒跚而行。卓琳看在眼里，急在心上。在立马桥上坡时，邓榕实在走不动了。管理处的同志劝她坐一段轿子，她不好意思享此"非分之福"，坚决不坐。卓琳看到女儿艰难的样子，就陪她坐了一小段路的轿子。

过了片刻，邓小平回头看到了，便说："我们走路都累得很，你们坐在轿子上，别人抬你们，能吃得消吗？"

卓琳听了这话，就吩咐轿夫停下，与邓榕下了轿，在山道上缓步前行。

中午时分，行至古色古香的半山寺。午饭小憩后，邓小平又上路了。一路上，峭壑阴森，松枫相间，五色纷披，灿若锦绣，煞是迷人。邓小平沿途纵目驰骋，兴趣盎然。他穿过"一线天"，越过"蓬莱三岛"，接着向玉屏峰进发。此时，原来在山脚下看去遮没于云雾中的山峰，渐渐显露出来，又渐渐落到了邓小平的手杖底下。

玉屏峰号称"黄山第一处"，用音乐家的语言来说，它是"黄山的主旋律"。在玉屏楼东，一株雄伟高大的千年古松破石而立，枝丫侧重于一旁，低垂远伸，扶疏葱郁，恰似在向慕名而来的客人招手致意。这就是被周恩来总理称为中国第一棵宝树的"迎客松"。山风吹过，松涛阵阵，"迎客松"似乎在用它特有的话语，欢迎着客人的到来。

在迎客松前，邓小平驻足而立，观看前海风光。在这里，他接见了玉屏楼全体职工，并与他们合影留念。

邓小平一行夜宿玉屏楼。

欲穷千里目，更上一层楼。经过一夜休息，邓小平恢复了体力，于次日继续登山。

邓小平这次到黄山，可以说是复出后第一次游海内名山，前方风光无限，使得邓小平十分兴奋。很快，他和大家一起登上了光明顶。盛夏之际，正值黄山旅游高峰期，游人如织。早在登山前，邓小平就对万里等同志说，第一，不要妨碍群众游览；第二，省委同志不要来陪；第三，不准搞特殊化。尽管他再三叮咛，保卫人员为安全起见，还是想悄悄控制一下游客的人数，结果被邓小平发觉了。他严肃地说："要让群众上山，不要搞得戒备森严。"许多来自海内外的游客，听到邓小平登黄山的消息，一传十，十传百，都盼望能在此胜地一睹邓小平的风采。一路上，遇到身后有年轻人或挑担子的老乡，邓小平连忙停到路边让路，并招呼随行的人员说："让让，请他们先走。"然而，许多游客赶到邓小平身边，便不肯走了，同邓小平亲切地交谈起来。邓小平是那样的谦和，如同家中慈爱的长者，游客们并不感到拘束。

峰回路转，趣味无穷。拾级而上，奇峰错列，沟壑纵横，山高风巨，雾气来去无定。在这苍茫的大山里，邓小平凭着大半生修炼而成的信念与毅力，执着地攀登着，如同他的人生之旅，虽然历经坎坷，却不坠青云之志。他在与大自然作着顽强的对话。

快要到鳌鱼峰时，有一位年轻姑娘气喘吁吁地从后面跑了上来。邓小平以为她要急着赶路上山，连忙让路。但她走到跟前，却突然停了下来，上气不接下气地说："邓伯伯，您好！"姑娘抹了一把汗水，涨得通红的脸颊散发着热气，"我是复旦大学的学生，本来已经下山了，听到您老人家在这里，我们又赶了上来。"

"哦？复旦大学什么系的呀？"邓小平关切地问，"是考进来的吗？"

"是考进来的，读的是新闻系。"姑娘回答道。

"哦，难怪消息这样灵通。"这句风趣而幽默的话，把大家都逗乐了。

这会儿，又赶来两个女青年。邓小平热情地同她们握着手："你们好啊。"

"邓伯伯好！"那两位女青年握住邓小平的手，久久舍不得放开。姑娘们拿出她们的学生证,请邓小平签字。"你们三个人,四个学生证?"邓小平笑着,不解地问道。姑娘们解释说:"我们有一位男同学,发扬风格,留在下面看我们的东西,让我们三个赶上来。这个学生证是他让我们代请您签字的。"大家听了,都爽朗地笑了起来,笑声在山谷间回荡,袅袅不绝。"怪不得三个人四个学生证。"邓小平一边签字,一边慈祥地说,"女娃登山赛过男娃喽!"那亲切而为人所熟悉的四川话既朴实又自然。"谢谢邓伯伯。"姑娘们接过学生证,有些不好意思地又请求说:"我们还想占用您老人家一点儿时间,合个影,行吗?""好啊,我们难得遇到一次嘛。"邓小平爽快地答应道。于是,这难忘的一幕被永久地摄入了镜头。

"谢谢邓伯伯,邓伯伯再见。"姑娘们要下山了,她们真诚地祝愿邓小平同志身体健康。

"再见,望你们好好学习!"邓小平挥了挥手,拄着拐杖,目送着她们远去。

在光明顶,邓小平特意到黄山气象站和701台,看望这里的职工,对他们坚持高山气象工作表示慰问,还询问了他们的生活、工作情况,先后与两个单位的职工合影留念。在人群中,邓小平忽然见到了一个母亲怀抱着的婴儿,就提出要单独和这个娃娃合影。见到邓小平这样喜爱孩子,气象站的职工兴奋不已,伟人与百姓的距离仿佛一下子消失了。

在光明顶,邓小平一行住宿一夜。

第三天,邓小平一行来到云海苍茫、险峻壮观的西海。陪同人员向他介绍了峥嵘的西海群峰和由松石构成的"仙人晒靴""仙女绣花""武松打虎""仙人踩高跷"等景观以及变幻莫测的云海风光。在排云亭前,邓小平举目望去,只见烟云时浓时淡,景致时隐时现,他一边看,一边点头称赞大自然鬼斧神工的造化之巧。

在始信峰上,陪同人员向邓小平介绍:"古代游人多从东海云谷寺登山,到这里如入画境,似幻似真,始信黄山风景奇绝,故取名始信峰。"

听完介绍,邓小平登上始信峰最险处,居高临下,极目云天,欣赏着北海群峰和"二仙下棋""猴子观海"等奇妙景观。这时正是傍晚时分,日光斜照,只见云流在山岳间穿行,上行下跌,环流活跃,漫天的云雾和层层积云随风飘移,时而上升,时而下坠,时而回旋,时而舒展,构成了一幅奇特的千变万化的云海大观。邓小平看着这一切,连声赞叹道:"好!好!好!"

回首环顾背后那满目的绿色,邓小平不禁生出一个新的想法,他吩咐工作人员:"请万里同志上来。"

登黄山的途中,万里一直跟随着邓小平,只不过走得稍慢一些。听到邓小平有事找他,万里急急地赶上前去。

"有个想法,你们回去研究。"邓小平坐在一把木椅上,对万里说道,"黄山这么好的植被,要保护。今后凡是山的坡度在15度以上的,不准开荒,只准种树。"

谈话间,忽然山道上一阵热闹,人群好像有些骚动。几位保卫人员过去查看。原来,香港长城电影公司《白发魔女》剧组正在黄山拍摄外景,演职员们听说邓小平正在始信峰上,一定要面见邓小平并欲合影留念。见到这么多手持各种机器的人,保卫人员为安全起见,竭力劝阻。双方相持不下,卓琳说话了:"让他们上来照吧,他(指邓小平)的照片世界各地都有,合个影有什么关系?"于是,这批喜出望外的香港艺员们把邓小平簇拥在中间,留下了珍贵的合影。

晚上,邓小平一行在始信峰一侧的北海宾馆休息。次日,从后山步行西下,一路观赏北海景点集中区域。这里,怪石嶙峋,"麒麟送子""石鼓""双猫捕鼠""象鼻石""老僧采药""苏武牧羊""猴子捧桃""介子背母"等奇景,美不胜收。在工作人员的指点下,邓小平向远方望去,见有一怪石屹立在峰巅,状如喜鹊,旁有一棵青松,形似古梅,松石糅合成景,称为"喜鹊登梅"。邓小平饶有兴致地欣赏着这只报喜的喜鹊,称赞道:"很像!"

陪同人员又告诉邓小平,从侧面看去,"喜鹊登梅"可变成"仙人指路"。邓小平一听,便转身插进一条小路,走了五六十步,回头再看这块移步换形的巧石。果然,"喜鹊"变成了身穿长袍的"仙人",似乎正举手为人们指路。这处奇景引起了邓小平的极大兴趣。他拄着拐杖,站在"喜鹊登梅"景点前,极目远眺,啧啧称赞。此刻,随行摄影师抓住时机,举起相机,记录下这一珍贵的瞬间。

当邓小平出现在云谷寺下山道口的时候,黄山管理处职工和游客共500多人正在这里迎候他。掌声中,邓小平说:"我最后一个到,成了落后分子,还受欢迎?"顿时,人们报以更热烈的掌声。人们祝贺七十五岁的邓小平黄山之旅的成功。

下午2时,邓小平回到了他下榻的观瀑楼。中共安徽省委全体常委在大门前列队迎候他。"邓副主席,您爬山这几天很累了吧?"省委副书记王光宇问候说。

邓小平抬头望着那高耸入云的山峰，过了一会儿，缓缓地说道："黄山这一课，证明我完全合格。"

7月15日下午3时，邓小平在观瀑楼会议厅召开座谈会，听取安徽省委常委和徽州地委（当时黄山属徽州地区管辖）主要负责同志的工作汇报，并就开发黄山旅游资源，发展黄山旅游业和徽州山区经济等问题作了重要指示。

邓小平一边品尝着"黄山毛峰"，一边与大家随意地交谈着。

"老魏，你这个地区管哪几个县？"邓小平问徽州地委书记魏心一。

魏心一回答说："我们地区管7县1市，有170万人口……"他接着向邓小平介绍了徽州地区的资源、物产等情况。

邓小平赞赏道："你们这里物产很丰富，这个地方将是全国最富的地方。"

"我们这里产春茶19万担，春夏茶28万担。"魏心一说。

"一担多少钱？"

"170元到180元，祁红、屯绿主要是我们这里生产的。"

邓小平说："祁红世界有名。黄山是你们发财的地方，对黄山的工作要好好整顿。主要是搞好服务工作。你们条件不好，第一是脏，这是不行的。"

说到这里，邓小平停了一下，然后加重语气说道："这里是发展旅游的好地方，省里要有个规划。外国人到中国旅游，一般的一星期要花1 000美元，有时钱花少了还不满意。你们要很好地创造条件，把交通、住宿、设备搞好。要搞好道路，上山道路要很好地整修。"

万里插话说："道路现在太窄，我们要很好地整修，皖赣铁路岩寺站改成黄山车站，屯溪机场要进行扩建。"

邓小平说："可以搞小飞机。但交通还不是第一。第一是服务态度，清洁卫生。长城那个地方的问题，我们很着急，就是解决得很慢。现在我们国家有些人就是慢慢腾腾不着急，积极性不高。你们搞旅游的人，要有点儿外语知识。凡是服务态度好、服务质量高的，工资要高，也可以给他百把元，不好的要批评教育，不改正的还可以淘汰，这样就搞上去了。"

邓小平强调说："服务态度、清洁卫生很重要。外国人批评我们脏。爬了山要洗温泉澡，钱可以多收。"

见大家都不说话，邓小平呷了一口茶，谈起了他的生意经：

"旅社建筑要搞古色古香的房子。像这样的房子（指观瀑楼），一家住一天可以收他500美元，起码200美元。我在美国住旅馆，最低的是900美元，高的有1 200美元。他们来旅游就是要花钱嘛。

"每个宾馆要搞小卖部。祁红、绿茶搞小包，一二两的，包装搞得漂亮些，卖他几个美金。他不是喝茶，是当纪念品。游客带回去送人，表示他到过黄山。安徽纸、墨、笔、砚，也要搞包装，卖美金。小卖部卖茶、纸、墨、笔、砚，定国际价格，大有买卖可做。特别是日本人喜欢。砚台不要搞大。我们就是不会赚钱。很多外国人特别是华侨批评我们不会赚钱。

"被单要每天换，将来要搞冷风机。伙食要很好地讲究，要适合外国人的口味，你们地方菜烧得不好，要训练这方面的人才。青岛的啤酒很有名，在美国吃饭到处看到青岛啤酒。如果把青岛啤酒拿到这里来卖，可以比别处贵三四倍。"

"芜湖铁路通到哪里？"邓小平问。

"通到景德镇。"万里说。

"有了这条铁路就好了。"

邓小平接着又谈到了治山问题，说："在这里，我们的资本就是山。要搞些专业队治山。山上的东西多得很，你170万人口，搞好了许多东西可以出口，收外汇。现在这里有好多秃山，种玉米干什么？既影响水土保持，收入又少。山区建设，就是看搞什么收效快就搞什么。粮食少，用别的办法解决。要有些办法，禁止破坏山林。"

省委书记顾卓新说："过去山区搞粮食自给，毁林、茶，改种粮，对山区破坏很严重。"

邓小平说："山治得好，要允许他们的收入高，不要去剥削他，还要组织专业队搞。"

"现在治得好的地方，就是组织专业队搞的。"魏心一汇报说，"过去旌德养黄牛，也是出口的，现在很少了。"

邓小平说："把这些恢复起来就好了。小黄牛的肉很好，出口很受欢迎。"

万里说："这里过去生漆、桐油很多，现在还未恢复起来，漆基本上搞光了。"

"山区宝多得很。种柞树也很好。要搞经济林。要很好地发展竹木手工生产，搞好竹编生产，搞些好的竹编工艺品，每件收他几个美元。"邓小平说。

"还要种菜，你们的丝瓜很好。石鸡，外国人肯定喜欢，做好了，可以卖他几十个美金,很多东西稍微调制好了,价钱可以高一两倍。"

在座的省委常委被邓小平的话深深震惊了。除了长期跟随邓小平南征北战过的省委第一书记万里,他们实在难以想象,向来抓大事、理大局,在政治上具有深邃洞察力和统帅才能的邓小平,谈起赚钱做生意的"方略"来竟如此思路开阔,如此精细、懂行,如此有板有眼。

顾卓新接上了话头,才打破了刹那间的沉寂:"我们要办这方面的学校,训练好的厨师、导游、服务员。"

服务员为邓小平续上茶。望着袅袅升腾的水汽和弥漫开来的茶香,邓小平兴致更高,他说:

"公园要卖门票,外国人一个价,中国人一个价。泰国曼谷公园本国人收二角钱,外国人收一元五角钱。温泉洗澡、游泳池也要收费,也要有区别。国内外不同,本国人和外国人收费不同。导游要有章程。

"主要是搞好服务态度、清洁卫生,这是很重要的。你让人家出钱,服务态度不好,又脏,谁来?来了也要骂娘。这方面的工作要很好地研究,人员要训练,要培养这方面的人才。一定要搞得使游客方便。"邓小平又一次强调这一点。

"你们搞几个养牛场,种草,游客来了喝鲜牛奶、吃奶酪。这里卖奶制品,收费可比别处高些。外国人喜欢吃小牛肉、牛排,那东西确实好吃,香得很。以前我在法国留学时是吃不上的。

"黄山要搞些好的风景照片,一套黄山风景明信片,卖他几个美金,要搞彩色的风景照片、画册,他们买回去当纪念。"

万里说:"九华山风景也很好,是佛教圣地,您没去。"

邓小平没有接万里的话头,继续说下去:"我提出旅游业到1985年收入50亿美元,他们说保证不了。交通、旅游有一系列问题,翻译也不够。这怎么可以?服务员起码要学简单的外语,会讲出菜单的、外语好的服务员,工资要高。导游要训练,导游由游客雇,收入归公。"

邓小平对于发展旅游的思考早在1978年的下半年就开始了。

从1978年下半年开始,把党和国家的工作重点转移到经济建设上来,成为邓小平反复考虑的中心问题。如何实施这一重大决策,邓小平把他的眼光瞄准了旅游业。从1978年10月到1979年7月,10个月的时间内,邓小平连续五次比较集中、系统地谈到发展旅游业的问题,提出了一系列有关发展旅

游业的重要思想:

1978年10月9日,邓小平会见美国泛美航空公司董事长西威尔时,对在场的旅游与民航部门的领导说,民航、旅游这两个行业很值得搞。要用管理经济的办法来管理。要抓利润,利润不是帅也是将嘛。他亲自算了一笔账:一个旅行者花费1000美元,一年接待1000万旅行者,就可以赚100亿美元,就算接待一半,也可以赚50亿美元。他希望民航部门和旅游部门共同研究,"以发展旅游为中心,搞一个综合方案"。

1979年1月,邓小平三次着重谈到发展旅游业的问题。邓小平认为,现在国家计划想掉个头,过去工业以钢为纲,钢的"屁股"太大,它一上就要挤掉别的项目,而且资金周转很慢。要先搞资金周转快的,如轻工业、手工业、补偿贸易、旅游业等,能多换取外汇,而且可以很快提高人民生活。"旅游赚钱多,来得快,没有还不起外债的问题。"

1月2日,邓小平对国家旅游总局的同志说:"搞旅游要千方百计地增加收入。既然搞这个行业,就要看看怎样有利可图。"一定要搞多赚钱的东西。邓小平把旅游摆到了经济产业的位置,明确了旅游业的发展方向,就是要增加收入。1月6日,邓小平在同国务院负责同志谈经济建设方针时指出:"旅游事业大有文章可做,要突出地搞,加快地搞。""旅游赚了钱可以拿出一些来搞城市建设。""要搞多赚钱的东西,可以开饭店、小卖部、酒吧间,进口一些酒、可口可乐,搞纪念画册、风景图片,还可以搞一些正当的娱乐。"

1月17日,邓小平会见胡厥文、胡子昂、荣毅仁等工商界领导人时说,我们国家地方大,名胜古迹多,如果一年接待500万人,每人花费1000美元,就是50亿美元。要千方百计赚取外汇。我们的人民很聪明,要多想些办法,千方百计选择收效快的来搞,不要头脑僵化。比如要大力发展旅游业,可以多搞几个旅游公司。这里邓小平一连用了几个"千方百计",可见当时他对发展旅游寄予了很大的希望。当时工商界人士落实政策后有5亿资金,邓小平希望他们把这些资金用来搞旅游业,主要是上海、天津、广东,集中投资到旅游方面。邓小平还对工商界负责人说:"旅游业你们可以推荐人当公司经理。请你们推荐人管理企业,特别是新的企业,不仅国外的,还有国内的,条件起码是爱国的、事业心强的、有能力的。旅游业,每个地方推荐两三人。"

邓小平还提出旅游业对外开放的一些具体设想:石林很宝贵,中国有一个,意大利有一个,但我们的石林比意大利的好得多。要开辟到拉萨的旅游线路,外国人对拉萨感兴趣。到尼泊尔的游客也可以到拉萨来。为了搞好旅游这个对外开放的窗口，邓小平要求旅游局要搞一些培训班，培养翻译、导游、经营管理人员，甚至服务员。服务员也要有知识，有一点儿外语基础。房子要干净，伙食要适合外国人口味。要搞好旅游宣传，等等。

这次在黄山，邓小平再一次集中阐述了发展旅游业的思想。

座谈会在继续进行着。

话题转到如何发展徽州山区经济的问题。邓小平说："你们徽州地区要解放思想，开动机器，广开门路，增加收入。要搞经济林。你何必种玉米？既影响水土保持，收入又少。山区建设就是让群众看看，什么收效快，就搞什么。现在我们都是吃粮食，为什么不种草养牛，中国人的食物结构要改变。日本人每人每年吃200斤鱼。现在让群众多吃肉不行，实在是穷，吃不起，富裕的队可以搞，多养猪、牛、羊，多吃肉，少吃粮。"

万里说："我们巢湖有几百万亩水面，但养鱼业发展很差。"

这时，邓小平显得很兴奋："巢湖，我们打过长江就是在巢湖训练的水军。"稍停一下，邓小平又嘱咐道："水面还有的是，要好好养鱼，让群众多吃点儿鱼，少吃点儿粮。我们的食物结构是长期形成的，习惯要慢慢改。你们试试，富裕队多养猪、牛、鱼，让群众逐步多吃肉，少吃粮。肉、鱼价格可以对当地人放低些。逐步地搞到少调进粮食，多吃肉，改变食物构成，这样人的健康状况肯定会改变。"

邓小平又询问了去年徽州的粮食收成和社员人均收入。

最后，邓小平鼓励安徽省委和徽州地委的负责人："你们要有点儿雄心壮志，把黄山的牌子打出去。"

邓小平再一次提到：要做一系列的工作。工作人员要实行按劳分配，年终利润多还可以发奖金。9亿人口的收入平均发展是不可能的，总是有的地区先富裕起来，一个地区总是有一部分人先富裕起来。

历时两个小时的座谈会在轻松愉快的气氛中结束。

根据日程安排，邓小平一家次日要离开黄山前往上海。

吃过简单的晚餐，邓小平余兴未尽，他在观瀑楼门前一边散步，一边眺望四周的景致。这时，地委书记魏心一来了。

"哦，屋里坐。"邓小平招呼着客人。

在客厅里坐定，魏心一让秘书拿进来两只精致的竹雕笔筒。"邓副主席，"

魏心一说,"这是汤口的一位退休老工人用了一个月的时间雕刻成的,专门送给您老人家,表示对您的敬意。请邓副主席一定要收下。"

邓小平听了这番话,想了想,说道:"好,我收下。老魏,请你代我谢谢他。"

这两个竹雕笔筒一大一小,大的约有热水瓶粗,上面雕刻着"八仙过海"图案;小的约有茶杯粗,雕刻着"黄山风景"图案。

邓小平一边欣赏着这两件精美绝伦的工艺品,一边听着魏心一对徽州新安文化中木雕、砖雕、石雕、竹雕等"四雕"工艺的介绍。

"这个东西很好,要大力发展。"邓小平赞美道。

魏心一说:"徽州过去很美,山清水秀,小桥流水,现在有些被破坏了。"

邓小平马上说:"你们现在还可以搞嘛,还可以再建嘛。"

见时间不早了,邓小平又有些疲乏,魏心一遂告辞。

第二天早晨,邓小平临行前,魏心一再次来到观瀑楼,代表黄山,代表徽州人民为邓小平送行。此时,邓小平正在吃早饭,魏心一请他为黄山题字,他欣然应允。

他放下饭碗,走进会客厅,拿起毛笔,蘸上墨汁,挥笔写了"天下名泉"四个大字。

上午8时左右,邓小平在观瀑楼与前来送行的省、地领导以及黄山管理处的干部职工一一握手话别,然后由省委第一书记万里陪同,转道乘火车前往上海。

## 农村改革

邓小平说,中国的改革是从农村开始的,这个发明权是农民的。

农民们却这样认为,没有邓小平,改革是搞不起来的,即使搞起来了也会夭折。一位在农村工作了几十年的县委书记曾这样说道:"改革农村生产经营方式,农民们追求了几十年,光是生产队的评工记分方法,就先后变换过400多种,但在人民公社的体制下,怎么变都不能从根本上解决问题。20世纪60年代初期,农民们就想搞包产到户,搞责任田,搞了三次,三次都被当作资本主义批判下去了,许多干部为此受到无情打击。1978年这一次又搞了,而且搞成功了。这是为什么?就是因为有了思想解放运动,有了实践是检验真理唯一标准的大讨论。归根到底，靠的是邓小平的启发和支持。"

党的十一届三中全会吹响了农村改革的号角。

农业问题是中央工作会议和十一届三中全会讨论的一个重要问题。会议主要讨论中共中央《关于加快农业发展若干问题的决定（草案）》和《农村人民公社工作条例（试行草案）》两个文件。随着会议对"两个凡是"禁区的突破，人们的思想也越来越解放。与会代表对我国农业的现状进行了深刻的反省，很多人在会上对这两个农业文件表示不满，认为文件既没有实事求是地总结新中国成立以来农业战线的经验教训，又没有实事求是地指出当前的问题。在与会代表们的强烈要求下，会议对这两个文件作了较大的修改，特别是对《关于加快农业发展若干问题的决定（草案）》进行了改写，最后提出了发展农村生产力的25条措施。虽然在会议原则通过的文件中也还沿用了一些"左"的传统提法，作了一些不合时宜的规定，如禁止分田单干、不许包产到户等，但由于整个会议的主题是解放思想、实事求是，参加会议的各地负责同志对今后回去应该怎么做心里是有底的。何况文件还规定了"可以在生产队统一核算和分配的前提下，包工到作业组，联系产量计算劳动报酬，实行超产奖励"。邓小平在中央工作会议闭幕会上的讲话中讲道："当前最迫切的是扩大厂矿企业和生产队的自主权，使每一个工厂和生产队能够千方百计地发挥主动创造精神。一个生产队有了经营自主权，一小块地没有种上东西，一小片水面没有利用起来搞养殖业，社员和干部就睡不着觉，就要开动脑筋想办法。全国几十万个企业、几百万个生产队都开动脑筋，能够增加多少财富啊！"讲话为正在起步发展中的农村改革注入了强大的推动力。

确实是这样。1977年7月，邓小平第三次复出后，针对我国农业发展状况，对农村的体制问题进行了深入的思考。他说，1958年"大跃进"一哄而起搞人民公社化，片面强调"一大二公"，吃大锅饭，带来大灾难。"文化大革命"就更不用说了。粉碎"四人帮"后，还徘徊了两年，基本上因循"左"的错误，一直延续到1978年。从1958年到1978年整整二十年里，农民和工人的收入增加很少，生活水平很低，生产力没有多大发展。中国的农业问题太严重了。特别是中国农民的贫穷生活给这位七十多岁的老人很深的感触。他这样动情地说过，我们太穷了，太落后了。外国人议论，中国人究竟还能忍耐多久，很值得我们注意。我们的人民是好人民，忍耐性已经够了。我们现在必须发展生产力，改善人民的生活条件。

四川是邓小平的家乡，也是中国农村进行改革较早的省之一。这个素有"天府之国"美称的农业大省，在"左"倾思潮的影响下，农民的生活也很穷困。粉碎"四人帮"后，省委结合本省的实际，采取了一些措施，使农业生产在一定程度上得到恢复。他们采取的一些措施当时也遭到了来自上面的一些非议。1978年1月底至2月初，邓小平出访尼泊尔，途经成都时作了短暂停留，在听取中共四川省委汇报工作时说：

农村和城市都有个政策问题。我在广东听说，有些地方养3只鸭子就是社会主义，养5只鸭子就是资本主义，怪得很！农民一点儿回旋余地都没有，怎么能行？农村政策、城市政策，中央要清理，各地也要清理一下，自己范围内能解决的，先解决一些。总要给地方一些机动。

这番话对当时深感有思想压力的省委领导来说如释重负。同年8月，他又一次谈到四川农村的情况，他肯定四川农业的发展是政策对头。所谓政策，还是老政策，无非是按劳分配，这是最根本的，不吃大锅饭，按劳分配，再加上点儿小自由，如养鸡，给少量的自留地，一年就搞起来了，两年就翻身了。

1978年9月邓小平的东北之行，多次谈到农村问题。他说，一个公社有自己的条件，有自己的情况，一个大队有自己的条件，有自己的情况，有一般，也有特殊，大量的是特殊，更重要的是要根据自己的特殊情况考虑问题。邓小平对当时全国农业学大寨、普及大寨县的提法表示了不同看法：不论搞农业、搞工业、搞现代化，都要实事求是，老老实实。学大庆、学大寨要实事求是。大寨有些东西不能学，也不可能学。比如它评工记分，一年搞一次，全国其他人民公社、大队就不可能这样做，取消集贸市场也不能学，自留地完全取消也不能学，小自由完全没有了，也不能学。所有在一个县、在一个公社工作的同志，都要根据一个县、一个公社的条件，大队也要根据大队条件搞好工作。要鼓励哪怕一个生产大队、一个生产小队很好地思考，根据自己的条件，怎样提高单位面积产量，提高总产量，还有技术方面、多种经营方面，哪些该搞的还没有搞、怎么搞，这样发展就快了。大寨是毛泽东在农业战线上树立起来的一面红旗，是全国农村人民公社学习的榜样。大寨的那些做法在当时是被宣传为最具社会主义特征的。在那个年代，人们心有余悸，尽管对大寨的做法不赞成，但有话也不肯说，不敢说，不直说，甚至继续说一些言不由衷的假话，谁要说不学大寨，弄不好就会被扣上走资本主义道路的帽子。邓小平的这个讲话，如一石激起千层浪，解放了人们的思想。细心的人也不难看出，后来在三中全会通过的两个农业文件中，已经不再提"农业学大寨"的口号了。

党的十一届三中全会对于中国改革只是开了个头，接踵而至的还有许多困难，率先开始的农村改革就不是一帆风顺的。

党的十一届三中全会后，全国各地落实全会的精神和有关农业的两个文件，积极试行各种形式的责任制。

四川、云南搞了包产到组；广东农民实行了"五定奖"；特别是安徽，迈出的步子比一般省份要大。

1979年1月，《人民日报》陆续报道了这四个省实行生产责任制的情况，随之而来也引发了一场激烈的争论。3月15日，《人民日报》在头版头条位置刊登了署名"张浩"的《"三级所有，队为基础"应当稳定》的来信和"编者按"。来信认为"三级所有，队为基础"符合当前农村的实际，应当稳定，不能随便变更。轻易地从"队为基础"退回去，搞分田到组，是脱离群众、不得人心的，也会给生产造成危害。《人民日报》的编者按指出："已经出现分田到组、包产到组的地方，应当正确贯彻执行党的政策，坚决纠正错误做法。"中央人民广播电台也向全国播发了这一消息。

消息一经传出，引起的震动很大。有的人认为，这是中央的新精神，还有人认为"党的十一届三中全会的精神偏了，该纠正了"。在干部群众中产生了思想混乱，一些地方立即停止了"包工到组、包产到组"的推行。有些地方由于拿不定主意，由此影响了春耕。

3月30日，《人民日报》同样在头版位置刊登了安徽省农委的来信。这封信是万里指示省农委写的，来信指出，应当正确看待联产责任制，强调定产或包产到组都是符合中央两个农业文件精神的。《人民日报》同样加了"编者按"，承认3月15日的来信和"编者按"中有些提法不够准确，今后应当注意改正。同时提出，各地情况不同，怎样搞好责任制应当和当地干部群众商量，切不可搞"一刀切"，更不能搞某一种形式，否定或禁止另一种形式。

争论从报纸上延续到1979年4月中央工作会议的会场上。明确表态支持实行"包工到组、包产到组"的省委书记在会上仍是少数派。安徽省委书记万里在会上说：你们走你们的阳关道，我走我的独木桥。两个月后全国人大五届二次会议期间，万里找到了陈云，陈云对安徽的做法表示举双手赞成。这年的7月，邓小平去了安徽，登上了黄山。他听完了万里的汇报后说：你就这么干下去，实事求是地干下去，要不拘形式，千方百计使农民富起来。

万里心里有了底。而且年初凤阳县小岗村18户农民偷偷地搞起的"包产到户",年底有了硕果,远村近邻纷纷仿效;到1980年,凤阳、肥西几乎全县,以及邻近的不少县,都实行了包产到户,全国不少省也开始实行包产到户这种责任制形式。

随着包产到户从暗处走到明处,从个别省走到全国许多省,由此引起的责难也纷至沓来。关键时刻,邓小平说话了:农村政策放宽以后,一些适宜搞包产到户的地方,搞了包产到户,效果很好。情况变化很快。安徽肥西绝大部分搞包产到户,增产幅度很大。针对当时党内外一些同志的担心,邓小平说,我们总的方向,还是发展集体经济。"大跃进"时,高级社还不巩固,又普遍搞人民公社,20世纪60年代初不得不退回去,退到以生产队为基本核算单位。他认为:

总的说来,现在农村工作中的主要问题还是思想不够解放。除表现在集体化的组织形式这方面外,还有因地制宜发展生产的问题。所谓因地制宜,就是说那里适宜发展什么就发展什么,不适宜发展什么就不要去硬搞。……现在有些干部,对于怎样适合本地情况,多搞一些经济收益大、群众得实惠的东西,还是考虑不多,仍然是按老框框办事,思想很不解放。

邓小平的这个讲话,彻底拨开了阻碍农村改革的重重迷雾。根据这个精神,9月,中央召开了各省、市、自治区第一书记座谈会,讨论关于进一步加强和完善农业生产责任制的几个问题。会议分析了农业集体化过程中的一些曲折和失误,认为,由于集体化运动中的缺陷,由于有极"左"路线的干扰,由于很长时期党的工作重点没有转移到经济建设上来,目前集体经济的物质技术基础还是比较薄弱的,人民公社的体制、结构方面也存在着需要改革和完善的问题。经营管理工作更是一个突出的薄弱环节。对于包产到户,应当区别不同地区、不同社队采取不同的方针。群众对集体丧失信心、因而要求包产到户的,应当支持群众的要求,可以包产到户,也可以包干到户,并在一个较长时间内保持稳定。会后中央发出通知,第一次郑重地肯定了大包干和包产到户的改革行动,认为它不会脱离社会主义轨道,没有什么复辟资本主义的危险。这样,以包产到户、家庭联产承包责任制为特征的农村改革在全国全面铺开。

## 关注三峡工程

1980年7月10日晚，邓小平乘火车离开了成都，11日抵达重庆。到重庆后，他片刻不停，很快在朝天门码头登上"东方红32"号轮，沿水道出川。专程前来迎接并陪同随行的有湖北省委第一书记陈丕显、四川省省长鲁大东、长江流域规划办公室副主任魏廷琤、宜昌地委书记马杰、葛洲坝工程局局长廉荣禄等。

谁也不知道这是邓小平第几次出川，可是他却清清楚楚地记得那难忘的第一次。

1920年，十六岁的少年邓希贤（邓小平学名）自重庆留法预备学校毕业后，打点行装，辞别父母，乘船东下，前往法兰西，开始了勤工俭学、实业救国的历程。那一次他走的就是这条重庆至上海的水路。

60年前，十六岁的少年顺江东下，是为了冲出四川，走出国门，逐西潮，救中国。

60年后，七十六岁的老人顺江东下，是为了探求开发长江、振兴中南之路。

一路上，陪同的人们时而指点两岸的高山峻岭、名胜古迹和城邑村落，时而讲解一个个暗礁险滩的成因与沧桑。邓小平边看边听。有时，他叫人搬来一把藤椅，摸出老花镜，翻看着女儿带来的《唐宋词一百首》中有关长江三峡的篇章，偶尔吟咏几句。

邓小平站在甲板上，望着那滔滔的江水、翻滚的浪花，陷入了沉思。探求修建三峡工程的可能性，这是他此行的主要目的。

要不要修建三峡水利工程，是一个长期有争议的问题。邓小平十分关心这个问题。根据他所掌握的材料，他也是倾向于赞成兴修这项举世瞩目的大工程的，但他一直没有能亲自进行实地考察。

中共十一届三中全会以后，一场大规模的经济建设热潮在全国蓬勃展开。兴建三峡工程问题又提上了议事日程，争论也开始一步步升温。国内外许多有识之士，对三峡工程问题从不同的角度进一步提出了赞成或反对的意见。

邓小平尽管在北京多次听到了各方面专家和有关负责人的论证和意见，但他认为事关重大，做出决策要慎重，要对11亿中国人民负责，对子孙后代负责。他决定亲自作一番调查研究。

船停靠万县的时候，邓小平向魏廷琤问起鄂西资源情况。魏廷琤说："鄂西铁矿储量很大，在宜昌、恩施两个地区，储量就有17亿吨。经冶金部门长期研究，准备开采。但存在着地下开采难度较大、矿石含磷较多以及交通运输困难等问题。"

邓小平问："矿石的品位如何？开采和选矿技术能不能解决？"

"含铁量为30%到40%。地下开采和红矿选矿总有问题，采用先进技术可以解决。"

"那么运输问题呢？川汉铁路选了哪几条线？"

魏廷铮详细汇报了川汉铁路选线的南、中、北三个方案。

他接着汇报说，现在长江沿岸大型钢铁企业进口外国矿石，从长远看是不合理的，应该积极建设鄂西铁矿基地；另外，川东巫山、鄂西北郧西亦有大型或较大型铁矿，在三峡大坝太平溪坝址附近还有铬矿，川东地区还有锰矿。鄂西除铁矿外，还有大规模的磷矿可以开采，除制造磷肥外，还可提炼黄磷供国内外需要。三峡及其以上长江河谷地区，500米高度以下适宜种植柑橘。汇报过程中，他一步步把话题引到了三峡工程上来：

"鄂西地区最为丰富的是长江水利资源，开发长江水利资源可以兴利除害。"

邓小平马上听出了魏廷铮的弦外之音，一语道破说："你的意思是要修建三峡大坝？"

他又指着同行的另一位负责干部（万县地委负责同志）说："而他是不赞成的。"

邓小平快人快语，一下把矛盾摆到了大家面前。

邓小平说："反对建三峡大坝的人有一条很重要的理由，说是建了大坝以后水就变冷了，下游地区水稻和棉花都不长了，鱼也少了。有没有这回事儿？"

魏廷铮答道："不会有这样的影响。第一，三峡水库按200米正常蓄水位，比原来河道水面只增加1 000多平方公里，分布在全长700公里的川江两岸，和中游平均河宽大致相近，对气候影响不大，不会有明显改变。第二，水库水温呈垂直分布，长江流量大，可以调节。第三，最重要的论据是丹江口水库。丹江口水库修起来以后，汉江中下游解除了水患，粮食、棉花连年丰收，汉江的鱼产量也并没有减少。如果说影响，就是水库蓄水之后，上游冲下来的饵米相对减少了一点儿。"

"噢，是这么回事啊！"邓小平点点头，他认为魏廷铮说得有道理。

船行至江流湍急处，邓小平仔细观察航行情况，看到滩多流急，航行困难。

他对魏廷琤说："1920年出川,去法国留学,船行到中途坏了,只好改变行程,起旱,走陆路出川,交通真是艰难啊!"

船过夔门,邓小平到船尾看瞿塘峡进口。

邓小平问:"在这里选过坝址没有?"

魏廷琤答:"这里在三峡上口,水深流急,地质条件不好,而且整个三峡段是水能比较集中的,如不加以利用,只在上口建坝,要得到同等防洪发电效果,则对四川会造成更大的淹没损失。"

魏廷琤又介绍了现在拟选坝址的地质情况。

邓小平说:"你们不是有两个比较坝址吗?"

魏廷琤说:"两个坝址都是好坝址,各有优缺点,太平溪坝址在上游,河谷相对较窄,土石方开挖较多,7000余万立方米,混凝土工程量较少,约2500万立方米;三斗坪坝土石方开挖较少,5000多万立方米,混凝土工程量较大,约3300万立方米。前者土石方开挖较多,混凝土工程量较少,但后者在施工导流方面简便一些。"

邓小平又详细询问了投资、工期、发电、航运等问题。

"两个坝址工程投资都差不多,95亿元左右,全部建完约十六年,平均每年投资6亿元左右,如果利用围堰发电,从开工到第一台机组发电,约需六年半时间,总计投资约70亿元。"魏廷琤一一做了回答。

邓小平问:"围堰发电的水轮发电机前后如何衔接?"

"先用临时机组,即葛洲坝的发电机、水轮机加套,将来换装正式三峡机组,两者之间不会发生矛盾。"

邓小平问:"100万千瓦的机组,国内能不能制造?"

魏廷琤答:"美国爱利斯·查谟公司董事长给您写的那封信转给了我们。他们表示愿意承制三峡100万千瓦的机组。一机部沈鸿副部长表示,100万千瓦的机组可以造,也可以和美国人合作,共同设计,在我们工厂造。"

邓小平肯定地说:"这是个好办法,这个办法可行。"

邓小平又问:"工程投资95亿元,分十六年使用。围堰发电六年半开始受益,是否1981年开工,1987年即可以发电?"

"是这样的。全部建成十六年,到了1996年,年发电量1100亿度,接近今年上半年全国发电总量。以每度6分计,可收入66亿元,这是一个很大的数字。"

邓小平说："利益很大，要进一步好好讨论。"

"95亿元工程费中，施工机械费是多少？"邓小平问。

"9亿多元，葛洲坝工程现在购进的5亿多元施工设备中，大部分可用于三峡工程。"魏廷琤答道。

"应当予以扣除。"邓小平说，"机电设备费用占多少？"

魏廷琤答："20多亿元。"

接着，邓小平还询问了通航问题。

"三峡大坝建坝后，提高坝前水位130米，回水到重庆以上的合江，过坝采用船闸过坝，设双线梯级船闸，单向年通过能力达5 000万吨。"

邓小平说："那么双向就是1亿吨。"

"现在宜昌的年货运量仅200余万吨。"

"什么原因？"邓小平问道。

"一方面是货源问题，现在下水是主要的运输流向，大宗货物为磷矿和木材，其他为石油及其加工品、土特产、钢铁、百货等，为数不多，属调剂物资；另一方面，现在航道条件不好，上游川江航道滩多流急，航道狭窄，运行周期长，成本高，坝址以下荆江河段沙滩多，枯水期航行困难，只有建成三峡大坝后，上游淹没了险滩，下游由于水库调节枯水流量，水量增加了一倍以上，长江航运条件才能得到根本改善。上次美国来的代表团由于不了解情况，说了些不正确的意见。"

船舱里，湖北、四川两省领导人陈丕显、鲁大东等也加入了这场讨论，大家各抒己见，争执不下。邓小平耐心地听，没有表态。他只是风趣地说："四川'反对派'，湖北'坚决派'，你们说的意见我都听明白了。"

船到西陵峡三斗坪附近，邓小平要求减速，他要仔细看看拟议中的三峡大坝坝址——中堡岛。船舷旁，邓小平一边听魏廷琤的介绍，一边拿着望远镜认真观察这被人介绍过多次的神奇小岛。

看完中堡岛，邓小平又认真地查看了离中堡岛200余米的南岸三斗坪和离岛1 000余米的乐天溪，并询问了有关情况。

12日下午3时，船到正紧张施工的葛洲坝时，邓小平走出船舱。

"邓小平，邓小平来了！"在码头等候多时的葛洲坝工程局及宜昌地、市党政军负责人高兴万分，热情地迎上前去问候。邓小平向大家亲切地招手致意。

在陈丕显、廉荣禄的陪同下，邓小平走进葛洲坝工程电动模型室，廉荣禄向他汇报了工程进度和枢纽布置情况。邓小平凝视着工程电动模型,全神贯注地听讲解员介绍,时而点头,时而微笑,随后与人们合影留念。

紧接着,邓小平不顾炎热和旅途劳累,乘车兴致勃勃地视察了正在紧张施工的葛洲坝一期工程2号船闸、二江电厂厂房安装现场、三江防淤堤。在2号船闸下游闸首,当廉荣禄汇报大江截流后对船闸的要求时,邓小平问:"是今年年底截流吧?"

廉荣禄说:"这是我们的心愿!"

邓小平笑着说:"好啊!"看完船闸他又说:"这船闸大啊!1920年,我在法国时人家就修了船闸,那时巴黎地下铁路也修了。"

在二江电厂,邓小平问:"发这么多电,要多少煤?"

魏廷琤说:"折合700万吨标准煤。"

当廉荣禄汇报完二江电厂情况后,邓小平问:"发电是明年'七一'吧?"

"是。"廉荣禄回答道。

随着阵阵机器声,邓小平来到大江截流基地,只见30多吨的大型载重汽车来回穿梭作业,将满车的石块从南津关等地运来。

截流的"重型武器"——15至25吨重的金字塔似的混凝土四面体整齐地排在大江两岸,形成两个方阵,待命动用。大江截流非同凡响,必须充分准备。邓小平望着那堆积如山的石块和波浪翻滚的长江,问廉荣禄:"截流用什么方法?"廉荣禄答:"从两岸同时向江中抛投石块、石渣填筑料,最后关键时刻动用混凝土四面体。"

"这么个大江,要把它截住可不容易呀!"邓小平关切地说道。

廉荣禄说:"我们全局上下,万众一心,精心准备,精心组织,只许成功,不许失败。"

邓小平满意地点了点头。

视察结束临上车时,邓小平紧紧握住廉荣禄的手再一次问道:"你这里是今年底截流,明年'七一'发电啊!"

廉荣禄激动地回答:"请首长放心,我们决不辜负首长的关怀和期望,一定要用横锁长江的捷报向党中央、国务院报喜。"

葛洲坝人没有辜负邓小平的厚望。1981年1月4日,葛洲坝工程大江截流成功,历时36小时23分,比设计速度快8倍多。同年7月10日,葛洲坝二江电厂发电机组安装就绪,投入发电。

在葛洲坝工地视察时，行至上游围堰防淤堤，邓小平问魏廷琤："葛洲坝施工场地这样宽敞，上游大坝坝址附近窄得多，能不能布置得开呢？"

魏廷琤答："两个坝址的下游都有河滩可以利用，并且可以利用葛洲坝作为后方基地。"

"两个坝址相距多远？"邓小平问。

"约40公里。"魏廷琤答。

"是否修铁路，工人上班可乘火车。"

"前方建一些单身宿舍，平常不回宜昌。"廉荣禄回答说。

邓小平问："沙石料运输单靠铁路是运不了的。"

陪同的同志回答说："以水运和铁路运输相结合。"

"应以水运为主。"邓小平说。

"是这样的，并且还要利用开挖出来的新鲜岩石，轧一部分碎石料掺用。"

"这些附属工厂是否结合使用？容量够不够？"邓小平又问。

"结合使用。如机修厂、综合加工厂等。但混凝土系统等容量不够，还得增加、补充一部分。"

听到这些回答，邓小平坚定地说："应该采用先进的施工设备。"

邓小平说："葛洲坝施工的这些设备，凡是能合的，都可以用到三峡工程上，可以省很多钱。"

邓小平关注葛洲坝工程建设，也关心宜昌市的建设和发展。结束对葛洲坝的视察后，他乘面包车绕宜昌市区一圈，纵览了宜昌市容和城市建设。

天色朦胧时，邓小平又登上了"东方红32"号轮，继续顺长江东下，向武汉驶去。

一到武汉，他就把胡耀邦、赵紫阳、宋平、姚依林等中央和国务院的负责同志找来，到他下榻的东湖宾馆开会。会上，邓小平再次听取了有关三峡工程的汇报。

邓小平说："我建议，由国务院召开一次三峡专业会议。我听了汇报有些看法。三峡问题要考虑。"

接着他归纳了几个主要的问题："担心一个航运问题，现在了解，运的东西不多，船闸有5 000万吨通过能力，顾虑不大。"

"另一个生态变化问题，听来问题也不大。"

"三峡搞起来以后，对防洪作用很大。真的洪水来了，很多地方要倒大霉。"

"整个工程投资95亿元。"

"六年半可以发电。发电2 000多万千瓦,效益很大。"

他最后的结论是:"轻率否定三峡不好。"

根据邓小平的意见,8月,国务院召开常务会议研究三峡问题,决定由科委、建委组织水利、电力等部门的专家进行论证。

在邓小平的推动下,三峡工程的车轮加速运转起来了。

## 主持起草《关于建国以来党的若干历史问题的决议》

党的十一届三中全会后,随着党在实际工作中拨乱反正的全面展开和深入进行,解决历史遗留问题的步子进一步加快了。党内外要求对新中国成立以来的历史经验进行认真全面总结的呼声十分强烈。中央认为,必须正确地认识新中国成立以来党走过的历史道路,科学地总结党在这个历史时期的历史经验。拨乱就是要拨"文化大革命"之乱,就是要纠正毛泽东晚年的错误。只有正确对待"文化大革命"、正确对待党的历史、正确对待毛泽东同志的功和过,我们党才能真正掌握拨乱反正的主动权。因此,对新中国成立三十年来党的历史做出科学的总结,对"文化大革命"做出评价,对毛泽东的历史地位做出正确的评价,也被提到了党中央的议事日程上。事实上,这个问题早在粉碎"四人帮"以后就提出来了。

揭批"四人帮",我们党从指导思想上开始拨乱反正,不可避免地触及如何评价"文化大革命"和如何评价毛泽东和毛泽东思想的问题。

这是国内外都十分关注的两个根本性的问题。

这又是一个无法回避,也不应回避的重大原则问题。

毛泽东逝世后,全世界都在议论和揣测"毛泽东以后的中国"。

西方的一些舆论家们认为中国已经而且必然要"否定毛","非毛化"。

港台的报纸也说:"大陆批毛,势在必行。"

国内在对待毛泽东问题上也存在着两种极端倾向:一种是坚持"两个凡是"的错误方针;一种是把中国共产党的失误,甚至把林彪、"四人帮"的罪行也归罪于毛泽东,否定毛泽东、毛泽东思想和党的历史。

1977年4月,"两个凡是"的方针提出不久,邓小平还没有恢复工作,即致信党中央，批评"两个凡是"的错误，提出我们要世世代代用完整的准确的毛泽东思想来指导我们全党全军和全国各族人民。

1977年7月，党的十届三中全会恢复邓小平的工作。在全会闭幕会上，邓小平有一个讲话，他在第三部分中论述了对待毛泽东思想的正确态度，进一步阐述了"完整""准确"这一提法的含义。他指出，只有对毛泽东思想体系有完整的（不是零碎的）、准确的（不是随意的）认识，并且运用它来指导我们的各项工作，才不至于割裂、歪曲毛泽东思想。林彪、"四人帮"就是引用毛主席的某些只言片语骗人、吓唬人。

1978年5月，关于真理标准问题的讨论展开以后，有人认为这是"砍旗"。邓小平说话了，他在6月军委政治工作会议上的讲话中，明确表态支持关于真理标准问题的讨论，指出，这不是什么"砍旗"，而是维护毛泽东思想的基本点，即实事求是。

在党的十一届三中全会之前召开的中央工作会议上，很多同志直接批评了"两个凡是"的错误方针，提出了为"天安门事件"平反等问题。党公开地为"天安门事件"平了反。就是在这个时候，邓小平同外国记者谈话，特别指出了毛泽东同志对中国人民的功勋是不可磨灭的，如果没有毛泽东同志，中国人民很可能还要在黑暗中苦斗更长的时间。他在闭幕会上所做的《解放思想，实事求是，团结一致向前看》的讲话中，再次肯定了毛泽东的功绩：

> 没有毛主席就没有新中国，这也丝毫不是什么夸张。毛泽东思想培育了我们整整一代人。我们在座的同志，可以说都是毛泽东思想教导出来的。没有毛泽东思想，就没有今天的中国共产党，这也丝毫不是什么夸张。

他同时指出：

> 当然，毛泽东同志不是没有缺点、错误的，要求一个革命领袖没有缺点、错误，那不是马克思主义。我们要领导和教育全体党员、全军指战员、全国各族人民科学地、历史地认识毛泽东同志的伟大功绩。

邓小平在会上说，"最近国际国内都很关心我们对毛泽东同志和对'文化大革命'的评价问题"，"要对这样一个历史阶段做出科学的评价，需要做认真的研究工作,有些事要经过更长一点儿的时间才能充分理解和做出评价"。他提出"应该科学地历史地来看"这些问题。

1979年3月,邓小平在理论工作务虚会的总结会议上,明确提出了要坚持四项基本原则,其中就包括要坚持马列主义、毛泽东思想。他指出:

毛泽东思想过去是中国革命的旗帜,今后将永远是中国社会主义事业和反霸权事业的旗帜,我们将永远高举毛泽东思想的旗帜前进。

他还说:

> 毛泽东同志同任何人一样,也有他的缺点和错误。……在分析他的缺点和错误的时候,我们当然要承认个人的责任,但是更重要的是要分析历史的复杂的背景。只有这样,我们才是公正地、科学地,也就是马克思主义地对待历史,对待历史人物。

为了从根本上纠正"左"的和右的错误倾向,把全党和全国人民的思想统一到党的十一届三中全会的路线上来,邓小平认为,对新中国成立以来的历史经验进行认真全面总结的时机已经成熟。应该"拿出一个东西来",澄清人们对一系列重大历史问题的认识。邓小平说,很显然,人们"都在等。从国内来说,党内党外都在等,你不拿出一个东西来,重大的问题就没有一个统一的看法。国际上也在等。人们看中国,怀疑我们安定团结的局面,其中也包括这个文件拿得出来拿不出来,早拿出来晚拿出来。所以不能再晚了,晚了不利"。

1979年是中华人民共和国成立三十周年。党中央于6月间决定由中共中央副主席叶剑英代表中央在庆祝国庆三十周年的大会上作重要讲话。

这个讲话必须对新中国成立三十年的历史做出总结,必然涉及对"文化大革命"和毛泽东同志以及毛泽东思想的评价问题。

邓小平对这个讲话提出了很高的要求,他说,讲话要有一些新的内容,要能讲出一个新的水平。

中共中央对这个讲话十分重视,成立了一个以胡乔木为主的起草小组,从6月底开始工作。整个起草工作,是在中共中央政治局常委直接领导下进行的。中央决定这个讲话稿必须提交9月底召开的党的十一届四中全会上通过。

8月下旬,邓小平找胡耀邦、胡乔木、邓力群谈话,就讲话的初稿提出了重要的意见。

根据邓小平的意见，起草小组进行了修改。9月1日，修改稿报送中央负责同志。三天后，邓小平再约胡耀邦、胡乔木、邓力群谈话。他说，现在的稿子，对毛主席的地位，毛主席在历史上所起的作用，所做的贡献，讲得太弱了。还是要讲在三十年的历史上，毛主席是有伟大功绩的。要把坚持四项基本原则同三十年的整个历史衔接起来，在坚持四项基本原则的大前提下写这个报告。邓小平强调：现在要注意，有些从"左"的方面来攻击党的人，也打着维护毛主席的旗号。这是一个新动向。所以，这个稿子要批判来自"左"的以及右的错误思想的干扰。要使人看了文章以后得出一个总的印象，我们党和人民现在是在真正搞毛泽东思想，完整准确地学习、运用毛泽东思想，是真正将毛主席为我们制定的路线、方针、政策付诸实现，不是搞片言只语。这是个非常大的问题。

稿子第二次修改后，邓小平看了很满意，他说，这样讲就好了，就讲够了，讲毛主席的好处，毛主席的贡献这样就讲够了。

9月下旬，党的十一届四中全会讨论通过了叶剑英的这个讲话稿。

9月29日，在新中国成立三十周年庆祝大会上，叶剑英代表中共中央、人大常委会和国务院发表了这一重要讲话。讲话对新中国成立以来的历史作了一个初步的总结，作为党的文件第一次明确指出了"文化大革命"的错误。他强调说：发动"文化大革命"的出发点是反修防修。对一个执政的无产阶级政党来说，当然必须时刻警惕和防止走上对内压迫人民、对外追求霸权的修正主义道路。问题在于发动"文化大革命"的时候，对党内和国内的形势作了违反实际的估计，对什么是修正主义没有做出准确的解释，并且离开了民主集中制的原则，采取了错误的斗争方针和方法。林彪、"四人帮"之流出于他们的反革命目的，利用这个错误，把它推向极端，对我国进行了长达十年的反革命大破坏，使我国人民遭到一场大灾难，社会主义事业受到新中国成立以来最严重的挫折。讲话对毛泽东同志和毛泽东思想的历史地位和指导作用，给予充分的肯定，对我们新中国成立三十年来的成绩，作为历史的主要方面的成绩，给予了充分的肯定。

叶剑英在讲话中宣布了我们党准备对历史问题，特别是"文化大革命"的问题做出一个正式的结论来。这就拉开了起草《关于建国以来党的若干历史问题的决议》（以下简称《决议》）的序幕。

11月，中央组织了由胡乔木负责的历史决议的起草小组，邓力群等20多名理论工作者参与起草。中共中央政治局常委由邓小平、胡耀邦来指导这项工作。到1981年6月，整个决议的起草与修改历时两年，邓小平为《决议》的起草付出了他的智慧和心血。这期间，他同起草小组的工作人员，或者在中央会议上，进行过十六七次的谈话，他关注的核心是如何科学评价毛泽东的历史地位和毛泽东思想。

1980年3月，胡乔木等人拟出了《决议》提纲，送给邓小平审阅。

3月19日，邓小平约请胡乔木、邓力群等人谈话。他说：我看了起草小组的提纲，感到铺得太宽了。要避免叙述性的写法，要写得集中一些。对重要问题要加以论断，论断性的语言要多些。当然要准确。

邓小平说，中心的意思应该是三条：

第一，确立毛泽东的历史地位，坚持和发展毛泽东思想，这是最核心的一条，不仅今天，而且今后，我们都要高举毛泽东思想的旗帜，党的十一届五中全会为刘少奇平反的决定传达下去以后，一部分人思想相当混乱。有的反对给刘少奇平反，认为这样做违反了毛泽东思想；有的则认为，既然给刘少奇同志平反，就说明毛泽东思想错了，这两种看法都是不好的。必须澄清这些混乱思想。

第二，对新中国成立三十年来历史上的大事，哪些是正确的，哪些是错误的，要进行实事求是的分析，包括一些负责同志的功过是非，要做出公正的评价。

第三，通过这个《决议》对过去的事情做个基本的总结。他说，还是过去的话，这个总结宜粗不宜细。总结过去是为了引导大家团结一致向前看。争取在《决议》通过以后，党内、人民中间思想得到明确，认识得到一致，历史上重大问题的议论到此基本结束。

总的要求，或者说总的原则、总的指导思想，就是这么三条。其中最重要、最根本、最关键的，还是第一条。

邓小平最后说："对历史问题，还要粗一点儿、概括一点儿，不要搞得太细。""重要的问题要加以论证。"

邓小平要求"要尽快搞出个稿子来"。

根据邓小平的总的指导思想，起草小组很快将修改后的提纲又拿给邓小平看。

4月1日，邓小平把胡耀邦等人召来，谈了对修改后的提纲的意见：新中国成立后十七年这一段，有曲折，有错误，基本方面还是对的。社会主义革命搞得好，转入社会主义建设以后，毛泽东同志也有好文章、好思想。讲错误，不应该只讲毛泽东，中央许多负责同志都有错误。在这些问题上要公正，不要造成一种印象，别人都正确，只有一人犯错误。这不符合事实。中央犯错误，不是一个人负责，是集体负责。

他再次强调，《决议》中最核心、最根本的问题，还是坚持和发展毛泽东思想。党内党外、国内国外都需要我们对这一问题加以论证，加以阐述，加以概括。

邓小平还对《决议》稿的整体框架结构做了设计：先有个前言，回顾一下新中国成立以前新民主主义革命一段；然后新中国成立以来十七年一段，"文化大革命"一段，评价毛泽东和毛泽东思想一段；最后有个结束语。

6月，《决议》草稿出来了。邓小平看后不太满意。感到整个文件写得太沉闷，不像一个《决议》，没有很好地体现原来设想的要确立的毛泽东的历史地位，坚持和发展毛泽东思想。

邓小平于6月27日同胡耀邦、胡乔木、姚依林、邓力群等人谈话，他说，这个《决议》草稿不行，要重新来。

1957年以前的几部分，事实差不多，叙述的方法、次序，特别是语调，要重新斟酌，修改。

要说清楚关于社会主义革命及建设，毛泽东同志有哪些贡献。他的思想还在发展中。我们要恢复毛泽东思想，坚持毛泽东思想，以后还要发展毛泽东思想，要把这些思想充分表达出来。

邓小平随即列举了毛泽东的一些重要文章，如《论十大关系》《关于正确处理人民内部矛盾的问题》《一九五七年夏季的形势》等，要求"都要写到"。"要给人一个很清楚的印象，究竟我们高举毛泽东思想旗帜、坚持毛泽东思想，指的是些什么内容。"

他还说，重点要放在毛泽东思想是什么，毛泽东正确的东西是那些方面。他还强调，错误的东西要批评，但是要恰当。单单讲毛泽东本人的错误不能解决问题，最重要的是一个制度问题。

他认为，"看来要进行修改，工程比较大"。

7月，起草小组根据邓小平的意见，对草稿做了较大的修改，并将修改后的稿子提交中央书记处讨论。

在经过反复修改，并在小范围内征求意见后，10月，中共中央又组织4 000名高级干部对草稿进行讨论，进一步征求修改意见，大约进行了20天。

讨论中，大多数同志对草稿中历史地科学地评价毛泽东与"文化大革命"，对于肯定毛泽东思想，表示了赞同的意见。

也有些同志提出了不太正确的意见。特别是有些挨过整的人，带着私人感情，对毛泽东提了不正确的批评。

有人说："毛泽东同志犯了很多错误，《决议》中就干脆不写毛泽东思想部分。"

有人提出："毛泽东发动的'大跃进''文化大革命'是完全错误的，连古今中外哪一个剥削阶级统治的国家发生的问题也比不上这个严重。"

有人说："毛泽东发动'文化大革命'，打倒一大批党和国家领导人，归根到底，他不是为了革命事业，而是维护自己的地位，这表明他的品质不高尚。"

有人说："评价毛泽东可以分前后两段，前期是马克思主义者、共产主义者，后期是极'左'主义者。"

有人甚至说："整个新中国成立三十年来，中国发生很多次重大错误和失误，所有这些错误都应该由毛泽东一个人负责。"

邓小平看了有关讨论意见的简报，首先肯定大家"畅所欲言，众说纷纭，有些意见很好"；对于一些偏激的意见，邓小平认为必须予以澄清。

10月25日，邓小平召集胡耀邦、胡乔木、邓力群谈话，明确提出自己的看法：

> 不提毛泽东思想，对毛泽东同志的功过评价不恰当，老工人通不过，土改时候的贫下中农通不过，同他们相联系的一大批干部也通不过。毛泽东思想这个旗帜丢不得。丢掉了这个旗帜，实际上就否定了我们党的光辉历史。……《决议》稿中阐述毛泽东思想的这一部分不能不要。这不只是个理论问题，尤其是个政治问题，是国际国内的很大的政治问题。

说到这里，邓小平严肃地说："如果不写或写不好这个部分，整个《决议》都不如不做。""不写或不坚持毛泽东思想，我们要犯历史性的大错误。"

邓小平认为讨论过程中有些同志把许多问题都归结到毛泽东同志的个人

品质上，这是不对的。他说：

> 对于错误，包括毛泽东同志的错误，一定要毫不含糊地进行批评，但是一定要实事求是，分析各种不同的情况，不能把所有的问题都归结到个人品质上。毛泽东同志不是孤立的个人，他直到去世，一直是我们党的领袖。对于毛泽东同志的错误，不能写过头。写过头，给毛泽东同志抹黑，也就是给我们党、我们国家抹黑。这是违背历史事实的。

讨论过程中，有很多小组要求把粉碎"四人帮"以后这段补写上去。邓小平认为，这段势必要写。

这次谈话后，《决议》起草小组又花费了几个月时间，对草稿做了大的修改。

1981年3月18日，邓力群、吴冷西到邓小平处汇报了胡乔木对《决议》稿的一些意见。邓小平说，《决议》稿的轮廓可以定下来了。邓小平认为，新中国成立头七年的成绩是大家一致公认的。"文化大革命"前十年，也应当肯定，总的是好的，基本上是在健康的道路上发展的。他提出，关于"文化大革命"这部分，要写得概括。

邓小平还表示赞成胡耀邦关于《决议》稿写出后多听听老干部、政治家，包括黄克诚、李维汉等同志的意见。

3月底，《决议》草稿又送达中共中央52位主要负责人征求意见。

陈云也对《决议》的产生做出了贡献，先后作了四次讲话。他提出，在讲到关于新中国成立以来的三十二年中间的错误时，一定要写得很准确，论断要合乎实际，要把它"敲定"下来；建议增加回顾新中国成立以前二十八年历史的段落。有了党的整个历史，把毛主席在六十年中间重要关头的作用写清楚，就更能说服人了。要充分肯定毛泽东的历史功绩是"无可比拟"的。要把国际上对我们的帮助"如实地、适当地写上去"。

陈云关于在《决议》中增加前二十八年历史的回顾的意见，邓小平说："这个意见很好"，应该写进《决议》中。后来，在正式成文的《决议》中就写了"回顾"部分。有了这部分，就可以全面地评价毛泽东的历史功绩。

陈云还就此事又与邓小平交换了意见。

3月24日，邓小平专门去看望陈云，这两位老人就《决议》稿交换了意见。陈云对《决议》修改稿又提出了两条宝贵的意见：第一，专门加一篇话，讲讲中华人民共和国成立前党的历史，写党的六十年，这样，毛泽东的功绩、贡献就会概括得更全面，确立毛泽东的历史地位，坚持和发展毛泽东思想，也就有了全面的根据；第二，建议中央提倡学习，重点是学习毛泽东的哲学著作。

陈云的上述意见，在3月26日，很快由邓小平转达给起草小组。同时，邓小平要求，《决议》中关于毛泽东同志对马克思主义哲学的贡献，要写得更丰富、更充实，结束语中也要加上提倡学习的意思。

4月7日，邓小平和邓力群谈话，谈了他对"文化大革命"中一些问题的意见：第一，要承认八届十二中全会，九大的合法性，"文化大革命"中间，我们还是有个党存在；第二，"文化大革命"期间，外事工作取得很大成绩。

《决议》起草小组根据中央领导同志和老同志的意见再修改出一稿，提交5月19日召开的中央政治局扩大会议70多人讨论。

邓小平在中共中央政治局扩大会议上讲话，说明了在《决议》起草之初就提出的三条基本方针要求，以及坚持这三条方针的重要性。他指出："中心是两个问题，一个是毛泽东同志的功绩是第一位，还是错误是第一位？第二，我们三十二年，特别是'文化大革命'前十年，成绩是主要的，还是错误是主要的？是漆黑一团，还是光明是主要的？"《决议》这个文件要尽快拿出来，不能再晚了，晚了不利。为了要早一点儿拿出去，现在的办法，就是开政治局扩大会议，七十几个人，花点儿时间，花点儿精力，把稿子推敲得更细致一些，改得更好一些，把它定下来，定了以后，提到中共十一届六中全会。设想在建党六十周年发表。

根据政治局扩大会议讨论的结果，把各种好的意见有好几十条都吸收进去，《决议》稿又做了很多的修改，从原先的二万八千字增加到三万二千字。由政治局通过，后提交中共十一届六中全会讨论。

在中央全会开预备会的同时，还请了民主人士和参加政协工作的党的一些老干部来讨论《决议》稿，并在北京的1 000多名高级干部中征求意见，其中也吸收了他们的一些意见。比如说，原来讲"文化大革命"主要讲打倒所谓"走资派"是错误的，在政协讨论中，民主人士和知识分子就提出来，把知识分子当作所谓"资产阶级学术权威"来打倒，这也是重要的问题。这个意见后来也被采纳了。

6月22日，中共十一届六中全会举行预备会议，对《决议》稿进行第四轮大的讨论。讨论一共进行了8天，又吸收了实质性的意见将近100条，并且又增加了3 000多字。

邓小平再次谈了他对《决议》稿子的看法，指出：

> 总的来说，这个《决议》是个好决议，现在这个稿子是个好稿子。我们原来设想，这个《决议》要举毛泽东思想的伟大旗帜，实事求是地、恰如其分地评价"文化大革命"，评价毛泽东同志的功过是非，使这个《决议》起到1945年那次历史决议所起的作用，就是总结经验，统一思想，团结一致向前看。我想，现在这个稿子能够实现这样的要求。核心问题是对毛泽东同志的评价，稿子的分寸是掌握得好的。……为什么我们这次要强调恰如其分？就是在前一段时间里，对毛泽东同志有些问题的议论讲得太重了，应该改过来。这样比较合乎实际，对我们整个国家、整个党的形象也比较有利。过去有些问题的责任要由集体承担一些，当然，毛泽东同志要负主要责任。……讨论当中提到粉碎"四人帮"以后头两年的问题，曾经有同志提出，是不是提华国锋同志的名字？后来我们大家斟酌，认为不提名字还是不行。……所以，我们这个《决议》里面写上华国锋同志的名字，指出他的错误，这对于全党、对于人民有益，有好处，对华国锋同志本人也有极大的好处。

邓小平在不久后会见香港《明报》社长查良镛时说，我们写这样一个《决议》要经得起历史的考验。写《决议》的目的是总结经验、统一认识、团结一致向前看，对历史问题做出实事求是、恰如其分的总结，然后一心一意搞四个现代化建设。

1981年6月27日至29日，中国共产党第十一届六中全会在北京人民大会堂举行。会议审议通过了《关于建国以来党的若干历史问题的决议》。《决议》运用马克思主义的辩证唯物主义和历史唯物主义观点，对新中国成立三十二年来党的重大历史事件，特别是"文化大革命"，做出了正确的总结，科学地分析了在这些事件中党的指导思想的正确和错误，分析了产生错误的主观因素和社会原因，实事求是地评价了毛泽东在中国革命中的历史地位，充分论述了毛泽东思想作为我们党的指导思想的伟大意义。《决议》肯定了中共十一届三中全会以来逐步确立的适合我国情况的建设社会主义现代化强国的正确道路，进一步指明了我国社会主义事业和党的工作继续前进的方向。

《决议》写道："如果没有毛泽东同志多次从危机中挽救中国革命，如果没有以他为首的党中央给全党、全国各族人民和人民军队指明坚定正确的政治方向，我们党和人民可能还要在黑暗中摸索更长时间。同中国共产党被公认为全国各族人民的领导核心一样，毛泽东同志被公认为中国共产党和中国各族人民的伟大领袖，在党和人民集体奋斗中产生的毛泽东思想被公认为党的指导思想，这是中华人民共和国成立以前二十八年发展的必然结果。"

《决议》指出，党在新中国成立以后的历史，总的来说是在马克思列宁主义、毛泽东思想指导下，领导全国各族人民进行社会主义革命和社会主义建设并取得巨大成就的历史。由于经验不足，党的领导在对形势的分析和对国情的认识上发生过主观主义的偏差，犯过把阶级斗争扩大化和在经济建设上急躁冒进的错误，包括"文化大革命"这样全局性的长时间的严重错误。但是，三十二年来我们取得的成就是主要的。忽视错误、掩盖错误，或忽视、否认成就及取得这些成就的成功经验，都是错误的。

《决议》实事求是地评价了毛泽东的历史地位，充分论述了毛泽东思想作为党的指导思想的伟大意义。指出，毛泽东是伟大的马克思主义者，是伟大的无产阶级革命家、战略家和理论家，就他的一生来看，他对中国革命的功绩远远大于他的过失。他的功绩是第一位的，错误是第二位的。毛泽东为我们党和中国人民解放军的创立和发展，为中国各族人民解放事业的胜利，为中华人民共和国的缔造和我国社会主义事业的发展，建立了永远不可磨灭的功勋。毛泽东思想是马克思列宁主义在中国的运用和发展，是被实践证明了的关于中国革命的正确的理论原则和经验总结，是中国共产党集体智慧的结晶。我们党许多卓越领导人对它的形成和发展做出重要贡献。毛泽东的科学著作是它的集中概括。毛泽东思想的科学体系主要包括以下几部分：关于新民主主义革命、关于社会主义革命和社会主义建设、关于革命军队的建设和军事战略、关于政策和策略、关于思想政治工作和文化工作、关于党的建设。在上述组成部分中，贯穿着三个基本方面，是毛泽东思想的活的灵魂。这就是：实事求是、群众路线、独立自主、自力更生。《决议》指出，毛泽东思想是我们党的宝贵的精神财富，它将长期指导我们的行动。

《决议》认为，党在新中国成立以来产生的"左"倾错误的主观原因和社会历史原因，首先是毛泽东在领导上犯了"左"倾错误，除此还因为：一、社会主义运动的历史不长，党缺乏进行社会主义建设的思想准备和经验；二、毛泽东在他的威望达到高峰后，逐渐骄傲，脱离实际和群众，主观主义和个人专断作风日益严重，日益凌驾于党中央之上，破坏了党和国家政治生活中的集体领导原则。而我们的领导制度和个人崇拜的传统习惯又使毛泽东的错误难以得到制止，结果导致了"文化大革命"的发生。

《决议》指出，"文化大革命"使党、国家和人民遭到新中国成立以来最严重的挫折和损失。这场"文化大革命"是毛泽东发动和领导的。"文化大革命"的历史，证明毛泽东同志发动这场运动的主要论点，既不符合马克思列宁主义，也不符合中国实际，这些论点对当时我国阶级形势以及党和国家政治状况的估计，是完全错误的。历史已经判明，"文化大革命"是一场由领导者错误发动，被反革命集团利用，给党、国家和各族人民带来严重灾难的内乱。

《关于建国以来党的若干历史问题的决议》的诞生，标志着党在指导思想上的拨乱反正的胜利完成。

## 视察新疆

1981年8月10日，邓小平乘坐的火车驶入了乌鲁木齐车站，这是邓小平第一次到新疆。

邓小平在王震、王任重等中央负责人的陪同下走下火车。早已等候在车站的自治区党委第二书记兼乌鲁木齐军区政委谷景生和党政军其他负责人肖全夫、司马义·艾买提、铁木尔·达瓦买提、谭友林等在这里迎接邓小平。

邓小平一下火车，就叮嘱前来迎接他的自治区负责人："我这次偕王震、王任重同志是借假期来新疆的，不要宣传，一切从简，切不可兴师动众。""我们明天就到石河子垦区去看看。"

在去宾馆的路上，邓小平关切地向坐在车内、前两天才从北京赶回的谷景生询问起中宣部在首都主持召开的思想战线问题座谈会的情况。邓小平之所以最先问到这个问题，是有原因的。

20世纪80年代初，是刚刚开始实行改革开放后的中国不寻常的阶段，也是新疆历史上不寻常的一段时期。当时，国际风云变幻，国内资产阶级自由化思潮泛起，社会主义面临新的严峻的考验。与此相呼应，在新疆，民族分裂主义势力抬头，南疆喀什、叶城等地先后出现了极少数民族分裂主义分子利用宗教煽动群众闹事的事件。自治区的个别负责人在执行民族区域政策上也产生了某些偏差。有人甚至错误地提出要大批汉族干部退回内地，一些不利于民族团结的错误言论也流传起来。由于种种原因，1975年3月，生产建设兵团被撤销了，取而代之的是新疆农垦总局。

粉碎"四人帮"后，恢复新疆生产建设兵团的呼声越来越高。1978年2月，国家农垦总局派出工作组来到新疆，对新疆农垦管理体制进行调查，向中央郑重提出恢复新疆生产建设兵团的意见。1981年1月，王震来到新疆，重点考察了解农垦管理体制的种种不利因素，参观石河子垦区、奎屯垦区，走访了原新疆生产建设兵团部分老干部，接见了上海支边青年代表。王震在自治区党委召开的厅局级以上干部会议上的讲话中明确指出："解散新疆生产建设兵团是错误的。"

1981年7月1日，邓小平在王震写给中央建议恢复新疆生产建设兵团的信上批示："请王震同志牵头，约集有关部门领导同志对恢复生产建设兵团的必要性，作一系统的报告，代为中央拟一决议，以凭决定。"

但兵团撤了再恢复，毕竟不是件小事。邓小平过去因为工作繁忙，一直没有机会到新疆。他认真考虑王震的建议，与王震、王任重相约利用假期亲自到新疆看看。

在宾馆稍事休息后，邓小平便在谷景生等的陪同下乘坐面包车游览石河子市区。

初秋的石河子垦区，一派丰收景象。面包车在市区平坦洁净的路面上行驶着，从教学区到工业区，从文化区到生活区，邓小平认真听着石河子地委书记刘炳正的介绍，不时点着头。经过几十年奋斗，石河子已变成了一座融农工商为一体的美丽的城市。诗人艾青称其为"年轻的城"。它犹如一颗璀璨的明珠镶嵌在天山北部的原野上，是军垦战士艰苦创业、开拓进取的缩影。

看着这座年轻美丽的新城，邓小平异常兴奋，他关切地询问起石河子的发展历史。还没等刘炳正开口，坐在一旁的王震就兴致勃勃地讲了起来：1950年7月28日是石河子城定点的日子，这天，王震和陶峙岳、张仲瀚等人策马踏勘北疆玛纳斯河流域几百里，最后选择在这块没有人烟只有沼泽和荒滩的石河子建城，王震当时曾豪迈果断地说："我们就在这儿开基始祖，建一座新城，留给后世。"

讲的人动情，听的人入神。邓小平望着眼前这位性情率直、敢说敢为的老战友，似乎又看到了当年他艰苦创业的英姿。

　　中午，邓小平和一群老军垦围坐在一起用餐。军垦战士拿出了他们最好的饭菜来招待远道而来的贵客。可不知是因为旅途劳累还是胃口不好，上了好几道菜，邓小平都没怎么吃，旁人再劝，也只是尝一点儿，或者干脆谢绝。这可急坏了在座的自治区副主席、新疆农垦总局局长谢高忠。这位参加过南泥湾大生产的老战士灵机一动，忙叫厨师上了两道"小吃"：一道是嫩玉米棒子，一道是蒸土豆。此时只见邓小平眉开眼笑，连声说："这个好吃，这个好吃。""玉米、土豆，是难得的好东西，在北京是吃不上的。"说着，他一连吃了两节玉米棒子和两个大土豆。他还想再吃，保健医生急忙过来劝阻，在场的同志都开怀大笑起来。吃着全部用军垦战士种植生产的东西做成的饭菜，听着这些老军垦们畅谈石河子三十年来的变化，邓小平仿佛回到了战争年代的战友中间。

　　一天的所见所闻，邓小平感到余兴未尽。听说农科所搞了棉花种植试验，一分场三连采用了当时较先进的地膜覆盖栽培技术，他觉得有必要再到工厂和团场去看看，于是决定再多待几天。

　　8月13日，邓小平乘坐面包车前往农科所。

　　沿途绿洲阡陌相连，林带如网，渠水潺潺，一排排翠绿挺拔的钻天杨在车窗外掠过。邓小平望着窗外，不时地向刘炳正和石河子农工商联合企业副经理任友志问这问那，刘炳正和任友志及时指点着窗外路过的每一个地方，一一向他作介绍。

　　"我过去看过反映你们的电影，我记得一部是《军垦战歌》，还有一部叫《绿色的田野》，周总理、陈毅副总理也向我讲起过你们开发准噶尔、塔里木的动人情景，不过还是那句老话'百闻不如一见'哟，这次来的确不虚此行！"邓小平缓缓地讲着，一边注视着车窗外面的景色，一边客气地用手向司机示意："开慢一点儿，请开慢一点儿。"自进入石河子垦区以来，他已经不止一次这么招呼给他开车的司机了。

　　汽车开到农科所的棉花试验田旁停下，邓小平走下面包车。他身穿白色短袖衬衫，健步走在田埂上。农科所的负责人和科研人员迎上来，邓小平紧紧握着他们的手，朗声向他们打招呼："科技人员辛苦了，科技人员好！"听到这亲切的问候，这些从20世纪五六十年代起就在这里工作的大学毕业生紧握着邓小平的手，不知说什么好。

　　邓小平蹲在试验田一株棉花前，亲自数了数，有50多个桃子和花蕾。他翻来覆去地看，一边看一边问："桃子都这样多吗？"

农科所负责人赵守义急忙回答说："平均30个左右。"

"一亩地能产多少？"

"皮棉300斤上下。"

"能达到吗？"

"奋斗目标。"

邓小平听后想了想，轻轻地"哦"了一声。

这时，邓小平的外孙女挤过来，兴奋地揪着一朵棉桃好奇地看，邓小平急忙阻止她："不要摘，这是棉桃。"

看罢农科所，邓小平一行又乘车向总场和一四五团一营三连进发。

原生产建设兵团农八师一四五团一营三连是有名的先进连队，成立二十多年来从未亏损过，每年上缴利润大都超过10多万元，最高达到近30万元。从20世纪70年代初起，2 000多亩地的小麦，一季平均亩产五六百斤，最高的亩产达到900斤。这在全疆堪称首创。

三连连长兼指导员殷延福来到了邓小平的身边，刘炳正把这位精干的连长介绍给邓小平。

殷延福握着邓小平的手，激动地说："邓主席好！"

邓小平一面点头说"同志们好"，一面与他紧紧握手，他笑着问殷延福："你这连队多少人？"

"1 078人。"

邓小平侧着身，仔细地听着。他耳朵有点儿背，殷延福马上意识到了，提高嗓门又重复了一遍。

邓小平听后竖起右手食指向王震和王任重比划着，高声说："哦，有一个团的人。"他指的是过去红军时期一个团的满编人数。

刘炳正连忙解释说："他说的是全连人口，包括家属。"

这时候，邓小平忽然出神地仰望蓝天，似乎想到了已经久远的红军连队，他想考察一下，现在的生产连队与过去部队的连队编制有何区别，便又问：

"职工多少？"

"387人。"

邓小平听后笑了，风趣地高声说道："好，好，有一个营的人。"

这时，白发苍苍、手持黑色拐杖的王震，也向邓小平这边走过来。从北京陪同一起来的水利部副部长望着公路北面说:"咱们到林带里去吧。"

这是一条遮天蔽日、绿色如墨的林带。说起这条林带,也真不简单,它凝聚了军垦战士们几代人的心血。

邓小平看着眼前这片挺拔参天、绿荫如盖、别具一格的防护林,不由追忆起杳无人迹的昔日的大漠,想到了"西出阳关无故人""风吹黄沙鸟飞绝"的诗句,想到了我国历史上"人进沙退"的规模最大的开拓壮举。他扭头看了看站在他左侧的王震,若有所思又不失风趣地说:"王胡子,你当年率部来新疆的时候,带了多少兵?"

虽然年逾古稀,面容瘦削,却依然精神矍铄,不失当年威风的王震,晃了晃手上的拐杖说:"我带了10万人。""先遣部队7 500人。"

邓小平又问:"当时国民党军队是多少人?"

"10万多人。"王震同志说。

"在这个地方是你带的几军?"

王震微仰着头陷入了沉思。

这时,坐在对面的农垦总局局长谢高忠说,这里是起义部队二十二兵团的底子,从二、六两军派来一些干部。比如一四五团的第一任政委李光,一分场政委王国柱,都是三五九旅的。但是,后来新增加的成分很多。

邓小平一听三五九旅,就想到了南泥湾,想到了它在抗日战争最艰苦的年代所做的贡献。

邓小平继续说:"你1950年剿匪,干得不错。"

王震精神一振,拐杖在地上捣得咚咚响:"地方民族主义叛乱头子乌——乌什么,让我给抓住杀掉了!"

坐在后面的司马义·艾买提补充道:"叫乌斯满。"

邓小平赞许地说:"王胡子,你干得好。"这时,谷景生站起来说:"邓主席,这是我们农场栽培的瓜果,您尝一尝吧。"

邓小平笑着点头:"好。能吃上准噶尔的瓜果,不容易啊!"

坐了一会儿,谷景生站起来,请邓小平参观棉田。王震也兴致勃勃地说:"走,我们到地里看看。"

面对眼前这片绿油油的棉田,邓小平轻轻地舒了一口气:"好大一片地哟!"他接过警卫人员递过来的一顶扎有黑绸边的小草帽,戴在头上,遮挡住准噶尔强烈的阳光。

他侧过脸问身旁的殷延福："你这个棉花是几时种的？"

"4月24日。"

"你这块地的面积有多大？"环视了棉田半圈后，他又问。

"400亩。"

"你这个面积，比农科所的大得多嘛！"

因为邓小平是在视察了石河子农科所之后来到这个军垦连队的。他想把这里的棉田与农科所的小面积棉花种植进行对比。

有人向他解释说，这是大田生产，而农科所是小畦试验。邓小平一面会意地点点头，一面拨开棉株，看到密枝浓叶中的累累棉桃，格外高兴。这大概就是地膜植棉优点的显示。

谷景生也被邓小平浓厚的兴趣所感染，问站在一旁的殷延福："你的单产预计多少？"

"皮棉180斤。"

邓小平闻声转过头来，有点儿遗憾地对他说："哎呀，比那边的（指农科所小畦丰产试验，预产皮棉每亩300斤）要低得多哟。"

殷延福解释道："我们是第一次试种，条件差，也没有经验，我们要加强后期管理，争取今年达到200斤皮棉。"

经验丰富的任友志插话说，咱们这儿是纬度45度以北，历来认为不能种棉花。部队进疆以后，为了解决人民和部队的穿衣问题，王震司令员吸取我国在抗日战争边区最困难时期的经验，自力更生抓棉花生产。他与当时来我国工作的苏联植棉专家迪托夫教授和陶峙岳将军签订了《石河子棉花丰产协议》，要款给款，要人给人，还创办了部队第一所高等学府——八一农学院，并在迪托夫教授的帮助下，大小植棉人员短训班，采取了一系列科学措施。1951年，从土地板结、棉花不能出苗发展到亩产皮棉二三十斤；1953年，在准噶尔南缘的玛纳斯河流域，解放军种的3万多亩棉花，平均亩产皮棉100多斤。《人民日报》为此发了头条新闻。这是新疆有史以来第一次大丰收，是一个伟大的创举，它破除了这儿不能植棉的旧传统。

邓小平对任友志的介绍很满意，向他点点头，并与他握手。然后回过头来对殷延福说："那好，那好。这么说，你们的产量已经翻了好几番，也就可观了。"

邓小平带着愉快的心情走出棉田。他用手扒开浓密的棉枝，高高地抬腿跨过棉行,生怕踩坏棉株。

回到林带,邓小平望着远处的绿野,深吸了一口带有芬芳气味的新鲜空气。他以钦佩的语气对大家说:"生产建设兵团把沙漠建设得这样美,不容易啊,我想多待一会儿。"他的身心已完全陶醉在这如画的美景中了。

这时,太阳西斜。原来那一丛一丛涌起的绿云似的林梢上,不知什么时候抹上了一层淡淡的玫瑰色。6点了,该走了。邓小平恋恋不舍地站起身来,穿上蓝色的中山装上衣,过了水渠上的小桥,到了公路上又转过身来,与送行的殷延福等握手告别。

邓小平对边关、对军垦战士、对撤销了的生产建设兵团这样关心,殷延福眼角挂着激动的泪花,喉咙有点儿哽咽地说:

"小平同志,我们工作做得很差……"

邓小平很认真地打量着这位大漠上的军垦战士,用浓郁的四川口音连声说:

"很好,很好,了不得咧!"

回到北京后不久,邓小平在中南海召开的一次中央会议上强调说:"新疆生产建设兵团恢复起来确有必要,组织形式与军垦农场不同,任务还是党、政、军结合。"10月,他在同王恩茂谈话时说:"新疆生产建设兵团,就是现在的农垦部队,是稳定新疆的核心,新疆生产建设兵团要恢复。"同年12月,中共中央、国务院、中央军委做出了《关于恢复新疆生产建设兵团的决定》。

8月15日,邓小平一行返回乌鲁木齐,到乌鲁木齐县南山牧区视察。

沙尔达坂,绿草青青,牛羊成群。

邓小平走进毡房,按照牧民的习惯,盘腿坐在哈萨克帐房中。他把沙尔达坂公社五十多岁的支部书记哈斯木拉到身旁,亲切地问哈斯木:生活怎么样?还有什么困难?附近的哈萨克族牧民穿着节日的盛装骑马奔来,他们簇拥着邓小平,以牧民特有的豪情和礼仪欢迎自己爱戴的领袖。在沙尔达坂公社一块广阔平坦的牧场上,牧民们特意为邓小平安排了赛马、叼羊、姑娘追等精彩演出。看着牧民矫健的身姿,听着姑娘呼呼带响的鞭声,邓小平高兴地仰首畅笑:"真打呀?真打呢!"

临行前,邓小平向村里的牧民们赠送了布匹、茶叶和方块糖。

在天池,邓小平像一位普通的游客一样向迎面过来的人们打招呼。看到一位来自美国的青年,他走过去握手问好。邓小平走后,这位美国大学生坐在一块石头上久久不愿离开,他激动地说:"我太高兴了,想不到在新疆见到了中国当代最伟大的人物邓小平先生，新疆太好了！"

远处的塔松青山笼罩着一层梦幻般的云纱，邓小平静静地伫立湖畔，深情地远眺着耸立在云烟中的博格达雪峰和眼前的一泓碧水，对身边陪同的同志说："风景不错，要保护好。要发展旅游。"

8月16日上午，乌鲁木齐延安宾馆，谷景生正在向邓小平汇报新疆的工作。邓小平听得十分专注。听完汇报，他谈了自己对新疆工作的看法。两个人深谈了一个多小时。看得出，在这次轻松的休假期间，邓小平的大脑一刻也没有停止过思考。他的谈话是经过深思熟虑的。

他说，新疆的根本性问题是搞共和国还是搞自治区的问题。我们和苏联不同，我们是自治区。要把我国实行的民族区域自治制度用法律形式规定下来，要从法律上解决这个问题，要有民族区域自治法。新疆稳定是大局，新疆一定要稳定，不稳定一切事情都办不成。不允许搞分裂，谁搞分裂就处理谁。

他说，新疆生产建设兵团要恢复。新疆生产建设兵团是稳定的一支重要力量。生产建设兵团恢复确有必要，组织形式同军垦农场不同，党、政、军结合。

他说，要树立一个选拔民族干部的标准，注意培养和选拔少数民族干部。干部问题具有极端重要性，少数民族地区工作能不能搞好，关键是干部问题。对思想作风正派，坚决维护祖国统一和民族团结，又有突出工作表现和一定资历的同志要大胆提上来，甚至放到很高的领导位置上来。前一段新疆出了点儿事，责任主要在领导。选拔干部主要看德才，年龄要考虑；考虑年龄不要忽视德才，要讲德、讲才。干部选拔不能只靠组织部门，那样有很多事情你就不知道，或者不明确，必须考查干部的实绩，实实在在的政绩，实际工作情况，考查群众拥护不拥护。要有这两个条件，就不会出大的问题。要建立一个制度，干部的培养、选拔、使用、提升、培训等都要有章可循，有法可依，避免个人主观因素的干扰。要有一个好的机制。这都是很原则的问题，能保证建设好干部队伍。

他说，干部终身制要解决，再不解决就要误党、误军、误国。并表示将来要带个头。

他说，组织部、宣传部要加强。工作要有耐心，要有一个明确的计划，一步一步地解决问题，事情不是一下子都能解决的。中心还是选拔干部。要通过一些同志、一些事件、一些谈话发现干部，靠几个人不行。

邓小平最后强调："工农业生产和经济工作要按照已定的计划去做。关于新疆这方面的问题，最近中央专门开了会，发了文件，要按文件去做。新疆最近民族团结出现了好的局面,工作有进步,一定要继续努力。"

8月19日下午,邓小平不顾多日奔波的疲劳,马不停蹄地同王震、王任重等驱车160公里,来到著名的"火洲"吐鲁番。

8月,依然是吐鲁番最热的时节,透蓝的天空一丝云彩也不见,热风像烧热的水一样迎面泼来。

第二天一大早,邓小平一行就上路了。在去吐鲁番市亚尔乡察看坎儿井和防沙林带途中,车队离开绿洲,拐入一条乡间土路,阳光透过树叶,在车窗上撒下斑驳的树影。汽车在一排农家小院前停下来。在这里,邓小平一行顺便走访了吐外克亚村一户普通的维吾尔族农民吾守尔·扎义尔家。

七十多岁的吾守尔·扎义尔老人闻讯和队长米提力甫·提力瓦尔地一起迎过来,邓小平上前亲切地拍着两人的肩膀说:"你们好,你们好!"主人喜不自禁,争相扶着邓小平的胳膊走进绿树掩映的农家院落。司马义·艾买提亲自当上了翻译,热情向邓小平作介绍。邓小平的夫人卓琳揽着扎义尔的小孙女喜爱地看了又看。

坐在炕头上,邓小平同主人拉起了家常:"土地承包后,怎么样?"

提力瓦尔地抢先答道:"农民很高兴,积极性可高啦!不分白天、晚上都有人干活。生活比以前强多了!"

邓小平听后欣慰地笑了。

这时,扎义尔老人挑了两个新摘的大甜瓜,双手抱着送给邓小平,要他尝尝。邓小平接过甜瓜风趣地说:"好,我带回去吃!"

接着,邓小平又来到了村外。他了解到,亚尔乡五道林位于风沙前沿,十几年来,吐鲁番各族人民奋发图强,在这里栽种了千百万棵沙拐枣、白杨、红柳和榆树,使这儿成了一片林海。

在林带中,邓小平接见了吐鲁番地区的党政负责人。他指着郁郁葱葱、充满生机的树木,语重心长地说:"要发展水利,要带领群众多种树,改善生产、生活环境。"

看罢防沙林和坎儿井,邓小平和中央及自治区负责人旋即来到葡萄公社幸福大队。一时间,邓小平到来的喜讯像长了翅膀一样迅速传遍了葡萄沟,乡亲们纷纷从家里出来,迎接邓小平。

吐鲁番天更蓝,水更清,葡萄更甜了。

在西坎里克葡萄园,园旁池塘里的鸭子悠然地戏着水。邓小平弯腰走进葡萄园，饶有兴趣地绕园转了一圈，在清凉的葡萄架下坐了下来。他尝着主人递过来的葡萄，连声说："很甜，很甜！"然后亲切地招呼被誉为"永不褪色的老党员"的村党支部书记艾外都·杜尕木和两位百岁老人，同他们一起合影留念。

葡萄架下，吐鲁番地委书记简要地向邓小平一行汇报了工作。邓小平点了点头，对身边的负责人和村干部说："吐鲁番的葡萄很好，要大力发展，增加栽种面积，你们的规划很好。一定要依靠科学发展农业。粮食生产也不能放松。吐鲁番矿产资源丰富，可以向国家申请进行勘探开发，要让人民尽快富起来。"

8月19日，邓小平结束了在新疆的视察，就要返回北京了。自治区和吐鲁番地区的负责人到车站依依送别。

白云悠悠，群山含情。列车渐渐远去了，送行的人却不愿离去，邓小平还在列车窗口挥着手……

**金融改革**

改革高度集中的计划经济体制，使经济运行走向市场化，这是中国经济改革的基本思路。适应市场化改革的需要，传统的金融体制必须进行改革。对此，在经济改革的初期，实行扩大企业自主权后，为解决资金使用效率、合理有效地使用资金问题，邓小平就提出金融改革问题。

1978年8月9日，邓小平视察天津。当市委汇报到资金不足时，他指出：国家分配资金不是好办法。今后可以搞银行贷款的办法，不搞国家投资。搞国家投资那是懒办法。贷款，要拿利息，他就精打细算了。邓小平在此明确提出了在资金使用上要变财政无偿拨款为银行贷款，从而改变企业资金来源的供应方式。这种变化必然强化金融在国民经济中的作用，进而带来银行制度的改革。

1979年10月4日，在中共省、市、自治区委员会第一书记座谈会上，邓小平明确提出"必须把银行真正办成银行"。他指出："现在每个省市都积压了许多不对路的产品，为什么？一个原因就是过去我们的制度是采取拨款的形式，而不是银行贷款的形式。这个制度必须改革。任何单位要取得物资，要从银行贷款，都要付利息。"邓小平在这里所说的"必须把银行真正办成银行"，其含义就是银行要成为一个经营货币的企业，它向企业提供的资金是有偿的，到期后要连本带利收回。10月8日，邓小平在会上再次指出：是否设想这么一个问题，把财政制度改为银行制度，把银行作为发展经济、更新技术的杠杆。银行本来就是要生利的，可是我们现在的银行只是算账，当会计，并没有真正起到银行的作用。比如，一个企业，应该向银行借支，银行收利息。从法律上讲，你不偿付，要赔款的。要有经济法律。银行本身就是讲利钱，要不然那个银行办什么？邓小平在此明确指出了银行是一个营利性的企业。企业同银行的关系是一种企业间的商品交换关系。

邓小平指出：一个县或一个队里的小工厂，改造一下，当地银行解决一千元、两千元就顶事，很快能上去。银行很好解决贷款，又能得利息。如果我们搞得很活，我们的银行要扩大。建设银行一定要搞起来。银行要直接开辟门路，直接去办。不要只坐在那里收发、算账，要做生意。搞建设银行，给企业自主权有一个活动余地。短期贷款，小项目的贷款，技术革新贷款，一下子解决了。

1980年，国家决定改革基本建设投资管理办法，由原来的财政无偿拨款改为银行贷款，即"拨改贷"，实行国家投资资金的有偿使用，并批准成立中国人民建设银行，专门管理国家基本建设投资贷款。这是我国金融体制的一项重要改革。

1986年12月19日，邓小平在听取几位中央负责同志汇报当前经济情况和明年改革设想时重申："金融改革的步子要迈大一些。要把银行真正办成银行。我们过去的银行是货币发行公司，是金库，不是真正的银行。"

金融改革不仅是银行制度本身的改革，而且还包括证券市场的发育及完善。1986年11月14日，邓小平会见前来参加中美金融研讨会的纽约证券交易所董事长范尔霖一行。邓小平向客人介绍了中国的发展目标和对外开放政策，并强调指出：我相信通过中美两方面的共同讨论，对金融市场的发展会有益处的。邓小平在此明确指出了中国要发展金融市场。证券市场作为金融市场的重要组成部分，在发展金融市场的同时，必然要发展证券市场。但对于发展证券市场，有相当一部分人持有异议，认为这是资本主义的东西，是少数拥有雄厚资本实力的投机家侵吞他人财富的场所。由于这种观念上的认识，必然影响到证券市场的发展。对此，邓小平在南方谈话中明确指出："证券、股市，这些东西究竟好不好，有没有危险，是不是资本主义独有的东西，社会主义能不能用？允许看，但要坚决地试。看对了，搞一两年，对了，放开；错了，纠正，关了就是了。关，也可以快关，也可慢关，也可以留一点儿尾巴。怕什么，坚持这种态度就不要紧，就不会犯大错误。总之，社会主义要赢得与资本主义相比较的优势，就必须大胆吸收和借鉴人类社会创造的一切文明成果，吸收和借鉴当今世界各国包括资本主义发达国家的一切反映现代社会化生产规律的先进经营方法、管理方法。"邓小平的这段论述肯定了中国要发展证券市场，并强调指出社会主义必须大胆吸收和借鉴人类社会创造的一切文明成果。

随着中国经济改革的深化，邓小平进一步认识到金融在现代经济中的作用。1991年1月28日至2月28日，邓小平视察上海。在同上海市负责同志谈话中，他强调指出："金融很重要，是现代经济的核心。金融搞好了，一着棋活，全盘皆活。上海过去是金融中心，是货币自由兑换的地方，今后也要这样搞。"邓小平的这段论述是对金融在现代经济生活中的作用的评价和定位。

综观邓小平关于金融改革问题的论述及中国金融改革的实践，我们可以看出，邓小平关于金融改革问题的论述指明了中国金融改革的方向。关于银行改革，按照"要把银行真正办成银行"的改革思路，原来的中国人民银行被分为中国人民银行和四大专业银行。前者作为专门管理金融机构的行政机关，后者则为经办具体业务的专业银行。专业银行实行企业化管理，后来又发展成为国有商业银行和各种政策性银行。国有商业银行正逐步成为真正经营货币的企业。各种政策性银行以执行国家宏观经济政策为目标来开展自己的经营活动。同时，国家还批准成立了一些地方性银行、股份制银行、外资银行以及各种非银行的金融机构。资本市场主要是同业拆借和证券市场。它们均得到了较快的发展，并且日趋完善。通过这些金融改革，中国已建立起适应整个经济体制改革要求的比较完备的金融体系。

## 住房制度改革

千百年来，历尽沧桑的中国百姓，一直把"耕者有其田，居者有其屋"作为理想社会的基本标志，把"安居乐业"作为毕生的向往和追求。

邓小平生前一直非常关心住宅建设问题，他深知百姓安居能乐业的道理。1978年9月，邓小平率党政代表团从朝鲜访问回来，在短短一个多月的时间里，就先后视察了东北三省及唐山和天津两市，视察了那里的居民住宅楼。在住宅建筑上，如何增加抗震系数，如何加快建设，一直是邓小平久挂心头的大事。9月19日，他在唐山专程看了新市区的住宅楼。到天津后，当他听说天津市正在召开基本建设工作会议时，顾不上旅途疲劳，当晚就接见了基建工作会议的代表，使天津市基建战线的广大职工受到极大鼓舞。第二天下午，邓小平又视察了天津市黄纬路正在建设中的胜天里住宅小区，看了大板结构的多层住宅楼和建材局的新型建材样品。

　　1978年秋，在贯通北京城东西的前三门大街上，沿街30多幢正在紧张装修的高层住宅楼显得格外挺拔。10月20日上午大约10时，由人民大会堂方向驶来两辆红旗轿车，停在宣武门东大街16号塔楼前。已经七十四岁高龄的邓小平亲自来到了前三门大街住宅楼建设工地。他先看了一个两居室，又看了一个三居室单元房。他环顾四白落地的一间居室，问随行的市建委主任赵鹏飞："房间有多大？"赵回答说："两居室的大间是14平方米，小间9平方米；三居室的大间是14平方米，中间12平方米，小间9平方米。"邓小平说："小了点儿。"他指了指天花板问："房间有多高？"赵答道："层高2.9米，净高2.7米。"邓小平又问："前三门大街都是几层楼？"赵回答说："塔楼高12层，板楼高8至9层。"接着，邓小平又特意询问了楼房的抗震系数。赵鹏飞和宋汝棼两位市建委领导介绍说，前三门大街的住宅楼动工时赶上了唐山地震，在后来的设计上考虑到按地震烈度8度设防。邓小平听了满意地点了点头。

　　视察完宣武门大街16号楼，邓小平又乘车来到宣武门西大街新华社对面的4号板楼。他登上中单元二层，仔细观看了住房。从房间里出来后，他用商量的口气提出："层高能不能降一些，把面积搞得大一些？"邓小平第三次复出后不久，就视察了京、津、唐三市不同类型的住宅楼。经过仔细观察和慎重考虑，他向建筑专家们提出了这一建议，希望在不增加投资的情况下，尽量扩大住房面积。

　　根据邓小平的思路，北京市建筑设计院的设计师们设计了一套新的住宅标准图，室内高度为2.53米。但在其他方面同传统标准的住宅设计相比，每户增加了15平方米；卫生间面积也有所增加，里面除了马桶外，又增加了洗手盆和小澡盆；厨房内又配备了一个碗柜和一个吊橱；而每户的预算总造价反而便宜了77元。

　　邓小平还提出，今后建住宅楼时，设计要力求布局合理，增加使用面积，更多地考虑住户的方便。当人们提出"洗澡难"时，他提出，要尽可能安装一些沐浴设施，让居民能在家里洗上热水澡。当人们为摆脱"一间屋子半间炕""老少三代同一室"的窘境，而对乔迁新居有点儿饥不择食时，他提出，在可能的条件下注意室内外装修的美观。当人们对唐山大地震的悲剧仍心有余悸时，他又提出，要多采用轻质建筑材料，冲破我国"秦砖汉瓦""肥梁胖柱"式的传统建材格局。他还多次提出，要降低房屋造价，为今后住宅商品化打通道路，使中国人民真正实现"居者有其屋"。

造成城市住房难的原因，除了我国经济落后，人口过快增长以外，长期以来形成的计划经济的住房建设投资体制与住房分配体制是最主要的原因。改革开放前，我国城镇住宅建设投资基本上来自政府拨款；而国家财力又不能满足住房建设的需要，因此，严重制约着城镇住房建设的发展和居民住房需求的满足。在分配体制上，城镇住房在国家或企事业单位建造后，低租金分配给职工居住，一方面给国家和企业造成了沉重负担；另一方面造成严重分配不公，由此带来住房分配占有的不合理、不公平，刺激了住房需求的盲目膨胀，助长了一些人多占房、占好房的不正之风。解决城镇居民的住房难问题，根本在经济发展，关键在住房制度改革。

改革开放以来，邓小平一直非常关注城镇住房制度的改革和住宅建设的发展，做出了一系列重要指示，对推进我国城镇住房制度改革和加快住房建设发挥了巨大作用。

1980年4月，针对计划经济体制下住房分配体制和建设体制的弊端，邓小平指出，关于住宅问题，要考虑城市建设住宅、分配房屋的一系列政策。城镇居民个人可以购买房屋，也可以自己盖。不但新房子可以出售，老房子也可以出售。可以一次付款，也可以分期付款，十年、十五年付清。住宅出售后，房租恐怕要调整。要联系房价调整房租，使人们考虑到买房合算。因此要研究逐步提高房租。房租太低，人们就不买房子了。繁华的市区和郊区的房子，交通方便的地区和不方便的地区的房子，城区和郊区的房子租金应该有所不同。将来房租提高了，对低工资的职工要给予补贴。这些政策要联系起来考虑。建房还可以鼓励公私合营或民建公助，也可以私人自己想办法。农村盖房子要有新设计，不要老是小四合院。平房改楼房，能节约耕地。盖什么样的楼房，要适合不同地区、不同居民的需要。这些指示，提出了住房分配制度改革和实行住房商品化的思路。

同年6月，根据小平同志的指示，国务院批准公布了关于住房商品化的政策。随之，一些城市开展了出售住房和公用住房补贴出售的试点工作。

1986年，国务院确定烟台、蚌埠、唐山等城市为住房制度改革综合配套试点。1987年，国务院又批准了烟台市"提租发券、空转起步"的方案；批准蚌埠市、唐山市房改方案出台实施。1988年，国务院召开了全国住房制度改革工作会议，会后印发了《关于全国城镇分批分期推行住房制度改革实施方案》，确定了我国住房制度改革的整体方案，住房制度改革进入扩大试点阶段。

交往

### 揭开海军历史新一页——与叶飞

纪念人民海军诞生五十周年的时候,一位为新中国海防建设奋斗了一生的"老海军"曾深情地指出:"如果说1949年是毛泽东亲自领导创建了海军,那么,三十年后的1979年,是邓小平把海军从十年动乱后的困厄中挽救出来,揭开了人民海军历史新的一页,指引海军走上了现代化建设的航程。"

邓小平这一揭开海军历史新一页的决策实践,是从由交通部调叶飞到海军任职开始的。

1979年春天,刚刚开过的中共十一届三中全会,使中国的政治形势发生了根本的变化。经过十年动乱后复出,重新担任了中共中央副主席、中央军委副主席的邓小平,在领导全党做出工作重点转移战略决策的同时,把锐利的目光转向饱受林彪、"四人帮"干扰破坏的海军。

在"文化大革命"十年内乱期间,海军是军队中的"重灾区"。由于先是林彪,后是"四人帮"直接插手,造成了海军党委内部的严重不团结。粉碎"四人帮"以后,通过揭批"四人帮"、清理思想,这种状况有了一些改变,但囿于当时的环境条件,一直没有能够从根本上解决问题。真理标准问题讨论在全国轰轰烈烈地开展了一年,海军仍然无声无息。广大官兵面对举国上下、千行百业呈现出的勃勃生机,对海军现状产生深深的忧虑。这更引起了主持军委工作的邓小平副主席的密切关注和深思。

怎样才能解决海军的问题,使海军尽快跟上全军全国的形势?邓小平和叶剑英及军委其他领导就此进行过多次交谈。大家一致的意见是,海军问题复杂,领导成员之间隔阂很深,单靠他们自己已很难解决问题了。要派有影响的"局外人"参加领导工作；经几次讨论研究，拟定了人员调整方案：鉴于海军司令员萧劲光年事已高（时年七十七岁）且身体不太好，免除其职务另行安排，调交通部部长叶飞到海军任司令员。始料不及的是，1979年2月7日，海军第一政治委员、海军党委第一书记苏振华突然病逝。为避免海军司令员、政委同时换人，在国内外造成误会，不利于工作，遂决定萧劲光任职暂不变动。2月12日，中央军委颁布命令，任命叶飞为海军第一政治委员、海军党委第一书记。

叶飞——德高望重的军界元老，妇孺皆知的开国上将，到老同志多、内部关系复杂的海军任职，当然是不可多得的人选。但是，其时他已离开部队做地方工作二十多年了。不久前他刚从西欧访问回来。他亲自抓的交通部在广东省协助下利用香港招商局办蛇口工业区的工作，正在紧张地进行中。到海军任职的事，军委虽有人向他吹过风，但他决然没有想到竟会这么快就定下来。

接到任命，叶飞立即给邓小平打电话："邓副主席，我不懂海军，更不了解海军这些年的情况，到那里去很难。"话刚说完，邓小平就接过去说："这正是你的优势。你是'局外人'，不了解他们这派那派，没有框框，可以大胆地讲话、办事。""我什么时候到您那里去一下。去海军您有什么指示？"邓小平说："没有什么讲的了。海军都是老同志，你去了要当好'班长'。时间紧，要尽快去、尽快进入情况，海军任务重，等不起。有些话过一段你摸清情况再谈。"

放下电话，回味着邓小平的每一句话，叶飞深感责任重大，心里久久不能平静。

海军党委对叶飞的到来非常重视。3月1日，召开了由全体机关干部和直属部队参加的欢迎大会。在会上，叶飞做了简短、诚恳的发言。他说，我是个老兵，我热爱我们的军队。我离开部队做地方工作已好多年了！现在军委叫我归队，到海军来，我很高兴，也很担心。主要是我不懂海军。但既然来了，首先是向大家学习，尽自己的力量和萧司令、党委一班人，共同努力把工作搞好。不妨立个军令状，争取三年内使海军面貌有较大变化。第一年搞不好，情况不熟，大家可以谅解；第二年搞不好，就应该批评；第三年再搞不好，说明我完成不了任务，应该打起背包走人。我的工作，请大家帮助，欢迎大家监督。叶飞话刚讲完，全场就爆发出长时间的、热烈的掌声。会后，同志们说，好长时间没有听到这样实在、中肯的话了！

叶飞到任一个月后，4月3日，邓小平召见了叶飞和海军第二政委杜义德。

9时30分，叶飞、杜义德按时到了景山后街邓副主席家里。邓小平一边和他们打招呼，请他们坐下，一边直截了当地问："今天你们谁汇报？"叶飞说："杜义德同志汇报。"杜义德首先汇报了海军党委五届二次会议的情况及南海、西沙战备情况，接着又汇报了人事安排和落实干部政策情况。邓小平听得很认真，不时地提问、插话。

汇报一结束，邓小平便问道："叶飞同志，海军的情况你摸了没有？"叶飞回答："上班一个多月了，在摸情况，还没有摸清楚。"邓小平说："海军的问题主要是不振作。"随即对海军问题作了具体分析。他指出，海军的工作过去主要是不扎实，缺乏协调，缺乏雷厉风行的作风；有些东西贯彻不下去。接着，他着重讲了海军建设方针的问题。邓小平说，我们的海军，应当是近海作战，是防御性的，防御敌人从海上来侵略。我们不称霸。海军装备发展、教育训练，一切都要服从这个方针。当然，不称霸、近海防御，并不是说海军不要发展，不要强大。我们的防御是积极防御，必须有战斗力。海军现在的状况不行，严格说来，有些部队还没有形成战斗力。我们要尽快建立一支真正顶用的、有战斗力的海军。他说，你们要聚精会神地、认真地研究解决这个问题。海军究竟需要什么装备，型号要具体提出来，要重新制订计划；现在国家有困难，军费要压缩，经费少了更要用好，装备建设要少而精；舰艇不要光求吨位，不如吨位少些但顶用。对部队的军事训练，邓小平要求，一定要从实战出发，仗怎么打兵就怎么练，不要搞形式主义。要恢复我军雷厉风行、严格训练、严格要求的优良传统。还有，要害部门的人选要注意，打砸抢分子不能放在要害部门，有的不能放在部队。最后，邓小平语重心长地说："最近这一段，你们抓了一下，有成绩，南海西沙的备战也是好的。下一步还要深入下去，进一步把情况摸透，把问题搞清楚，拿出真正切实可行的规划和措施，把海军的工作搞上去。"

汇报和谈话一直进行到12点30分。叶飞、杜义德对耽误了邓副主席吃饭表示歉意。邓小平说，这没关系，没有准备也不留你们吃饭了，并亲自把他们送出门去。

叶飞和杜义德回机关后，立即将邓副主席的指示，向海军党委常委作了详细传达，研究部署了贯彻意见。尔后，各常委分别带领机关干部深入部队调查研究，抓贯彻落实。叶飞也亲率机关工作组与北海、东海、南海等三个舰队的领导一起深入部队，调查情况，研究制定深入贯彻邓副主席指示、加强海军现代化建设的规划措施。

1979年7月20日，海军党委常委扩大会议在青岛召开。军以上单位和海军机关各大部领导参加会议。会议议题有两个，一是关于实践是检验真理唯一标准问题的讨论补课，二是讨论拟定海军建设十年发展（三年调整、七年建设）规划。会议期间，叶飞与杜义德一起向在青岛视察、度假的邓小平副主席报告了会议的情况，并请他视察海军部队，观看水上飞机和直升机表演，到会作指示。邓小平欣然接受了请求。

水上飞机和直升机表演，是7月29日上午进行的。

检阅台面对大海。陪同邓小平在检阅台上就座的，有中央军委委员粟裕、山东省委书记白如冰、济南军区政委肖望东及海军、北海舰队的领导。邓小平首先听取了水上飞机部队领导关于水上飞机的结构、性能及作战使命的汇报。邓小平听得很专注，不住地点头。

汇报结束后，飞行表演随即开始。邓小平一边观看表演，一边指着表演飞机问身边的北海舰队航空兵司令员范天喜："这种飞机我们自己搞了没有？"范司令回答："我们的现在正在试飞。"邓小平点点头。

水上飞机表演完毕，邓小平在现场工作人员的引导下起身离开检阅台，来到塔台前面，又观看了超黄蜂直升机表演。

观看完飞行表演，邓小平兴致很高。10时15分，他在叶飞等人的陪同下乘车来到青岛市人民会堂，亲切接见了参加会议的全体同志和北海舰队的机关干部，并同大家合了影。随后，发表了长时间的重要讲话。

邓小平从海军初创时期讲起。他说，新中国成立初期海军就建立了，开始一段不错。但是自从林彪把李作鹏他们弄到海军来，从此就多灾多难。先是争我对你错、我高你低，"文化大革命"开始后就打派仗、分线划派、层层站队，对部队伤害很重，影响很深。但这不要紧，"只要抓得好，很多问题是可以解决的"。"就看你抓不抓，抓得认真不认真。"接着，邓小平系统地阐述了海军的战略、海军建设的方针、海军实现现代化的过程及当前的任务和要求。邓小平深入浅出、言简意赅的讲话，清楚地指明了海军发展的方向和道路。

讲到真理标准问题的讨论，邓小平指出，就全国范围来说，就大的方面来说，通过实践是检验真理唯一标准和"两个凡是"的争论，已经比较明确地解决了我们的思想路线问题，重新恢复了毛泽东同志倡导的实事求是、理论联系实际、一切从实际出发的思想路线。这是很重要的。这一争论,开始的时候反对的人不少,但全国绝大多数干部群众已逐步接受了。"这个争论还没有完,海军现在考虑补课,这很重要。真理标准问题的讨论是基本建设,不解决思想路线问题,不解放思想,正确的政治路线就制定不出来,制定了也贯彻不下去。""所以,不要小看实践是检验真理的唯一标准的争论。这场争论的意义太大了,它的实质就在于是不是坚持马列主义、毛泽东思想。"

最后,邓小平语重心长地讲了培养年轻干部的问题。他说:"1975年我主持中央工作,王洪文就说,十年后再看。现在也有十年后再看的问题。我们对林彪、'四人帮'的影响不能低估,不能想得太天真了。要想得远一点儿。一定要趁着我们这些人在的时候挑选好接班人。""这个问题解决不了,我们见不了马克思。老同志在,问题比较好解决,如果我们不在了,问题还没有解决,就要天下大乱。你们不要以为中国乱不起来,林彪、'四人帮'帮派体系的人,就是不听党的指挥,他们唯恐天下不乱。中国的稳定,四个现代化的实现,要有正确的组织路线来保证,要有真正坚持马克思列宁主义、毛泽东思想和党性强的人来接班才能保证。"

讲话进行了1个小时10分钟。在这期间,会场每一个人都凝神屏息,生怕漏听一个字。讲话一结束,大家就忘情地使劲儿鼓起掌来。时隔二十年后,一位有幸聆听过这次讲话的同志回忆当时的情景,仍然动情地说:"那才叫'振聋发聩'!那才叫'豁然开朗'!那次讲话给人的印象太深了!"

邓小平在这次会议上的讲话,经过整理,分别以"思想路线政治路线的实现要靠组织路线来保证"和"海军建设要讲真正的战斗力"为题,编入《邓小平文选》(第二卷)和《邓小平论国防和军队建设》两本书中。

7月29日上午,在看完水上飞机和直升机表演后,前往青岛市人民会堂的车上,邓小平问起舰艇部队的情况。叶飞趁机建议他到烟台的舰艇部队视察,他愉快地接受建议:"好,到烟台,坐坐我们的驱逐舰。"于是,会议一结束,31日下午4时,叶飞与杜义德就陪同邓副主席登上了由青岛开往烟台的专列。

4时30分,叶飞、杜义德开始向邓小平汇报海军的工作。

首先,叶飞着重汇报了5月份他和海军副政委卢仁灿及各舰队领导、有关部门的同志一起到部队调查研究的情况。当汇报到西沙战略位置重要,需要重点设防时,邓副主席插话:"这个地方一定要坚守。这次你去看一看好,百闻不如一见。"接着,叶飞又汇报了基地建设情况,装备质量、舰艇在航及舰艇改装等方面的情况。邓小平都给予了明确的指示。

接着叶飞又汇报了下半年的工作安排。叶飞说："海军今年下半年第一项大的工作，是真理标准问题讨论的补课，第二项就是开展以查质量、查技术、查安全为内容的大检查。我们打算把海军领导机关人员的一半派下去，和舰队共同组织检查团进行大检查。"邓小平听了非常高兴，连连点头说"抓得对"。在汇报海军装备建设和规划调整时，叶飞提出，一方面要抓紧舰艇改装、发展新装备，一方面要加强修理工作。要争取在两年内把需要修理的舰艇全部修理好，扭转当前严重失修的局面。邓小平说，这个对。装备要顶用，有战斗能力。不顶用，浪费国家财产。关于落实干部政策问题，叶飞汇报说，要坚持做到三条：一是要坚持原则，二是要讲政策，三是要实事求是。要认真贯彻"惩前毖后、治病救人"的方针，把运动中的问题和历史上遗留下来的问题，组织力量过细地处理好，发展安定团结的局面。听到这里，邓小平插话说："这个好，这样做是得人心的。要历史地看问题，有错误改了就好。"

汇报进行了一个多小时。汇报结束后，叶飞请邓副主席作指示，邓小平说：按你们的部署去办，我没有什么讲的了。

8月2日8时，邓副主席来到海军烟台基地某军港。舰艇挂满旗的军港严整、肃穆。邓小平检阅了101导弹驱逐舰后，登上了105导弹驱逐舰。

在105舰会议室（一号舱室）里，邓小平首先听取了支队长关于导弹驱逐舰设计性能、现实状况和舰上官兵简要情况的汇报。邓小平听得很仔细，不时向叶飞询问有关情况，叶飞都一一作了解答。接着，邓小平健步登上舰指挥室，看望了在那里工作的干部、战士。

8时30分，军舰徐徐离开码头。邓小平由叶飞陪同兴致勃勃地登上军舰最高点——信号灯座。海风吹起了他的头发，掀起了他的衣角。一个战士怕他着凉，送来了衣服和帽子，邓小平微笑着摆了摆手。不一会儿，天上下起了蒙蒙细雨。邓小平依然站在一个高炮平台上远眺近望，并不时与陪同在两侧的叶飞、杜义德和支队领导交谈。风越刮越猛，雨也大起来。经叶飞再三提议，邓小平才回到一号舱室。

军舰破浪前进。邓小平和大家一起关好舱室的舷窗，便坐下和陪同的同志交谈起来。这时，105导弹驱逐舰刘云成副政委拿着题词本走进来，附在靠近门口的杜义德政委的耳边小声说，舰上的干部战士想请邓副主席题词，杜义德当即转请。邓小平高兴地点了点头，说"可以"。刘云成和另一个同志立即把笔墨和题词本摆在邓小平面前。

邓小平没有立即动笔。他点燃一支香烟，默默地吸着，思索着。一支烟吸毕，停了一会儿，又点燃一支，继续吸着，思索着。考虑了近半个小时，他霍然站起来，拿过毛笔，饱蘸浓墨，挥笔写下18个遒劲大字"建立一支强大的具有现代战斗能力的海军"。

从8月底开始，叶飞集中精力抓了邓小平两次对海军指示的落实。从8月底到12月底，海军党委连续办了三期军以上干部真理标准问题讨论的学习班。每期一个月，先后200人参加学习。在组织部队开展真理标准问题讨论补课的同时，叶飞遵照邓小平的指示和中央军委、总政的统一部署，抓了部队平反冤假错案和落实政策的工作。随着邓小平指示的贯彻和党的政策的落实，海军部队上下呈现出生机勃勃的新局面。

1980年1月，根据邓小平的提议，中央军委对海军领导班子再次进行了调整。免去叶飞海军第一政委职务，改任司令员。政委职务暂时空缺，由叶飞主持全面工作。

同年3月上旬，中央军委召开常委扩大会议，根据中共十一届五中全会精神讨论研究了军队体制改革和压缩兵员定额问题。会后，海军党委立即召开常委扩大会，研究海军的体制改革和精简整编方案。经过一个多星期的反复讨论，叶飞集中大家的意见提出了海军精简整编的初步方案，并于4月1日向军委作了汇报。尔后，完善、修改方案，落实精简整编任务的工作便逐步展开。

4月28日，担负中国首次向太平洋发射运载火箭试验海上保障任务的海军编队一行18艘舰船，从上海某军港起航。这是一次空前的科学试验任务，也是海军部队一次大编队、远距离航行。编队由海军第一副司令员刘道生任总指挥兼政委。叶飞陪同国务院副总理耿飚、王震，副总参谋长张爱萍前往送行。编队起航后，叶飞由上海到宁波东海舰队机关看望部队。由于长期工作劳累、旅途辛苦，5月6日，叶飞在舰队会议室连续讲话两个多小时后，突发心肌梗死。舰队首长一边组织抢救一边报告海军，海军当即报告军委，并组织上海、北京的专家分头前往抢救。经过一个月的救治，病情稳定后，6月初，叶飞被接回北京，住进中国人民解放军总医院继续疗养。

叶飞住在医院里，但强烈的责任感使他时刻关注着海军工作的进展。海军体制改革、教育训练等各项工作，也都按照既定方针有条不紊地进行着。这期间海军机关有的同志到医院探视时向叶飞提出：你身体不好，可以退居二线。叶飞感到事关重大，经认真考虑后报告了军委，请示是否是军委的意思。军委首长严正地指出：组织上从来没有这样的意图。作为部属，提这样的问题，这在组织上是错误的，政治上也是错误的。并嘱叶飞安心疗养，早日恢复健康，恢复工作。

同年10月，根据叶飞的要求和建议，中央军委调国防科工委政委李耀文到海军任政委。此后，李耀文与叶飞互相支持，紧密配合，通过扎实有效的工作，彻底清除了"文化大革命"给部队带来的恶劣影响，拟订了改革指挥、供应领导体制，进一步精简整编的方案，加强了部队教育训练规范化建设，使人民海军在现代化建设的道路上迈开坚实的步伐。

自1980年底出院后，叶飞一直坚持着繁重的工作，但身体大不如前。邓小平考虑到叶飞的身体，同时考虑到随着改革开放的深入，华侨工作也要有人做（作为华侨出身的开国上将叶飞在华侨界深孚众望），便建议叶飞调出海军，负责党和国家的侨务工作。

1982年8月，中央军委颁发命令，免去了叶飞在海军的任职。在翌年6月召开的第六届全国人民代表大会第一次会议上，叶飞被选为全国人大常委会副委员长，同时兼华侨事务委员会主任委员。

## 知人知心——与班禅

1980年8月26日，邓小平约见已经重新当选为全国人大常委会副委员长、全国政协副主席的班禅额尔德尼·确吉坚赞到自己家里叙谈。邓小平关切地询问了班禅大师的生活和工作情况，真诚地对他说："你是我们国家一个最好的爱国者。"班禅听后，激动得热泪盈眶。

邓小平对班禅的评价非常中肯，完全符合实际。

班禅额尔德尼·确吉坚赞，俗名贡布慈丹，藏族。1938年2月3日出生。青海循化人。西藏喇嘛教"格鲁派"（即黄教）的领袖之一。1937年九世班禅逝世后，1941年被班禅堪布会议厅选定为第九世班禅的转世灵童，1944年被迎往青海塔尔寺供养。

1949年6月3日，当班禅还只有十一岁的时候，他就按照宗教惯例接受了剃度、受戒等仪式，在青海塔尔寺坐床。从此，一个普通的藏族孩子正式成为西藏第十世班禅，取法名"罗桑赤烈伦珠确吉坚赞"，简称确吉坚赞。风云变幻的时代和复杂的国内外形势，使少年班禅不可能与世隔绝静坐禅院，而必须在政治上做出抉择。班禅因为从小受过经师的严格教导和培育而不同于一般的孩子，活佛这一特殊的身份又使他必须注意观察社会，体察民情。他憎恨国民党的腐败无能，反对亲英美帝国主义的西藏地方政府中的分离主义倾向。他对共产党虽不甚了解，但共产党的节节胜利使他确信共产党"必然有顺应人心，顺应历史的道理"。于是，他毅然决定与中国人民解放军进驻在西宁的刘伯承、邓小平所部联系，并从此开始了与中国共产党真诚合作、维护祖国统一和民族团结的光荣历程。

1949年10月1日，中华人民共和国成立，班禅额尔德尼·确吉坚赞立即致电毛泽东主席和朱德总司令，表示拥护中国共产党，拥护人民政府，希望早日解放西藏，愿为完成祖国统一大业贡献力量。毛主席和朱总司令复电勉慰，对他的爱国主义举动给予高度赞扬。

1951年5月23日，中央人民政府、达赖、班禅三方面，在北京经过共同协商，签订了《关于和平解放西藏办法的协议》。当晚，毛泽东主席设宴庆祝协议签订。班禅大师出席并发表热情洋溢的祝酒词。他说："和平解放西藏是中国各民族大家庭的一大喜事。"表现了少年班禅强烈的爱国热情。

1956年11月，班禅大师与达赖喇嘛一道应邀去印度参加释迦牟尼涅槃2 500周年纪念活动，并去印度各地朝拜和参观访问。在印度期间，班禅大师热情赞扬中印两国和两国人民的传统友谊，旗帜鲜明地强调西藏要遵守《关于和平解放西藏办法的协议》，以实际行动表明了他光明磊落的爱国立场。

1959年3月，西藏上层反动集团发动武装叛乱。一时间，西藏问题成为举世瞩目的重大焦点，班禅也成了国内外关心的重要人物。在这关键时刻，处在复杂尖锐境遇中的班禅大师，更加坚定地维护祖国的统一，坚持西藏是中国不可分割的一部分的立场。他高举爱国、团结、进步的旗帜，拥护中央关于边平叛边改革的方针，积极支持人民解放军驻藏部队平息叛乱。大师的正确态度，得到了西藏广大僧俗群众的信任和支持。

班禅大师说："我爱自己的祖国，也爱自己的民族。不爱自己的民族的人，不可能成为真正的爱国主义者。"他要求民族干部一要爱国，维护祖国统一；二要对自己的民族有感情，使自己的民族团结起来，为本民族的发展做一些事情。班禅大师是这么说的，也是这么做的。对于班禅大师爱国家、爱民族、爱宗教，为建立繁荣、民主、进步的新西藏而日夜操劳，邓小平高度称赞他是我们国家最好的爱国者，确实当之无愧。

交谈中，邓小平再一次肯定地说："是的，你同达赖不同，你是爱国的，维护国家统一的，而达赖是搞分裂的。"班禅大师丰满的面容因激动而显得更加红润了。

邓小平还坦诚地说道：过去对你的问题主要是处理重了。你的"七万言书"（全称《关于西藏总的情况和具体情况以及西藏为主的藏族各地区的甘苦和今后希望要求的报告》），大部分是对的。整你主要是两次：1964年和"文化大革命"。挨整后，你又出来了。"你两次出来，表现都是好的。"

听了邓小平的话，大师感慨万千。他说："与老一辈革命家、与您所受的迫害相比，我这点儿委屈算得了什么？！"大师不计个人恩怨的豁达态度和高尚情操，也同样为邓小平所赞赏。

邓小平又与大师谈起宗教和西藏发展的问题。邓小平说："对于宗教，不能用行政命令办法；但宗教方面也不能搞狂热，否则同社会主义、同人民的利益相违背。"班禅大师同意邓小平的意见，说宗教的弘扬是要顺应社会的发展而不断地改革和增加新的内容，他也正在探索这方面的问题。邓小平对班禅说："在西藏，要使生产发展起来，人民富裕起来。"对于"左"的错误带来的危害，邓小平讲，西藏人民平叛改革后到"文化大革命"之前这一段比较好过，"文化大革命"和以后几年，政策错了，人民吃了苦。因此，只有发展才是解决问题的根本。"真正去做，也并不难，只有这件事办好了，才能巩固民族团结。"

邓小平强调：在发展生产的同时，"还要努力发展文化，培养民族干部，使民族干部知识化。为此，中央民族学院和各民族学院都要加强"。

邓小平的一席话，使班禅大师深受鼓舞和感动，他表示自己一定要为维护祖国的统一，为西藏的发展多办一点实事。邓小平对此表示赞同，并对大师寄予厚望，说："你不仅对西藏有影响，对其他藏区有影响，而且在国际上也是有影响的。""希望你对祖国多做一些贡献。"

会谈结束后，邓小平热情地握着班禅大师的手，指了指一同参加谈话的中央统战部的乌兰夫、刘澜涛和国家民委的杨静仁说："你的反映以后经常可以告诉他们几位。"又说，"我约你到家里谈，不是把你当外人""以后可以再来。"大师怀着恋恋不舍的心情，结束了与邓小平这次难忘的谈话。

## 应该重视对自然科学的研究——与丁肇中

丁肇中是继杨振宁、李政道之后第三位获得诺贝尔物理学奖的美籍华人科学家。他同许许多多的爱国华人一样，虽然久居海外，却不忘祖国，是一位著名的爱国华裔学者。

1976年，丁肇中获得诺贝尔奖后，在准备颁奖大会上的答问的过程中，当他翻阅以往的有关诺贝尔奖的材料时，发现在众多获奖者的答问中，竟没有一份是用中文书写的，这使丁肇中的心情久久不能平静。他决定用中文书写自己的答词，但遭到美国官方的阻止，美国官员说，你已经是美国公民，就应当用英文书写。丁肇中理直气壮地说，我确实加入了美国国籍，但我是在瑞典而不是在美国领奖，用什么文字书写是我的自由。负责颁发诺贝尔奖的人士又提出，我们这里没有中文打字机，你用中文书写我们不能打印分发。丁肇中说，我用手书写，请你们代为复印。丁肇中对祖国的一片赤子之情令许多人为之感动。

1976年12月10日，丁肇中在瑞典首都斯德哥尔摩领取诺贝尔奖的颁奖大会上，用中文和英文发表了简短的答词。这一举动赢得了世人的由衷赞叹和敬佩。

1977年8月，走下诺贝尔奖领奖台的丁肇中，又风尘仆仆地回到了中国，他不仅要看看祖国的巨大变化，更思考着能为祖国科技事业的发展做些什么。

自1975年起，丁肇中就不辞劳苦，远涉重洋，多次回国参观访问和讲学。这次回来，令他激动不已的是，日理万机的邓小平亲自接见他。

的确，邓小平非常忙碌，当时，中国刚刚从十年动乱中摆脱出来。中国的内政外交也处在重大调整之中。一切关心中国命运的人，不管是希望中华民族振兴的朋友，还是担心中国强大的对手，都纷纷来到中国，想走近些了解中国这个神秘的大国，与之建立相应的联系。所以，在20世纪70年代末以及整个80年代，作为中国改革开放总设计师的邓小平的外事活动就特别多，往往一天要接见数位外宾。丁肇中觉得能得到邓小平的接见实在难得。

1977年8月17日，伟大的政治家邓小平与著名的物理学家丁肇中的手紧紧地握在了一起。

落座后,丁肇中感慨地说:"我们这次来中国参观,看到大家很有干劲儿,都想把科技搞上去。我相信中国这么大,搞科研的历史这么久,一定会出人才,会很快赶上科学先进水平的。"

邓小平对发展科学技术,培养科技人才的重要性有着深刻的见解,他认为,我们要实现现代化,关键是科学技术要能上去。靠空讲不能实现现代化,必须有知识,有人才。他接着丁肇中的话题,精辟地指出:科学是老老实实的事,一点儿不能弄虚作假,我们一定要搞好科学研究。又说,"四人帮"最蠢,胡说什么知识越多越反动,把知识分子说成"臭老九"。科学技术是人类共同创造的财富。学会先进的东西才能超过先进。

这些话道出了丁肇中的心声,丁肇中曾多次对中国科技发展发表过类似意见。他认为,任何一个大国,尤其是有历史传统的国家,都不能不重视自然科学研究。现在工业、商业、国民经济,都是应用已经成熟的技术。新的技术只能从发展自然科学得到,不然就会永远落在别人的后面。自然科学从发现到应用有一段过程,自然科学研究的新发现能够改变人们的观念和生活。中国是占世界人口四分之一的大国,有长久的历史,过去对人类科学做出了很重要的贡献,因此,就是在最困难的情况下,也不应该忽略对自然科学研究的支持。

会谈中,邓小平还向丁肇中具体谈了推动中国科技事业发展的一些想法,他说,要派人出国留学,要接受华裔学者回国,还要请外国著名学者来我国讲学。丁肇中听后当即表示愿意在这些方面做一些具体工作。

通过这次会见,丁肇中教授为邓小平重视中国科技发展的精神所深深感动,此后他更加热心地致力于为中国培养科技人才。

从1977年开始,丁肇中为中国训练科技人员,培养了100多人。中国科学院高能物理研究所不少实验物理方面的室主任、课题组长,都到丁教授领导的实验组工作过,现在都成为科研工作的骨干。北京正负电子对撞机所需要的一些实验物理方面的人才,也是在丁教授的精心培养和指导下成长起来的。他努力促进国际物理学界同中国物理学家的合作,由他主持的联邦德国汉堡高能加速器研究小组,首先接纳了第一批北京高能物理研究所的研究人员。

丁肇中不仅为中国培养了一批实验物理的科研人员,还热心为培养中国研究生而奔波。他每年为选拔中国留学生,都要在美国出好题目,然后送回北京，由教育部组织统考，考取者送到欧美学习。他每次回国，还要安排时间讲学，作学术报告。丁肇中为祖国做了许多很有意义的事情。

邓小平了解到这些情况后，非常高兴。

到1984年，中华人民共和国走过了三十五年极其不平凡的路程。在举行国庆三十五周年盛大庆典的日子里，丁肇中被邀请参加国庆观礼活动，他感到十分荣幸。他对记者说："当我看到代表各民族、各团体的群众欢乐地参加游行时，心里是很感动的。经过三十五年的努力，中国已经从一个半封建半殖民地国家发展成一个在世界上受尊敬的国家了。这五年里，国内在科研方面的成就也是很大的。科研人员的素质有了很大改善，从领导到一般科技人员，都大大年轻化了。科学，尤其是自然科学的重要发现都靠年轻人，因此我对年轻的科技人员抱有很大希望。"

更使丁肇中教授感到兴奋的是，10月2日这天，邓小平在人民大会堂接见了包括他在内的海外科技界老朋友。

在欢乐的节日气氛中见到老朋友邓小平，客人们的情绪格外高昂。邓小平知道，这些海外赤子都十分关心祖国的发展，祖国的未来，所以他无保留地向大家介绍了国内下一步的发展设想。他说，党的十一届三中全会，是从农村的改革做起的。农村的改革已经见效了。农民好起来了。人民很高兴，确实高兴。不久我们要召开党的十二届三中全会，又一个三中全会，这个三中全会的主题是整个城市的改革，包括工业、商业、科学、文化等，范围更广了。我们要开拓新的局面。我相信，这次会议在历史上将会表明它的重要性。

丁肇中对这次会见印象非常深刻，事后他说："我再次见到邓小平主任，他向我们谈了中国下一步的城市改革计划，这是非常有意义的。使我特别高兴的是，像他这样高龄，对各种事情依然了解得很清楚，记忆力很好，头脑很敏锐。"

对中国科技发展政策，丁肇中曾多次与中国领导人交换过意见。他提出：自然科学的发展和政治、赚钱不是一回事。如果不支持自然科学研究的话，会有很严重的后果，那就会永远跟在别人后面走。中国人很聪明，这一点任何人都不怀疑。遗憾的是，中国的传统不太注重实验科学，而自然科学是实验科学。这个世纪科学上有发明创造的多是西方人，中国人的贡献不大。贡献不多的原因是一向不太注重实验，并不是因为穷，仪器不好，最重要的是基本观念问题。中国学生擅长背书，背书只能把别人发现的东西背下来，长久下去，就不能发展，在中国青年中应当鼓励探索精神。

他还建议国内一定要尊重人才，支持科学研究，千方百计地为年轻的科技人员提供理想的机会，这样大批的留学生学成后就会归来。他的这些意见受到了包括邓小平在内的中国领导人的高度重视。在一些基本观点上，邓小平与丁肇中的看法是如此的接近。中国新时期科技体制改革和科技事业发展的政策，集中体现了邓小平的有关思想，其中，显然吸取了丁肇中等海外科学家的有益建议。

1986年夏，邓小平像往年一样，来到水天一色的北戴河休假。已年过八旬的老人家，仍然每天到海中劈波斩浪。

这天，丁肇中也来到了北戴河，两位老朋友在这里再次相聚。丁肇中望着满面红光，肤色稍黑的邓小平，高兴地说："我看到邓主任身体这样健康，感到非常高兴。"邓小平说："我身体很好，刚刚下了一小时海。"宾主在愉快的气氛中开始了亲切交谈。

邓小平对丁肇中为中国科技事业的发展所做出的贡献表示了由衷的感谢，他说："好长时间不见了，这几年你做了不少事情。"

中国最高领导人这样了解、感谢自己，丁肇中感到心中充满了温暖。同时他也深深地为中国拥有这样一位注重科技发展的领导人而感到自豪和骄傲，从而对祖国的美好未来更加充满了信心。

### 为什么不叫黄昆搞本行——与黄昆

在"文化大革命"十年浩劫中，我国的科技事业遭到严重的摧残和破坏，广大知识分子受到残酷迫害和无情打击。"四人帮"宣扬什么"知识越多越反动"；把学有成就的专家、学者打为"反动学术权威"，把广大知识分子视为"臭老九"。在那是非颠倒的年代，谁搞科学研究谁就有罪，就会被扣上"白专道路"的帽子，科研机构和教学部门处于半瘫痪、半取消的状态。大批科技人员不能从事自己热爱的专业，离开本职岗位，被迫改行，接受再教育。

北京大学教授、半导体物理学专家黄昆自然没能幸免。

黄昆是中国半导体物理学研究的开创者之一。他数十年在固体物理理论、半导体物理学领域辛勤耕耘，取得过多项具有国际水平的成果。20世纪40年代他就首次提出固体中杂质缺陷导致X光漫散射的理论，被誉为"黄散射"。证明了无辐射跃迁绝热近似和静态耦合理论的等价性，澄清了这方面的一些根本性问题。20世纪50年代他又与合作者首先提出多声子的辐射和无辐射跃迁的量子理论即"黄—佩卡尔理论"，首先提出晶体中声子与电磁波的耦合振动模式及有关的基本方程，被誉为"黄方程"。然而这样一位从事专业研究，成绩斐然的科学家，"文革"中却被迫改行。他被安排到工厂车间去带学生搞生产。离开了心爱的教学岗位，脱离了钟爱的半导体学研究，令老教授十分苦恼。

1975年，邓小平开始主持中央日常工作。面对全国各行各业严重混乱的状况，邓小平忧心忡忡。他以无产阶级革命家大无畏的气概，顶住"四人帮"的压力，果敢地提出要进行全面整顿。在整顿中，科技教育战线是他关注的一个重要方面。针对当时科研人员不能从事科研工作，科学研究基本停滞，与发展国民经济、建设四个现代化的要求极不适应的状况，提出了必须对科技工作进行整顿，尽快把科研搞上去的观点。对于"四人帮"否定科学技术对生产的促进作用，破坏科技工作的倒行逆施，他有力地指出："毛泽东同志讲了四个现代化，还讲过阶级斗争、生产斗争、科学实验是三项基本社会实践，现在却把科学实验割裂出来了，而且讲都怕讲，讲了就是罪，这怎么行呢？"

邓小平整顿科技教育战线的决断，得到了各地各有关部门的积极响应。中国科学院在整顿的过程中，专门邀请黄昆到半导体所作学术报告。报告很受欢迎，引起了很好的反响。心存顾忌的黄昆教授只好解释说，这是他的业余研究。

邓小平听说了这件事。

这年9月26日，邓小平听取中国科学院胡耀邦等负责同志汇报《关于科技工作的几个问题》（《汇报提纲》）时，特别提起了黄昆。他激动地拍着桌子说：有个搞半导体的，叫黄昆，是个老科学家，北大叫他改行，教别的，他不会，科学院半导体所请他作学术报告，反响很好。他说这是业余研究的。这种用非所学的人是大量的，应当发挥他们的作用，不然对国家是最大的浪费。他是学部委员、全国知名的人，就这么个遭遇。为什么不叫他搞本行？北大不用他，可以调到半导体所当所长，给他配党委书记，配后勤人员。邓小平这番话反映了他对科技人员的珍惜、爱护，也反映了他对我国科技事业落后感到焦虑的心情。在这次谈话中，他从战略的高度指出："如果我们的科学研究工作不走在前面，就要拖整个国家建设的后腿。科学研究是一件大事，要好好议一下。"并充分肯定地提出："科学技术叫生产力，科技人员就是劳动者。"

邓小平的这个谈话令当时处于困境之中的科技人员极为感动，深受鼓舞，许多人流下了热泪。

由于邓小平的关心，黄昆得以重返科学的殿堂，从事专业研究。然而不久，"批邓、反击右倾翻案风"开始了，黄昆迫于"四人帮"的压力，就此事写了一篇批邓文章，在报纸上公开发表。

粉碎"四人帮"后，黄昆因为写过那篇文章而受到许多人的批评，自己思想上也背上了沉重的包袱。

邓小平了解到这个情况后，1977年5月12日对前去看他的方毅、李昌说：黄昆写那篇文章的包袱，可以解除了，他那时不批不行嘛！邓小平再次建议调黄昆到半导体所当所长，配个党委书记，并托方、李二人给黄昆带个口信，不要背包袱。

不久，在8月8日，在科学和教育工作座谈会上，邓小平对与会的著名科学家和教育家专门谈到发挥专长的问题，并为知识分子正名，他说："要发挥知识分子的专长，用非所学不好。有人建议，对改了行的，如果有水平，有培养前途，可以设法收一批回来。这个意见是好的。'四人帮'创造了一个名词叫'臭老九'。'老九'并不坏，《智取威虎山》里的'老九'杨子荣是好人嘛！错就错在那个'臭'字上。毛泽东同志说，'老九'不能走。这就对了。知识分子的名誉要恢复。"

后来，黄昆便由北京大学调入中国科学院半导体研究所，从事所擅长的半导体研究。他如鱼得水，成为学术带头人，做出了更大的成绩，多次受到党和政府的表彰。

### 知名已久——与金庸

查良镛，笔名金庸。生于1924年。浙江海宁人。1948年毕业于东吴大学法学院。绝大多数人是从读他的武侠小说而熟知他的，其实，查先生的本行是办报，他是香港《明报》的创办人和社长。此后，他还创办了《明报晚报》《明报月刊》和新加坡《新明日报》、马来西亚《新明日报》，是香港和东南亚知名的报人和社会活动家。1985年，他任《中华人民共和国香港特别行政区基本法》起草委员会委员。

查良镛第一次见邓小平，是在1981年7月。当时，历时十载的《金庸武侠小说全集》（15种36册）修订工作将近完成。从此，他"挂印封刀"，宣布其武侠小说"封笔"，把主要精力转向社会工作。就在这时，北京邀请他到内地访问。接到这一邀请，查先生也不失时机地提出"想见邓小平"。他不无感慨地说：几十年啦，我最想见的就是邓小平。我一直很钦佩他的风骨。这样刚强不屈的性格，真像是我武侠小说中描写的英雄人物。

金庸曾自称"最大的特色是'喜作预测'，常常对未来事情的发展提出明确而肯定的判断"。

"文化大革命"中，邓小平被"打倒"后，金庸做出了他最著名的"预测"。当时，邓小平正落难江西，金庸却在他的《明报》社评中称赞邓小平，支持邓小平，并预言，邓小平一定会"东山再起"。

而就在邓小平接见他的前半年，1981年2月26日，金庸做出了他对香港前途的"预测"。他在《明报》社评中说，中国政府会决定收回香港；正式宣布这一消息的时间将在"收回日期之前十五年左右"；同时将宣布"香港现状今后不变"。

显然，邓小平也很有兴趣见见这位不寻常的报人。他在有关部门送来的邀请金庸访问的报告上批示："愿意见见查先生。"

1981年7月18日上午，邓小平以中共中央副主席的身份接见金庸，而金庸的社会身份则是香港《明报》社长，见诸新闻媒体的是他的本名查良镛。

当金庸来到人民大会堂福建厅时，发现邓小平已在大厅门口等候。他走向前去，握住金庸的手，说："欢迎查先生回来走走！"

金庸真诚地说："我一直对您很仰慕，今天能见到您，很感荣幸！"

邓小平笑着说："对查先生，我也是知名已久了！"

会见开始时，邓小平与查良镛及他的妻子和子女合影留念。这一珍贵的历史瞬间给金庸及其家人留下了终生难忘的回忆。

更让金庸深感荣幸的是：他是邓小平在人民大会堂正式单独会见的第一

位香港同胞。

会见中，他们"谈了许多事情"，例如，关于中共十一届六中全会，关于"文化大革命"，关于对毛泽东的评价，关于国际事务等。

会见一开始，邓小平就向金庸介绍了不久前刚刚闭幕的中国共产党十一届六中全会。他说：半个月前结束的党的十一届六中全会主要办了两件大事，一是通过了《关于建国以来党的若干历史问题的决议》；二是对人事作了新的安排，这是为了保证我国政策的连续性。他还说：党的十一届六中全会比原定的时间推迟了一段时间才召开，这是因为《决议》没有写好。在写《决议》的过程中，我们反复进行了讨论，最大的一次讨论会有 4 000 人参加。我们写这样一个《决议》要经得起历史的考验。邓小平进而指出：写《决议》的目的是总结经验、统一认识、团结一致向前看，对历史问题做出实事求是、恰如其分的总结，然后一心一意地搞四个现代化建设。

金庸说：中共十一届六中全会开得比大家想象中的好，国内外对会议的反映都很好。全会通过的《决议》，实事求是地、坦白公正地从政治上解决了历史上的一些问题。这个《决议》很好。

金庸对《决议》的看法是非常准确的，这使邓小平非常高兴。

在这次会谈中，邓小平关于"保证政策的连续性"的论述，给金庸留下了非常深刻的印象。

邓小平问："查先生是做新闻工作的，接触的人很多，大家对我们有什么意见？"

金庸坦诚地说道："主要意见是，希望目前的政策能长期推行，不能改变。大家有些担心，不要目前的政策执行一段时间，将来又忽然变了。"

邓小平回答说："查先生说得对。国内人民的主要意见也是这样。这次党的十一届六中全会……就是要保证我国政策的连续性。"

金庸后来曾解释说："我当时说'希望中国目前的政策能长期维持，不要改变'，主要是指中国当时刚开始实施的改革开放政策，而不仅是指香港政策。""对香港的设计固然重要，但在全中国而言，这只是一个小小地区。只要中国这座大厦建造得坚固完美，香港这个小房间也一定不会太差。"

而最令金庸先生高兴的是，就在邓小平接见他的第二年，他的"香港预测"也得到了证实。"中国政府的确于1982年宣布，定于1997年7月1日收回香港，恰好是相隔十五年。"

1984年9月26日,中英两国草签关于香港问题的《联合声明》。当时金庸正在北京。对邓小平提出的"一国两制",他认为是"天才的设想",随即在《人民日报》发表文章,谈及"一国两制",评价为"一言可为天下法,一语而为百世师"。

转年4月,全国人大会议决定,成立《中华人民共和国香港特别行政区基本法》(下简称《基本法》)起草委员会。金庸被告知:他被邀请参加起草《基本法》。

那时,金庸是香港《明报》有限公司的董事会主席,全面负责报纸的行政和编辑工作,又亲自撰写社评,如果他参加《基本法》起草委员会,恐怕有损《明报》作为一份独立报纸的形象。想到这里,他有些犹豫。但经过慎重考虑,他还是做出了选择。他后来在谈到这次令他难忘的抉择时,深有感触地说:"香港的前途是否光明顺利,在很大程度上与《基本法》之如何制定有关。我充分了解香港的一切。而且我在大学里是学法律的,对国际法相当熟悉。我在香港有成千上万读者、朋友和亲人,他们的苦乐忧喜我不能不深切关怀。何况其他参与起草委员会的,大部分是香港的知名人士,大家都是有了名誉、地位、财富、事业的,参加这委员会纯粹是贡献而不是寻求什么利益。"

"我这一次有机会为香港花五年心力,真正做一件重要的事,然后退休,心中会感到安慰。"

1985年7月1日,《中华人民共和国香港特别行政区基本法》起草委员会正式成立,委员59人,其中内地委员36人,香港委员23人,金庸以新闻工作者的个人身份参加了起草委员会。金庸的心情是激动的:他一生中的一段辉煌的历史,从此揭开序幕。

7月1日,金庸到北京出席《基本法》起草委员会第一次全体会议。4日,他在全体会议上作了长篇发言。其中说道:"在香港的试验(指'一国两制')不容许失败,这不单是为了香港500多万同胞、内地10亿同胞,也为了全世界和整个人类。当然,香港的试验如果失败了,也可在别的地区再作试验。但香港如果一试而成,中华民族的兴旺发达便快捷得多。我们由此而对人类历史做出了永久性的贡献。"

金庸发言完毕,会场掌声雷动。雷洁琼走上前去,用英语赞许道:"你的发言好极了!"

从这一天起，至 1990 年初，金庸先生和起草委员会的委员们一起，为起草《基本法》风雨同舟，历时 5 载。其间，《基本法》起草委员会先后举行过 9 次会议，两次主任扩大会议，73 次专题小组会议，两次在香港和全国其他地区广泛征求意见，真是史无前例。

在《基本法》起草的过程中，邓小平共 3 次接见起草委员会全体委员。

1990 年 2 月，邓小平在第三次接见《基本法》起草委员会委员时说："你们经过将近五年的辛勤劳动，写出了一部具有历史意义和国际意义的法律。说它具有历史意义，不只对过去、现在，而且包括将来；说国际意义，不只对第三世界，而且对全人类都具有长远意义。这是一个具有创造性的杰作。我对你们的劳动表示感谢！对文件的形成表示祝贺！"

1990 年 4 月 4 日，第七届全国人民代表大会第三次会议通过了《中华人民共和国香港特别行政区基本法》，并决定于 1997 年 7 月 1 日起实施。

1993 年，金庸将苦心经营了三十多年的《明报》转给他人，名义上是"退休"了，但他对有关香港回归祖国的事务全身心投入，他多次在报刊上发表政论文章，对香港回归祖国持积极乐观态度。

## "你 1972 年的中国之行是明智的、勇敢的"——与尼克松

1979 年 1 月 29 日，美国总统卡特和夫人在华盛顿举行盛大国宴，欢迎来访的中华人民共和国副总理邓小平和夫人。参加国宴的有 140 位来宾，其中包括 24 名中国官员，6 名美国内阁成员，14 名参议员和 11 位美国企业家。还有两位来宾是卡特总统应中国客人的要求邀请的。他们是：美国前总统尼克松和前国务卿基辛格。

这是邓小平和尼克松的第一次见面。

卡特总统在他的回忆录中描述了他们初次见面的情形：

"尼克松在白宫的出现震撼了华盛顿的新闻界。尼克松总统虽然并不认识中国的现领导，但在短时间的招待会上，他却同他们津津乐道他前不久的中国之行。从他们的私下交谈中可以清楚地看出，他始终是中国人的一位受尊敬的朋友，他们并没有把对尼克松水门事件的指控看得很重。"

这是尼克松自 1974 年因水门事件被迫辞去总统职务以来第一次回到白

宫。他在满场的嘘声中走进了宴会厅，表现得非常镇定。当乐队奏响《美丽的阿美利加》时，尼克松情不自禁地对邓小平说："你知道吗？他们演奏的这一支乐曲，就是我去中国时听到的那支乐曲。"

1972年2月21日11时27分，美国总统理查德·尼克松乘坐的"76年精神号"专机徐徐降落在北京机场的跑道上，中华人民共和国总理周恩来前往迎接。机场上举行了简朴的欢迎仪式，军乐队奏起两国国歌。《美丽的阿美利加》在中国的土地上，从1949年10月以后第一次响起。

今天，尼克松又听到了同样的曲子，时间已经过去了整整七年。

但是，人们没有忘记他，特别是中国这个有着古老传统文化的文明古国的人民更没有忘记他。他的名字是和中美关系的改善紧密联系在一起的。所以，邓小平副总理访问美国时很想会晤这位中国人民熟悉的朋友，美国总统卡特满足了客人的这个要求。

中美关系的改善是从美国共和党开始的。

1969年1月20日，美国共和党领导人理查德·尼克松就任美国第37任总统。此时中苏关系严重恶化，中美关系仍然处于敌对状态，但是尼克松入主白宫后，特别感到苏联已成为美国的一个"非常强大、有力和咄咄逼人的竞争者"。"同苏联对话时，也可能需要在中国问题上为自己找个可以依靠的有利地位。"他深知，如果没有七亿人口的中国，"要建立稳定和持久的国际秩序是不可设想的"。他希望同中国对话，并请巴基斯坦总统叶海亚·汗和罗马尼亚总统齐奥塞斯库传话给中国领导人。

1970年初，在美方的积极倡议下，中断了两年多的中美大使级会谈在驻华沙的中国大使馆内恢复。同年8月，美国宣布取消在国外的美国石油公司给进出口中国船只加油的禁令。9月，尼克松对美国《时代》周刊发表谈话称："如果说在我去世之前有什么事情要做的话，那就是到中国去。如果我不能去，我希望我的孩子能够去。"

1971年4月，毛泽东做出决定，邀请美国乒乓球队访华，这是中华人民共和国成立以来接待的第一个来访的美国正式代表团。

同年7月，美国总统国家安全事务助理基辛格秘密访华，随后双方发表了公告，宣布美国总统尼克松将访问中国。10月，基辛格二次来访，为尼克松访问中国做了安排。

1972年2月，尼克松访华终于成行。中美两国于2月27日在上海签署了中美《联合公报》。在告别宴会上，尼克松说："今后我们要做的事情是建造一座跨越16万英里和二十二年敌对情绪的桥。"

就在尼克松这次访华期间，尼克松表示，如果他连任，将在第二个任期内解决中美关系正常化问题。但是，由于"水门事件"，尼克松被迫辞去了总统职务。他的这个承诺也成为空头支票。七年之后，也就是1979年1月1日，中美关系终于正常化了。当然，这时的美国总统已经是卡特了。

中美双方在为关系正常化举杯时，自然也不能少了尼克松这位功臣。邓小平在宴会的答词中这样说道："我们两国曾在三十年间处于相互隔绝和对立状态，现在这种不正常的局面终于过去了。在这个时刻，我们特别怀念生前为实现中美关系正常化开辟了道路的毛泽东主席和周恩来总理。我们也自然地想到前总统尼克松先生和福特先生、基辛格博士、美国参众两院的许多议员先生和各界朋友所做的努力。"

十多年以后，邓小平在人民大会堂会见尼克松时，曾高度评价了尼克松总统1972年的中国之行。他说："从1949年中华人民共和国成立到1972年，二十三年间，中美关系处于敌对状态。在你担任总统的时候，改变了这个状况。我非常赞赏你的看法，考虑国与国之间的关系主要应该从国家自身的战略利益出发，着眼于自身长远的战略利益，同时也尊重对方的利益，而不去计较历史的恩怨，不去计较社会制度和意识形态的差别，并且国家不分大小强弱都相互尊重，平等相待。这样，什么问题都可以妥善解决。用这样的思想来处理国家关系，没有战略勇气是不行的。所以，你1972年的中国之行，不仅是明智的，而且是非常勇敢的行动。我知道你是反对共产主义的，而我是共产主义者。我们都是以自己的国家利益为最高准则来谈问题和处理问题的。在这样的大问题上，我们都是现实的，尊重对方的，胸襟开阔的。"

尼克松也曾这样说过："你们深信你们的制度，我们同样深信我们的制度。把我们联系在一起的不是共同的信仰，而是共同的利益。"

距邓小平和尼克松初次见面半年后，也就是1979年9月，尼克松第三次来到北京。

邓小平亲切地会见了尼克松。

此时，中国共产党已经召开了十一届三中全会，全党的工作着重点已经转移到社会主义现代化建设上来了，经济建设成为一切工作的中心。邓小平详细地向尼克松介绍了中国国内的形势。他说：

1976年10月，我们打倒了"四人帮"以后，中国的面貌发生了空前的巨大改变。目前，我们全国正处于经济建设和向科学进军的高潮中。邓小平还同尼克松就国际问题交换了看法。邓小平说，国际局势越来越紧张了，我们应该从全球战略的眼光来看待和研究世界上发生的所有问题。中美建交不仅有利于两国关系的进一步发展，也有利于促进世界和平和反对世界霸权事业。

尼克松也谈了自己对国际问题的看法。

此后，尼克松又于1982、1985、1989年先后三次访问中国，每次都受到邓小平的会见。

所见所闻——中国、邓小平给他留下了深刻的印象。

尼克松后来说："邓小平急切的决心和绝对的自信给我留下了深刻的印象。每次离开北京时印象都比上次深刻。而每一次，他所领导的这个国家正发生的变化又加强了我对这位领导人的印象。人民群众充满信心，对西方和美国的事物也充满了好奇心。"

1989年10月31日。

人民大会堂福建厅，邓小平经常会见外国人的地方。

这是尼克松第六次访问中国，也是最后一次同邓小平会面。

这是在中美关系处于非常严峻的时刻。

1989年春夏之交，北京发生了一场政治风波，中国政府采取果断措施，平息了这场风波。以美国为首的西方国家对中国横加指责，干涉中国内政，美国带头制裁中国，中美关系面临困境。

就是在这样一个时刻，尼克松访问了中国。

邓小平会见了这位老朋友。

尼克松说：我来过中国多次，每次都受到欢迎。

邓小平说：主要是你做的事情值得我们赞赏和关注。

接着，尼克松谈到了目前两国关系正面临着严重考验，希望两国的政治家应该想办法，使两国的正常关系得到恢复和继续发展。

邓小平坦率地说："中国没有做任何一件对不起美国的事。可以各有各的看法，但不能要我们接受别人的错误指责。"

邓小平强调：我们不能容忍动乱，这是中国的内政，不会损害任何国家。"中国人这么多，底子这么薄，没有安定团结的政治环境，没有稳定的社会秩序，什么事也干不成。稳定压倒一切。"

针对西方国家的一些人用人权问题攻击中国，邓小平说："人们支持人权，但不要忘记还有一个国权。谈到人格，但不要忘记还有一个国格。特别是像我们这样第三世界的发展中国家，没有民族自尊心，不珍惜自己民族的独立，国家是立不起来的。请你告诉布什总统，结束过去，美国应该采取主动，也只能由美国采取主动。""因为强的是美国，弱的是中国，受害的是中国。要中国来乞求，办不到。哪怕拖一百年，中国人也不会乞求取消制裁。如果中国不尊重自己，中国就站不住，国格没有了，关系太大了。中国任何一个领导人在这个问题上犯了错误都会垮台的，中国人民不会原谅的。这是我讲的真话。""我可以肯定地告诉你，谁也不能阻挡中国的改革开放继续下去。""不管我在不在，不管我是否还担任职务，十年来由我主持制定的一系列方针政策绝对不会改变。我相信我的同事们会这样做。"

对于这次会见，尼克松后来记述道：

……一些观察家要求美国惩罚中国领导人，断绝一切关系，实行广泛的制裁，并孤立中国人。然而，如果破坏中美关系，那将会是一个可悲的错误，既不符合我们的利益，也不符合中国人民的利益。

1989年对中国进行的第六次访问可能是在我十七年以前做第一次旅行以来最敏感、最有争论的访问。这一次，几乎我的所有亲密的朋友都极力劝我不要去。他们预言：批评我的人会无情地对我进行谴责。但是，我相信，为了尽一切努力来恢复世界上最重要的双边关系之一的势头，自己的形象遭受损失也是十分值得的。

当时，我并不知道布什总统曾经在10月初派秘密的代表团到了北京，然而，即使我知道有这个代表团，我也会执行我自己的计划。我知道我在实现我们两国的和解方面所起的作用，使我有了作为中国'老朋友'受到特殊待遇的地位。我知道即使我说了中国领导人不想听的话，他们也会听。为了强调我的访问在他们心目中的重要性，并且使这次访问具有两党一致的性质，我邀请著名的中国问题专家、前卡特政府中国问题高级顾问迈克尔·奥克森伯格博士陪我一起去。在我离开之前还同两党的一些参议员和众议员进行过磋商。

自我离职以来，我在北京的4天是我在外国度过的最紧张的日子。我同包括邓小平、李鹏、江泽民总书记在内的中国最高领导人进行了20多小时的单独会晤，我还会见了几位给人印象深刻的较年轻的领导人以及周恩来的遗孀邓颖超。

0月31日,我会见了邓小平,这也许是我同他的最后一次会见。这也是他在宣布退休以前最后一次会见一位西方人物。

我首先对邓小平说:"我对中美关系仔细观察了十七年。在这种关系中,从来没有出现过像现在这样严重的危机。因为这一次感到关切的不是中国的敌人,而是中国的朋友。在我们的会谈中,我们必须研究这些分歧,并弥补美国国内对中国友好的人对一些中国领导人的尊敬遭受到的损害。"

在此行的早先一些会见中,邓小平在领导机构中的同事一再提出的看法显然是目前党的看法。他们引用中国的一句谚语"解铃还须系铃人",说我们两国关系是美国的过错,因为一些学生闹事纯属内政事务,而美国对此做出了过火的反应。邓小平老练得多。他说:'在结束前不久在我们之间发生的这件事方面,美国应当采取主动。中国弱小,美国强大。我关心的不是仅仅想保全面子。如果我和我的同事不能维持人们对中国的尊敬,我们就应当下台,这是一个普遍的原则。'邓小平用一位老革命家的口吻发出呼吁。作为一个几代以来曾经深受外国统治和剥削之害的国家的领导人要求给予理解。

然而,在我同中国领导人进行的历时三小时的毫无限制的会谈结束时,我比以往任何时候更加确信,邓小平是当代最重要的领导人之一。

## 多次会见的外国朋友——与基辛格

1989年10月10日。

北京人民大会堂。

邓小平在这里会见了美国前国务卿亨利·基辛格博士。

这是在中美关系面临严重危机的时刻,也是邓小平辞去中央军委主席后会见的第一个外国客人。

当基辛格博士来到会见大厅时,邓小平身着深灰色中山装,精神矍铄、满面笑容地迎上前去同他热情握手。他当着几十名中外记者的面对基辛格说,博士,你好。咱们是朋友之间的见面。您大概知道,我已经退下来了。中国需要建立一个废除领导职务终身制的制度,中国现在很稳定,我也很放心。

基辛格博士说,您看起来精神很好,您在中国今后的发展中仍起着巨大的作用,正像您在过去所起的作用那样。您是中国改革的总设计师。

"我仍是中华人民共和国的公民、中国共产党的党员,在需要的时候,我还要尽一个普通公民和党员的义务。您现在不当国务卿了,不也还在为国际事务奔忙吗?"邓小平笑着回答。

基辛格对邓小平说,您是做的比说的多的少数几位政治家之一,你使中国发生了历史性变化。

接着,邓小平和基辛格愉快地回顾了他们相识多年来的友好交往……

1974年4月,美国纽约联合国总部决定召开联合国大会第六届特别会议。

4月14日,担任美国国务卿兼总统国家安全事务助理、美国政府代表团团长的基辛格举行宴会,邀请中国代表团团长邓小平参加。在这次宴会上,他们第一次相识,从此开始了长达十多年的交往。

一年半后,也就是1975年10月,基辛格和邓小平又在北京会面了。

这是基辛格第八次访问中国。

这一次,基辛格是带着重要使命而来的。他是为美国总统福特年底正式访华来做准备工作的。这时,毛泽东的健康状况不太好。毛泽东在接见他时,用手指指着头部说:"这个部分还行,我能吃能睡。"然后又用手拍拍腿说,"这些部分运转不行了,我走路感觉无力,肺也有毛病。总之,我感到不行了。"邓小平作为中国方面的主要代表接待了基辛格。他在人民大会堂南门接待厅和基辛格举行了三次长时间的会谈。

在会谈过程中,基辛格曾对邓小平说,中美两国之间的关系是建立在健全的基础之上的,因为两国都对对方无所求。

邓小平说,我们非常欣赏尼克松总统在会见毛主席时首先讲的话。他说,他是出自美国自身的利益到中国来的,中方欣赏尼克松迈出了这勇敢的一步。我们理解他这个话的真实性,不是一种外交语言。就是说,他是出于美国自身的利益同中国打交道的。

说到这里,基辛格脸红了并略显尴尬。

邓小平还说,毛主席多次强调,中美之间当然有双边问题,但更重要的是国际问题。在对待国际问题上,我们认为,总要从政治角度考虑,才能把问题看得更清楚,才能在某些方面达到协调。正是在这一点上,我们欣赏尼克松总统作为一个政治家的风度。

当毛泽东了解到基辛格的这种观点后,在第二天会见基辛格时指出:"如果双方都无所求的话,那为什么我们要接待你和你们的总统?"

当时担任美国驻中国联络处主任,并参加邓小平和基辛格会谈的布什在他的回忆录中这样写道:

"邓小平在同外国领导人会见时显得既刚毅又慈善。但他同基辛格会谈时的情绪有些激愤,谈判的口气很强硬。他的抱怨听起来有些不可思议,他抱怨美国在面对苏联对世界的威胁时表现得太软弱。"

邓小平同毛泽东及其他中国领导人一样,对美国同苏联的缓和政策的发展方向很关心。他指责美国对苏联的政策就如同1938年英国和法国在慕尼黑对希特勒的政策——"绥靖政策"。基辛格克制着自己,始终保持镇静。他回答说:"一个国家每年将1 100亿美元用于防务,能说他实行慕尼黑政策吗?请让我提醒你们,当你们和苏联还是盟友时,我们就已在抗击苏联的扩张主义了。"

这是一场针锋相对的交锋,它充分说明最高级会谈需要事先召开预备会。最后,大家把美中两国之间的分歧抛到一边。基辛格说:"我认为,在总统访华期间,不应让别国感到我们两国在争吵。"邓小平同意这个意见,说:"还有时间做进一步具体的讨论。"

如果说1975年10月邓小平和基辛格的会面有点儿剑拔弩张的话,那么1979年1月邓小平访美时他们之间的接触则是和颜悦色了。

1979年1月,邓小平访美时,在美国总统卡特举行的盛大国宴上,应邓小平的要求,特别邀请了美国前总统尼克松和前国务卿基辛格出席。在邓小平的答词中,特别提到了基辛格等为中美关系正常化做出了重大的贡献。2月上旬,邓小平在西雅图参观访问时,专门会晤了亨利·基辛格。会晤结束后,基辛格风趣地对记者们说:"我们同意使中国同我本人之间的关系正常化。"他的这句话引起了全场哄堂大笑。

他和邓小平之间的关系又加深了一步。

1979年,美国《时代》周刊第一期撰文说:"盛传前国务卿亨利·基辛格曾称邓小平为'令人讨厌的小个子',对此,基辛格矢口否认。上星期,在接受《时代》周刊采访时,基辛格告诉记者他对邓的印象:'很显然,他非常能干,具有超常的意志和魄力。对于政治,他极为精通并游刃有余。当我1975年见到他时,邓对外交事务还知之不多,但他学得很快。总之,邓是一个不可低估的人物,他的影响将是巨大的。'"

此后，基辛格多次访问中国，每次都受到邓小平的亲切会见。

1982年9月30日，邓小平会见来华访问的基辛格博士。老朋友相见，分外高兴。

这时中国共产党刚刚召开了第十二次全国代表大会。邓小平向他介绍说，我现在把自己放到顾问委员会里边去，是顾问委员会主任，退到第二线，让一些比较年轻的人到第一线来。

基辛格称道，我想在社会主义国家只有中国的领导人这么有远见做出这种安排。基辛格愉快地向邓小平介绍了他这次访华的观感。"现在人们的思想更加明确了。我注意到人们的衣着比过去好了，消费品也比过去丰富了。"

邓小平说，我们最大的变化是农村。农民收入成数倍地增加。我们三中全会制定的农村政策见效了。城市也有变化，主要是人民的精神面貌变了，对社会主义建设的信心增强了，对党和政府更信任了，这将对整个国家产生深远的影响。

在谈到中美关系时，邓小平说，十年来中美关系的发展总的说是好的，但近两年发生了一些波折。就中国来说，无论是现在，还是今后，我们还是要保持这种政策的连续性。我们重视同美国发展关系，并且认为这种关系必须建立在相互信任的基础上才能向前发展。

基辛格还说，我看到你同意大利女记者法拉奇的谈话。在世界上所有领导人当中，你是唯一同法拉奇谈话能取胜于她的人。

邓小平笑着问道：她同你也谈过？

基辛格略带惭愧地说，她把我完全"毁灭"了，我是受害者，我看了你们的那次谈话，很受感动。

1985年11月，基辛格访问中国。此时，中国的改革开放进一步向纵深发展，并不断取得了新的成果。

邓小平说，上次见面是1982年吧，差不多三年了，时间过得真快。对你来说三年没关系，可是对我来说就珍贵了。基辛格说，你现在看上去比我上次见到时还要健康。

邓小平笑着回答道，自然规律违背不了，我的秘诀没有别的，就是尽量少做事，让别人去做。

基辛格说，我们相识已有十年了，特别是过去六年中你们取得了很大的成就。

邓小平介绍说，去年底我们的步子快了一些，速度太高，影响到其他方面的平衡，经过今年大半年的调整，效果比预期的要好。改革是一个新事物，出点儿差错不要紧。

基辛格称赞道，像这样大规模的改革是任何人都没有尝试过的，世界上还没有别的国家尝试过把计划经济和市场经济结合起来。

邓小平说，确实是个重大的试验。

基辛格认为，这是一个有历史意义的事情，如果成功了，就将从哲学上同时向计划经济国家和市场经济国家提出问题。

邓小平说，我们的经验是要发展社会主义的生产力，必须改革，这是唯一的道路。

两年后，也就是1987年9月，基辛格又一次访问中国，并见到了邓小平。

已经记不清这是他们之间第几次见面了。

基辛格说，每次见到您，您都显得更年轻。

邓小平说，您是我会见的最多的外国朋友之一。

基辛格深有感触地对邓小平说，当您第一次率领代表团出席联大特别会议时，美国专家都在猜测，邓小平到底是一个什么样的人？现在我们都十分清楚了。每次见到您时，您前一次谈到要做的事情都做到了。

邓小平愉快地对基辛格说，我访美时受到您的盛情款待，您是重新打开中美友好之门的人，中国人民是不会忘记的。

邓小平在介绍中国的改革开放时说，搞改革胆子要大，步子要稳。

基辛格还谈到了他来中国前看到了各种有关中国国内形势的报道，来华之后发现中国国内的形势要比报道中讲的平静得多，并请邓小平对今后几个月的国内形势做出预测。

邓小平谈道，年初有些学生上街闹事，要求"全盘西化"，我们迅速处理了这个问题，中国的政局是非常稳定的，这种稳定是可靠的。中国要搞经济建设，没有一个稳定的局势是不可能的。

邓小平赞扬基辛格倡议建立的"美国—中国协会"。他说，这是一个非常重要的组织，它的目标是明确的，相信它会为推动中美友谊起到越来越大的作用。

基辛格说，成立"美国—中国协会"的目的是促进美中友好，推动美中关系的不断发展，鼓励美商到中国投资。美中友好关系符合我们两国的利益，我感到特别自豪的是，自从美中关系的大门打开以来，美国历届总统，包括共和党的总统和民主党的总统都在朝这个方面继续努力。因此，我可以说，美中关系是一种永久性的关系。

后来，基辛格在同一位外国政治家的谈话中这样评价邓小平：他是中国推行改革的领袖。他着手共产党领袖从未搞过的改革，解放了农村经济，把粮食进口国变成粮食富余国。作为老一代的革命家，不允许共产党的地位下降，并且要将经济改革搞下去。

### "这是一个好的开端"——与哈默

1979年1月底，一架波音707客机从北京机场起飞，穿越太平洋，到达大洋彼岸的美国。

舱门打开。邓小平及其随行人员步下舷梯。这是中华人民共和国成立以来，中国领导人对美国的第一次访问。

美国总统卡特在白宫南草坪举行仪式，以欢迎外国元首的礼仪欢迎中国副总理邓小平。五星红旗和星条旗有史以来第一次并排飘扬在美国总统府的上空。

邓小平的这次访问，是中美关系的一个新起点，使中美两国关系得到进一步的发展，对中美两国人民的友好合作，产生了积极深远的影响。邓小平访问期间，不仅同美国领导人进行了多次交谈，并看望了许多老朋友，同时，他还结识了一些新朋友。其中有一位美国企业家——哈默。

亚蒙·哈默是当今世界一位传奇式人物，他是第一位与苏联做生意的美国人，与列宁是至交。

1898年，哈默生于纽约市，父亲是一名医生。当他从哥伦比亚大学医学院毕业时，他既拥有医学博士学位，又握有百万家财。

1921年，哈默大学毕业后，要等六个月才能开始实习。这时他听说俄国乌拉尔地区正在闹传染病，斑疹、伤寒流行，就决心去那里帮助扑灭流行病。他买下了第一次世界大战军队剩余物资中的野战医院设备，运到了那里，指望在实习开始前的等待期间里，多获得一些医疗知识和经验。他没有想到，自己会由此敲开同苏联做生意的大门。在行医中，他很快发现这个国家当时迫切需要的不是医药，而是粮食。他告诉当地苏维埃政权，我可以用船运来谷物，只要你们往船上装上能在美国出售的货物。这个条件不高，当地官员同意了。于是他运来了百万蒲式耳小麦。

列宁会见了这位当时只有二十三岁的美国青年，并建议哈默接受一两项国家的特许权，于是哈默萌发了经商的念头。他选择制造铅笔和石棉开采等贸易，建立了进出口机构，同时成为38家美国第一流大公司在苏联的代表。

哈默在苏联居住了九年，此间经常见到列宁，并在列宁的支持帮助下成为西方有名的大企业家。

中国领导人邓小平与哈默相识，极富戏剧色彩。他们是在美国南部新兴工业城市休斯敦北部的西蒙顿为邓小平举行的一个盛大的欢迎晚会上认识的。然而，为了能与这位中国副总理会面，八十多岁、身为西方石油公司董事长的哈默还颇费了一番工夫。

邓小平访美期间，中苏两国正处于对抗状态，而哈默又同苏联领导人都有着良好的私人关系。因而美国政府有关机构担心哈默同苏联领导人之间的这种关系会使他成为邓小平不欢迎的人，便拒绝邀请他参加有邓小平出席的各种大型活动。当然，他也不能出席在西蒙顿的欢迎宴会。但这并没有挡住这位神通广大的老先生。他曾不断地努力、多方面地寻找时机，终于敲开了那扇大门，首次见到了邓小平。

第一次颇费周折与邓小平的相见，给哈默留下了深刻印象。以致后来，当他谈到这段经历时，还记忆犹新：

"当中美关系在20世纪70年代开始好转并出现了更加开放的贸易前景的时候，我就想成为进入北京的第一批美国商人之一。激励着我的不单是那广阔的新市场和商业机会所具有的诱惑力，我同时还希望能为我们世纪最令人振奋的经济和政治变革之一做出贡献。引导我去敲响北京天安门广场的皇宫大门的浪漫主义理想，乃是东西方和平共处与和平贸易的理想。

"吉米·卡特由于他继续和扩大了由理查德·尼克松、亨利·基辛格和杰拉尔德·福特等人所开始的同中国和解的政策，而应当受到极大的称赞。然而，他的政府却不积极热情地为我打开通向中国的大门。鉴于我同苏联长期的关系，政府担心我会成为中国人所不欢迎的人。1979年，中国的副总理邓小平访问美国的时候，卡特的顾问们千方百计让我避开。邓在华盛顿出席的任何重大场合，都不邀请我参加。

"我不停地敲打那扇紧闭的门,直到我坚持不懈的努力逐渐变得令人过于难堪了——而且因为我是卡特的重要的支持者之一,我在华盛顿的办事处才终于得到总统特别贸易代表鲍勃·斯特劳斯的通知,我和弗朗西斯有票出席在得克萨斯州为邓举行的一次盛大集会。

"得克萨斯的石油巨头们要在休斯敦附近的西蒙顿竞技场为邓和他的代表团举行一个盛大的烤肉宴会和一场牧人的竞技表演。我们驱车来到竞技场的时候,发现这地方到处布满了安全警卫,而入口处也有女服务员守护,查对进入的宾客。我报了自己的姓名。那位姑娘知道我的名字,于是在客人名单中上上下下地寻找起来。她显得十分关切地说:'嗯,很抱歉,哈默博士,名单上没有你的名字。'

"我怀疑这是布热津斯基干的事。

"'没有关系,'我说,'显然是出了差错。宴会本身在哪儿举行呢?'

"'在里面的俱乐部。'她回答道。

"'那么我的名字肯定在那里的名单上。'我说。

"她让我们走了过去。我们终于进来了。

"特工人员守着通往俱乐部的门。我又报了自己的姓名。

"我把情况重复了一遍:'我的名字在大门口的名单上被错误地漏掉了。门口那位姑娘说,肯定在俱乐部里面的名单上。'

"特工人员说,我们可以进去核对一下里面的名单,但是如果没有你们的名字,你们必须出来。

"这一回我们又进到俱乐部里面来了。拿着总名单的那位女士沮丧地把名单细细地查看了一番,摇了摇头,说:'对不起,哈默博士,这名单上没有您的名字。'

"我说:'我可不可以看一下名单?'

"她把名单递给我。我的眼睛顺着名单往下看,一直看到罗伯特·麦吉这个名字。

"'啊!'我叫了起来。'现在我明白是怎么回事了。鲍勃·麦吉是我们华盛顿办事处的一名高级执事,是他同白宫安排我来这里出席宴会的。我的票肯定也是被错误地以他的名字发出去的。'

"'噢,'她大大地松了口气,'原来是这么回事。好了,您的座位在五号桌。'"

哈默如愿以偿，挤进了热闹的客厅。不多时，哈默终于见到了邓小平。这次会面，深深地印在了哈默的脑海中。他依然清楚地记得，那天宴会厅里欢迎的盛况，大家列队欢迎中国代表团。50位总经理，有的还带上了夫人，参加了这个行列。

"邓率领代表团走过迎候的行列，他身材矮小，脸上一直闪烁着动人的微笑。

"一名翻译陪着他，依次把每位经理的名字告诉他，并说几句介绍的话，当走到我面前时，邓对翻译说：'你用不着给我介绍哈默博士。'然后冲着我笑起来，握着我的手说：'我们都知道你。你是在苏联需要帮助的时候帮助了列宁的那个人。现在你可要来中国帮助我们啊！'

"'我非常愿意，'我回答说，'可是据我了解，你们不允许私人飞机进入中国，而我又年纪太大，不能乘坐商用飞机。'

"'噢，'他说着把手一挥，好像把这个问题扔到了一边，'这好办。你只要给我发一封电报，告诉想什么时候来，我可以做出必要的安排。'

"在晚餐会上，邓一直通过翻译同我谈话。他想知道我同列宁会面的一切情况，以及我对列宁的新经济政策的感受。

"他非常敏锐，非常明智，而且，正如我以后发现的，他有着很强的记忆力——每次和我见面他总是确切地记得前一次都讲了些什么。他从不需要笔录或问他的助手，他总是什么都知道。

"最后，邓领我走到他的包厢，让我坐在他的身边，观看为他举行的专场表演。我们相处得非常惬意。在晚上的活动结束的时候，他再一次非常肯定地重申了他的邀请。我告诉他，我一旦拟订好一些切实可行的建议并搭起一个经理班子，我就到北京和他见面。"

不久，哈默的想法实现了。

三个月后，哈默乘自己的波音727飞机来到了北京。当时，中国刚刚实行对外经济开放政策，许多外商还在等待观望。而哈默则已带着20多位专家来到了中国，与中国方面开始了认真的会谈，并同中方签署了关于石油勘探、煤炭开采、杂交稻种和化学肥料方面的初步协议。

1981年7月3日，哈默第二次来到中国，又见到了邓小平。宾主双方就中国同西方石油公司在石油、煤炭开发及其他领域的合作等问题进行了愉快交谈。

1982年3月26日上午10时,邓小平在人民大会堂东大厅第三次接待了比他大八岁的哈默。

老朋友见面格外高兴。

满头银发的哈默走上前紧握着邓小平的手说:"你气色这么好,身体很健康!"

邓小平说:"你年岁那么大,气色还这样好!"

哈默高兴地答道:"等你活到我这个年纪,你的身体一定比我还要健康!"

寒暄之后,哈默说:"我遵守诺言,又来了。我们与中国合作开发平朔煤矿的协议书已经签订了。"他又进一步补充道:"我非常感谢邓副主席亲自过问,给了我们很大的支持和鼓励,使协议书得以很快签了字。"

邓小平回答说:"这是一个好的开端。"

他们的友好会谈进行了一个多小时。

哈默在会谈中提到的开发平朔煤矿的协议书是在邓小平会见他的前一天签署的。这是当时中外合资经营的一个最大项目。双方的合作方式是契约式经营,共同投资,共担风险。投资约55亿美元,年产原煤1500万吨,岛溪公司负责三年完成基本建设,1985年出煤。中方负责解决运输问题。日常生产管理,前十年岛溪任正职,中方任副职;之后十年由中方任正职,岛溪任副职。如第一阶段合作成功,再商谈第二阶段的合作。这项协议的签订,具有十分重要的意义。因为当时正值中国国内进行机构改革和打击经济领域中的犯罪活动。这两项工作会不会影响中国对外开放的政策,许多外国朋友、港澳同胞对此非常关心。美国政府向台湾出售武器这一侵犯中国主权的行动,使中美关系出现了严峻的局面。美国企业家们担心,中美之间的贸易是否会因此受到影响。因此,哈默的此次中国之行和他同邓小平的会谈便格外引人注目。

针对这一合作项目,中国煤炭开发总公司曾邀请了各方面的专家,对这个合作项目的技术、财务、法律以及综合经济效益方面的可行性问题进行反复的论证,并向中国国际信托投资公司进行咨询,最后才确定与哈默的公司合作。这项协议书的签订也表明,中国坚定不移地执行对外开放的政策,中国愿意在平等互利的基础上开展对外经济合作。

会谈中,哈默向邓小平提出,希望今后能经常到中国来,"我要常驻在这里督阵",直到"把煤开出来,运到港口装船为止"。他认为,现在是一个历史关键时刻，双方的合作只许成功，不许失败。

对于他的请求，邓小平表示可以帮助解决。

哈默在与邓小平的会见中，还就我国经济建设提出了一些建议。他认为，中国应该尽快发展高效的液态肥料，迅速把农业搞上去，这样就可以不再进口粮食，并力争能够有所出口。

他说："我认为世界上最重要的两个问题：一个是吃饭问题，一个是能源问题。中国在这两个方面都能在世界上处于领先地位。这两方面的成功，就能帮助第三世界，为世界和平做出贡献。"他表示，愿意在化肥、畜牧业等方面和中国发展合作。

随后，哈默在他举行的答谢宴会上再次表示：作为一个企业家，我们的决定与行动是经过周密考虑的。我们认为中国政治上稳定，中国正在精简政府机构，起用新人，这必将使政府的行政管理更为有效。中国的经济调整，针对国家与人民的需要，重新安排了农业和工业的发展顺序，把能源和交通运输放到重要地位，在提高人民生活水平、国家财政预算及进出口贸易平衡等各个方面都获得了很大的进步。总的来说，我们看到的是一个政治上稳定、经济上不断发展、能源前景广阔、强大而进步的中国。它对外实行开放政策，欢迎各友好国家到中国投资，促进中国经济贸易的繁荣。

在这次和邓小平的会见中，哈默把他几度中国之行的观感浓缩为一句话："对中国的领导我很有信心，你们的事业一定成功！"

对中国的改革和发展，哈默充满了必胜信心。他曾在接受《参考消息》特约记者采访时说道，中国现领导邓小平是本世纪少数几个伟人之一。而他目前在中国城市进行的改革必将成功。他指出，就像上次旨在改善乡村与农民生活条件的农村改革一样，中国这次的城市改革也一定会取得成功。他认为这些改革将有助于改善中国的国民经济，给予各级管理部门更大的行动自由，并将大大提高城市工人的收入。他认为，这些改革将在三个领域产生积极影响，即把管理知识、外资与先进技术引入中国。

哈默的事业也随着中国改革开放的进程不断发展、壮大。他的石油公司在世界上50多个国家设有子公司。1983年8月，西方石油公司作为第一家美国公司获得在中国南海开发海上石油的权利。1984年4月，该公司又与中国达成在山西共同开发价值58亿美元的煤的协议。

1984年4月29日，邓小平又会见了哈默，并谈到开发平朔露天煤矿的合作问题。

落座后，邓小平对哈默说：你为这件事来了几次了，辛苦了！哈默答道："感谢邓主任，由于你的关心和支持，现在终于达成了一致协议，四年的愿望终于实现了。"

邓小平说："这是好事情。你们带了头。"

邓小平又关切地询问："运输问题解决了没有？"

哈默马上答道："解决了，开始时我们担心运输问题。你知道这个问题很重要。今天，我请来了彼特·基伟工程公司董事长斯科特先生，他们有管理露天煤矿的丰富经验。"

邓小平说："我们要在这个项目中向你们学习一些东西。"

哈默说："现在的项目是第一阶段，年产 1 500 万吨标准煤，将来还有第二期、第三期工程。"

邓小平说："第二、第三期工程就不用那么长时间了。问题是国际市场。"

哈默说："石油资源在世界上毕竟逐渐减少，煤将仍然是能源中的骨干。中国煤炭资源丰富，战略地位重要。现在东南亚经济正在发展，中国离这一地区最近，占据有利的竞争地位。"

邓小平说："中国煤炭资源丰富，两淮的煤炭储量丰富。就是投资要多一点儿。"

哈默说："我想投资会来的，会源源不断而来的。"

邓小平说："通过友好协商，达成了这次协议，这一点很好。外边感到中国法规不完备，这次我们两家协商达成这次协议，解决这个问题。"

哈默说："现在做成了一个大项目，我的注意力转到另一个方面——肥料、海洋石油等。阿科石油公司在南海发现了大气田。运到海南岛建立合成氨厂。我将用磷、钾肥同你们交换，进行新的合作。"

邓小平向哈默介绍了一个新的开发事业："我们决定开发海南岛，利用天然气还可带动其他行业。这里铁矿丰富，可以发展钢铁工业。"

哈默表示，他回去后派化学公司总裁带队伍来同中国商讨。

邓小平笑着说："祝贺我们合作成功。达成协议后，还会出现问题，我相信可以解决。你们放心，同中国合作，风险最小，因为中国不是缺乏偿付能力的国家。中国潜力很大，只是没有发挥出来。"

对于在中国投资风险问题，哈默也曾接受有关记者的提问。有人认为在中国投资是件风险很大、得不偿失的事情。对此,哈默首先持否定态度。他指出,中国偿还了其全部债务,并一向在履行契约方面很守信用。他说,他至今坚持认为西方石油公司在中国的投资将会被证明是明智的。

会见结束时,哈默把在美国学习的中国青年画家陈逸飞的一幅画《我的故乡》送给了邓小平。

邓小平不仅多次会见哈默,还给哈默在中国的活动以帮助和照顾,令哈默感动不已。

使哈默感动的是,1984年邓小平帮助他做出安排,让哈默空运"具有异国情调的动物"——把中国大熊猫带到洛杉矶奥运会上。

1982年3月26日,哈默的美术收藏品展览在北京开幕。他在会见邓小平时,第一次提出了空运大熊猫去美国洛杉矶的想法。哈默对邓小平说:"大熊猫伴随着共产党中国第一次参加奥运会的体育队伍,出现在洛杉矶,肯定会使洛杉矶人民感到高兴,而且对美中两国间的友好关系大有裨益。"实际上,在哈默之前,已经有各种各样的美国的委员会和代表团来中国讲条件,谈交易,要求中国同意把大熊猫送到奥运会上去,但是得到的答复总是"不行"。中国有关方面说,大熊猫是中国的国宝,目前的数量已寥寥无几,因此禁止大熊猫向国外输出。

当哈默向邓小平再次提起此事时,邓小平立即看到了这个主意的价值,所以答应将指示有关方面让大熊猫出国。

熊猫成为中美两国人民友谊的象征。

不久,中国野生动物保护协会会长秦建华即接到通知,让他准备好,把大熊猫运往美国。

在邓小平的亲自过问下,大熊猫由中国民航747飞机从北京运到了洛杉矶,并受到了比国家元首还隆重的接待。

奥运会开幕之前,哈默还牵头为大熊猫举行了一次盛大的招待会。

大熊猫在洛杉矶的出现,不仅为奥运会增添了光彩,向全世界充分展示了中国人民的友谊与和平精神,同时也使世界上更多的人迷上了大熊猫,更加关心对大熊猫的保护,可谓一举多得。

1985年6月,初夏的热浪并没有挡住哈默到中国的行动。他又一次来到北京,再次见到了邓小平。

会谈中,哈默把他同戈尔巴乔夫第一次会见的情况向邓小平作了详细的介绍。他们还谈到了平朔安太堡露天煤矿开工一事,邓小平向哈默表示了诚挚的祝贺。

在与邓小平的多次交往中,哈默被邓小平的个性、魅力所折服。他曾这样说道:

"自从我们开始在中国做生意以来,我和邓几乎每年都见面,无论是在礼节性的场合还是在私下里都进行了讨论。我们曾一起出席在人民大会堂和钓鱼台国宾馆举行的宴会……他留给我的印象是一个最精明能干、最聪敏的政治家,坚定不移地遵循着符合他的国家最高利益的路线。"

自从哈默在中国投资以来,他几乎每年都来中国,与邓小平的会面,给他留下了美好的印象。当有记者问他个人对中国领导人邓小平的印象时,哈默说,邓是一个卓越的中国领导人,他将作为本世纪所产生的一位伟人而名垂青史。邓将率领中华民族走向富裕之路,并将把中国建设成为一个伟大的共和国。

### "我总算通过了考试"——与法拉奇

1985年10月16日,邓小平会见并设宴招待意大利共产党总书记亚历山德罗·纳塔。席间纳塔说:"不少意大利人见过你。你1980年同意大利记者法拉奇的谈话讲得很精彩,已收到你的《文选》中,我们都拜读了。"邓小平笑着回答道:"我同她谈了七八个小时,她给我出了许多难回答的题目,我总算通过了考试。"

接受法拉奇的采访,对当时已经七十六岁的邓小平来说,确实是一种对自己智慧的挑战。

奥琳埃娜·法拉奇,1930年6月出生于意大利的佛罗伦萨。她1946年开始从事新闻工作,曾任意大利《时代》杂志记者、《欧洲人》周刊特派记者,曾获美国哥伦比亚学院名誉文学博士学位,两次获圣文森特新闻奖。她还是《纽约时报》《新共和》《生活》《展望》等美国报刊和欧、亚、南美等地报刊的撰稿人,是驰名世界的女记者。她以善于抓住关键时机采访风云人物著称。哪里有热点,哪里就有她的踪迹。她曾先后采访过数十位著名活动家。提问尖锐,言辞泼辣,善于触及敏感问题,是她采访的一向风格。不少著名活动家在接受她采访时，都曾被她问得狼狈不堪，就连能言善辩的美国前国务卿基辛格博士也曾叹息道："她把我完全'毁灭'了。"

邓小平接受法拉奇的采访，是在1980年的8月间，先后谈了两次。

选择这个时间采访和接受采访，对双方来说都是有所考虑的。

作为法拉奇来讲，她敏锐地捕捉到此时中国的政治气氛非同寻常。

1980年7月30日，长期悬挂在人民大会堂的两幅毛泽东画像被取下，两块永久性标语牌也被拆除。由于标语牌过于巨大，拆除过程中动用了吊车、卡车，使现场增添了一种不同寻常的气氛。

这不是一个孤立的举动，但这是一个迟到的举动。在此之前，在中国的其他地方，一些机关、学校、工厂、街道也采取了同样的行动，把毛泽东的画像摘下，塑像拆除，语录覆盖。由于有些塑像极其坚固，拆除过程中甚至动用了炸药。

但是，北京毕竟是中国的首都，人民大会堂毕竟是中国共产党中央举行重要会议的地方，非一般场所可比。这一举动确实非同小可，引起了世界的强烈关注。

敏感的西方观察家进一步得出了一个肯定的答案：中国正在"非毛化"。也就在此举动的同一天，中共中央发出《关于坚持"少宣传个人"的指示》。其中说：从现在起，除非中央有专门决定，一律不得新建关于老一代革命家个人的纪念堂、纪念馆、纪念亭、纪念碑等建筑。毛主席像、语录和诗词在公共场所过去挂得太多，这是政治上不庄重的表现，今后要逐步减少到必要的限度。

经过"文化大革命"的人都不会忘记，毛泽东的画像、语录曾经遍布全国的每个角落。如今明令减少，不能不使很多人在猜测，在思考。

对邓小平来说，他也需要通过记者的笔向中国人民、向世界来表明中国共产党在这个问题上的态度。

这也是中国共产党向来的做法。

1936年夏秋，在延安的毛泽东等，就曾通过美国记者埃德加·斯诺的笔，向世界介绍了中国共产党人。

邓小平继承了中国共产党的这个传统。

实际上，邓小平对这一敏感问题思考已久。

还是在1978年12月召开的中共十一届三中全会上，他就这样说："最近国际国内都很关心我们对毛泽东同志和对'文化大革命'的评价问题","要对这样一个历史阶段做出科学的评价,需要做认真的研究工作,有些事要经过更长一点儿的时间才能充分理解和做出评价"。

1979年春,国内出现的一股诽谤诋毁毛泽东的思潮,更引起了邓小平的严重关注。

西方报刊趁此推波助澜,认为"大陆批毛势在必行"。

1979年3月9日,《人民日报》发表文章,首次试图明确界定评价毛泽东的基本走向,就是:中国现在所做的,不是非毛化,而是非神化。

3月30日,邓小平在理论工作务虚会上作了《坚持四项基本原则》的讲话。他说:"毛泽东同志同任何人一样,也有他的缺点和错误。但是,在他的伟大的一生中的这些错误,怎么能够同他对人民的不朽贡献相比拟呢?""毛泽东思想过去是中国革命的旗帜,今后将永远是中国社会主义事业和反对霸权主义事业的旗帜,我们将永远高举毛泽东思想的旗帜前进。"

邓小平认为,对毛泽东和对"文化大革命"做出权威性的评价,是当务之急。

评价将采取中共中央决议的方式。1945年中国共产党在延安曾做出《关于党的若干历史问题的决议》,对中国共产党的历史做出了总结。今天,中国共产党同样要对新中国成立以来党的若干历史问题做出科学的总结。

到1980年秋,决议的基本思路已经形成。

邓小平认为公开发表意见的时机已经成熟。所以,他选择了接受法拉奇采访这一方式。

邓小平乐于面对任何一位厉害的对手,乐于应答那些难于"回答的问题"。而且,法拉奇的采访方式也合乎邓小平议题的需要,法拉奇的报道方式也让邓小平觉得满意。这位女记者习惯于录下全部的采访问答,然后一字不改、一字不漏地全文发表。如果她有什么意见要说的话,她就在前面写,与采访正文互不干涉。完全的客观当然不可能,但照实发表采访问答,总比断章取义的改写要强。

1980年8月21日和23日,法拉奇两进中南海。

采访的气氛自然不会轻松。

法拉奇第一句话就直入主题,触及20天前北京的那一举动,问:"天安门上的毛主席像,是否要永远保留下去?"

邓小平回答得非常干脆:"永远要保留下去,过去毛主席像挂得太多,到处都挂，并不是一件严肃的事情，也并不能表明对毛主席的尊重。"他肯定地说：毛泽东"终究是中国共产党、中华人民共和国的主要缔造者"。"从我们中国人民的感情来说，我们永远把他作为我们党和国家的缔造者来纪念。"

法拉奇马上又把问题引到对毛泽东的评价上："对西方人来说，我们有很多问题不理解。中国人民在讲起'四人帮'时，把很多错误都归咎于'四人帮'，说的是'四人帮'，但他们伸出的都是五个手指。"

邓小平明白她话中的含意，明确地告诉她："毛主席的错误和林彪、'四人帮'问题的性质是不同的。毛主席一生中大部分时间是做了非常好的事情的，他多次从危机中把党和国家挽救过来。没有毛主席，至少我们中国人民还要在黑暗中摸索更长的时间。"这种评价是绝大多数中国共产党人和中国人民的共识。但是，邓小平没有回避毛泽东的错误。他说："由于胜利，他不够谨慎了，在他晚年有些不健康的因素、不健康的思想逐渐露头，主要是一些'左'的思想。有相当部分违背了他原来的思想，违背了他原来十分好的正确主张，包括他的工作作风。"邓小平认为，由于这样，使得党的政治生活、国家的政治生活有些不正常了，家长制或家长作风发展起来了，颂扬个人的东西多了，整个政治生活不那么健康，以致"最后导致了'文化大革命'。'文化大革命'是错误的"。

法拉奇反应敏捷确实名不虚传，她立刻抓住这个话题问道："毛主席发动'文化大革命'到底想干什么？"

"搞'文化大革命'，就毛主席本身的愿望来说，是出于避免资本主义复辟的考虑，但对中国本身的实际情况作了错误的估计。""毛主席在去世前一两年讲过，'文化大革命'有两个错误，一个是'打倒一切'，一个是'全面内战'。只就这两点讲，就已经不能说'文化大革命'是正确的。毛主席犯的是政治错误，这个错误不算小。另一方面，错误被林彪、'四人帮'这两个反革命集团利用了。"说着邓小平提高了语调，"所以要区别毛主席的错误同林彪、'四人帮'的罪行。"

说到这个问题，法拉奇又接着发问："你们对'四人帮'进行审判的时候，以及你们开下一届党代会时，在何种程度上会牵涉到毛主席？"

邓小平坚定地表示："我们要对毛主席一生的功过作客观的评价。我们将肯定毛主席的功绩是第一位的，他的错误是第二位的。我们要实事求是地讲毛主席后期的错误。我们还要继续坚持毛泽东思想。毛泽东思想是毛主席一生中正确的部分。毛泽东思想不仅过去引导我们取得革命的胜利,现在和将来还应该是中国共产党和国家的宝贵财富。"

邓小平特别强调一点:"我们不会像赫鲁晓夫对待斯大林那样对待毛主席。"

人们不会忘记,1957年苏共二十大时,担任苏共中央第一书记的赫鲁晓夫作了一个秘密报告,全盘否定和诋毁斯大林。当年曾经多次出访莫斯科,并在中苏论战中担任重要角色的邓小平对此更是记忆犹新。赫鲁晓夫全盘否定斯大林,给整个国际共产主义运动带来了极大的危害。邓小平不愿让历史的悲剧重演,他不容许在中国的大地上再出现混乱。

话锋一转,法拉奇突然问及毛泽东和邓小平之间的关系:"据说,毛主席经常抱怨你不太听他的话,不喜欢你,这是否是真的?"这是法拉奇一个职业记者这次采访邓小平的主要兴趣所在,她想看看邓小平怎样回答。

邓小平坦率地说:"毛主席说我不听他的话是有过的。但也不是只我一个有,对其他领导人也有这样的情况。这也反映毛主席后期有些不健康的思想,就是说,有家长制这些封建主义性质的东西。他不容易听进不同的意见。毛主席批评的事不能说都是不对的。但有不少正确的意见,不仅是我的,其他同志的在内,他不大听得进了,民主集中制被破坏了,集体领导被破坏了。否则,就不能理解为什么会爆发'文化大革命'。"

接着,法拉奇又问及关于周恩来的情况,邓小平的回答十分动情:"周总理是一生勤勤恳恳、任劳任怨工作的人。"他还谈到和周恩来的关系,"我们认识很早,在法国勤工俭学时就住在一起。对我来说,他始终是一个兄长。""'文化大革命'时,我们这些人都下去了,幸好保住了他。在'文化大革命'中,他所处的地位十分困难,也说了好多违心的话,做了好多违心的事。但人民原谅他。因为他不做这些事,不说这些话,他自己也保不住,也不能在其中起中和作用,起减少损失的作用。他保住了相当一批人。"

中国的政治家们之间是如此的理解。法拉奇信服了。

但她没有就此罢休。马上又问道:"毛主席逝世以后才能逮捕'四人帮'……是谁提出把'四人帮'抓起来的?"

邓小平肯定地说:"这是集体的力量。""要干这件事,一个人、两个人的力量是办不到的。"

邓小平还谈道,粉碎"四人帮"后,建毛主席纪念堂是违反毛主席自己的意愿的。但是，他认为，粉碎"四人帮"后做的这些事，都是从为了求得比较稳定这么一个思想考虑的。

又一个客观的回答。

法拉奇并没有在这个话题上打住，紧接着就说："那么毛主席纪念堂不久是否将要拆掉？"

这也是很多西方观察家分析后预言和猜测的一个问题。就是中国国内也有不少人有这样的疑虑。

邓小平明确地告诉法拉奇："我不赞成把它拆掉。已经有了的把它改变，就不见得妥当。建是不妥当的，如果改变，人们就要议论纷纷。现在世界上都在猜测我们要毁掉纪念堂。我们没有这个想法。"

法拉奇的话题，总是跳来跳去，又跳回到邓小平个人身上："为什么你想辞去副总理职务？"

"不但我辞职，我们老一代的都不兼职了。"邓小平说，"我们存在一个领导层需要逐渐年轻化的问题。我们需要带个头。"他还从四个现代化能否实现的高度回答了这个问题。

采访在继续，话题又涉及了中国四个现代化和吸收外资问题。

邓小平说："不管怎样开放，不管外资进来多少，它占的份额还是很小的，影响不了我们社会主义的公有制。吸收外国资金、外国技术，甚至包括外国在中国建厂，可以作为我们发展社会主义社会生产力的补充。"

对于开放可能会带来一些资本主义的腐朽的东西，邓小平说："我们意识到了这个问题，但这不可怕。"

多么轻松的回答。

一个伟人的气魄！

谈到如何理解资本主义的问题，邓小平说："要弄清什么是资本主义。资本主义要比封建主义优越。有些东西并不能说是资本主义的。比如说，技术问题是科学，生产管理是科学，在任何社会，对任何国家都是有用的。我们学习先进的技术、先进的科学、先进的管理来为社会主义服务，而这些东西本身并没有阶级性。"

作为一个共产主义者，邓小平谈到了对共产主义的认识。他说："社会主义是共产主义第一阶段，这是一个很长的历史阶段，必须实行按劳分配，必须把国家、集体和个人利益结合起来，才能调动积极性，才能发展社会主义的生产。共产主义的高级阶段,生产力高度发达,实行各尽所能,按需分配,将更多地承认个人利益、满足个人需要。"

后来邓小平在此基础上提出了社会主义初级阶段的理论。

当邓小平谈到周恩来、刘少奇、朱德等许多人对毛泽东思想做了贡献时,法拉奇突然问道:"你为什么不提自己的名字?"

邓小平平静地说:"我算不了什么。当然我总是做了点儿事情的,革命者还能不做事?"

法拉奇问到了毛泽东与江青的关系。

邓小平说:"江青本人是打着毛主席的旗帜干坏事的。但毛主席和江青已分居多年。"

"对江青你觉得应该怎么评价,给她打多少分?"

"零分以下。"

"你对自己怎么评价?"话题又直对被采访人。

面对这一难以回答的问题,邓小平依旧是那样的平静:"我自己能够对半开就不错了。但有一点可以讲,我一生问心无愧。你一定要记下我的话,我是犯了不少错误的,包括毛泽东同志犯的有些错误,我也有份。只是可以说,也是好心犯的错误。不犯错误的人没有。不能把过去的错误都算成是毛主席一个人的。"

采访结束了。

8月28日,意大利报纸发表了这次谈话的内容,随后各国报纸纷纷做了转载,并发表评论。

珍闻

### "你的书写得很好"

《李自成》第一卷在1963年秋天出版后，姚雪垠曾从邮局给毛泽东寄去一部。毛泽东读了，且留下印象。

"文革"初期，即1966年8月中旬的一天下午，毛泽东在主持中央政治局常委扩大会议时，把列席会议的中共湖北省委第一书记王任重找到身边来，对他说："姚雪垠的《李自成》第一卷上册，已经看过了，写得不错。你告诉武汉市委，要对姚雪垠加以保护，让他继续写下去。"由于毛泽东的这一指示，姚雪垠在"文革"中才免于被抄家，本人也得到保护。

1975年10月，正值"文革"后期，姚雪垠创作受到诸多干扰，他给毛泽东写了一封信，汇报其写作计划并请求给予支持。信通过胡乔木转给邓小平，邓小平交给毛泽东。毛泽东在读完这封1 600多字的长信后批示："同意他的创作计划，给他提供条件，让他把书写完。"随后，姚雪垠从武汉来到北京，摆脱干扰，专心进行创作。

1977年11月2日，这时粉碎"四人帮"已一年有余，邓小平出任中共中央副主席。当时的中央宣传部部长张平化专程到姚雪垠家中告诉他："邓小平副主席说你的书写得很好！昨天下午，他亲自嘱咐我务必前来看看你，问你还有什么困难没有？"

张平化还说："邓小平副主席还说你对党和人民做了重要贡献，有什么困难中央替你解决。"

事后，姚雪垠给邓小平写了一封信，表示要努力写好这部小说，未提及困难问题。

过后不久，在多人劝说之下，姚雪垠给邓小平又写了一封信，要求解决他全家及助手户口迁京和在北京分配他一套住房的问题。邓小平在这封信上批示同意他的要求。问题很快获得解决，从武汉迁入北京，他很快住进复兴门外大街新建公寓中6间1套的住房。

### 救戏

1978年1月31日至2月2日，国务院副总理的邓小平下榻成都金牛宾馆，即将出访尼泊尔。有关部门为他安排三天晚会，都是看川戏。那时，戏曲只演现代戏，而邓小平坚持要看传统戏。省里负责文艺工作的马识途，找来了陈书舫、周企何、竞华、晓艇等名角，组织了《花田写扇》《迎贤店》《五台会兄》等几出传统折子戏，在晚会上演出。道具、服装都是现凑的。

第一天晚会上，邓小平没有见到著名川剧演员杨淑英。他看过杨演出的《穆桂英》，非常喜欢这出戏，也喜欢杨淑英的表演。他关切地询问起来："为什么杨淑英没来呀？"剧团的人告诉他，杨淑英病了，邓小平认真地追问道："是真的生病了，还是被打倒了？如果真是病了，让我的保健医生给她看。"这件事马上传到杨淑英那里，2月2日晚会上，杨淑英演出了《归舟》，扮演杜十娘。邓小平这才放心了。

看了9出传统折子戏后，邓小平对演员们说："这些戏蛮好嘛，咋个不能上演呢？我能看，为什么全国人民不能看？"

此语既出，犹如石破天惊，给若干年来只准演现代戏的戏曲界，带来了百花齐放的春天信息，很快地越秦岭、出夔门，传到天南地北。各地戏剧界人士的函电飞向巴山蜀水，询问其详。

之后，川剧率先恢复一批传统戏的公演，其他剧种的传统戏随之艳丽纷呈。于是有"川戏一活，戏剧皆活"之说。

1978年的"邓公救戏"，被誉为"中国戏曲的第二次解放"。

### 请北京市委处理"人艺"问题

邓小平很关心文化艺术工作和文艺工作者,粉碎"四人帮"以后,他便肯定"文革"前十七年我们的文艺路线基本上是正确的,文艺工作成绩显著,并指示有关部门落实文艺界知识分子政策,创造条件帮助文艺工作者不断繁荣文学艺术事业。

1977年冬和1978年初,北京话剧团(即北京人民艺术剧院,"文革"时改为此名)的于是之、刁光覃、英若诚、林兆华等艺术家,对粉碎"四人帮"以来剧团的揭批运动一直冷冷清清,对市委有关部门1974年"批林批孔"运动中派工作组把剧团定为"反革命修正主义文艺黑线复辟回潮的典型"的错误迟迟不予纠正等问题有意见,便自发联名向党中央、邓小平写信反映情况,请求党中央予以重视!希望恢复北京人民艺术剧院的名称和建制,派党委书记来加强领导,对批判错了的问题和同志给予平反。邓小平很快就作了"请北京市委处理"的批示。批语虽很简短,但对"人艺"问题的解决起了重要作用。市委立即派出黎光同志去任党委书记,市委有关领导同志到剧团肯定了大家的意见,承担了责任。他们明确表示派工作组搞"反复辟回潮"运动是错误的;所谓"文艺黑线"是"四人帮"提出来的口号,话剧团有些同志的意见和它针锋相对,我们却对这些同志作了错误的批判,并把剧团打成"复辟回潮的典型",更是错误的,凡与此有关的不实之词都应统统推倒,并向批判错了的同志赔礼道歉。4月6日,北京市委恢复了北京人民艺术剧院的名称和建制,恢复了曹禺院长的职务。

### 军队指挥自动化

20世纪下半叶以来的高科技发展,比过去任何时候都更加说明现代科学技术是第一生产力,军事科学技术也是最重要的军事战斗力。以电子信息技术等为核心的高新技术,把长长的触角伸向了军事斗争领域,伸向了现代化战场。战争舞台已发生了全面而深刻的变化,军事通信与计算机"联姻",作战指挥进入了人机结合的时代。融指挥、控制、通信、情报于一体的C3I——指挥自动化系统已首当其冲地成为国防信息基础设施。

我军虽从20世纪50年代末就开始了对防空自动化系统的研制，但由于主观原因和客观条件的限制，这项工作没有取得应有的发展。在邓小平"科学技术是第一生产力"和改革开放方针政策的指导下，我军先后派出多个军事代表团和考察团，了解学习国外的先进通信和指挥系统，越发感到我国与发达国家之间的差距。因此，为奋起直追，加快我军现代化进程，1977年12月17日，总参谋部向中央军委呈报了《关于战略指挥网自动化建设的请示》。请示中指出："随着现代技术兵器的发展，对通信联络和指挥系统自动化提出了更高的要求。我军现有指挥所的通信手段单薄、容量小、传递速度慢，敌我情况的搜集与显示基本上停留在手工作业方式上，极不适应现代化战争的需要。建设一个直观、可靠、大容量、自动化的指挥系统，成为十分迫切的问题。"

对此，邓小平十分重视。在他的积极推动下，1978年1月，中央军委批准了总参的请示，军队指挥自动化建设工程由此启动，战略指挥网建设领导小组正式成立。

邓小平以战略家的眼光对军队指挥自动化建设特别关注，不仅给予方针政策上的支持，而且还多次明确指示。1978年5月13日，邓小平在听取副总参谋长杨成武考察法国指挥自动化建设的汇报时指出："杨成武同志去法国看了，与人家比，我们现代化指挥系统要落后得多。打起仗来和过去一样光靠电话行吗？天上的通信卫星，可不要小看这些东西。前不久，我看到美国的一个资料，说到使用电子计算机，开始军队不接受，不赞成，说不懂，掌握不了，后来美国政府下了很大决心，现在装备到团以下，炮兵、陆、海、空军，地空地下联络都用上了。我们现在还没有想到这个问题。"

张爱萍副总参谋长插话："规划是有了，现在是个落实问题。"

邓小平接着说："这是很费劲儿的，但思想要统一，要逐步实现指挥系统的现代化，总不需要二三十年吧？自己不行，可以引进外国的新技术嘛！当然了，主要的他们不一定会给。杨成武同志到法国去，听说有些东西弄点儿回来还是可以的。包括作战部，人员减少了，指挥可灵便多了，这个问题非解决不可，总得有个目标嘛！"

邓小平又说："要解决一个'肿'，机构臃肿、庞大、重复，不好。编制是定下了，是不是这样执行了？……编制定下了暂时就不动了，但目标是指挥系统的现代化。这个问题一定要研究解决,因为它与军队现代化密切相关,不解决,装备技术现代化是解决不了的。"

有邓小平副主席的大力支持和明确指示,我军指挥自动化建设加快了步伐,留下了一串历史性的足迹:1978年5月,总参决定在总参通信部科技部组建电子计算机处;6月,决定组建自动化处,批准在北京组建指挥自动化总体研究所和数个试验站,标志着我军C3I建设从认识阶段转而进入实施阶段。1980年6月,经总参批准,部分军兵种和部分大军区也成立了计算机站。鉴于指挥自动化建设是一项长期的任务,为更好地发挥职能部门的作用,1984年4月,中央军委常务会议决定撤销我军战略指挥网建设领导小组,所管工作归口总参通信部负责。随后,成立了一些与指挥自动化相关的专门机构,一支具有良好素质的指挥自动化管理、科研、值勤队伍初步形成。

随着我军指挥自动化建设的起步,邓小平又指示:"计算机的设置要通盘考虑,大小配套,形成一个网,要让它24小时工作,不能各搞各的。"根据这一指示,主管部门确立了由单机开发、远程联机逐步向网络发展的战略。

对越自卫反击作战开始后,总参领导很感头痛的问题就是如何实现作战文书和情况的快速传递。中越边境之战虽然仅发生在云南、广西的局部边境地区,然而,最为关注的却是远在北京的最高统帅机关。总长助理刘凯数次讲到这个迫切的需求,说:"杨得志总长、张震副总长因不能及时了解前线情况而常常心急如焚,并亲自向科技部门了解:依你们现在的条件能否在短期内实现作战情况的快速传递?"

首长的期望,作战的急需,深深震动了自动化工作者。1984年,总参发出《关于建设自动化指挥作战文书快速传递网的通知》。为确保落实,总参在北京召开了全军各大单位司令部作战部部长、通信部部长和机要局局长联席会议,统一认识,明确任务。会议前后,一些军区对更新指挥手段积极性甚高。沈阳军区司令员李德生下令执行的"自行解决'三个六'"传为美谈,即:自筹600万元经费;自己调整60个编制员额;自己解决6 000平方米建筑指标。经过总部以及各大军区作战、通信、机要三部门通力合作,终于把网络终端扩展到了云南、广西前指,并陆续辐射全军。外地发往北京的电文,以前需要几小时甚至几天才能完成,现在几乎是瞬间就到了北京并同时完成译电,而且可直观、直读、直接打印成文,提高了时效,准确、保密、简便、快捷。对越防御作战后期,适时传递了大量文电,对保障指挥发挥了突出作用,初步显示了我军指挥自动化系统的神威奇功。

指挥自动化建设沿着邓小平指引的航向，经过十多年的艰苦努力，完成了从单机开发、远程联机到全军联网，实现了三军信息互通，为部队作战指挥、军事训练、部队管理、信息处理等提供了现代化的保障手段。

## 武器要更新

对军队的武器设备，1978年8月1日至2日，军委副主席邓小平在听取国家七机部汇报时，就明确阐述了思想："武器要更新，方针是少而精。少是数量，精是一代代提高。量不要求过大，有吓人的力量。"军事通信装备如何体现了邓小平的建军思想，我军通信兵的决策者们在酝酿着大举措，提出引进外国先进设备，为我军通信"局部换血"，进一步改善我军通信的落后状况。

副总参谋长张爱萍和总参通信部主任江文带着使命前往法国和西德考察，参观了一些国外的名牌通信公司，其中包括西德西门子公司。德方隆重推举西门子公司生产的大功率载波设备，并提出了不带任何政治、军事、外交条件的合作意图。

经慎重考虑，实地考察和技术测试，通信部便决定立项。

江文主任和通信部司令部副参谋长李砚田，叩开了国务院外汇管理委员会负责人的办公室，为把西门子的产品请进中国安家落户而申请巨额外汇"盘缠"。外汇管理委员会提出要写报告以供审核，额度控制在1 000万马克以内。通信部当即形成了可行性研究报告。

针对通信部的报告，国务院有关部门召集国防科委、邮电部、四机部、国家计委和总后勤部等单位进一步作了可行性论证。

在那个乍暖还寒的年代，要花巨额外汇引进成套通信设备，有如一块巨石，在国内同行中激起了不少的波澜。会上意见不一，投赞成票的寥寥。有的认为这么大的项目引进无疑是"肥水外流"，显然会冲击国内同行，应立足走国产化道路。通信部的回答是：装备更新迫在眉睫，不能坐等国产。

会后，邮电部办公厅给李砚田副参谋长打来电话，说部里从大局出发，对引进不持异议。通信部又多了一份宝贵的支持力量，但仍有不少方面的阻力和分歧。

为此,国家四机部的几位同志向上面递交了一份报告,阐述了停止从西德引进载波设备的意见。

此间,邓小平副主席在听取军队精简整编工作汇报时,明确了一条新的原则。他指出:"军队可以向工业部门提出武器生产项目和要求,……军队和这些部、公司就是个订货关系。有些武器装备,这个部可以制造,别的部也可以制造,哪个部的产品好,军队就买哪个部的,他们可以互相竞赛。这样,以民为主还是以军为主的问题就不存在了,只存在订货关系。"基于小平同志开拓性的思想,通信部坚定了引进的信心。

两种意见都到了邓小平的案头集合,他指示有关部门就此进一步研究。

随后,军委副秘书长韦国清在通信部《关于引进西德载波设备中的关键设备的报告》上,给邓小平写了一大段话:

"邓副主席:遵照您的指示,军委办公会责成总参对四机部几位同志关于停止从西德引进载波设备的问题进行了研究。总参征询了各方面的意见,认为这些同志的建议是好的,但自己研制,估计周期可能要五年或更长的时间,解决不了当前急需,权衡利弊,认为引进这套设备是必要的。对此,四机部领导亦表示同意。军委办公会议7月4日讨论,同意总参意见,仍按原计划引进。特此报告。韦国清。"

1980年7月29日,中央军委副主席邓小平大笔一挥,在韦国清的批示旁边落下了经过深思熟虑的体现了新时期战略思想的"同意"二字。

和西门子公司的一笔大买卖一锤定音了。

1985年12月,引进的载波设备在北京至西安小同轴电缆线路上安装调试完毕,并开通交付使用,收到了良好的国防效益。

**访美花絮——此文节选自唐龙彬的回忆**

1979年1月28日至2月5日,邓小平副总理和夫人卓琳应美国总统卡特和夫人的邀请赴美进行了为期8天的正式访问。这次访问是新中国领导人三十年以来对美国进行的第一次访问。

我当时在外交部礼宾司负责国宾接待处的工作,奉命参加了访美先遣组,而后又随邓小平访美,负责礼宾日程安排。

先遣组的组成人员有公安部副部长凌云、外交部礼宾司司长卫永清、新闻司处长姚伟、中央警卫局处长滕和松,连我共5人。

先遣组肩负党中央的重托和信任,于1979年1月12日晨登机离开北京踏上去美旅途。我们途经东京、纽约,于当晚到达华盛顿,晚上就在我驻美联络处柴泽民主任主持下,与联络处的同志一起开会,传达中央有关确保邓小平访问安全、顺利进行的精神,并具体分析了美国国内的情况,商定访美期间的安全责任必须由美方全部承担,而近身的安全警卫不能假借他人之手,必须由我们随行的警卫人员严密部署,争取美方的合作,实行24小时值班制,安全警卫工作要与礼宾活动安排紧密结合。

1月13日至17日,先遣组与美方共同工作了5天。在华盛顿3天,一天是会谈(上午全体会议,下午分组会议),两天是现场考察,然后赴外地城市考察,17日返华盛顿,18日离美经东京回国。

先遣组与美方的会谈在白宫举行。柴泽民主任和我们一起参加了会谈。美方对先遣组的到来十分重视,派出礼宾司长杜贝夫人主持会谈,白宫国家安全委员会中国事务助理奥克森伯以及联邦安全局负责国宾安全官员泰勒等参加。

会谈中,我们本着客随主便精神,既坚持原则,又照顾美方的实际困难,通过友好协商,在礼宾日程上很快达成共识。美方非常感谢我方的诚恳合作和谅解态度,对我方把邓小平访美的安全责任交由美方负责殊为感动,认为这是对美方的最大信任,表示将运用一切力量来保证这次访问的圆满成功。会谈中,当他们得知我方只配备7名安全人员时(包括方毅副总理的安全人员1名),甚为惊讶。为防止翻译有误,他们又向翻译核实了一遍。美方解释说,按照美国的做法,如总统或副总统要来中国访问,见于名单的安全人员就会有数十人甚至上百人,到别的国家还要加码。由于美方态度比较友好和积极配合,先遣组的工作进行得很顺利,为访问的成功打下了良好基础。

1月28日正是中国农历羊年的大年初一,上午8时30分,邓小平一行乘坐中国民航波音707型专机飞离北京首都机场。陪同出访的有方毅副总理、黄华外长等。前往机场送行的有李先念、王震、余秋里、耿飚、陈慕华副总理等。

真是天有不测风云,当专机在跑道上徐徐滑行准备起飞时,忽然接到上海有大风大雨的气象预报,上海虹桥机场能见度一下降至1公里之内,根本不符合降落要求。在此情况下，专机不得不滑回停机坪等候。10多个小时过去了，大家都焦虑万分。若要继续延误下去，就要影响访美日程。为了不影响访美日程，在天气稍稍有所好转时，邓小平当机立断，要求机组抓紧时间及早起飞。我们也深知延误下去的影响，但总感到忐忑不安。之后，机组同志根据邓小平的指示，在技术熟练、经验丰富的机长徐柏龄的率领下，信心百倍地启动专机起飞。经过不到一个半小时的飞行，到达了上海虹桥机场上空。专机盘旋一圈后准备降落时，风雨交加，浓雾弥漫，能见度仍然很差。第一次降落未成功，专机被紧急拉起，重新寻求降落机会。当时，大家都捏了把冷汗，机舱内顿时变得鸦雀无声，大家紧闭双眼等候着再一次降落。过了几分钟后，当大家感到机轮擦地的震动声时，不约而同地高呼："降落成功了，成功了！"欢呼声和鼓掌声交织在一起，对机组同志出色的驾驶技术热烈祝贺。此时此刻，大家都兴奋万分，但我注意到，邓小平镇静自若，就像没有发生过任何事一样，倚坐在座椅上半闭着双眼思索着即将到来的重要访问。飞机在沪加油后，邓小平就要求机组抓紧时间提前起飞赶路。

专机经过15个小时的飞行（途中在阿拉斯加州的安科雷奇停留1小时），于北京时间29日凌晨4点半，美国当地时间28日下午3点半（北京与华盛顿时差13个小时）抵达华盛顿安德鲁斯空军基地。从机窗望去，整个城市覆盖着一层厚厚的白雪，显得格外俏丽。鲜艳的五星红旗和星条旗以及五颜六色的彩旗迎风飘扬，在凛冽的寒风中欢快地啪啪作响，热烈欢迎来自远方的贵宾。

机场上蒙代尔副总统和夫人、万斯国务卿和夫人等以及400多名美国各界人士、旅美华侨、我驻美大使馆人员顶着寒风，手里挥舞着小国旗热烈欢迎来自中国的贵宾。

经过一昼夜18 500多公里的飞行，大家都感到疲劳。但身着深灰色中山服和深色大衣的邓小平没戴帽子，顶着寒风，神采奕奕、精力充沛、情绪饱满地走出专机机舱，鼓掌欢呼声一时响彻机场。邓小平笑容满面地走下舷梯与迎接人员一一握手。万斯和夫人分别陪同邓小平和卓琳驱车到白宫对面的布莱尔大厦（国宾馆）下榻。邓小平还来不及倒时差，简单换了一下服装就风尘仆仆地来到美国总统顾问布热津斯基的郊外别墅做客。这是在8个多月前，邓小平在北京北海仿膳饭庄宴请布热津斯基时与他谈好的聚会，邓小平几次催促要争取按时到达。这是一次别有风味的、亲切的家庭晚宴——吃烤牛肉，布热津斯基和夫人以及子女在别墅门口迎接并热情地接待邓小平和夫人。

出于国内外政治上的需要,美方对邓小平的访问极为重视。访问气氛之热烈、接待之隆重、规模之盛大、访问产生的影响之深远是多年来外国元首访美时罕见的。正如美报刊所说,这是美国历史上最具意义的事件之一。

邓小平率代表团抵达华盛顿的次日上午10时,卡特总统亲自在白宫南草坪上主持了欢迎邓小平副总理的隆重仪式,美国国务卿、内阁重要成员、三军参谋长、众参两院议长、外交使节等参加了欢迎仪式。在蔚蓝色天空的映衬下,第一次在白宫草坪上并排飘扬的五星红旗和星条旗显得格外鲜艳夺目。在检阅三军仪仗队、鸣礼炮19响后,卡特总统和邓小平分别致辞。

此类隆重仪式往往只是为重要的来访国家元首和政府首脑举行。对此,有些美方记者感慨地评论说:一个国家总统举行正式仪式,隆重欢迎另一个国家的副总理,并陪同检阅三军仪仗队,这种超乎寻常的礼遇是极其罕见的。当晚(29日),卡特总统和夫人又在白宫举行了盛大国宴,欢迎邓小平副总理和夫人。美国国宴向来以讲究豪华隆重著称,安排了国家乐队席间奏乐,菜单有火鸡、小牛肉、龙虾等。国宴的服务人员均为训练有素、有多年服务经验的人员。宾主身着庄重的深色礼服出席宴会。卡特总统和夫人陪同邓小平副总理和夫人并排站立在宴会厅门口与出席宴会的中美贵宾一一握手致意。美方具有丰富经验的礼宾官站立在旁,为宾主大声唱名,一一介绍来宾。宴会厅里特别引人注目的是,刚从卡特总统的故乡——佐治亚州专程运来的1 500株红色和粉红色的山茶花(据传说山茶花最早在公元前2700年起源于中国)点缀其间,馨香宜人。这一别致的装饰使宴会厅里充满了春天的气息,增添了亲切友好的气氛。当卡特按照美国习惯手挽邓小平夫人,卡特夫人手挽邓小平一前一后缓步走入宴会厅时,全场起立热烈鼓掌。乐队随后奏起中美两国国歌。之后卡特和邓小平分别致祝酒词。在宴会前邓小平与尼克松进行了亲切会见。会见时,邓小平说:这是我第一次见到您,您访问中国时,我还在南昌市郊区的一家工厂做工,得知毛主席请您来访华,我是很高兴的。宴会自始至终洋溢着轻松友好的气氛。

30日晚,美方精心安排了一场破格创新的晚会。晚会在能容纳2 300多名观众的华盛顿最高级剧院——肯尼迪艺术中心举行。美国职业篮球的表演也搬上了舞台。晚会由卡特总统和夫人及女儿艾米、蒙代尔副总统和夫人、万斯国务卿和夫人、布热津斯基特别助理和夫人、参众两院议长、议员、内阁部长等陪同观看。据说，这次晚会是由各大企业捐款（其中一家石油公司资助了50万美元）举办的，堪称卡特总统任期内举行的最讲究、最精彩的晚会活动。演出结束后，卡特和夫人陪同邓小平和夫人登台与演员们见面。邓小平拥抱亲吻演唱中国歌的小演员的场面极为感人，有些观众当场流了泪，把文艺演出的气氛引向最高潮。

在华盛顿停留的最后一个晚上，邓小平和夫人在我驻美联络处举行了答谢招待会，参加的客人之多大大超出预料，把联络处的大厅挤得水泄不通。蒙代尔副总统代表总统出席了招待会（按美国习惯做法，总统不出席外国驻美使节举行的活动）。来宾们根本顾不上品尝精心制作的中国美味食品，都争先恐后地挤上前去与邓小平握手、碰杯、签名并留影。为邓小平做翻译的、瘦小的费斐女士几乎挤不上只有一尺高的讲台，还是美方两名高大健壮的保安人员把她轻轻举起推上台去。热烈空前之气氛感染了在场的每个人。

根据美方习惯做法，一般不派高级官员前往边境城市迎接来访外宾，这次破例安排了美驻华联络处伍德科克大使和夫人、大使级礼宾司长杜贝女士等会同我驻美联络处柴泽民大使和夫人专程赶到安科雷奇迎接，并随我代表团专机陪至华盛顿。在抵达华盛顿时，美方又临时提高接待规格，改由蒙代尔副总统为首前往迎接。在赴外地参观访问时，除由伍德科克大使、礼宾司长杜贝全程陪同外，另有总统贸易谈判特别顾问、三名重要内阁部长、数名参众议员分段分城市陪同访问，这是美方经过一番精心研究后安排的。

在华盛顿，卡特与邓小平先后举行了五次会谈（包括两次小范围的会谈。习惯做法仅是二三次）。会谈内容非常广泛，邓小平表现出的鲜明立场、渊博知识、幽默坦诚、敏锐机智、耐心友善博得了美方的好评。卡特曾说：每次与邓小平交谈时均感到非常愉快。事隔多年，我仍清楚地记得邓小平和卡特举行的第一次会谈，在双方记者尚未离开现场时，邓小平从口袋里掏出香烟来，并很有礼貌而又幽默地问卡特：白宫可不可以吸烟？美国国会有没有通过一条在会谈中禁止吸烟的法律？卡特笑着说：没有，没有，只要他当总统，就不会通过这样的法律。邓小平开心地笑了，随即在卡特的帮助下点着了烟，颇有乐趣地吸起来，当时引起了现场人员和记者们的愉快笑声。

经过几次会谈后，中美双方发表了《联合公报》。邓小平说："两天会谈的结果是令人满意的。"

美国一方面希望通过邓小平率团来访发展中美两国在政治、经济、文化、科技等方面的合作，通过中美两国一系列科技、文化合作协定的签订使这次访问富有成果；另一方面，极力想借邓小平访美，突出美中友好，以提高卡特政府的政治影响。所以，美方在邓小平的活动日程上作了一番精心安排。为照顾到各方面的要求和愿望，美方分别安排邓小平与参众两院议员聚会，回答他们提出的各种问题。在参议院举行的午餐会上，美国各地100名参议员中有近90名议员会集在一起，这是过去很少有的现象；还多次安排邓小平与报刊、出版界的主编、记者见面，接受电视评论员的联合采访。对此，我们曾与美方商量，拟取消几起地方记者的采访，以保证邓小平有更多时间休息，但美方强调地方报界的特殊性和独立性，说它们的影响很重要，得罪了地方报界不好办。当我们向邓小平报告此类事时，他总是表示能见还是见见为好。每次在接见记者时，无论是记者招待会或记者采访，还是临时蜂拥而至的记者们的提问，邓小平均给予答复，从未用过那种"无可奉告"的简单生硬的语调。邓小平有时还很风趣地向记者说，我们这次会晤无所不谈，上至天文，下至地理。他的诙谐幽默、坦诚友善，使美方记者深为折服，深受感动。难怪，美报界对邓小平评论说：他对美报界十分"慷慨大方"。

邓小平还在华盛顿和外地城市会见了一批又一批的财团、企业界、金融界人士。华盛顿美中贸易全国委员会举行的招待会有800多人参加，亚特兰大城的商会举行的午宴参加者竟达1 500人，座无虚席。据说，另有1 000余人报名，因座位有限未能如愿。西雅图商界举行的午宴也有近700人出席。这次访问因时间有限，只能选择几个外地城市，在佐治亚州州长举行的晚宴上，美南部17个州的州长为了要与邓小平见面均专程赶来参加。邓小平还抽出时间在各地广泛会见华侨、华人和留学生，向他们介绍国内情况。

在选定外地城市上，美方极力推荐去卡特家乡——亚特兰大。卡特还直接向邓小平提出去黑人领袖马丁·路德·金墓献花圈的建议，以扩大卡特在黑人中的政治影响。在参观游览项目上，还安排邓小平参观福特汽车工厂、美国国家航空和宇宙航行局、波音飞机制造厂等。在去西蒙顿市观看美国西部风情的骑牛骑马表演时，两名骑白马的女士把邓小平和卓琳请到观众面前，向他们各赠了一顶崭新的白色牛仔帽，他们当即很高兴地戴上了，代表团人员也戴上了赠送的牛仔帽。随即，邓小平和夫人乘上一辆十分精致的马车，绕场跑了两圈，全场顿时响起热烈的欢呼声和掌声。他头戴牛仔帽的镜头和照片，传遍了世界各地，被美方新闻媒介誉为：戴上美国文化象征——牛仔帽的伟人邓小平。邓小平还结识了美国西方石油公司董事长哈默先生，使哈默产生了同中国搞经济合作的浓厚兴趣。

美国各大报刊、电视台大量报道了邓小平率团访问的盛况，电视台每半小时就有一次电视新闻，据估计，有上亿的美国人看了邓小平访美电视新闻。一时间，邓小平的豪爽、风度、魅力风靡美国。

在不到8天的访问中，邓小平参加了会见、会谈、宴会、酒会、招待会、工作早餐和午餐、文艺晚会、马技表演、参观游览活动共达76次，平均每天有10场活动。

美方共举行宴会、酒会、招待会达19次，加上我方招待会共20次。这次访问中，我方共发表正式讲话27次，其中邓小平亲自讲话22次，平均每天正式讲话3次多，会见记者和举行记者招待会共8次之多。活动之频繁是过去中国领导人出访中少见的。在美访问期间，邓小平始终精力充沛。他平易近人，广交朋友，耐心做美方各界人士的工作，使美方各界人士和我代表团全体成员都敬佩不已。

访问安排活动繁多，形式生动活泼，不拘一格。在华盛顿和各地举行的宴会桌次和座位安排上，除主桌按习惯做法，安排双方主要领导人外，其他桌次座位安排，均打破以往按身份高低顺序排列的做法，改为按双方对口官员和工作需要安排，这样既便于自由交谈，也有利于就对口问题继续交换意见，增强了解。

29日中午，万斯国务卿和夫人在国务院两个宴会厅分别宴请邓小平和夫人。万斯午宴系小范围的工作午宴，午宴后万斯陪同邓小平步入万斯夫人举行宴会的大厅（规模较大），并向大家分别致辞祝酒，这种形式既活跃又亲切热烈。

30日，在华盛顿举行的专场晚会是由美中贸易全国委员会举办的。节目内容丰富、生动活泼，除歌舞、合唱外，还根据邓小平的爱好，安排著名黑人篮球技巧表演。另有著名歌唱家演唱，幕间由参议员和著名演员分别穿插报幕，真是生动活泼，别出心裁，博得全场热烈鼓掌。

代表团每到一地，沿途所经街道均张灯结彩，路灯杆上挂上两国国旗，高楼大厦垂下热烈欢迎邓小平的横幅；天空中升起不少写有"欢迎中国贵宾""欢迎邓小平"的大气球；在西雅图市，波音飞机公司还专门安排一架飞机挂上一条大横幅，上面写着"热烈欢迎邓小平"，在城市上空来回盘旋。

在到达下榻的外地城市的豪华饭店时，饭店总经理均率主要员工在大门口热烈迎接邓小平，并在邓小平居住的总统套间大客厅墙上按国家元首规格和先后居住饭店的元首次序挂上邓小平的半身大照片。

对这次访问，美方提前3个月就开始作充分细致的准备，投入很大财力和人力。为了确保邓小平的安全，在各访问城市出动了数千名武装警察和便衣安全人员以及骑警队和警犬。车队行车路线上安排直升机在上空盘旋飞行。沿途建筑物的制高点上均有严密、安全措施。一些近身重要警卫任务，配备经验丰富、技术过硬并略懂中文的保安人员。在各活动现场包括重要宴会，他们从不坐下聊天喝咖啡或用餐（尽管现场也留给他们座位），始终精神抖擞地站立在各个角落，警惕地注视着周围动静，有时一站就是好几个小时。每次出外活动时，只要邓小平一上车，车队立即启动出发，无论届时代表团是否有人未及时登车随行。在访问外地城市时，代表团均下榻在高层豪华饭店，除安排邓小平使用专用电梯外，代表团其他人员均要转乘几道电梯才能抵达底层大厅。为适应这种情况，我们团里规定在每场活动前15分钟，所有人员务必在车里等候。车队出发后如临时发生情况，前后卫车和主车即可临时决定，脱离车队另选安全路线行驶。有一次，我们其他人员已先到目的地，但邓小平尚未到达。事后了解，他们中途改变了行车路线。

访问中，曾发生过两件事。一件是在华盛顿白宫南草坪的欢迎仪式上，正当卡特总统致欢迎词时，离讲台左侧不到5米处的记者群里突然冒出一男一女挥拳狂呼，在场的人还未反应过来，夹杂在记者群中的便衣警卫人员闪电般地上前掐住他们的脖子，把他们架了出去，处理得非常及时利索，前后只有两分钟时间。仪式照常顺利进行。另一件事发生在2月2日晚，邓小平一行应邀去西蒙顿市竞技场进晚餐并观看竞技表演，当我们从旅馆楼上到楼下大厅，准备出门乘车时，我方的随身警卫人员走在前面两侧，我走在前面带路，在邓小平后面相距数米跟进的是美方安全人员凯利先生。此时，突然有一男青年插到凯利的前面奔向邓小平，只见凯利一个箭步抢上前去，胳臂一挥便把这个青年击倒，附近警卫人员一拥而上把他架走。瞬息之间，化险为夷。在这两起事件中，美方保安人员极其机智果断，表现出强烈的敬业精神。访美结束前，邓小平专门与美方警卫人员一一握手道谢并合影留念，并向他们赠送了有他本人亲笔签名的半身照片以及纪念品，欢迎他们以后有机会到中国看看，使美方人员很受感动。之后，他们中不少人员来华访问，凯利还曾携夫人和孩子来访。

这次访问,公安部凌云副部长、中央警卫局孙勇副局长以及在他们率领下的六七位警卫干部,与美方保安人员紧密保持联系,默契配合。他们忠于职守、日夜操劳,对保证安全起着决定性的作用,出色地完成了任务。美方安全人员一再表示,与中方警卫人员共事,感到很愉快。在访问中,中美保安人员进一步增进了友谊和合作。中方警卫人员还应美方盛情邀请参观了白宫的各种安全警卫设施。

在礼宾活动日程安排上,美方也动员了不少力量,工作扎实、细致,效率较高。这次邓小平连同随行人员一共72人(包括随团记者在内),加上我专机机组人员和我驻美大使馆人员,去外地参观访问时人员近百,美方全程陪同人员60余人(除陪同人员外,礼宾官员15人,安全人员30余人,还不包括外地的礼宾、安全人员),分乘两架美空军波音专机。另有200多名记者分乘两架波音商业飞机随同去外地采访。这样庞大的队伍,美方组织得很有条理,没有出现混乱现象,各项活动的具体细节均能提前通知各方,保证了访问的顺利进行。

2月5日,邓小平胜利结束了在美国的访问,乘专机离开西雅图市,飞经安科雷奇、东京。在东京停留访问两天,于2月8日安全回到北京。邓小平离美时专门致电卡特总统,肯定了这次访问的圆满成功,并表示"中美两国关系将会在新的历史条件下得到重大的发展"。我们大家经过8个昼夜的紧张操劳,虽感到有些倦意,但更从内心深处感到无比喜悦和兴奋。因为,这是一次极为成功的访问,对发展中美友好关系起到了巨大的、历史性的推动作用。

### "我也是代表团的成员"

1979年6月,北京的天空一碧如洗,阳光明媚。在具有伟大历史意义的中共十一届三中全会以后,第五届全国人民代表大会第二次会议在北京隆重召开。

6月26日上午9点50分,邓小平来到四川代表团驻地总参第四招待所看望四川代表团的全体同志。邓小平身着白色短袖衬衫,在四川代表团负责人杜心源、杜星垣的陪同下，健步来到会议厅，代表们见邓小平来了，都高兴地站了起来，热烈鼓掌。邓小平微笑着，时而频频挥手向大家致意，时而拍着手，欢迎从四川家乡来的代表。大家的掌声不断，一浪高过一浪。待邓小平入座后，杜心源示意大家坐下，然后请邓小平讲话。

邓小平说，我也是代表团的成员，一次不到也不好。邓小平这么一说，代表们都笑了，会场的气氛显得十分轻松、活跃。接着邓小平划燃了火柴，点了支香烟，环视代表，看了看坐在他左右的杜心源和杜星垣，问道："我昨天的讲话，大家知道了吗？"两位书记都说："我们昨晚已给各组组长传达了，请他们向代表们传达。"同时，其他的代表们也说："知道了！"

邓小平听了大家的回答很高兴。他说，就是要把会开好，不要把会引到枝枝节节上去，就这么一句话。

邓小平深深地吸了一口烟，又说，真正的问题是接班人的问题，党性要高于一切，党性是同社会主义国家的利益一致的，最大的对立是党性和派性。党的领导、方针政策关系到社会主义国家的命运。我们有一部分党员靠造反进来的，他们没有党的生活锻炼，缺乏党的基本知识，人民革命斗争的经历也没有，过去叫"双突"。这些人绝大多数是可以教育过来的，但必须教育。现在，是要培养接班人，要在我们这些人还在的时候，就是这些受过苦难，经过革命斗争，有经验的人还在的时候，要把住关，找年轻的人，找合格的人，找党性强的人，不要找搞派性的人。重要的是培养年轻干部，早培养，让他们知道我们党的历史，知道我们有顺利的时候，也有受灾难的时候，趁我们在尽早培养。这个问题不是这次代表大会能解决的，也不是一年两年能解决的，可能要花三五年的时间。现在就要研究。要从调查研究着手，必须坚决解决，这是关系前途命运的问题。这时邓小平突然停下了讲话，用深沉的目光扫视了全体代表，然后充满激情地说：我要翻点儿老话。1975年毛主席要我主持中央工作，王洪文跑到上海放空气，对浙江的人说："十年后再看。"我听到以后引起了警惕，就想过，论年龄是比不过，我今年七十五岁了，1975年是七十一岁，他四十岁，十年后我们就是不死，起码也可以看到马克思的影子了。这不是我个人的问题，论年龄我们是赛不过他们。现在我们老同志要自觉，要找好接班人，找年轻一点儿的人，哪怕是比较年轻的也好。像王洪文那样的人，林彪、"四人帮"帮派体系里的那些人，当然也有改变得好的，但对没有改变的、伺机而动的人，可要小心。邓小平讲到这里，提高了声调说：

这是个根本问题，这是关系到我们党和国家命运的大事。代表们听着邓小平这些语重心长的话，都深深地感到问题的严重性和解决问题的紧迫性，无不点头表示赞同。

在这次会议上，代表们对党内存在的特殊化问题，提了不少意见。邓小平针对会上反映出来的意见指出：特殊化要不要反对？要反对。这个风不制止不行。我们重点要搞法制，这次会上搞了几个法，还不够，起码要搞几十个、几百个法。刑法也并不很完备，以后要逐渐完备，我们没有法制不行。过去我们确实没有法，要制定法律，一切问题按法律办事。处理遗留问题不要太细，要粗一点儿。太细了难办。立法以后，党的领导要保证法律的实施，保护法律的有效性，过去叫作"执法如山"，法律规定该怎么办就怎么办。这种法本身就是最大的民主，因为它符合人民最大的愿望和要求。

邓小平还说，我们这次会议的中心，一个是搞四化，要把国家建设好，一个是民主与法制。从这次代表大会开始，要制定一系列的法，不仅国家要立法，各行政单位也要有规章制度，各单位的规章制度也是法。有了法，谁违反了就追究刑事责任，追究经济责任。我们准备成立国家技术机构，日本叫技术管理委员会，权很大。资本主义国家都可以实行，我们社会主义国家就不可以统一吗？讲立法，这次代表大会立的少得很，只是个开端。人大常委会、国务院各部门都要制定一系列的法，或者叫章程，必须遵守。比如住房子，也得有法，将来怎么规定，既要照顾过去，又要照顾未来。过去的事没有章程，以后制定了法律，就依法办事，恐怕一直要搞到共产主义。共产主义还有没有法，毛主席一直就有怀疑。那时飞机多了，天上没有警察指挥，要出事故。共产主义还得讲秩序，汽车、自行车、人两个脚，不按规矩走路行吗？还得有章程。法起码要管一千年，不可能完备，要逐步完善。

邓小平讲完这一番话后，又点燃支香烟，接着说，我们的法，要保证实现四个现代化，保证安定团结。

他停了停，又说，这次对宪法只作部分修改，任何一次代表大会都有权修改。这次大的修改，就是各级行政机构的改变，把各级革委会改为人民政府。现在，我们的宪法不完备，太简略了，当然太烦琐了也不好。总之，要搞得像个宪法的样子。比如，大鸣、大放、大字报、大辩论，我个人建议应取消，"四大"列入宪法不妥，但不是这次会议能解决的。刑法中提的诽谤罪，任何国家都有这个，"民主墙"上就有诽谤。有了这个法律，诽谤就可以少一些，被诽谤的人和单位就有权起诉。

张秀熟老人接着邓小平的话说:"清朝衙门上就写有诬告罪加三等。"

邓小平对张秀熟笑了笑,问道:"你熟悉清朝?"张秀熟也笑着说:"我八十四岁了。"

邓小平一边点头赞许,一边笑着说:"我比你年轻,在你面前不敢称英雄。我是七十年代,你是八十年代。"

胡子昂接过邓小平的讲话说:"你已经在做九十年代的工作了。"

邓小平待胡子昂讲完后,对他笑了笑,又继续说:总之,要立法执法,这个法是为了保证安定团结、生动活泼,民主本身就体现了生动活泼。法制是生动活泼的,不靠官大官小,而是按法律办事,保障社会主义建设的秩序,讲民主为了四个现代化,讲法律也是为了四个现代化。

邓小平接着说,这次讲了阶级斗争,把问题讲清楚了,概括起来,就是既反对阶级斗争熄灭论,又反对阶级斗争扩大化,不再搞疾风暴雨式的阶级斗争了,要坚持无产阶级专政,坚持党的领导,但党要善于领导,不要像过去那样干预一切。民主与法制是保障我们社会主义建设的,讲阶级斗争,归根到底是体现社会主义优越性的,在国内批资本主义、封建主义,就要看你社会主义有什么优越性。在国际上也如此,"四人帮"把我们国家搞得很穷,有什么优越性?所谓"穷过渡","穷是社会主义,富是资本主义",这是胡说八道。1975年,张春桥写了篇文章讲,只要所有制的革命完成,不要物质基础就可以进入共产主义。我说不行,共产主义是"各尽所能,按需分配",要物质极大丰富,一个人每天劳动四小时,满足整个社会需要而有余。社会主义同资本主义怎么比较?是比生产力的发展,不是比打砸抢。不管怎么样,我们要把经济搞上去,现在所采取的方针是正确的。科学技术是人类共同创造的劳动成果,我们的祖先发明了火药、造纸、指南针,对世界文明做出了贡献,人类的劳动成果取之无愧,不能当蠢人。"四人帮"搞蜗牛事件,他们才是真正的洋奴哲学、爬行主义。到本世纪末,我国的面貌肯定要大变。在座的还得干,因为人家也在前进,世界不是静止的。发展社会生产力,体现社会主义优越性,要干好几辈子,我们几个七八十岁的算一辈,五十岁的算一辈,三四十岁的算一辈。三辈还不够,要四五辈子,都坚持这个方针。要好好地坚持安定团结,好好地处理遗留问题,宁肯慢一点儿,也不要紧。现在比较迫切的是选好接班人,保证党的十一届三中全会的方针,保证这次大会的方针能够贯彻执行。

邓小平讲完后，代表们自动地站起来，用热烈的掌声感谢邓小平在百忙中来看望四川代表团并作了重要讲话。待掌声停下之后，杜星垣示意大家坐下。杜心源对邓小平说："请你和代表们一起照个相。"邓小平高兴地表示同意。杜心源向大家报告了这一喜讯，代表们十分高兴，又是一阵热烈的鼓掌。

## 开放 414 招待所

1979 年 7 月 16 日下午，邓小平一家到达上海，住进了 414 招待所。

"这一次我是来休息的，不谈工作。"邓小平对前来向他请示工作的各方面负责人说道。

414 招待所位于上海西郊长宁区一个僻静的花园地带。这里围墙高耸，戒备森严，它作为中共上海市委、市政府直属招待所，历来只接待党和国家最高领导人。自从 1967 年毛泽东最后一次住过这里之后，这座偌大的别墅整整空关了十几年。

每天清晨，邓小平都要早起，在花园里散步。鸟儿啁啾地鸣叫，让邓小平感到身心舒坦。在北京景山后街的宅院里，是听不到这许多鸟叫的。

几天下来，邓小平走遍了 414 招待所每一个角落。一个想法在他的脑海里慢慢地成熟了。

一天，邓小平在散步时，把市委招待处处长叫过来，说出了这几天来的想法。他指了指 414 招待所的院子，说："这么大的房子，这么大的花园，管理它要花多少钱哟！专门为我们几个大老爷，一年又能住几天！"

"这么一块美景如画的黄金宝地，我看应该对外开放，让外国人来住，收取外汇，支援四化建设……"

以后的几天中，邓小平早晨散步时，就帮助陪同的市委招待处处长规划 414 招待所对外开放后的设想。

几天以后的一个下午，邓小平与中共上海市委的几位负责人有一次小范围的谈话。其间，邓小平说道："我这次来'414'住了十来天，天天都在谈生意经。这么大的花园别墅，给外国人住，可以收外汇嘛！"

开放"414"？！这几位负责人起初有些惊讶。把一座市属内部高级招待所向外国人开放，赚取外汇，这在当时是不可想象的事。

但看着邓小平坚毅的神色，他们似乎悟出点儿什么。最后，邓小平明确指示："我给你们半年时间准备。半年以后，'414'就对外开放。"

上海市负责同志领会到了邓小平解放思想，打破衙门作风，坚持对外开放的决心。几个月后，"414"的大门终于打开了，它接待的第一批客人是美国的林德普雷顿豪华旅游团。之后，还先后接待了英国女王伊丽莎白二世、苏联领导人戈尔巴乔夫、日本天皇等国家元首。

### "要考虑天津的发展方向"

1979年8月7日，邓小平来到天津。

第二天，他参观了天津大港油田等企业。

8月9日，他听取天津市委常委的工作汇报。

参加这个汇报会的市委常委有17位。当市委第一书记陈伟达给邓小平一一介绍时，邓小平说："这是全国性的问题，都是队伍大，大得都成灾了。"

陈伟达等开始汇报。汇报过程中，谈到有关问题时，邓小平作了许多重要的指示。

陈伟达谈到目前天津存在的问题不少，首先提到天津市的不少轻工产品质量低，老是凑凑合合的，不行。

邓小平说，产品质量不好，宁肯少生产，甚至可以停产整顿。质量不好，这是最大的浪费，产量增长有什么用？把风气搞坏了，把作风搞坏了。

"不少轻工产品都是老样子，群众不满意。"陈伟达说。

"你们的厂里、局里应该有科研机构，掌握情报，创造新品种。没有科研机构，不掌握经济情报不行。要搞一批人，建立研究机构，知识不够，慢慢学嘛。商业收购要严一点儿。要靠订货，不靠分配，哪个好要哪个，不好的就淘汰，逼着你干。过去靠分配，好坏一个样。以后改成生产订货，订合同，生产要根据市场的需要，不然还是调动不了积极性。最近有个情报说，苏联也在搞改革，匈牙利老早就在搞，偷偷摸摸搞的。可我们还是老样子，我们也要搞。"邓小平说。

"我们一轻局搞权力下放，局里不管计划，让公司管理，结果影响了生产。"陈伟达反映了一个问题。

邓小平说："建立公司的目的是用经济办法管理经济，是为了企业化，实行独立核算。现在一建就是行政机构，设好多处科，安排好多人，还是老样子，搞那个干什么？习惯势力很不容易改呀。"

"我们要搞市场调节。"陈伟达表示。

邓小平听后非常高兴。

要搞市场经济，是邓小平近来一直在思考的一个问题。今天地方工作的同志也提出了这个问题，虽然他们还没有敢提出"市场经济"这个名词，但从他们的思想上不难看出这一点。在发展经济的过程中，要强化市场的作用，看来是得人心的。三个多月后，邓小平在会见美国不列颠百科全书出版公司编委会副主席吉布尼和加拿大麦吉尔大学东亚研究所主任林达光时，有一段精彩的对话。

林达光说，您是不是认为过去中国犯了一个错误，过早地限制了非资本主义的市场经济，这方面限制得太快，现在就需要在社会主义计划经济的指引之下，扩大非资本主义的市场经济作用？

邓小平说，说市场经济只存在于资本主义社会，只有资本主义的市场经济，这肯定是不正确的。社会主义为什么不可以搞市场经济？这个不能说是资本主义。我们是计划经济为主，也结合市场经济，但这是社会主义的市场经济。虽然方法上基本和资本主义社会的相似，但也有不同，是全民所有制之间的关系，当然也有同集体所有制之间的关系，也有同外国资本主义的关系，但是归根到底是社会主义的，是社会主义社会的。市场经济不能说只是资本主义的。市场经济在封建社会时期就有了萌芽。社会主义也可以搞市场经济。同样地，学习资本主义国家某些好东西，包括经营管理方法，也不等于实行资本主义，这是社会主义利用这种方法来发展社会生产力。把这当作方法，不会影响整个社会主义，不会重新回到资本主义。

…………

邓小平接过陈伟达的话题继续说，天津的市场要面向全国，而不是光面向全市。昨天在大港油田参观时看到的20万次电子计算机，是好的，你们要打开销路，可以发广告，全国订货嘛。

"我市生产的130电子计算机质量有了改进。"陈伟达介绍说。

对这种计算机，邓小平也有感性认识。8月8日，邓小平在参观大港油田时，已经看到用这种计算机控制二十几口井采油，不用派工人到现场，油井的压力、温度等通过计算机，一按电钮就显示出来了。但是，邓小平仍不忘记补充了一句："不能搞一台可以用，成批生产就不行了。日本松下是搞电子工业的，最近要来，你们可以合作。"

1978年10月，邓小平出访日本，参观了松下等公司，他对什么是现代化有了一个更深的了解，在他的心中，引进国外的先进技术和中外合资计划也已经运筹良久了。

邓小平还说，多搞一点儿合资经营，好处是可以拿到最好的技术。

陈伟达说，上半年市委召开了一系列会议，贯彻党的十一届三中全会和全国五届人大二次会议精神，在解决干部思想认识问题的过程中，有人对党的十一届三中全会的政治路线有不同意见。

"持反对意见的多不多？反面意见讲出来没有？"邓小平问。

"肯定有人反对，反对的人还有相当一部分。"陈伟达说。

"这种人就是要调开！"邓小平的表情很严肃，语气也很坚决。

陈伟达汇报了天津市的干部队伍存在的问题，还举了一个例子：一轻局领导班子有十几个人，有的同志身体差，真正顶着干的只有4个人。化工局比较好，领导班子只有8个人。

说到干部问题，邓小平语重心长地说，一个局有七八个人也多了。日本松下公司一个经理，五个副经理，有管财务，有管技术，有管市场交易等，一个人顶一件事，都是干实事的。工厂里也是五个副厂长，或五个副经理，董事在外，每个人必须管一件事，出了差错，由他负责。"干部搞'万金油'不行，都管都不管，我们是'万金油'干部多，'万金油'能治百病，又百病不能治。要培养专业人才。"

谈到大港油田的发展问题，邓小平说，要把大港石油的利用作为专项来研究，搞个规划报上去。这里很特别，油的质量好，要充分利用起来。

当汇报到资金不足的问题时，邓小平接过话头说，国家分配资金不是好办法。今后可以搞银行贷款的办法，不搞国家投资。搞国家投资那是懒办法。贷款，要拿利息，他就精打细算了。还有，材料也是国家分配。钢材每年进口800多万吨，放在那里，这个部要多少，那个部要多少，不出利钱，放在仓库里积压起来。

天津市的负责同志在汇报中还提到，搞补偿贸易条件太严，现在批一个项目很难。

邓小平说，你们要考虑天津的发展方向，搞一个总体规划，把大港和沿海养殖业包括进去，然后到国家几个委、财经委员会研究一下，哪些同意，哪些否定，搞活一点儿，搞个总体规划。把大的方针定了，就比较容易了。零零星星的、一项一项的不好批。

接着，邓小平又谈了他的设想：全国要搞几个地方，天津、北京最好搞一个统一规划，北京、天津一片，上海、江苏、浙江一片，统一规划，搞协作，怎么搞活一点儿、快一点儿。

汇报到天津市的住宅建设时，邓小平十分关注。

他说，建筑材料怎么搞，到处都提这个问题。要搞轻型建筑材料。我们对这个问题重视不够。农民富裕起来以后，除了买几大件，买家具外，都要盖房子，也缺少建筑材料。我们这样的国家一百年还要搞建筑材料。建筑材料很重要，要解决好。

邓小平指着会议室说，你们这所房子很漂亮，但水管漏水，锈得很厉害，质量粗糙得很。

在场的人听后，无不为邓小平的细致所感动。

汇报过程中，邓小平对天津市的工业产值明确地表示了不满意。

陈伟达说："去年我市的工业产值160亿，今年计划172亿。"

"太少了，还不如北京多。天津有一个干部反映，这些年天津始终在中下游摆动，你们条件不坏，有港口，有油田，样样都有。"邓小平说。

汇报结束后，陈伟达请邓小平作指示。

邓小平说，我要讲的还是那些，还是要解放思想。解放思想就是坚持辩证唯物主义。中央各部门需要解放思想，地方也要解放思想，解放思想产生的能量可大了。发展生产力，不解放思想是不行的。

邓小平接着说，关键是发展生产力，增加人民收入，这样社会主义制度的优越性就体现出来了。否则讲过来讲过去，穷得很，有什么优越性？实践是检验真理的唯一标准的问题不是我提出来的。关于检验真理标准的文章，是在《光明日报》登的，开始我没有注意。后来越争论越大，引起了我的兴趣。解决了这个问题，实现四个现代化，才有真正的思想基础。

邓小平对组织路线问题进一步阐述道：组织路线包括一系列的问题，包括干部合理组成问题。现在是专业人员少，懂行的少，需要的方面没有人干，这是组织建设必须解决的问题。要培养干部。培养专业人员，还要注意组织建设中的一些制度的规定。摆在我们面前更大的问题是谁接班的问题。现在选接班人，要从四十岁左右、五十岁左右的人中选。标准好多条，主要是两条，一是拥护党的十一届三中全会的政治路线、思想路线，一是搞党性不搞派性。新的政治机构一定要精干。不搞荣誉职务，可以搞顾问，但要能顶着干8小时。要真正把表现好的同志用起来，培养几年，亲自看他成长，选不准还可以换嘛！这是百年大计，是基本建设。我一路上讲这个问题，确实是带根本性的问题。

邓小平略一停顿，以总结的口吻说，总之，不要太天真了，认为党的十一届三中全会、全国五届人大二次会议以后，天下太平了，没那回事。要注意一下思潮。一是组织上选好接班人，一是政治路线、思想路线要继续进行教育。对一些人要做好转化工作，有些人还是老框框。党的十一届三中全会以后，全会精神没有很好地贯彻，实践是检验真理的唯一标准的问题没有很好地讨论，因此，必须加强政治思想路线方面的教育。阶级斗争问题不是不提，《政府工作报告》中不是讲了吗？但政治运动要慎重，一个运动搞下来，几年恢复不起来，成灾呀！为什么说安定团结呢？团结大家理解，没有安定的条件不行。培养接班人的问题要提到自觉的高度。

会议结束时，邓小平站起身，最后说了一句话："有人写信说天津总是在中下游摆动，当然，这里是重灾区，你们更要努力。"


## 参观兵马俑

1980年盛夏，三秦大地，暑热逼人。邓小平又一次外出视察。他首先经停西安，下榻西安迎宾馆。

7月1日上午，邓小平一行乘坐一辆白色面包车，在陕西省省长于明涛的陪同下，来到秦始皇陵兵马俑博物馆参观。这是邓小平多年的夙愿。

因为刚开馆一年，博物馆接待室十分简陋，没有空调，没有电扇，七十六岁高龄的邓小平不住地擦着汗。工作人员只好找来两把扇子给他扇凉，他一再谢绝。邓小平一边细听秦兵马俑的出土和建馆情况介绍，一边询问搞好文物保护的措施。在观看出土文物的时候，工作人员取出一把出土兵器中最完整、最光亮的青铜长剑给邓小平观赏,并作了详细介绍。这把剑虽然埋于地下两千多年,出土时却光亮如新,没有一点儿锈迹。这种铸剑工艺德国于1937年、美国于1950年才先后申请专利,而中国早在两千多年前的秦始皇时代就创造了类似的工艺,这真是世界冶金史上的奇迹!邓小平对这把青铜剑很感兴趣,看得特别仔细,听得特别认真。工作人员请他亲手试试这把剑,他却认真地说:"那可不行,你们都戴着手套,我手上有汗,不能拿,会损坏文物的。"工作人员给他戴上手套,他很高兴地将剑接到手中,仔细端详,并连声说:"好,好,真是太好了,我们在秦代就有这么高的科学技术,真是了不起!"

第二天清早,天下起了小雨,这给酷热多日的西安带来了一丝凉意,也更增添了邓小平探访古城历史文化遗迹的兴致,他又驱车来到西安市的碑林博物馆。

西安碑林,是我国碑石文物精华荟萃之处,其历史可追溯到唐末五代时期。它于北宋元祐五年,为保存唐《开成石经》而建,经金、元、明各代收集,规模逐渐扩大,清初始称"碑林"。新中国成立后历年收集增建,收藏自汉至清代碑碣共2 300余件,有7座大型游廊和1个碑亭,展出碑石1 000多件。除书法名碑外,这里还珍藏着一批珍贵的石雕和石刻画,著名的"昭陵六骏"就陈列在这里(仅四骏,另外两骏在美国费城大学博物馆)。

20世纪80年代初期,现在的陕西历史博物馆还没有建成,当时的陕西历史博物馆就设于此,有相当一批国家级文物在这里展出。邓小平对这些文物兴趣十分浓厚。他在参观了"周秦汉文物展"、石刻馆和汉画像石后,来到"昭陵六骏"前参观,仔细听着一段段讲解。"昭陵六骏"是唐太宗李世民当年南征北战,削平群雄,建立唐王朝过程中所乘六匹坐骑的写真浮雕。这组珍贵的石刻,可以说是唐王朝蓬勃向上、初步呈现强盛的真实写照,也是中国古代劳动人民高超艺术和智慧的体现。1914年,美国文化劫掠分子卑士薄假考察之名来华,勾结中国古玩奸商和地方官吏,以24万银元盗买了六骏中最优秀的"飒露紫"和"拳毛䯄"二骏。四年后,卑士薄再次来华,卑劣地把其余四骏浮雕锯成4块,装在箱里准备偷运境外,幸被昭陵所在地的礼泉县人民发现而阻止。

展室内异常安静,邓小平手中的扇子也停止了摆动,他神情严肃,一言不发。

随后,邓小平观看了东汉《曹全碑》、欧阳询书《皇甫诞碑》、颜真卿书《多宝塔碑》、柳公权书《玄秘塔碑》、唐玄宗李隆基书《石台孝经》等著名书法艺术碑石，那紧锁的眉头才逐渐舒展开。他对隋唐文物很感兴趣，对唐代高度发达的政治、经济、文化和对外开放的丝绸之路等内容表现出浓厚的兴趣。邓小平在贵宾室仔细观赏了几件未展出的库藏国宝，对灿烂的历史遗存表现出极大的兴趣和敬佩之情。听着专家的讲解，他时而显出惊叹的神情，时而露出高兴的笑容，时而不住地点头。

在两天的参观中，邓小平始终把自己当作一个普通的观众，不搞前呼后拥，与陪同人员一起乘坐面包车，前面只有一辆普通的北京吉普车带路。他一再叮咛不要影响接待单位的正常工作，不要干扰群众的参观。在碑林博物馆，他还让警卫和秘书专门到大门口查证是否对广大游客正常开放。

三秦的古文化风貌深深地震撼了邓小平。

### "二汽生产好，管理也不错"

第二汽车制造厂（以下简称二汽）位于湖北省十堰市，是中国汽车制造的骨干基地。20世纪60年代，二汽在三线建设的精神指导下选址定点，20世纪70年代，集全国各方面的力量自力更生建设起来。如今二汽发展得如何？邓小平十分关心。在四川乘船来湖北的途中，经过宜昌参观葛洲坝工程时，邓小平就关心地询问："这里离二汽多远？"随后，他向前来迎接他的湖北省委负责同志表示，这次去湖北，要到第二汽车制造厂看看。参观了武钢之后，邓小平在武汉休息了几天，与曾任湖北省副省长的二弟邓垦聊了聊家常，然后就在陈丕显的陪同下前往二汽。

1980年7月22日天刚亮，邓小平一行的专列准时抵达十堰站。早在车站等候的二汽党委第二书记、厂长黄正夏，副厂长王兆国以及专程前来迎候的河南省委第一书记段君毅、第二书记胡立教等一起走上车去。邓小平正在吃早餐，他请大家到餐厅，热情地说："请进来嘛，可以边吃边谈。"早餐，就是油条、稀饭和两碟小菜。黄正夏汇报二汽创业史时，邓小平笑着说："早就想来二汽看看，这次来成了。"陈丕显说："邓副主席在宜昌就询问二汽，这次是自觉自愿来的。"这话引出一阵笑声。

饭后，邓小平没休息，就乘面包车视察鄂西北新兴的十堰市。黄正夏坐在司机座后面的第一排，邓小平坐第二排，王兆国坐在这一排右面靠车门的座位上。汽车向铸造一厂的方向驶去，黄正夏乘这个空隙向邓小平介绍说："这是我们新提拔起来的副厂长王兆国同志，是总厂主管生产的副厂长之一。"

邓小平马上侧过头来问王兆国："你今年多大岁数？""三十九岁。"王兆国答。

黄正夏是筹建二汽起家的老同志，他向邓小平详细地介绍了这位年轻的副厂长。

邓小平十分关注中国的汽车工业，他关心地问道，二汽建设情况怎么样？今年生产多少辆汽车？

二汽的负责人边引路，边汇报情况。

邓小平听到这些情况时非常高兴，不断点头。

接着，二汽的负责人又汇报了建厂的历史和工厂的布局。二汽的厂址选择是和邓小平密切相关的。1965年，党中央、国务院决定二汽在襄渝铁路沿线选址，当时在国家一机部工作的段君毅，便向在四川视察的邓小平汇报：二汽年设计产量为10万辆，厂址必须具备交通便利的条件，汉水距此仅20余千米，襄渝线也从鄂西北入川。这既符合毛主席关于三线建设的指示精神，又有水陆交通之便。

邓小平向毛主席、周总理汇报后，同意将二汽建在十堰。

二汽的布局，根据主要部件（如发动机、车桥等）和总装方便的原则，采取分片布点，按专业厂集中建设，东西长30千米，南北宽7千米。围绕专业厂配套建设居民点、生活服务及文教卫生设施，形成"工农结合，城乡结合，有利生产，方便生活"的集镇群式的新兴城市。

这时，陪同人员向邓小平介绍说，群众有个顺口溜："十堰市真奇怪，不分城里和城外。说它是城市，种瓜又种菜；说它是农村，工厂山沟里盖。"邓小平听后说："这很有意思。"这时，车恰恰驶过二汽配套处，进入间隔地带。这里两旁是山，山上有树，山洼有村庄菜地，邓小平笑着问道："这是到了你们的农村了吧？工人一定有新鲜蔬菜吃。要是山上再栽很多果树，水果也就有了。"正说着，设备修造厂的厂房及宿舍楼出现在眼前。邓小平高兴地说："啊，又到一个小城镇了！"

在总装厂，摆放着二汽近年来生产的各种汽车及今后计划生产的各种汽车型谱，引起邓小平的很大兴趣。他非常专注地听取中国屈指可数的汽车专家之一、二汽总工程师、副厂长孟少农等关于各种汽车性能的介绍。

邓小平亲切地同孟少农握手，并在他的陪同下观看了二汽21种车的型谱和准备改进的8种车身挂图。当听到军民结合问题时，邓小平给予了特别的关注，他说："一定要注意多品种系列化生产。汽车厂也可生产非汽车产品。二汽注意满足军用，这是好的。但从长远、从根本看，主要应搞民用。军队要车，可能第一批要得多，以后就逐渐减少。你们又搞5吨车，又搞8吨车，都是民用的，这很好。"

参观完样车后，邓小平同十堰市、二汽的负责同志合影留念。

当听说工艺大楼是科学实验基地时，邓小平说："重视科学实验，这很好。"他关心地问："有多少科技人员？电子计算机用得怎么样？"并强调，电子计算机"既要搞点儿大型的，搞些终端机，也要搞小型的，专用机"。

爬坡表演开始了。二汽生产的供部队拉大炮用的25吨和35吨两种军用越野车，要求马力大、车速高、爬坡能力强、越野性能好。邓小平兴致勃勃地观看了这两种车爬32度陡坡的表演，他边看边评论："两吨半越野车，我知道，听说在对越自卫反击战中立了功，部队很欢迎。"他高兴地说："能爬这么陡的坡，部队当然欢迎！"

35吨越野车的发动机是同英国合作试制的，适当加大缸径并作了一些局部改进后，马力由135匹提高到165匹，扭矩从36公斤/米提高到43公斤/米，最低油耗由240克/每马力小时降到210克/每马力小时。这在当时，已达到国际较好的水平。这次参加爬坡的35吨越野车，已连续进行了3个25万千米的道路试验，没出现大的质量事故，不久即可鉴定定型，开始投入生产。这种车改为民用，就是8吨载重汽车。邓小平听后说："这很好嘛！"

在总装厂，邓小平抱着外孙萌萌高兴地坐上新下线的5吨车。萌萌说："爷爷，我们坐的是卡车，大卡车好！"邓小平："对。"萌萌又对正在开车的陈桂祥说："叔叔，你们这里造的都是大卡车吗？"邓小平慈祥地说："你长大了学叔叔开大卡车！"陈桂祥脸上露出幸福的笑容，并有意把车开得很慢，让群众尽量多看看邓副主席的风采。事后他说："邓副主席十分了解我们工人的心情。随从的同志劝邓副主席，年纪大了，车又太高，不坐了吧！邓副主席和颜悦色地说：'坐一坐，坐一坐。'邓副主席坐了我们亲手装的车，大家感到特别荣幸！"

"看板生产"是二汽学习日本的管理经验，组织均衡生产的一种方法。

由本生产岗位提出需要上工序供应的零件数量和时间,由上工序和仓库保证及时送到,改变了过去上工序不顾下工序,盲目生产供应的状况。这就使库存零件、车间运输、流动资金大为减少。邓小平在车桥厂特意观察了这种"看板生产"后说:"这个办法好。"

陪同人员告诉邓小平,二汽改革开放以来,已有13个国家60批外国客人到二汽参观,都对二汽给予好评。德国奔驰汽车公司一位负责人说:"要不是亲眼看到,真不会相信中国会在大山区建成这样一个规模大、技术先进的汽车厂。"外国人从二汽建设中看到了中国人民建设社会主义现代化的决心、气魄和能力。邓小平听后说:"中国搞四个现代化,应当有这样的信心!"

当时,二汽已同4个国家6家厂商签订了350万美元的加工合同。法国雷诺汽车厂希望用二汽的底盘装上它的柴油机和平头驾驶室,用它的名义和营业网,到国际市场上销售。邓小平听后非常高兴地说:"那好啊!雷诺汽车厂我知道。20年代,我在这个厂做过工。"

邓小平喝了一口茶,接着说:"从这些情况可以看出一个问题,目前资本主义各国汽车已经饱和,但还有生意可做。既然汽车可以出口,其他机械产品也应该能够出口,这说明外贸的潜力很大。只要把质量搞好,就能出口。"

二汽借改革开放的东风,率先在全国组织跨省、区的联营公司,在不改变隶属关系,不改变企业性质,不改变资金、物资供应渠道的情况下,采取多种形式自愿结合,把一些生产汽车的兄弟厂组织起来,向专业化方向发展。邓小平对此很感兴趣,他赞同地说:"这是保护竞争,促进联合啰!应当这样搞,不这样搞,不能打破'小而全'。二汽这样的大厂应当作为中心,带动几个省搞专业厂协作,把专业公司组织起来。"

邓小平对二汽职工和十堰市老百姓的生活十分关心,一路上详细询问副食品供应怎么样,农民每人平均收入多少。

过去,各级领导机关对二汽建设注意得多,对市政建设注意得不够,而且投资少,因此欠账较多。邓小平关心地问:"有什么办法可以解决?其他城市怎么解决?"陪同的同志汇报说:"武汉、黄石和全国有些城市,都是从企业上缴利润中提成5%做市政建设费。"邓小平进一步问道:"这个办法能解决你们的问题吗?"当他听说省委已经同意,国家城建总局准备争取明年首批准许实行这个办法时,表示赞同。他提出:二汽在建厂的同时,还要建设一座工农结合、城乡结合的新型汽车工业城市,还要搞好城市绿化、美化、环境净化。

二汽建厂前后，农民收入已由日平均三四角钱，增长到目前的1元多。邓小平说："提高了好几倍，工厂把农村带起来了。一个工厂能带多少农民呢？"陈丕显说："二汽不仅带动本市的8个公社，对郧阳地区也有支援。二汽同郧阳地区几个厂已签订合同，扩散零配件。"邓小平说："我知道郧阳地区比较穷。大工厂带动附近的县办工厂，很好。"

邓小平对工人的工作环境和生活情况也十分关心。在铸造一厂，他感慨地说："一般铸造车间都很脏，这里却比较干净，温度也适宜。这不仅对工人健康有好处，而且和铸件质量也有密切关系。"他问一汽铸造厂是不是也这样。他还询问了工人的吃住情况、上班远近、生产情况、文化水平。

邓小平这次一共参观了二汽的6个项目。中央主要领导人一次参观6个项目，可能算是最多的了，由此可见邓小平对二汽、对我国汽车工业的重视。他说："看了二汽，说明我们中国的机械工业是不错的嘛！有许多设备可以造，汽车还能过关嘛。机械工业行，别的方面也行嘛。"

一直陪同邓小平视察二汽的陈丕显回忆说："邓副主席这次视察二汽，非常高兴。他还勉励说：'二汽生产好，管理也不错，留下很深的印象。'"

## 一句名言的由来

"我是中国人民的儿子，我深情地爱着我的祖国和人民。"一句朴实而又饱含真情的话语，表达了邓小平这位伟大的爱国主义者对祖国和人民的无限忠诚和热爱，是邓小平一生人格情怀的真实写照。这句话作为中央电视台十二集大型电视文献纪录片《邓小平》的片头文字，随着该片的播出而在全国人民当中广泛流传开来，但详细了解这句话由来的人却并不多。

罗伯特·马克斯韦尔是英国出版印刷界的知名人士，长期担任培格曼出版公司总经理和《镜报》集团的董事长。自20世纪50年代以来，马克斯韦尔一直热心于代销中国的图书和其他出版物，为中英之间的文化交流做出了巨大的贡献。20世纪70年代末，马克斯韦尔开始策划出版一套世界领袖丛书，他把出版邓小平的文集列入了计划之内。马克斯韦尔之所以这样做，是因为考虑到：其一，在世界人民的眼里，邓小平是中国最高领导层里独一无二的"三落三起"的传奇式人物，是"打不倒的小个子"，人们迫切希望了解邓小平；

其二，20世纪70年代末，邓小平接连访问美国、日本以及东南亚的一些国家，在国际舞台上刮起了一股强劲的"邓小平旋风"，引起了世界舆论的高度关注；其三，邓小平作为一个泱泱大国的领导人，在领导中国人民走向社会稳定和振兴经济的过程中起了关键性的作用。可以说，没有邓小平的文集，世界领袖丛书将黯然失色。同时，马克斯韦尔也意识到，在当时，邓小平只是中国政府的一名副总理，把他列入"领袖"行列，对于中国政府来说，这将是一个敏感的问题，中国方面有可能不会答应。尽管如此，马克斯韦尔还是通过各种渠道向中国方面表达了自己的意愿。

马克斯韦尔和中国有关方面联系过后，就陷入焦急的等待中。但令他意想不到的是，中国方面不久就有了答复，同意他出版英文版邓小平的文集；更令他惊喜万分的是，邓小平还亲自允诺要为文集写个序言。邓小平一向淡于著书立说和写回忆录，也不热衷于搞什么文集。他之所以爽快地答应了马克斯韦尔的请求并准备为文集写序言，是因为当时中国的改革开放才刚刚起步，国门虽已打开，但世界对封闭了几十年的中国并不是十分了解。用英文出版自己的著作，特别是1976年以后自己的一些带有方向性、政策性的讲话，将有助于外国人重新审视中国，自己的文集可以成为外国人认识中国、了解中国的一个窗口。

马克斯韦尔得到中国政府的同意后，马上组织搜集翻译邓小平的有关文章，汇成集子并定名为《邓小平文集》。文集收入的主要是邓小平从1956年到1979年二十四年间发表的一些关于政治、科学、教育、文学、艺术等方面的重要讲话。第一篇文章是邓小平在1956年中国共产党第八次全国代表大会上作的《关于修改党的章程的报告》，绝大部分文章是"文革"结束后到1979年间发表的谈话。

1981年2月14日，邓小平为《邓小平文集》写了序言。序言约900字，先是简要介绍了文集的由来和自己为它作序的原因。接着，是一段满含深情的文字："我荣幸地以中华民族一员的资格，而成为世界公民。我是中国人民的儿子，我深情地爱着我的祖国和人民。"邓小平强烈的民族自尊心、自信心充溢在序言的字里行间，他说："中国人民将通过自己的创造性劳动，根本改变自己国家的落后面貌，并以崭新的面貌，自立于世界的先进之列，并且同各国人民一道，共同推进人类的正义事业。"他指出，中华民族是爱好和平的民族。他深信："中国的未来是属于中国人民的；世界的未来是属于世界人民的。"最后他表示："请允许我向所有关心中国的事业和中华民族命运的各国朋友表示我的谢意。"邓小平写的序言，文字朴实，感情真挚，成为文集的点睛之笔。

20世纪80年代初，培格曼公司策划的世界领袖丛书陆续在伦敦出版发行。《邓小平文集》是在1984年12月6日印刷出版的。该书一经出版，立即引起了各界人士的极大兴趣，并处于脱销状态。培格曼公司不得不在第一次印刷的基础上，又重印了2万册。1985年8月，马克斯韦尔应邀来华访问，他忐忑不安地提出拜会邓小平的要求。邓小平在北戴河会见了他。

在一个多小时的会见中，邓小平和马克斯韦尔畅谈国际形势和中英关系。邓小平说，"星球大战"干不得，它会使两个超级大国之间的军备竞赛发生质的变化。他指出，"星球大战"同增加几个核弹头，改换几个新型号的导弹有着质的不同。

在会见过程中，马克斯韦尔将一本羊皮烫金精装的英文版《邓小平文集》赠给邓小平，并对邓小平说："英文版《邓小平文集》第一次印刷的1万册已售完，又重印了2万册。这说明您的书是丛书中最受欢迎的。"

邓小平谦虚地说："我的东西很平凡，里面没有什么惊人的言语。"

马克斯韦尔被这位老人的谦虚和真诚感动了，他激动地说："但您的著作是诚实、直率的，是建立在事实和经验之上的。"